21世纪全国应用型本科财经管理系列实用规划教材

微观经济学

主　编　梁瑞华
副主编　姜保雨　李朝贤
参　编　王玲芝　吴盛汉
　　　　汪建文　陈仙丽

内 容 简 介

本书努力探求更为合理有效的应用型人才培养方案，以满足经济与管理类本科教学工作的需要，在体系、内容尤其是在理论与实际结合以及应用能力培养方面进行了新探讨，突出体现以下特点：规范性、应用性、针对性。

本书主要包括以下内容：导论、均衡价格理论、弹性理论、消费者行为理论、生产理论、成本理论、市场结构理论、分配理论、一般均衡与福利理论、市场失灵与微观经济政策。

本书适合经济管理类专业本科生学习，也可供广大经济学爱好者阅读参考。

图书在版编目(CIP)数据

微观经济学/梁瑞华主编. —北京：中国农业大学出版社；北京大学出版社，2009.1

(21世纪全国应用型本科财经管理系列实用规划教材)

ISBN 978-7-81117-568-4

Ⅰ.微… Ⅱ.梁… Ⅲ.微观经济—高等学校—教材 Ⅳ.F016

中国版本图书馆 CIP 数据核字(2008)第 139811 号

书　　　名：	微观经济学
著作责任者：	梁瑞华　主编
总　策　划：	第六事业部
执行策划：	李　虎
责任编辑：	徐　凡　潘晓丽
标准书号：	ISBN 978-7-81117-568-4
出　版　者：	北京大学出版社(地址：北京市海淀区成府路205号　邮编：100871)
	网址：http://www.pup.cn　http://www.pup6.com　E-mail: pup_6@163.com
	电话：邮购部 62752015　发行部 62750672　编辑部 62750667　出版部 62754962
	中国农业大学出版社(地址：北京市海淀区圆明园西路2号　邮编：100193)
	网址：http://www.cau.edu.cn/caup　　E-mail: cbsszs@cau.edu.cn
	电话：编辑部 62732617　营销中心 62731190　读者服务部 62732336
印　刷　者：	北京虎彩文化传播有限公司
发　行　者：	北京大学出版社　中国农业大学出版社
经　销　者：	新华书店
	787毫米×980毫米　16开本　22.25印张　425千字
	2009年1月第1版　2019年1月第4次印刷
定　　　价：	35.00元

未经许可，不得以任何方式复制或抄袭本书之部分或全部内容。

版权所有，侵权必究　　举报电话：010-62752024

电子邮箱：fd@pup.pku.edu.cn

21世纪全国应用型本科财经管理系列实用规划教材

专家编审委员会

主 任 委 员　刘诗白

副主任委员　（按拼音排序）

　　　　　　韩传模　　　　李全喜　　　　王宗萍
　　　　　　颜爱民　　　　曾　旗　　　　朱廷珺

顾　　　问　（按拼音排序）

　　　　　　高俊山　　　　郭复初　　　　胡运权
　　　　　　万后芬　　　　张　强

委　　　员　（按拼音排序）

　　　　　　程春梅　　　　邓德胜　　　　范　徵
　　　　　　冯根尧　　　　冯雷鸣　　　　黄解宇
　　　　　　李定珍　　　　李相合　　　　李小红
　　　　　　刘志超　　　　沈爱华　　　　王富华
　　　　　　王仁祥　　　　吴宝华　　　　张淑敏
　　　　　　赵邦宏　　　　赵　宏　　　　赵秀玲

法 律 顾 问　杨士富

丛 书 序

我国越来越多的高等院校设置了经济管理类学科专业，这是一个包括经济学、管理科学与工程、工商管理、公共管理、农业经济管理、图书档案学6个二级学科门类和22个专业的庞大学科体系。2006年教育部的数据表明在全国普通高校中经济类专业布点1 518个，管理类专业布点4 328个。其中除少量院校设置的经济管理专业偏重理论教学外，绝大部分属于应用型专业。经济管理类应用型专业主要着眼于培养社会主义国民经济发展所需要的德智体全面发展的高素质专门人才，要求既具有比较扎实的理论功底和良好的发展后劲，又具有较强的职业技能，并且又要求具有较好的创新精神和实践能力。

在当前开拓新型工业化道路，推进全面小康社会建设的新时期，进一步加强经济管理人才的培养，注重经济理论的系统化学习，特别是现代财经管理理论的学习，提高学生的专业理论素质和应用实践能力，培养出一大批高水平、高素质的经济管理人才，越来越成为提升我国经济竞争力、保证国民经济持续健康发展的重要前提。这就要求高等财经教育更加注重依据国内外社会经济条件的变化适时变革和调整教育目标和教学内容；要求经济管理学科专业更加注重应用、注重实践、注重规范、注重国际交流；要求经济管理学科专业与其他学科专业相互交融与协调发展；要求高等财经教育培养的人才具有更加丰富的社会知识和较强的人文素质及创新精神。要完成上述任务，各所高等院校需要进行深入的教学改革和创新。特别是要搞好有较高质量的教材的编写和创新。

出版社的领导和编辑通过对国内大学经济管理学科教材实际情况的调研，在与众多专家学者讨论的基础上，决定编写和出版一套面向经济管理学科专业的应用型系列教材，这是一项有利于促进高校教学改革发展的重要措施。

本系列教材是按照高等学校经济类和管理类学科本科专业规范、培养方案，以及课程教学大纲的要求，合理定位，由长期在教学第一线从事教学工作的教师立足于21世纪经济管理类学科发展的需要，深入分析经济管理类专业本科学生现状及存在问题，探索经济管理类专业本科学生综合素质培养的途径，以科学性、先进性、系统性和实用性为目标，其编写的特色主要体现在以下几个方面：

(1) 关注经济管理学科发展的大背景，拓宽理论基础和专业知识，着眼于增强教学内容的联系实际和应用性，突出创造能力和创新意识。

(2) 体系完整、严密。系列涵盖经济类、管理类相关专业以及与经管相关的部分法律类课程，并把握相关课程之间的关系，整个系列丛书形成一套完整、严密的知识结构体系。

(3) 内容新颖。借鉴国外最新的教材，融会当前有关经济管理学科的最新理论和实践经验，用最新知识充实教材内容。

(4) 合作交流的成果。本系列教材是由全国上百所高校教师共同编写而成，在相互进行学术交流、经验借鉴、取长补短、集思广益的基础上，形成编写大纲。最终融合了各地特点，具有较强的适应性。

(5) 案例教学。教材具备大量案例研究分析，让学生在学习过程中理论联系实际，特别列举了我国经济管理工作中的大量实际案例，这可大大增强学生的实际操作能力。

(6) 注重能力培养。力求做到不断强化自我学习能力、思维能力、创造性解决问题的能力以及不断自我更新知识的能力，促进学生向着富有鲜明个性的方向发展。

作为高要求，财经管理类教材应在基本理论上做到以马克思主义为指导，结合我国财经工作的新实践，充分汲取中华民族优秀文化和西方科学管理思想，形成具有中国特色的创新教材。这一目标不可能一蹴而就，需要作者通过长期艰苦的学术劳动和不断地进行教材内容的更新才能达成。我希望这一系列教材的编写，将是我国拥有较高质量的高校财经管理学科应用型教材建设工程的新尝试和新起点。

我要感谢参加本系列教材编写和审稿的各位老师所付出的大量卓有成效的辛勤劳动。由于编写时间紧、相互协调难度大等原因，本系列教材难免存在一些不足和错漏。我相信，在各位老师的关心和帮助下，本系列教材一定能不断地改进和完善，并在我国大学经济管理类学科专业的教学改革和课程体系建设中起到应有的促进作用。

2007年8月

刘诗白 刘诗白教授现任西南财经大学名誉校长、博士生导师，四川省社会科学联合会主席，《经济学家》杂志主编，全国高等财经院校资本论研究会会长，学术团体"新知研究院"院长。

前　言

西方经济学在西方社会科学王国中有"皇后"的殊荣，其理论成果既是市场经济运行的总结，也是对市场经济运行的指导，更是人类社会共同的宝贵财富。在结合国情建立市场经济体制的过程中，我们没有理由不学习和借鉴，基于此，我国对西方经济学教材的编写也提出了更高的要求。根据"十一五"时期我国高等教育发展与改革的重要目标，根据长期的教学经验，根据我们走访的高校西方经济学教学现状，根据与用人单位的交流情况，我们编写了西方经济学中的微观经济学部分，努力探求更为合理有效的应用型人才培养方案，以满足经济与管理类本科教学工作的需要。

本书在体系、内容方面进行了新探讨，突出体现以下特点。

(1) 规范性。本教材围绕主要经济问题对基本理论、基本原理进行解释，注意内容的规范性。突出了基本理论、基本知识和基本技能的传授，概念表述力求准确；难度安排力求适度；层次条理力求清晰；基础理论力求密切联系实际。

(2) 应用性。教育部要求今后需要有相当数量的高校致力于培养应用型人才，以满足市场对应用型人才需求量的不断增加。本书面向就业，注重实践性，每章章前有引例，文中有运作实例、阅读材料和案例分析，并安排了大量的例题与解答，给出了本章小结及习题，目的在于培养应用微观经济学的研究方法分析经济和管理中实际问题的能力。

(3) 针对性。本书全面系统，基本内容简明通俗，适合普通高等学校经济与管理类各专业作为专业基础课的教材，也适合从事工商、金融、财税、行政管理的实际工作者和广大读者自学和参考。

承担本书编写的人员及分工为：南阳师范学院梁瑞华(第1章，第9章以及参考文献、部分章节的引例、案例、阅读材料和内容修改)；重庆三峡学院汪建文(第2章)；南阳师范学院王玲芝(第3章，第4章)；福建龙岩学院吴盛汉(第5章)；上海杉达学院陈仙丽(第6章)；南阳理工学院姜保雨(第7章，第8章)；平顶山学院李朝贤(第10章，第11章)。本书由梁瑞华教授(博士)任主编，负责全书的大纲、审定、修改、总纂和定稿工作，姜保雨、李朝贤任副主编，王玲芝协助做了一定的工作。

我们非常感谢北京大学出版社对本书编写的组织，感谢北京大学出版社和中国农业大学出版社编辑对本书出版的大力支持。在本书的编写过程中，我们参考了大量国内外流行的同类教科书和论著，在此一并致谢！

由于我们学识水平有限，疏漏和错误在所难免，我们恳请专家和同仁不吝赐教，以便将来进一步完善提高。

编　者
2008年10月

目 录

第1章 导论 1

1.1 西方经济学的研究对象 2
    1.1.1 西方经济学的内涵 2
    1.1.2 西方经济学研究的基本问题 3
    1.1.3 西方经济学的假设条件 3

1.2 西方经济学的产生和发展 4
    1.2.1 重商主义：西方经济学的
          萌芽时期 4
    1.2.2 古典经济学：西方经济学的
          形成时期 5
    1.2.3 新古典经济学：微观经济学的
          建立与发展时期 6
    1.2.4 当代经济学：微观经济学的
          完善与宏观经济学的建立及
          发展时期 7

1.3 微观经济学与宏观经济学 10
    1.3.1 微观经济学 10
    1.3.2 宏观经济学 11
    1.3.3 微观经济学与宏观经济学的
          区别与联系 12

1.4 西方经济学的研究方法 14
    1.4.1 实证分析法和规范分析法 14
    1.4.2 边际分析法 15
    1.4.3 均衡分析法 16
    1.4.4 过程分析法、静态分析
          法、比较静态分析法和
          动态分析法 17
    1.4.5 数学分析方法 18

    1.4.6 经济模型 18

1.5 学习西方经济学的意义及态度 19
    1.5.1 学习西方经济学的意义 19
    1.5.2 学习西方经济学的态度 20

本章小结 24
习题 24

第2章 均衡价格理论 26

2.1 需求理论 27
    2.1.1 需求与需求函数 27
    2.1.2 需求表、需求曲线和
          需求定理 29
    2.1.3 需求量变动与需求变动 32

2.2 供给理论 33
    2.2.1 供给与供给函数 33
    2.2.2 供给表、供给曲线和
          供给定理 35
    2.2.3 供给量变动与供给变动 36

2.3 均衡价格的决定及其变动 38
    2.3.1 均衡价格的决定 38
    2.3.2 均衡价格的变动 40
    2.3.3 非均衡价格：支持价格和
          限制价格 42

本章小结 44
习题 44

第3章 弹性理论 46

3.1 弹性的一般原理 47
    3.1.1 弹性的概念 47

		3.1.2 点弹性 48
		3.1.3 弧弹性 49

- 3.2 需求弹性 51
  - 3.2.1 需求价格弹性的含义 52
  - 3.2.2 需求价格弹性的分类 53
  - 3.2.3 决定需求价格弹性大小的因素 54
  - 3.2.4 需求的其他弹性 55
- 3.3 供给弹性 56
  - 3.3.1 供给价格弹性 56
  - 3.3.2 供给的交叉弹性 59
  - 3.3.3 供给的成本弹性 60
- 3.4 弹性理论的运用 61
  - 3.4.1 供需弹性与蛛网理论 62
  - 3.4.2 供需弹性与营销决策 65
  - 3.4.3 供需弹性与税负转嫁 66
  - 3.4.4 需求收入弹性与恩格尔定律 ... 67
- 本章小结 71
- 习题 71

第4章 消费者行为理论 73

- 4.1 效用概述 74
  - 4.1.1 效用的概念及特征 74
  - 4.1.2 效用和使用价值的联系和区别 75
  - 4.1.3 基数效用论与序数效用论 ... 75
- 4.2 基数效用论 77
  - 4.2.1 基数效用论的观点 77
  - 4.2.2 总效用和边际效用 77
  - 4.2.3 边际效用递减规律 78
  - 4.2.4 边际效用与需求定理和消费者剩余 80
  - 4.2.5 边际效用分析法下的消费者均衡 83

- 4.3 序数效用论 88
  - 4.3.1 关于消费者偏好的假定 88
  - 4.3.2 无差异曲线及其特点 89
  - 4.3.3 商品的边际替代率 90
  - 4.3.4 预算线 92
  - 4.3.5 用无差异曲线法分析消费者均衡 94
- 4.4 消费者均衡的运动 98
  - 4.4.1 收入变化时消费者均衡的运动 98
  - 4.4.2 价格变化时消费者均衡的变动 100
  - 4.4.3 税收与消费者选择 101
- 4.5 替代效应和收入效应 103
  - 4.5.1 替代效应和收入效应的含义 ... 103
  - 4.5.2 正常物品的价格效应分解 ... 105
  - 4.5.3 低档商品的价格效应分解 ... 105
- 4.6 不确定条件下的个人选择 107
  - 4.6.1 不确定性与风险 108
  - 4.6.2 不同的风险偏好 108
  - 4.6.3 如何降低风险 109
- 本章小结 111
- 习题 112

第5章 生产理论 115

- 5.1 生产函数 117
  - 5.1.1 生产与生产要素 117
  - 5.1.2 生产函数 117
  - 5.1.3 技术系数 118
- 5.2 短期生产函数——一种可变生产要素的生产函数 119
  - 5.2.1 短期生产函数 119
  - 5.2.2 总产量、平均产量和边际产量的变动规律 119

5.2.3 边际收益(边际报酬)
　　　　　递减规律 122
5.3 长期生产函数——两种可变
　　生产要素的生产函数 125
　　5.3.1 两种可变生产要素的
　　　　　生产函数表达式 125
　　5.3.2 等产量线 125
　　5.3.3 边际技术替代率递减规律 127
　　5.3.4 生产的经济区域 129
5.4 生产要素的最优组合 130
　　5.4.1 等成本线 130
　　5.4.2 生产要素的最优组合 131
　　5.4.3 生产扩展线 134
5.5 规模经济 135
　　5.5.1 规模经济与规模不经济 135
　　5.5.2 内在经济与内在不经济 137
　　5.5.3 外在经济与外在不经济 138
　　5.5.4 适度规模 139
　　5.5.5 生产函数与技术进步 139
本章小结 142
习题 142

第6章 成本理论 144

6.1 成本概述 145
　　6.1.1 成本函数 145
　　6.1.2 作为机会成本的成本 146
　　6.1.3 显性成本和隐含成本 147
　　6.1.4 短期成本和长期成本 147
6.2 短期成本函数 149
　　6.2.1 固定成本与可变成本 149
　　6.2.2 平均成本与边际成本 151
6.3 长期成本函数 155
　　6.3.1 从成本角度理解短期和
　　　　　长期的区别 155

　　6.3.2 长期总成本函数和长期
　　　　　总成本曲线 155
　　6.3.3 长期平均成本 157
　　6.3.4 边际成本函数和长期
　　　　　边际成本曲线 161
本章小结 163
习题 164

第7章 市场结构理论(一) 166

7.1 市场结构及其类型 167
　　7.1.1 什么是市场结构 167
　　7.1.2 市场结构的影响因素 168
　　7.1.3 市场结构的分类 168
7.2 完全竞争市场上厂商的产量与
　　价格决定 170
　　7.2.1 完全竞争市场的条件 170
　　7.2.2 完全竞争市场的需求
　　　　　曲线和收益曲线 171
　　7.2.3 完全竞争市场厂商的
　　　　　短期均衡 175
　　7.2.4 完全竞争市场厂商的
　　　　　长期均衡 180
本章小结 190
习题 190

第8章 市场结构理论(二) 192

8.1 完全垄断市场上厂商的产量与
　　价格决定 193
　　8.1.1 完全垄断市场的条件与
　　　　　垄断产生的原因 193
　　8.1.2 完全垄断市场的需求
　　　　　曲线和收益曲线 195
　　8.1.3 完全垄断市场的短期均衡 .. 197
　　8.1.4 完全垄断市场的长期均衡 .. 199

- 8.1.5 价格歧视 200
- 8.1.6 对垄断市场的公共政策 204
- 8.2 垄断竞争市场上厂商的产量与价格决定 206
  - 8.2.1 垄断竞争市场的条件 206
  - 8.2.2 垄断竞争市场的需求曲线 207
  - 8.2.3 垄断竞争市场的短期均衡 209
  - 8.2.4 垄断竞争市场的长期均衡 210
  - 8.2.5 非价格竞争 212
- 8.3 寡头垄断市场的均衡 213
  - 8.3.1 寡头垄断市场的基本特征 214
  - 8.3.2 勾结的寡头 214
  - 8.3.3 非勾结的寡头 219
- 8.4 寡头市场中的博弈 221
  - 8.4.1 简单博弈与博弈均衡 221
  - 8.4.2 重复博弈与序列博弈 225
  - 8.4.3 威胁与承诺 227
  - 8.4.4 几种相关的策略 229
- 8.5 不同市场经济效率的比较 232
  - 8.5.1 需求曲线和供给曲线 232
  - 8.5.2 经济效率 233
- 本章小结 234
- 习题 235

第9章 分配理论 237

- 9.1 生产要素均衡价格的决定 238
  - 9.1.1 完全竞争要素市场的特点与完全竞争厂商的含义 239
  - 9.1.2 生产要素的需求 239
  - 9.1.3 生产要素供给 246
  - 9.1.4 生产要素均衡价格的决定 249
- 9.2 劳动服务的价格——工资的决定 252
  - 9.2.1 工资的含义与种类 252
  - 9.2.2 完全竞争市场上工资水平的决定 252
  - 9.2.3 不完全竞争市场上工资的决定 254
- 9.3 资本服务的价格——利率的决定 260
  - 9.3.1 资本和利息的概念 260
  - 9.3.2 利息存在的合理性 261
  - 9.3.3 资本的供给 261
  - 9.3.4 资本的需求 263
  - 9.3.5 利息率的决定 264
  - 9.3.6 利息的作用 264
- 9.4 土地服务的价格——地租的决定 266
  - 9.4.1 土地与地租的概念 266
  - 9.4.2 地租的决定 266
  - 9.4.3 地租产生的原因 267
  - 9.4.4 级差地租、准租金和经济租金 268
- 9.5 洛伦兹曲线与基尼系数 272
- 本章小结 276
- 习题 276

第10章 一般均衡与福利理论 279

- 10.1 一般均衡和帕累托最优状态 280
  - 10.1.1 一般均衡 280
  - 10.1.2 帕累托标准 283
- 10.2 交换的帕累托最优条件 284
  - 10.2.1 交换的帕累托最优条件 284
  - 10.2.2 效用可能性曲线 287
- 10.3 生产的帕累托最优条件 287
  - 10.3.1 生产的帕累托最优条件 287
  - 10.3.2 生产的可能性曲线 290
- 10.4 交换与生产的帕累托最优条件 291
- 10.5 社会福利函数 293
  - 10.5.1 社会福利函数的涵义 293
  - 10.5.2 阿罗不可能性定理 294
  - 10.5.3 几种有代表性的社会福利函数 295

10.5.4 社会福利、效率与平等 295
本章小结 301
习题 302

第 11 章 市场失灵与微观经济政策 304

11.1 垄断 305
    11.1.1 垄断 305
    11.1.2 垄断与寻租 307
    11.1.3 限制垄断的公共政策 308
11.2 外部效应 312
    11.2.1 外部影响及其分类 312
    11.2.2 外部性与效率损失 313
    11.2.3 解决外部效应的方法 315
11.3 非对称信息 320
    11.3.1 信息不对称导致的低效率 ... 321
    11.3.2 信息不对称与逆向选择 322
    11.3.3 信息不对称与道德风险 324
    11.3.4 信息传递与信息甄别 325
    11.3.5 信息不对称与委托
           —代理理论 326
11.4 公共物品与公共选择 330
    11.4.1 公共物品 330
    11.4.2 公共资源 331
    11.4.3 公共物品的最优数量与
           市场失灵 331
    11.4.4 公共物品的供给 333
    11.4.5 公共选择理论 335
本章小结 337
习题 338

参考文献 339

第1章 导论

教学目标

通过本章的学习,理解西方经济学的一些基本概念,区分微观经济学和宏观经济学的主要内容,认识学习西方经济学的意义,确立学习西方经济学的正确态度。

教学要求

了解西方经济学的产生和发展过程,理解西方经济学的研究对象,掌握西方经济学的基本研究方法。

引例

请关注以下现象：
1. 人与人、国与国之间总是相互交换商品；
2. 产品销售常常要做广告，城乡市场上同一种商品的价格不同；
3. 人每顿吃同样的饭菜会没有胃口；
4. 绝大多数父母愿意为子女上大学投资；
5. 合理密植与谷贱伤农；
6. 良币驱逐劣币，不少企业排放的污水没经过处理且生产积极性很高；
7. 近期人民币不断升值；
8. 一些国家失业增加，通货膨胀；
9. 一国的经济增长呈周期性变化。

凡此种种，不胜枚举，但其背后无一不隐藏着经济学的真理。

"西方经济学"是我国高等院校财经类和管理类专业必开的一门专业基础课。在本书的开篇，我们有必要对西方经济学的基本问题加以说明。

经济学既是一门研究财富的学问，也是一门研究人的学问。

——阿尔弗雷德·马歇尔

1.1 西方经济学的研究对象

1.1.1 西方经济学的内涵

西方经济学是指流行于西方资本主义发达国家、市场经济国家的经济理论和政策主张，是研究资本主义制度下经济资源充分利用、合理配置及其效率问题的科学。西方经济学是对资本主义市场经济运行和国家调节的重要理论、概念、政策主张和分析方法进行了综合和系统化而形成的，在西方社会科学王国中有"皇后"的殊荣。它既研究古老而又现代的家政管理，又研究多姿多彩的企业经营，还大胆解说政府日益加码的经济调控。它既赞美价格机制这只"看不见的手"的效率优势，也无情地剖析市场机制在不少领域资源配置上的诸多缺陷。它泛指大量与经济问题有关的各种不同的文献、资料和统计报告，并且至少包括三个类别，一是对企业的经营管理方法和经验的总结；二是对一个经济部门、经济领域或重大问题进行集中研究而形成的运用经济学；三是对经济理论的研究而形成的理论经济学成果，由于这些理论很多是在西方首先发现的，并且在经济方面积累了大量研究的成果，例如很多经济学名著、绝大多数诺贝尔经济学奖都来自西方。另外，从意识形态的角度理解，西方经济学是与资本主义经济制度相适应的经济理论，所以人们习惯称之为西方经济学，当然也不能认为西方经济学只研究西方经济问题。本书仅限于西方经济学中的微观经济学部分，这是当代西方经济学中最基本最重要的部分。

1.1.2 西方经济学研究的基本问题

在日常生活中，人们需要各种各样的商品和劳务，比如吃饭的时候需要餐桌、碗筷等，做衣服时需要针线等，这些东西并不都是本人生产出来的，其中的绝大部分都是在市场上通过交换获得的。心理学认为：人的欲望是无限的或者是无止境的。随着社会的发展，物质产品的丰富，人的某些欲望得到满足，但是又会产生新的欲望。由于先天的自然禀赋和后天可获得禀赋的有限，再加上技术上的局限，使生产出来的商品和劳务总是不能够满足人的无限欲望。经济学研究的是人们如何利用稀缺的资源，以有效生产有价值的物品和劳务，并将它们在不同的人中间进行分配的问题。在这个概念中，隐含以下思想，即资源是稀缺的；人类必须有选择地利用资源；资源的利用必须是有效率的。无论对社会还是个人，稀缺性都是普遍存在的，它存在于人类历史的各个时期和一切社会。当然，资源的稀缺是相对于人的无限欲望来说的。如果整个社会的资源充足，生产出来的各种各样的物品能够满足社会上每个人的欲望，那就不会产生稀缺问题。而事实上，一方面由于社会的资源是有限的，另一方面，由于技术进步是有限的，导致生产出来的物品也是有限的，以至于不能满足人们的无限欲望。因此，人类在从事生产的时候必须首先考虑生产什么和生产多少的问题。将哪些资源用于消费资料生产，比如黄油等；将哪些资源用于生产资料生产，比如机器等。生产什么和生产多少的选择主要决定于厂商和消费者之间的相互关系，这种选择主要是通过商品市场的需求来引导的，市场需求什么就生产什么，市场需求多少就生产多少。其次必须考虑如何生产的问题，即用什么生产方法进行生产。人类在生产的时候还必须研究投入和产出之间的关系，采取何种生产方式？是劳动密集型、资本密集型还是技术密集型进行生产，以达到使投入一定，产出最大化；或者产出一定，投入最小化。生产方式的选择主要由厂商按效率原则在生产要素市场自主选择。第三必须考虑为谁生产的问题。即生产出来的产品按什么原则分配给社会各阶层成员，以达到公平和效率兼顾的目的，这种选择涉及厂商和消费者，涉及生产要素市场和产品市场的综合性问题。任何一个社会由于经济资源的稀缺性都面临着生产什么、如何生产、为谁生产这样的三个基本经济问题。

1.1.3 西方经济学的假设条件

西方经济学课程学习中一个十分重要的方法就是实证分析法。实证分析法的重要前提是假设条件，在什么样的假设条件下，社会经济的运行会有什么样的结果。因此，对于西方经济学课程的教学，假设条件的学习与掌握十分重要。西方经济学有三个基本前提假设：

第一个基本前提假设是理性人假设，又称经济人假设，或最大化原则，是西方经济学中最基本的前提假设。第二个基本前提假设是信息完全假设，即市场上每个经济活动主体对有关经济情况具有完全信息。第三个基本前提假设是市场出清假设，市场出清意味着在价格灵活变动的情况下，市场上一定会实现充分就业的供求均衡状态。它与前两个基本前提假设具有明确的因果关系，是前两者的逻辑推论。现代经济学的发展围绕着对这三个基本前提假设的反思而展开。西方经济学从以上三个基本前提假设出发，通过数学演绎推理，得出结论。例如，关于"理性人"假设。这一假设条件认为：经济生活中的每一个人，其行为均是利己的，他在做出一项经济决策时，总是深思熟虑地通过成本—收益分析或趋利避害原则来对其所面临的各种可能的机会、目标以及实现目标的手段进行比较，都力图以自己最小的经济代价去追求自身利益的最大化。按理性人的假设，市场中的每一个人的行为都是力图以自己最小的经济代价去追求自身利益最大化的过程。无论是买者还是卖者都是如此。而追求自身利益最大化的过程就是买者和卖者(我们称之为微观主体)对自身资源进行有效配置的过程，更进一步地说，就是市场机制通过对微观主体的诱导进而引起对资源配置的过程。供求双方追求自身利益最大化的结果就会形成市场的动态均衡——我们称之为市场均衡。于是，以均衡过程为核心就形成了微观经济学教材的基本分析思路。

1.2 西方经济学的产生和发展

西方经济学产生于西欧封建制度解体和资本主义生产方式产生时期，经历了四个阶段，即重商主义、古典经济学、新古典经济学和当代经济学。

1.2.1 重商主义：西方经济学的萌芽时期

重商主义是封建制度解体之后16～17世纪的西欧资本原始积累时期的一种经济理论或经济体系，反映资本原始积累时期商业资产阶级利益的经济理论和政策体系，其代表人物是英国的托马斯·曼，其代表作为《英国得自对外贸易的财富》(1630年)，法国的科尔培尔也是代表人物。15世纪末，西欧社会进入封建社会的瓦解时期，资本主义生产关系开始萌芽和成长；地理大发现扩大了世界市场，给商业、航海业、工业以极大刺激；商业资本发挥着突出的作用，促进各国国内市场的统一和世界市场的形成，推动对外贸易的发展；在商业资本加强的同时，西欧一些国家建立起封建专制的中央集权国家，运用国家力量支持商业资本的发展。随着商业资本的发展和国家支持商业资本政策的实施，产生了从理论上阐述这些经济政策的要求，逐渐形成了重商主义的理论。重商主义认为一切经济活动的目的都是为了获取金银，金银即货币是财富的唯一形态，把货币的多寡视为衡量富裕程度的标准；重商主义并不认为金银矿藏的开采是获取金银财富的唯一来源，但他们认为西欧一些国家缺少金银矿藏，财富的源泉只能是流通领域，他们认为在商品交换中才能获得利润，才能获得更多的金银,其结论是只有流通领域才是国家致富的源泉;重商主义认为国内商业活动是一种零和博弈,即国内一部分人多得,就是另外一部分人少得,整个国家的财富并没有增加;只有对外贸易才是国家富裕的根本途径,而在对外贸易中又必须遵循多卖少买、多收入少支出的原则,要做到出口大于进口,保证贸易中的顺差,大量金银才能不断流入本国;重商主义认为中央集权国家对经济的干预是国家致富的重要保证,要求建立统一的民族国家,并极力主张国家采取各种干预经济的措施,实行鼓励货币输入和产品出口、限制或禁止货币输出和商品进口的政策。重商主义可分为早期的重商主义和晚期的重商主义两种。早期重商主义产生于15~16世纪,在对外贸易上强调少买,严禁货币输出国外,力求用行政手段控制货币运动,以储藏尽量多的货币,因而又被称为货币差额论。晚期重商主义盛行于17世纪上半期,强调多卖,主张允许货币输出国外,认为只要购买外国商品的货币总额少于出售本国商品所得的货币总额,就可以获更多的货币。晚期重商主义为保证对外贸易中的出超,采取保护关税的政策。由于晚期重商主义力图控制或调节商品的运动并发展工场手工业,又被称为贸易差额论。重商主义者是根据他们的社会实践,把从现实生活中观察到的经济现象加以分析研究、整理、归纳,得出他们的经验主义结论的。这是对资本主义生产方式最早的理论探讨,但重商主义者对资本主义的研究是不科学的,注定其要被新的理论所取代。

1.2.2 古典经济学:西方经济学的形成时期

古典经济学是指大约1750—1875年,这一阶段除马克思主义政治经济学之外的所有的政治经济学,其代表人物在英国主要有威廉·配第、亚当·斯密、约翰·穆勒和大卫·李嘉图等,在法国有布阿吉尔贝尔、西斯蒙第和魁奈。其中亚当·斯密最具标志性,其代表作为《国富论》(1776年)。从15世纪中叶开始到17世纪初,西欧经历了商业资本占统治地位的时期,这是重商主义的时代。但是,由于重商主义者是以流通领域为其研究对象,因而不可能揭示资本主义社会经济关系的本质,他们的经济学说是不科学的。到了17世纪初,由于资本主义工场手工业的发展已经达到了一定的水平,生产成为资本主义社会经济关系的主体,流通变成为生产的一个要素,导致了重商主义的逐渐瓦解和新的经济科学的产生,即古典政治经济学。古典经济学注重经济总量的研究,涉及经济增长、国际贸易、货币经济和财政问题等方面。古典经济学关心的是国家经济问题,虽然那时候的学者也非常强调必须尊重个人利益,但他们更强调的是如何使个人利益与社会利益保持协调。《国富论》的发表被称为经济学史上的第一次革命,《国富论》的基本观点是:劳动是供给国民一切生活用品的源泉,而一国国民消费品供应情况的好坏取决于年产品与消费人数的比例。斯密认为,每一个人行为的动机,主要是在于利己,求得自己的利益最大化,利己心是人类一切经济行为的推动力,利己心并不是值得反对或摒弃的,他相信,个人自利可以有助于整个社会福利的提高。他的价值理论也为马克思劳动价值论的形成奠定了基础。李嘉图是英国产业革命时期的经济学家,是英国古典经济学的代表和完成者,其代表作为《政治经济学及赋税原理》(1817年)。李嘉图在价值理论、货币理论、分配理论和经济发展理论方面都较亚当·斯密有所发展，使古典经济学更加成熟。约翰·穆勒是19世纪中叶英国著名的经济学家，其代表作《政治经济学原理及其在社会哲学上的应用》(1848年)，是英国流传最广也是最有权威性的经济学教材，长期被经济学界奉为经济学理论的"圣经"。其经济学观点特征是折衷主义：一方面承认资本主义制度下存在着阶级矛盾和工人阶级的悲惨遭遇，另一方面认为资本主义社会的阶级矛盾可以在资本主义制度范围内得以解决。他的经济理论是当时资本主义政治经济学的综合。古典经济学的理论核心是经济增长产生于资本积累和劳动分工相互作用的思想，即资本积累进一步推动了生产专业化和劳动分工的发展，而劳动分工反过来通过提高总产出使得社会可生产更多的资本积累，让资本流向最有效率的生产领域，这就会形成发展的良性循环。因此古典经济学认为：顺从市场对资源的配置，保持资本积累的良性循环，会更好地促进经济增长。同时他们也看到劳动分工是受条件约束的，资本的积累会使现有的劳动分工以更大的规模出现，并表现出工资的随之上涨，而劳动分工的发展却不易实现，这将使资本积累受到劳动分工发展跟不上的影响。古典经济学的分析存在自身的矛盾，李嘉图特别强调过这种矛盾，不过他的解释也不能消除这种核心思想中的矛盾。古典经济学家特别重视自由贸易，一些经济学家提出了自由贸易理论，其中著名的有亚当·斯密的绝对成本论和李嘉图的比较成本理论。绝对成本论认为，由于各国的地理条件、自然禀赋以及后天生产条件上的差异，形成了某些商品生产成本的绝对差，一国可集中资本和劳动生产具有绝对成本优势的产品，同另一国具有绝对成本优势的产品相交换，这样贸易双方都可获得最大的利益。而要取得最大利益，只有在自由贸易的条件下才能实现。比较成本理论认为，一国即使生产不出成本绝对低的商品，只要能生产出成本相对低的商品，就可以同另一国进行贸易，并使贸易双方都得到好处，一个国家应该将其生产能力更多地集中在比较起来优势更大的产业上。休谟研究的国际收支问题的成果为这方面理论研究的发展打下了基础。休谟认为，国际收支逆差将通过黄金的流出来减少货币供给，从而也降低物价水平，使得出口具有竞争力而进口的吸引力减少，这一均衡机制将持续地发生作用，直到黄金外流暂停，收支进入平衡为止。以亚当·斯密为代表的古典经济学家把经济研究从流通领域转移到生产领域，杰出的贡献是建立了以自由放任为中心的经济学体系，使经济学真正成为一门有独立体系的科学。

1.2.3 新古典经济学：微观经济学的建立与发展时期

19世纪70年代，奥国学派经济学家K.门格尔，英国经济学家W.S.杰文斯，瑞士洛桑学派的法国经济学家L.瓦尔拉斯分别提出了边际效用价值论，引发了经济学史上的第二次革命——边际革命，开创了经济学的新阶段。新古典经济学是19世纪70年代由"边际革命"开始而形成的一种经济学流派，其代表人物是英国的庞巴维克、马歇尔等。标志性人物是英国剑桥大学的马歇尔，他在1890年出版的《经济学原理》一书中，继承19世纪以来英国经济学的传统，兼收并蓄，以折衷主义手法把供求论、生产费用论、边际效用论、边际生产力论等融合在一起,建立了一个以完全竞争为前提、以"均衡价格论"为核心的相当完整的经济学体系。马歇尔以边际效用价值论代替了古典经济学的劳动价值论,并在这个核心的基础上建立了各生产要素均衡价格决定其在国民收入中所占份额的分配论;以需求为核心的分析代替了古典经济学以供给为核心的分析。新古典经济学认为边际效用递减规律是理解经济现象的一个根本基础,利用这一规律可以解释买主面对一批不同价格商品时所采取的购买行为、市场参与者对价格的反应、各种资源在不同用途之间的最佳配置等各种经济问题。马歇尔颂扬自由竞争,主张自由放任,认为资本主义制度可以通过市场机制的自动调节达到充分就业的均衡,建立了微观经济学体系及其基本内容。新古典经济学从19世纪末至20世纪30年代,主要包括奥地利学派、洛桑学派、剑桥学派,形成之后代替了古典经济学成为当时经济理论的主流,一直被西方经济学界奉为典范。《经济学原理》成为西方经济学界的第二本通用教科书。

1.2.4 当代经济学:微观经济学的完善与宏观经济学的建立及发展时期

在20世纪初期和中期,西方经济学历经了"张伯伦革命"、"凯恩斯革命"和"预期革命"三次大的革命,形成了包括微观经济学和宏观经济学的基本理论框架,这个框架被称为当代经济学。在此,以20世纪30年代凯恩斯革命的出现为标志,19世纪末至20世纪30年代,资本主义经济发展中出现了两件大事,一是19世纪末至20世纪初,主要资本主义国家已相继完成了从自由资本主义向垄断资本主义的过渡,垄断已成为资本主义经济生活的本质特征;二是随着垄断资本主义经济制度的确立和发展,资本主义的基本矛盾进一步加剧,1929—1933年出现了资本主义历史上最严重的经济大危机,使生产力遭到严重的破坏和倒退,危及了资本主义的生存和发展。然而,用当时占统治地位的新古典经济学的纯粹竞争和充分就业理论,根本无法解释资本主义的危机和严重失业现象,因而在资本主义传统理论和资本主义现实之间产生了巨大的矛盾,这就产生了当代经济学。当代经济学集中而充分地反映了西方主流经济学过去100年间的研究成果和发展特征,它在研究方法上更注重证伪主义的普遍化、假定条件的多样化、分析工具的数理化、研究领域的非经济化、案例使用的经典化、学科交叉的边缘化。"张伯伦革命"摈弃了古典经济学把竞争作为普遍现象,把垄断看作个别例外的传统假定,认为完全竞争与完全垄断是两种极端情况,更多的是处在两种极端之间的"垄断竞争"或"不完全竞争"的市场模式。他们运用边际分析法,分析了"垄断竞争"的成因、均衡条件、福利效应等,从而使微观经济学有了重大发展。

1936年,凯恩斯的《就业、利息和货币通论》一书出版,被认为是经济学史上的第三次革命,凯恩斯反对萨伊定律,反对自由市场经济,从总需求的角度分析国民收入的决定,并用有效需求不足来解释失业存在的原因,主张用国家干预和宏观调节来引导经济发展,使得西方经济学在分析方法上实现了微观分析与宏观分析的分界,从而把西方经济学在理论体系上划分为微观经济学和宏观经济学，而凯恩斯则成为现代宏观经济学的开山鼻祖。凯恩斯完成的理论创新包括：否定了古典经济学关于充分就业均衡的假定及其理论基础——"萨伊定律"，认为在通常情况下，总供给与总需求的均衡是小于充分就业的均衡，导致非自愿失业和小于充分就业均衡的根源在于有效需求不足，而有效需求不足的原因又在于"边际消费倾向、灵活偏好和对资本未来收益的预期"这三个基本心理因素。据此凯恩斯提出的政策建议强调，政府须采取财政政策增加投资，刺激经济，弥补私人市场的有效需求不足，从而实现充分就业，消除产生失业与危机的基础。

《通论》出版后，凯恩斯的政策主张被许多资本主义国家采用，但其理论缺乏微观经济的基础，美国经济学家 P.萨缪尔森等人把凯恩斯的宏观经济学与新古典派的微观经济学结合起来，形成了新古典综合派。萨缪尔森的代表作是 1948 年出版的《经济学》，现已出版到第十七版。新古典综合派在"二战"时期特别是 20 世纪 50 年代以来，在西方经济学界一直居于正统地位，尽管它始终受到以琼·罗宾逊为首的新剑桥学派的反对。这一时期，在英国，以琼·罗宾逊为首的新剑桥学派认为新古典综合学派歪曲了凯恩斯主义，主张把凯恩斯主义和新古典学派的联系进一步切断，以分配论为中心完成凯恩斯革命，并由英国经济学家 P.斯拉伐以李嘉图的劳动价值论为基础发展完善了这种劳动价值论，这被认为是经济学史上的第四次革命——斯拉伐革命。

20 世纪 70 年代以后，资本主义社会严重的通货膨胀和失业并存，致使新古典综合派面临困境，引起了凯恩斯主义的危机，自由放任思想又纷纷兴起。早在 20 世纪 50 年代，以美国经济学家 M.弗里德曼为首的货币主义的出现被认为是经济学史上的第五次革命。20 世纪 70 年代之后，以美国经济学家 R.卢卡斯为首的理性预期革命被认为是经济学史上的第六次革命。"预期革命"的演绎逻辑是，货币对产量、对经济变量具有重要影响：一方面货币供给的变化可以导致货币存量的随机变动，并由此引起经济波动；另一方面由于经济的这种波动是通过总需求曲线完成的，所以，货币供给的变化将导致总需求的变化，而总需求的变化又将导致经济波动。所以他们认为，从货币政策的角度看，政府干预经济的宏观经济政策是无效的，因而不仅存在"市场失灵"，也存在"政府失灵"。这给新古典综合派带来了巨大的冲击，萨缪尔森重新打出后凯恩斯主义主流经济学或现代主流经济学的招牌(1972 年)，其基本特点是以凯恩斯主义经济学为基础，保留新古典综合派的理论，吸收货币主义和理性预期学派的观点，成为现代主流经济学的新综合。

在 20 世纪末，以美国经济学家斯蒂格利茨 1993 年出版新的《经济学》教科书为代表和标志，开始了西方经济学的第四次整合。斯蒂格利茨完成的理论创新在于：一是将宏观经济学的表述直接奠定于扎实的微观经济学基础之上，从而实现对萨缪尔森《经济学》的超越；二是加强对信息问题、激励问题、道德问题、逆向选择问题等新课题的研究并取得新成果和新发展；三是进一步注重政府干预经济的积极作用，认为依靠政府的依法调控，就能实现市场有效配置资源的作用。

 **阅读材料 1.1**

亚当·斯密

　　亚当·斯密（Adam Smith，1723—1790），是英国古典政治经济学的主要代表人物之一。他的代表作《国富论》（全称《国民财富的性质和原因的研究》）早已被翻译成多种文字，全球发行。而他本人也因此被奉为现代西方经济学的鼻祖。亚当·斯密出生于苏格兰克科第的一个海关官员的家庭，14岁考入格拉斯哥大学，学习数学和哲学，17岁时转入牛津大学。值得一提的是，格拉斯哥是当时苏格兰的工业中心，或许亚当·斯密对经济学的兴趣就是在他14岁的时候发生的。他毕业后，于1748年到爱丁堡大学讲授修辞学与文学。1751年返回格拉斯哥大学讲授逻辑学，次年担任道德哲学讲座。他讲的道德哲学包括神学、伦理学、法学和政治学四个部分。他的伦理学讲义后来经过修订在1759年作为《道德情操论》出版，为他赢得了声誉。而他关于法学和政治学的讲义包含了贸易、价格、税收等财政经济问题，表明他在这个时期已经开始研究政治经济学。亚当·斯密在格拉斯哥一直居住到1764年，这使他有可能长期实地观察这个工业中心的经济生活。他曾积极参与当地的社会活动，尤其是经济学会的活动，并支持瓦特改进蒸汽机的实验活动。1764年，他辞退了大学教授的职务，担任布克莱公爵的私人教师，并陪同公爵到欧洲大陆旅行。在法国巴黎，他认识了启蒙思想家伏尔泰、重农学派代表魁奈和杜尔阁等名流，这对他经济学说的形成有很大的影响。

　　1767年，他辞去私人教师的职务，返回家乡克科里埋首于《国富论》的写作。弹指间，白驹过隙，地球已公转十周。1776年，凝聚了亚当·斯密十年心血的《国富论》终于问世。此书一出，极受英国资产阶级的欢迎与褒誉，因为它为实行自由放任的经济政策提供了理论根据（注：在1688年的"光荣革命"后，英国的经济政策还是以重商主义那一套为主，这实际上是封建残余在经济方面的表现，违背代表时代发展方向的处于工业革命初期的产业资产阶级的自由贸易的要求）。亚当·斯密成了最受欢迎的经济学家，《国富论》的观点成了国会议员的常用论据，甚至连当时的英国首相皮特也自称是斯密的学生。不知不觉间，斯密迎来了他一生中最风光得意的时刻。1778年，他出任爱丁堡的海关专员，1787年一度出任格拉斯哥大学的校长，无可否认的是，《国富论》的确是一部划时代的巨著。它概括了古典政治经济学在形成阶段的理论成就，它最早系统地阐述了政治经济学的各个主要学说，它标志着自由资本主义时代的到来。

　　　　　　　　　　　　　　资料来源：www.chinavalue.net/wiki/showcontent.aspx，2006-08-16。

 **阅读材料 1.2**

阿尔弗雷德·马歇尔

　　阿尔弗雷德·马歇尔(Alfred Marshall，1842—1924) 1842年出生于英国伦敦区一个朴实的中产阶级家庭，从小接受他那极为严厉的、期望他儿子能成为一个牧师的父亲的教育。但他背叛了他父亲的意愿，去剑桥大学圣约翰学院学习数学，1865年毕业并被选为圣约翰学院教学研究员。1877年由于他和玛丽·佩利——一个他过去的学生结婚,被迫辞职,因为当时牛津大学和剑桥大学的研究员们要像牧师那样独身。随后,他先后担任布里斯托尔大学校长,牛津大学、剑桥大学讲师和教授(那时,独身要求已取消)。他参加过英政府组织的政策咨询活动,还曾是1890—1894年皇家劳工委员会颇有影响的成员。1880年,他担任英国协会第六小组的主席,正式领导了创建英国(后改为皇家)经济学会的运动。1885—1908年任剑桥大学政治经济学教授,他是现代微观经济学体系的奠基人,剑桥学派和新古典学派的创始人,19世纪末20世纪初英国乃至世界最著名的经济学家。

马歇尔于1890年发表的《经济学原理》,被看作是与斯密《国富论》、李嘉图《赋税原理》齐名的划时代著作,在盎格鲁—撒克逊世界(英语国家)替换了古典经济学体系,其供给与需求的概念,以及对个人效用观念的强调,构成了现代经济学的基础。这本书在马歇尔在世时就出版了8次之多,成为当时最有影响的专著,多年来一直被奉为英国经济学的圣经。该书建立了静态经济学,所阐述的经济学说被看作是英国古典政治经济学的继续和发展。马歇尔经济学说的核心是均衡价格论,而《经济学原理》正是对均衡价格论的论证和引申。他认为,市场价格决定于供需双方的力量均衡,犹如剪刀的两翼,是同时起作用的。他的理论及其追随者被称为新古典理论和新古典学派。以马歇尔为核心而形成的新古典学派在长达40年的时间里在西方经济学中一直占据着支配地位。同时由于他及其学生,如J.M.凯恩斯,J.S.尼科尔森,A.C.庇古,D.H.麦格雷戈等先后长期在剑桥大学任教,因此也被称为剑桥学派。

其主要著作:《对杰文斯的评论》、《关于穆勒先生的价值论》、《对外贸易的纯理论与国内价值的纯理论》、《工业经济学》、《伦敦贫民何所归》、《一般物价波动的补救措施》、《经济学原理》、《经济学精义》等。总之,马歇尔经济学的最大特点是折衷。马歇尔的经济学说是19世纪中叶以来西方经济学发展的一个总结,是自约翰·穆勒后的又一次综合。

资料来源:baike.baidu.com/view/51278.htm,2008-8-11; sxy.lcu.edu.cn/ReadNews.asp?NewsID=1173,2006-5-8。

1.3 微观经济学与宏观经济学

以解决经济资源的配置和利用为对象来划分,现代西方经济学从总体上可以分为微观经济学和宏观经济学两大分支。

1.3.1 微观经济学

微观经济学研究资源配置问题,宏观经济学研究资源利用问题。微观经济学以单个经济单位,比如个人、家庭、厂商以及单个产品市场为考察对象,研究单个经济单位的经济行为,以及相应的经济变量的单项数值如何运动。微观经济学研究的经济行为包括:个人、家庭如何支配收入,怎样以有限的收入获得最大的效用和满足;企业、厂商如何把有限的资源分配在各种商品的生产上以取得最大利润。微观经济学研究的单个经济变量包括:单个商品的产量、成本、利润、要素数量;单个商品或劳务的效用、供给量、需求量、价格等。微观经济学通过对这些单个经济行为和单个经济变量的分析,阐明它们之间的各种内在联系，从而确定和实现经济目标。归纳起来，微观经济学实际上是要解决两个问题：第一是消费者对各种产品的需求与生产者对产品的供给怎样决定着每种产品的产量、销量和价格；第二是消费者作为生产要素的供给者，生产者作为对生产要素的需求者怎样决定着生产要素的使用量及价格(工资、利息、地租、正常利润)。它涉及的是市场经济中价格机制的运行问题。所以，微观经济学又称为市场均衡理论或价格理论。它实际上研究的是一个经济体既定的经济资源被用来生产哪些产品，生产多少及采用什么生产方式生产，产品怎样在经济体的各成员之间进行分配。所以它研究的是既定的经济资源如何被分配到各种不同用途上，即资源配置问题。

微观经济学的基本问题可概括为供求理论、效用理论、生产理论、成本理论、市场(厂商)理论、分配理论和福利理论，可用图1.1表示。

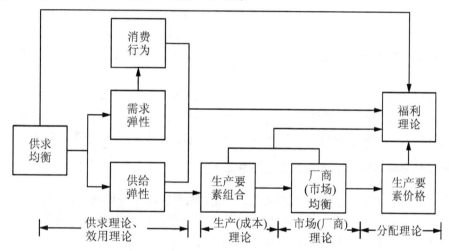

图 1.1　微观经济学的主要问题及相互关系

1.3.2　宏观经济学

宏观经济学以整个国民经济活动作为考察对象，研究经济体总体的经济问题以及相应的经济变量是如何决定及其相互间的关系。宏观经济学研究的总体经济问题包括经济波动、经济周期、经济增长、就业、通货膨胀、国家财政、进出口贸易和国际收支等，宏观经济学研究的经济变量有国民收入、就业量、消费、储蓄、投资、物价水平、利息率、汇率及这些变量的变动率等。国民收入的决定和变动是宏观经济学的一条主线，所以宏观经济学又称国民收入决定论或收入分析。它研究的实际上是一个经济体经济资源的利用现状怎样影响着国民经济总体，用什么手段来改善经济资源的利用，实现潜在的国民收入和经济的稳定增长。可以说，宏观经济学研究的是经济资源的利用问题。

宏观经济学的主要问题及相互关系如图 1.2 所示。

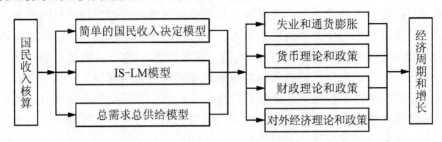

图 1.2　宏观经济学的主要问题及相互关系

从图 1.2 中可以看出，国民收入核算是研究宏观经济理论的出发点，国民收入决定是宏观经济学的核心内容，主要包括简单国民收入决定模型、IS-LM 模型和总需求总供给模型。失业和通货膨胀、货币理论和政策、财政理论和政策和对外经济理论和政策是以国民收入决定理论为根据的最重要的宏观经济政策。而宏观经济政策的最重要目标是减缓经济波动，保持经济增长。

在研究经济学的过程中，划分出了宏观经济学和微观经济学，但并不意味着在划分之后，就将经济学以宏观经济学和微观经济学作为两个孤立的部分进行研究。这两种经济观察不过是看待同一事物的两种不同的方式，它们是彼此补充、不可分离的整体。

1.3.3　微观经济学与宏观经济学的区别与联系

微观经济学与宏观经济学之间的联系：首先，微观经济学和宏观经济学是互为补充的；其次，微观经济学是宏观经济学的基础；再次，宏观经济学并不是微观经济学的简单加总或重复；最后，两者共同构成了西方经济学的整体。

微观经济学与宏观经济学之间的区别主要表现在以下几个方面。

(1) 研究对象不同。微观经济学的研究对象是单个经济单位，如家庭、厂商等。正如美国经济学家 J.亨德逊(J.Henderson)所说"居民户和厂商这种单个单位的最优化行为奠定了微观经济学的基础"。而宏观经济学的研究对象则是整个经济，研究整个经济的运行方式与规律，从总量上分析经济问题。正如萨缪尔森所说，宏观经济学是"根据产量、收入、价格水平和失业来分析整个经济行为"。美国经济学家 E.夏皮罗(E.Shapiro)则强调了"宏观经济学考察国民经济作为一个整体的功能"。

(2) 解决的问题不同。微观经济学要解决的是资源配置问题，即生产什么、如何生产和为谁生产的问题，以实现个体效益的最大化。宏观经济学则把资源配置作为既定的前提，研究社会范围内的资源利用问题，以实现社会福利的最大化。

(3) 研究方法不同。微观经济学的研究方法是个量分析，即研究经济变量的单项数值如何决定。而宏观经济学的研究方法则是总量分析，即对能够反映整个经济运行情况的经济变量的决定、变动及其相互关系进行分析。这些总量包括两类，一类是个量的总和，另一类是平均量。因此，宏观经济学又称为"总量经济学"。

(4) 基本假设不同。微观经济学的基本假设是市场出清、完全理性、充分信息，认为"看不见的手"能自由调节实现资源配置的最优化。宏观经济学则假定市场机制是不完善的，政府有能力调节经济，通过"看得见的手"纠正市场机制的缺陷。

(5) 中心理论和基本内容不同。微观经济学的中心理论是价格理论，还包括消费者行为理论、生产理论、分配理论、一般均衡理论、市场理论、产权理论、福利经济学、管理理论等。宏观经济学的中心理论则是国民收入决定理论，还包括失业与通货膨胀理论、经济周期与经济增长理论、开放经济理论等。

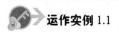运作实例1.1

从"穷人经济学"谈起
——关于"经济学"这一概念的滥用

中国人民大学　周　诚

美国经济学家舒尔茨 1979 年在接受诺贝尔奖时指出："世界上大多数人是贫穷的，所以如果我们懂得穷人的经济学，那么我们也就懂得了许多真正重要的经济学原理。世界上大多数穷人依靠农业为主，因而如果我们懂得农业经济学，我们也就懂得许多穷人的经济学。"近年，这段话在中国广为流传，"穷人的经济学"问题，便成了热门话题。本文就此话题谈谈对于"经济学"这一概念的滥用。

"穷人经济学"究竟是否能够名正言顺地成为一门经济学，是值得怀疑的。按照刘树成主编的《现代经济学词典》的《经济学》条，经济学是"泛指研究人类各种社会生产和经济活动，研究社会生产力的发展及其规律，研究社会生产关系的产生、演变及其规律的学科"。它可细分为：①研究社会生产关系及其发展规律的政治经济学(即理论经济学)；②研究某一部门或产业的经济运行规律的部门经济学(包括农业、工业、商业、人口、国防等)；③研究生产力和科学技术发展中的经济问题的生产力经济学、技术经济学等；④研究经济活动中的各种数量关系的数理经济学等；⑤研究经济发展问题的世界经济学、发展经济学等；⑥研究厂商、家庭等经济活动的微观经济学；⑦研究整个国家经济运行的宏观经济学等。

据此，则专门研究某一人群的经济问题的学问，便难以包括在上述分类之中。当然，事物处于发展变化之中，原来没有的学科可以创造出来。不过，"穷人"的生产和经济活动，"穷人"的生产力和生产关系，并不是孤立存在的，而是同"富人"并存。因而即使硬要建立一门"穷人经济学"，似乎必然存在无法回避的逻辑上的矛盾。从网上了解到，青年社会学学者卢周来先生已经在上海文艺出版社出版了一本《穷人经济学》。本人尚无缘拜读，无法置评。但是愚以为，关于穷人问题的经济理论著作，以不称"经济学"为好，不妨直接称之为"穷人经济问题研究"，以免大而无当。

从"穷人经济学"联想到，现阶段我国出现的"经济学热"，许多与"经济学"无缘的问题，都要赶时髦，贴上"经济学"标签，令人啼笑皆非。下面首先以从网上看到的三篇文章为例。《爱情经济学必读》，涉及男女交往中的花钱与效益等问题，顶多称之为"爱情经济问题"即可。《宁夏经济学》一文，所谈的无非是当前宁夏的几个经济问题而已，硬称之为"经济学"，也属于小题大做。《超级女声的超级经济学》，谈的是在"超级女声"比赛中，主持单位如何大赚其钱的问题，与经济学风马牛不相及！此外，甘肃省委党校宋圭武先生在《经济学消息报》上发表的《"面子"中蕴含的经济学》一文，认为"面子"是由物质产品衍生的精神产品；"面子"具有"潜在的经济价值，是为一个人带来物质收益的重要保证条件"。然而，这些论述都与"经济学"不相干，充其量称之为"有关'面子'的经济问题"；或者改称为"对于'面子'的经济分析"。

笔者究竟为什么要反对对于"经济学"这一概念的滥用呢？是否过于古板、迂腐呢？回答是经济学既然称得上是一门"学"，就必然有其特定的界限；如果任凭"鱼目混珠"，则必然会败坏经济学的名声。尤其是，当前人们对于中国的经济学界颇有微词，甚至说得一无是处，而这一点与人们滥用"经济学"这一概念，把并非经济学的问题硬撑为"经济学"不无关系。

进一步追溯"经济学"这一概念被滥用，还有英文的"economics"一词中译的"英中词义转换失当"这一关键性根源。本来，在英文中"economics"一词是多义的，中译时应当认真推敲其内外部语境，分别译为经济、经济学、经济问题、经济理论、经济状况、经济意义、经济思考等，而实际情况却是，不管三七二十一通译为"经济学"的情况屡见不鲜，从而造成严重的词不达意。而这种往往不确切的译法的"反响效应"便是中文作者对于"经济学"这一概念的滥用。换言之，人们将"economics"盲目地译为"经济学"所遭受到的报复便是"经济学"一词在中文文章中的滥用。

现在，让我们回到本文的开头，分析一下舒尔茨所说的"穷人的经济学"。其英文当然是"the poor's economics"，但是关键在于"economics"一词的中译。在这里，如果译为"穷人的经济状况"或"穷人经济理论"，可能更切题。在网上查到，《中国改革报》(2005年3月29日)刊登的高路的题为《"穷人经济学"振聋发聩》的文章称："舒尔茨的《穷人经济学》写道：'一个社会的消费者中穷人太多、富人太富，迟早要出问题。'"很遗憾，笔者从来未曾听说也无缘见到"舒尔茨著"的《穷人经济学》而且遍查无着。此外，在舒尔茨所著《改造传统农业》的中译本中，有"引进技术的经济学"这样一个小标题。从中文的字面上来看，似乎舒尔茨又提出了一门新经济学。但是，从内容来看却是指"引进技术的经济思考"。(请参见拙文：《"economics"仅译为"经济学"不当》，载2006年3月3日《经济学消息报》第7版)

资料来源：Powered by BlogDriver 2.11 周诚论坛。

1.4 西方经济学的研究方法

西方经济学有一套自己的分析方法，主要有实证分析法、规范分析法、边际分析法、均衡分析法、静态分析法、比较静态分析法、动态分析法、数学分析方法和模型分析法等。

1.4.1 实证分析法和规范分析法

西方经济学的分析方法有实证分析方法和规范分析方法之分，相应的经济学也有实证经济学和规范经济学之分。

实证分析方法是在分析经济问题和建立经济理论时，撇开对社会经济活动的价值判断。只研究经济活动中各种经济现象之间的相互联系，运用"大胆假设、小心求证，在求证中检验假设"的方法，在做出与经济行为有关的假定前提下，分析和预测人们经济行为的后果。实证经济学所力图说明和回答的问题是：(1)经济现象是什么？经济事物的现状如何？(2)有几种可供选择的方案？将会带来什么后果？它不回答是不是应该做出这样的选择的问题。即它企图超脱和排斥价值判断，实证经济学所研究的内容具有客观性，是说明客观事物是怎样的实证科学。

经济学的实证倾向产生于资产阶级庸俗经济学时期，最早区分实证经济学与规范经济学，认为政治经济学是一门实证经济学的是19世纪上半叶的英国经济学家西尼尔。19世纪70年代以后，奥地利的门格尔、英国的杰文斯、法国的瓦尔拉斯提出了边际效用论，使经济学的实证分析跨出了从纯粹逻辑推理到数学公式演绎的一大步。20世纪30年代以后，实证经济学获得了进一步的发展。从凯恩斯到现在，西方经济学的主流一直是实证经济学。

规范分析方法是以一定的价值判断作为出发点和基础，提出行为标准，并以此作为处理经济问题和制定经济政策的依据，探讨如何才能符合这些标准的分析和研究方法。

规范经济学研究和回答的经济问题是：(1)经济活动"应该是什么"或社会面临的经济问题应该怎样解决；(2)什么方案是好的，什么方案是不好的；(3)采用某种方案是否应该，是否合理，为什么要做出这样的选择。

规范经济学涉及对经济行为和经济政策对人们福利的影响和评价问题，涉及是非善恶，合理与否问题，与伦理学、道德学相似，具有根据某种原则规范人们行为的性质。由于人们的立场、观点、伦理和道德观念不同，对同一经济事物、经济政策、同一经济问题会有迥然不同的意见和价值判断。对于应该做什么，应该怎么办的问题，不同的经济学家可能会有完全不同的结论。

经济学究竟是实证经济学还是规范经济学，西方经济学界目前仍在争论。一般来说，西方经济学的正统学派如凯恩斯主义学派和货币主义学派，比较重视实证分析方法；而非正统学派如新制度经济学则比较强调规范经济分析。其原因是正统学派经济学是大垄断资产阶级的意识形态，它的任务是为垄断资产阶级及其政党出谋划策，它不愿意也不可能揭露资本主义经济制度的弊端。

1.4.2 边际分析法

边际分析法是利用边际概念对经济行为和经济变量进行数量分析的方法。

边际的原意为边界、界限、增量等。在经济学分析中，边际是指对原有经济总量的每一次增加或减少，如一个人已经吃了三块面包，获得了一定的效用(满足)，在这个基础上再吃第四块面包所增加的效用，便是第四块面包的边际效用。严格来说，边际是指"自变量"发生小量变动时，在边际上"因变量"的变动率。边际效用就是作为自变量的消费量发生变动时，作为因变量的总效用的变动率。这种用边际量对经济行为和经济变量进行分析的方法，就是边际分析法。边际分析法对经济变量间相互关系的定量分析颇为严密，因而被广泛应用于经济理论研究,如西方经济学运用边际分析法在消费理论中研究边际效用,在生产理论中研究边际成本和边际收益,在分配理论中研究边际生产力等。

边际分析法产生于19世纪末20世纪初的"边际革命"时期。在这一时期,西方经济学以萨伊、西尼尔和约翰·穆勒的庸俗经济学理论为基础,吸收了当时心理学和数学发展的某些成果,将心理分析和增量分析引入经济学研究领域,创立了边际分析法,从而奠定了现代西方经济学,特别是现代西方微观经济学的方法论基础。

1.4.3 均衡分析法

均衡分析法是西方经济学采用的基本分析方法,在西方经济学,特别是西方微观经济学中占有十分重要的地位。

均衡亦称平衡,原来是一个力学概念,它是指一个物体受到同一直线上两个方向相反大小相等的外力的作用,该物体因受力均衡处于静止不动状态,这种状态就是均衡。英国经济学家马歇尔将均衡概念应用于经济分析,即经济均衡。所谓经济均衡是指经济中各种对立的、变动着的力量势均力敌,所考察的经济事物处于相对静止、不再变动的境界,或经济决策者(消费者个人、厂商等)在权衡决策其使用资源的方式时,认为重新调整其资源配置的方式已不可能获得更多的好处,从而不再改变其经济行为,则称所研究的经济事物达到均衡状态。均衡分析方法是在对研究的问题所涉及的诸经济变量(因素)中,假定自变量是已知的或不变的,然后,分析当因变量达到均衡状态时会出现的情况及需具备的条件,即所谓均衡条件。例如,在消费者需求理论中,就假定:(1)消费品的价格;(2)消费者的偏好;(3)消费者的支出是已知的和不变的,同时还假定消费者的目标是实现满足最大化,而待求解的因变量则是消费者实现既定目标所需购买各种商品的数量组合和实现满足最大化所需具备的条件。

均衡分析可分为局部均衡分析和一般均衡分析。

局部均衡是指某一时间、某一市场的某种商品(或生产要素)的价格或供求量所达到的均衡,是一个市场上的均衡。如果假定某一市场对其他市场不产生影响,其他市场对这一市场也不发生影响,即孤立地考察某一市场的某种商品(或生产要素)的价格或供求量达到均衡的情况,就是局部均衡分析,或称局部均衡论。

马歇尔是局部均衡论的代表人物,他在其价值论和分配论中广泛运用了局部均衡分析方法。例如,他的均衡价格论,就是假定其他条件不变,即假定某一商品的价格只取决于该商品本身的供求状况,而不受其他商品价格、供求状况等因素的影响,这一商品的价格如何由供给和需求两种相反力量的作用而达到均衡。

同局部均衡论相反,一般均衡论是研究整个经济体系的价格和产量结构如何实现均衡的一种经济理论,所以也称为总均衡分析。它由19世纪末里昂·瓦尔拉斯提出。一般均衡分析把整个经济体系视为一个整体,从市场上所有各种商品的价格、供求是相互影响、相互依存的前提出发，考察各种商品的价格、供求同时达到均衡状态条件下的价格决定问题。也就是说，一种商品的价格不仅取决于它本身的供求，而且受其他商品的价格和供求的影响，因而一种商品的价格和供求的均衡，只有在所有的商品的价格和供求都达到均衡时才能决定。一般均衡分析重视不同市场中的商品的产量和价格的关系，强调经济体系中各部门、各市场的相互作用，是一种比较全面的分析方法。但由于一般均衡分析涉及的经济变量太多，而这些经济变量又是错综复杂和瞬息万变的，因而使用起来十分复杂和困难。所以，在西方经济学中，大多采用局部均衡分析方法。

1.4.4 过程分析法、静态分析法、比较静态分析法和动态分析法

均衡分析不涉及均衡达到的过程情况，而过程分析则考察调整变化的实际过程。这种分析方法一般将经济运动过程划分为连续的分析"期间"，以便考察有关经济变量在相继起的各个期间的变化情况，所以，过程分析又称"期间分析"或"序列分析"。比如在蛛网理论中所使用的分析方法，就是考察某一产品在相继各生产期间，如何以某一个期间供求不平衡造成的价格涨落，引起继起的各生产期间的供求量的增减和价格的涨落的实际发展变化过程。在经济周期波动分析中，考察社会经济将如何经历繁荣、危机、萧条和复苏各阶段的周期性变化，这是在客观经济分析中运用过程分析的例证。在西方经济学中，均衡分析和过程分析是同静态分析、比较静态分析和动态分析联系在一起的，是完全抽象掉时间因素和经济变动过程，在假定各种条件处于静止状态的情况下，分析经济现象的均衡状态的形成及其条件的方法。

静态分析就是分析经济现象的均衡状态以及有关的经济变量达到均衡状态所具备的条件，它完全抽象掉了时间因素和具体的变化过程，是一种静止地、孤立地考察某种经济事物的方法。如研究均衡价格时，舍掉时间、地点等因素，并假定影响均衡价格的其他因素，如消费者偏好、收入及相关商品的价格等静止不变，单纯分析该商品的供求达到均衡状态的产量和价格的决定。

比较静态分析就是分析在已知条件发生变化以后经济现象的均衡状态的相应变化，以及有关的经济变量在达到均衡状态时的相应变化，即对经济现象有关变量一次变动(而不是连续变动)的前后进行比较。比较静态分析不考虑经济变化过程中所包含的时间阻滞。例如，已知某商品的供求状况，可以考察其供求达到均衡时的价格和产量。现在，由于消费者的收入增加而导致对该商品的需求增加，从而产生新的均衡，使价格和产量都较以前提高。这里，只把新的均衡所达到的价格和产量与原均衡的价格和产量进行比较，这便是比较静态分析。

动态分析是对经济变动的实际过程所进行的分析，其中包括分析有关变量在一定时间过程中的变动，这些经济变量在变动过程中的相互影响和彼此制约的关系，以及它们在每一个时点上变动的速率，等等。动态分析法的一个重要特点是考虑时间因素的影响，并把

经济现象的变化当作一个连续的过程来看待。

动态分析因为考虑各种经济变量随时间延伸而变化对整个经济体系的影响，因而难度较大，在微观经济学中，迄今占有重要地位的仍是静态分析和比较静态分析方法。在宏观经济学中，特别是在经济周期和经济增长研究中，动态分析方法占有重要的地位。静态分析、比较静态分析和动态分析与均衡分析是密切相关的，西方经济学所采用的分析方法，从一个角度来看是均衡分析，从另一角度来看，就是静态分析、比较静态分析和动态分析。

1.4.5 数学分析方法

广泛采用数学分析技术是现代西方经济学方法论最重要的特征之一。西方经济学的数学分析方法一般分为数理经济分析、统计经济分析和计量经济分析三个方面。

数理经济分析的基本特征是运用数学方法推导和表述经济学理论概念，是理论经济学推导和表述其理论概念和理论体系的数学方法。

西方经济学认为，经济学研究对象的特殊性，决定了它不能像自然科学一样采用实验方法，而只能采用建立在大数法则基础之上的大量观察法，即统计方法。统计分析方法一般包括4个程序，即统计资料的搜集、分析、图示和验证。统计资料的收集往往采取随机抽样法，这体现了统计分析方法的基本特征。在经济分析中，之所以能采用统计分析方法，是因为在社会经济生活中，各种因素的作用虽然是不可控制的，但是可加以观察和记录，通过大量观察和记录，各种因素的非规律性活动可以相互抵消，从而显示出内在的规律性趋势。

计量经济分析法是20世纪二三十年代以来发展起来的一个重要的经济数学分支。按照著名经济学家弗里希的解释，计量经济学是理论经济学、数学分析和统计分析三者的结合物。计量经济分析的基本步骤和程序，首先是建立模型，其次是估算参数，再次是验证理论，最后是使用模型，得出分析所需的数量结构。

1.4.6 经济模型

经济模型也是一种分析经济问题的方法，是指用来描述同研究对象有关的经济变量之间的依存关系的理论结构。简单地说，经济模型就是用变量的函数关系来说明经济理论，是经济理论的简单表达。经济模型可以用文字说明，也可用代数方程式和几何图形形式来表达。一般的经济模型通常包括4部分：定义、假设、假说、预测。

(1) 定义。定义是指对经济模型所包括的各种变量给出明确的定义。经济变量一般包括4类：一是内生变量和外生变量。内生变量是由模型本身决定并要加以说明的变量，由经济体系内在因素决定的未知变量。外生变量由经济体系外或模型之外因素决定的已知变量。二是存量与流量。按决定变量的时间维度差异来划分，变量可分为存量和流量，存量是指某一时点所测定变量的值，流量是指一定时期内所测定变量的值。三是自变量和因变量。自变量是由模型外的力量决定、自己可以变化的量；因变量是由模型决定的经济变量，或被决定的变量。四是常数与参数。常数是一个不变的量,与变量相连的常数叫系数;参数是可以变化的常数。

(2) 假设。假设是建立经济模型的前提条件。或者指某一种理论成立或运用的条件。任何一种理论都是相对的、有条件的。因此,假设在理论分析中非常重要,甚至可以说不存在没有假设的理论和规律。例如,需求规律就是在假定消费者的收入、偏好,其他商品价格不变的前提条件下,来研究商品需求量与商品价格之间的相互关系的,如果没有或离开这些假设条件,需求量与商品价格成反比这一需求规律便不能成立。

(3) 假说。假说是根据一定的事实和理论对未知对象所作的推测性的带假定意义的理论解释。或者说,假说是在一定假设条件下,运用定义去说明变量之间的关系,提出未被证明的理论。假说在理论形成中有着重要的作用:一是可以使研究目标明确;二是为建立科学的理论铺路架桥;三是把研究引向深入并开拓新领域。假说不是空想,而是源于实际,假说是构建经济模型的关键与核心部分。

(4) 预测。预测是根据假说提出的对经济现象和经济事物未来发展趋势的看法,是根据假说所推论的结论。预测在经济模型建立中的作用和意义,一是应用,经济模型的应用是通过预测而实现的;二是检验,观察预测与实际情况的符合程度,验证经济模型的正误。

1.5 学习西方经济学的意义及态度

我国作为发展中社会主义国家,学习和研究西方经济学,有着非常积极和重要的意义。

1.5.1 学习西方经济学的意义

1. 有利于增进对西方国家的了解和研究,促进我国的改革开放

在西方,经济学是基础学科,不了解西方经济学,就难以看懂西方国家的经济报刊文章,也无从把握西方国家的经济政策。因为西方的经济学著作和报刊文章都是按西方经济学的基本理论写成的,西方经济政策的制订也是以西方经济学为理论依据的。同时,在目前的国际经济机构中,西方经济学也是通用的经济语言和工具。具备西方经济学的基本知识,是参加国际经济机构的必备条件。现在,我国要坚定不移地执行对外开放的基本国策,加快改革开放的步伐,就必须了解、学习和研究西方经济学,只有这样,才能了解西方国家的经济政策及理论依据,知道他们的经济运行机理,懂得他们的经济组织和管理方法,研究他们的发展现状和趋势,积极参与各种国际性和区域性的经济组织和机构。真正做到知己知彼,促进改革开放的顺利发展。

2. 有利于促进社会主义市场经济的顺利发展

党的十七大明确指出,实现未来经济发展目标,关键要在加快转变经济增长方式、完善社会主义市场经济体制方面取得重大进展。那么,市场经济的运行机理和发展规律如何?

如何完善社会主义市场经济体制？这些问题，迫切需要有新的理论来解释、回答和阐述。而西方经济学则可以为我们提供借鉴。虽然西方经济学从本质来说是一种资产阶级的思想体系，是为资产阶级的利益服务的，但西方经济学具有实用性特征，它的理论体系是建立在资本主义市场经济和社会化大生产的基础之上的，它的理论观点和政策主张主要是为解决市场经济运行中出现的种种问题和矛盾服务的。可以这样说，西方经济学实际上是关于市场经济发展规律的科学。比如说，西方微观经济学中的供求理论、价格理论、成本和收益理论、市场理论、收入分配理论，宏观经济学中的国民收入核算理论、宏观经济政策、通货膨胀理论、货币理论、经济波动和经济周期理论等。这些理论实际上都是关于市场经济的一般理论，它可以为建立社会主义市场经济理论体系、完善社会主义市场经济体制提供有益的参考和借鉴。

3. 有利于促进马克思主义经济学的发展

马克思主义政治经济学，是在吸收资产阶级古典政治经济学科学成分的基础上，在同形形色色的庸俗经济学的斗争中发展起来的。《资本论》问世一百多年来，一直遭到资产阶级经济学家的责难和攻击。现代西方经济学的一些重要人物也总是拿他们的各种理论来对抗和诋毁马克思主义经济学。要坚持和捍卫马克思主义经济学，就必须了解和研究西方经济学，同时，经济在发展，时代在前进，马克思主义经济学也要不断向前发展。在新的形势下，面对新的问题，马克思主义经济学只有在合理地吸收现代西方经济学的有益成果中才能不断发展。

4. 有利于其他专业知识的学习

在当代中国，西方经济学已经是一种普及性专业理论知识，是贸易、金融、国际经济关系及投资、国家政策以及管理等各个方面的基础理论课程之一，成为所有经济类课程和经济管理类课程的重要理论基础之一。学好西方经济学将对学好其他专业知识有着不可替代的基础性意义。

1.5.2　学习西方经济学的态度

1. 认真学习研究并积极借鉴

市场经济在资本主义国家已有几百年的历史，在实践中已经积累了不少经验教训。其经济理论在一定程度上反映了现代化大生产和市场经济国家经济运行的一般规律，体现了资源配置的一般要求，具有一定的科学性；西方经济学理论在其发展过程中形成的许多分析工具和分析方法，对于经济科学的发展也具有积极意义；另外，当代西方经济学对某些抽象层次较低的领域和比较具体的经济问题的研究以及所采用的某些研究方法，例如经济计量分析、统计分析、经济政策学、名目繁多的分支学科，如城市经济学、乡村经济学、环境经济学、工业经济学、农业经济学、教育经济学、卫生经济学、企业经营管理学等，都具有某种程度的科学性；西方经济政策学中关于经济目标体系、经济政策手段体系和经济政策体系的学说，对我们也具有重要的借鉴意义，这是人类文明的共同财富，应当认真学习和研究。而我国市场经济很不发达，有关社会主义市场经济理论的研究还远不够系统和深入。当今世界经济发展的形势根本不容许我们一切从头摸索着干，而以科学的态度借鉴西方经济学，吸收其中对我国可资借鉴的合理因素，吸取他们的经验教训是明智之举。

2. 结合国情，不能照抄照搬

在学习和借鉴西方经济学理论过程中，首先要注意其所建立的世界观、理论前提、假设条件与适用范围，更要考虑具体的国情。西方资本主义国家与我国的社会制度、基本经济制度不同，因此，双方经济学研究的指导思想、出发点和研究对象也不尽相同。西方经济学理论针对的是西方的政治经济问题，一般不太涉及我国所面临的各种特殊经济理论问题。虽然他们理论中的某些内容对我们不无启迪，但绝不可能完全适合我国对经济学理论的需要。

其次，由于利益关系和价值取向不同，西方经济学家通常从本国和少数上层资产者的立场出发考虑问题，所提出的理论明显带有其阶级性和局限性。而我们是以最广大人民的根本利益为出发点，追求的是共同富裕，如果完全按照他们的理论做事，将不可避免地使我国的民族利益和大多数劳动者的利益蒙受损失。我们不否认西方经济学理论在技术层面上有值得借鉴之处，但更要看到它在意识形态层面为私有制辩护的实质。在研究和借鉴当代西方经济学过程中，必须把它的辩护内容和技术上的某些有用之处严格区分开来，从马克思主义世界观和基本原理出发对其理论进行有批判的借鉴。同时，将资产阶级经济学包含的一些有用的观点和方法吸收到马克思主义政治经济学的框架中，以丰富和发展马克思主义经济学说，并根据具体的国情在实践中正确地加以借鉴和运用。

阅读材料 1.3

机制设计：为不同经济体制破解博弈迷径[①]
——2007年诺贝尔经济学奖得主学术思想述评

在规范意义上，标准的经济学(甚或整个社会科学)关于制度问题有一个三位一体的结构，即博弈论、社会选择与机制设计理论。在诺贝尔奖给了为制度研究提供微观工具——博弈论的纳什、海萨尼和泽尔顿，也给了社会选择理论的奥曼和谢林后，本年度给机制设计理论领军人物的加冕，可以说是各就各位。

笼统地说，经济学就是一门研究资源配置效率的科学。经济机制不同，资源配置的效率就不同。我们经常说要建立一种富有效率的经济机制，那么到底经济机制说的是什么？

机制设计理论的思想渊源，可以追溯到20世纪20年代末30年代初兰格等与被称为魔鬼辩护士的哈

---

① 资料来源：经济学论坛——中国经济学教育科研网，2007.10.17。

耶克等之间关于社会主义计划经济机制可行性的大论战。哈耶克认为，高度集中的计划经济机制不可能获得其正常运转所需的信息，因为高度集中的计划经济机制要实现资源的最优配置，社会管理者(国家)所需要的信息相当巨大。相比之下，市场机制就可以节约大量如此的信息成本，因为市场机制是一种自由交换的秩序。

与哈耶克针锋相对，兰格认为他所设计的经济机制完全解决得了哈耶克所指责的信息问题，而哈耶克又提出计划机制解决不了激励问题，兰格执著地认为只要给他一个大型计算机，他会把整个经济运转得井井有条。能否解决激励问题也取代信息成为计划与市场之争的新的焦点。

虽然，最后的争论是一个没有结论的结局。但是，赫维兹则通过总结这场大论战的成果，利用构造模型的方式创立了经济机制设计理论。

赫维兹注意到，论战的双方尽管各执一方，但有几点却是共同的，就是信息及其信息分散是什么？它们应该包括哪些内容？在什么意义下认为信息成本是大还是小？经济学家不仅仅需要对这些概念的外延与内涵进行界定，而且更重要的是要构造一个模型来讨论经济机制和信息之间的关系。人们需要一个统一的模型来研究什么是信息分散化经济机制，这一模型应能够包括信息分散化过程，信息集中过程，市场经济机制，计划经济机制，以及它们之间的各种组合形式的机制。

从整体性来说，这个理论是非常抽象的，它能把任何一个经济机制作为研究对象，例如它不但可以把市场机制、计划经济机制或它们的各种组合形式作为对象进行研究，同时还可以把无穷多种其他机制作为对象进行研究。

从广度上来说，它所研究的对象大到整个经济制度的一般均衡设计，小到对某个经济活动的局部均衡设计。

从个别性来说，它又非常具体，对所要研究的具体机制，它能得出非常详细的结果。简而言之，这一理论的基本思想就是对于一定的经济环境和社会目标，研究如何设计一个机制使得人们在自利行为驱使下所采取的行动使预定目标得以实现。赫维兹等人在20世纪70年代证明，在纯交换的新古典经济环境下，没有什么经济机制既能导致资源的有效配置而又比竞争市场机制使用更少的信息。

近几十年来，机制设计已成为主流经济学的核心部分。马斯金和迈尔森分别在机制设计理论的"完善设计"上做出了不朽的贡献。一个经济机制就是把信息从一个经济单位传递到另一个经济单位，它所要考虑的问题是尽量简化信息传递过程中的复杂性。这本身体现的就是经济个体间的博弈关系。显然没有比博弈论更有力的研究工具了。马斯金和迈尔森都是顶级的博弈论大师，均有经典教材传世。

一般化的机制设计的思想是这样的，一个没有私人信息的委托人，多个符合一定类型分布的代理人，委托人设计一个决策向量和货币转移向量对(称为配置)，这就是机制设计。

用通俗的话来解释就是，委托者的最后目标依赖于代理者的私人信息。最简单的办法当然是代理人对委托人实言相告，披露自己的信息，但代理人有什么激励不说谎呢？于是委托者必须提供货币激励（或者其他形式）的激励，这种激励是有成本的。委托人设计机制的目的是最大化自己的期望效用函数。但他这样做，面临着两个约束：第一个约束是，如果要一个理性代理人有任何兴趣接受委托人设计的机制，代理人在该机制下得到的期望效用必须不小于他在不接受这个机制时得到的最大期望效用，称为参与约束或个人理性约束；第二个约束是，给定委托人不知道代理人类型的情况下，代理人在所设计的机制下必须有积极性选择委托人希望他选择的行动。显然，只有当代理人选择委托人所希望的行动时得到的期望效用不小于他选择其他行动时得到的期望效用时，代理人才有积极性选择委托人所希望的行动。

在不同的博弈解前提下，激励相容有不同的表现形式。马斯金将满足激励相容约束的机制称为可执行机制。马斯金在1978年的文章证明，能被执行的社会选择规则一定是满足单调性的。单调性意味着，如果某一方案在一种环境中是可取的社会选择，在另一环境中，在大家的偏好排序中这个方案与其他方案比较其相对地位没有下降，那么在后一环境中，这个方案也应该成为社会选择。

马斯金还证明，在博弈参与者三人或三人以上时，单调性加上无否决权条件还是一个充分条件。无否决权就是，如果有一个方案是大家都最喜欢的，而最多一个人例外，那么这个方案应该成为社会的选择。马斯金这篇影响极大的文章20年后才最终发在《经济研究评论》上。

机制设计是一种典型的三阶段不完全信息(贝叶斯)博弈。在第一阶段，委托人设计一个机制或称为博弈规则，根据这个规则，代理人发出信号，实现的信号决定配置结果。在第二阶段，代理人同时选择接受或不接受委托人设计的机制。如果代理人选择不接受，他得到额外的保留效用。在第三阶段，接受机制的代理人根据机制的规定进行博弈。不过，博弈阶段越复杂，均衡机制越脆弱。所以就产生了激励理论中最基本的原理——"显示性原理"，它是1979年由迈尔森提出的。

显示原理告诉我们，一个社会选择规则如果能够被一个特定机制的博弈均衡实现，从而它是激励相容的，则一定能够通过一个"直接机制"得以实现。在这个直接机制博弈中，博弈者的行动空间即其类型集合，每个博弈者真实显示自己的类型特征。为了获得最大的期望效用，委托人只需考虑"直接机制"，在第二阶段，所有代理人都接受所设计的机制；在第三阶段，所有代理人同时如实报告自己的类型。迈尔森进一步证明，如果最优的直接显示机制不能保证帕累托改进一定会出现，没有任何机制能保证帕累托改进一定会出现。这一原理的发现，大大简化了问题的复杂程度，把复杂的社会选择问题转换成博弈论可处理的不完全信息博弈，为进一步探索铺平了道路。

要好机制还是坏机制一直是中国经济改革大话题。长期以来，激励问题在我国未受到充分重视。尽管经过20多年的经济改革，中国仍然还有许多经济政策和规则不是激励相容的。从宏观层次上，如何通过机制设计解决医改、电改等市场经济"外部性"问题，是当前不可回避的现实问题；从微观层次上，用什么样的企业机制设计实现人尽其才、物尽其用的企业个人和谐成长也是管理者关注的焦点。

虽然好的机制不一定使坏人变好，但坏的机制一定使好人变坏。如何给经济主体提供正当的激励，是机制设计的核心。英年早逝的法国经济学家拉丰说过，"在今天，对于许多经济学家而言，经济学在很大程度上已经成为研究激励问题的学问：努力工作的激励、提高产品质量的激励、投资和储蓄的激励等。"能否提供激励相容是检验一个经济机制的基本标准。一个运行良好的经济机制或规则能提供内在激励使人们努力工作，激励决策者做出有利于他主管的经济组织的好决策，激励企业尽可能有效率地生产。

借鉴西方经济学家对经济机制理论的研究，对于在社会主义市场经济环境下，如何设计合理的经济机制，解决改革问题是很有启发的。以医疗改革为例。中国的医疗保险制度是在市场诸体系尚未完善的背景下引入的，目前正处在初创之际。实践和理论研究表明，因信息问题，医疗保险市场本来就是一个各类风险容易集中出现的特殊市场，它与目前过渡时期的特殊社会群体特征和制度、市场背景相结合，又衍生出了一系列复杂的行为表现形式。如在公费医疗中五花八门的浪费和欺骗现象，以及医疗市场中的合谋、垄断及策略性行为。

世界范围内的社会医疗保险制度均以提高效率为核心，引入激励和竞争机制、增加受保人选择的自由度为目标：所有公民享有均等的最低医疗机会；宏观经济效益：医疗费不能超过国家资源的一定合理比例；微观经济效益：提供的服务必须在低成本基础上获得良好的治疗效果，同时使受保人满意。世界各国在社会医疗保险领域遏制道德风险的制度性措施，建立在正确界定社会医疗保险领域相关主体之间的权利、责任和利益关系的基础上。

提高经济机制激励相容度,从根本上来说,就是提高制度目标与成员目标一致的程度,本质上须继续深化激励结构和产权界定等方面的改革。

建立一个有效的激励结构,就相当于调整成员目标,以使成员目标与制度目标更加一致,从而使成员在实现自己的目标同时,制度目标也得以实现。如完善股票期权制度,使公司高层管理人员或者其他对公司的发展具有重大核心作用的人员与公司的总体发展目标(即制度目标)真正具有更高的一致性。

产权是最重要的激励因素。在产权不明晰的情况下,激励机制难以有效发挥作用,甚至无法建立任何一种有效的激励机制。国有银行继续深化改革的关键就在于将市场竞争的外在压力转换成追求利润的内在动力。随着产权改革的深入,国家应该强化对企业经营者的职业经理人的声誉激励。政府可以建立企业家经营业绩档案和资质认证制度,为国有企业对职业经理人的价值认定提供参照。

建立经理人市场涉及人事制度、社会保险制度和户籍制度的改革,正是政府应该从事的工作。即使职业经理人的目标是个人利益最大化,人才市场的竞争机制也能够激励职业经理人完成企业目标,符合"激励相容"的原则。(史晨昱)

本 章 小 结

本章界定了西方经济学的研究对象,介绍了西方经济学的产生和发展,区分了微观经济学与宏观经济学,介绍了西方经济学的分析研究方法,总结了学习西方经济学的意义,明确了学习西方经济学的态度。

本章的重点是西方经济学的分析研究方法。

本章的难点是西方经济学的研究对象。

中英文关键词语

(1) 微观经济学:microeconomics　　(2) 宏观经济学:macroeconomics

(3) 实证分析:positive analysis　　(4) 规范分析:normative analysis

(5) 边际分析:marginal analysis　　(6) 经济模型:economic model

习 题

1. 名词解释

(1) 微观经济学　(2) 宏观经济学　(3) 实证分析　(4) 规范分析

(5) 边际分析　(6) 均衡分析　(7) 比较静态分析法

(8) 动态分析法　(9) 经济模型

2. 思考题

(1) 什么是西方经济学？其研究对象是什么？
(2) 西方经济学研究的基本问题是什么？
(3) 什么是微观经济学？什么是宏观经济学？二者之间的关系如何？
(4) 微观经济学、宏观经济学的基本问题有哪些？
(5) 什么是实证分析和规范分析？
(6) 边际分析的方法如何？
(7) 学习西方经济学应持有的态度是什么？

第 2 章　均衡价格理论

教学目标

通过本章学习，能够运用均衡价格理论，对市场价格自动调节机制有更深的理解，能够运用均衡价格理论对政府的支持价格、限制价格等经济措施进行更好的理解，掌握均衡价格和均衡数量的计算。

教学要求

理解需求和供给的定义及影响需求和供给的因素；掌握需求的变动和需求量的变动分析、供给的变动和供给量的变动分析；需求与供给定理、均衡理论及供求原理的应用分析。

第2章 均衡价格理论

引例

请关注以下现象：
1. 天气炎热，空调价格上扬，啤酒销量大增；
2. 美国对伊拉克宣战，石油设施受到破坏，世界原油价格升高，高油耗的二手车销售不畅；
3. 同样的房子，交通便利的地方就贵，而远郊却便宜；
4. 农民调整种植结构，改种植小麦为生产蔬菜，并由此尝到了甜头，但随着大棚技术在农村的推广，农民并没有获得更多的好处……

所有的这一切都发生在我们身边，原因是什么呢？

经济学家如何看待这些问题，他们又是如何把它们联系在一起的呢？这些问题的产生是市场机制在发挥作用。为了揭开市场机制的奥秘，经济学家使用需求和供给的概念。

微观经济学通过对典型的单个经济行为的分析，说明市场机制的运行及其资源有效配置的基础性作用。价格分析是微观经济学分析的核心，均衡价格理论是微观经济学的中心理论。在微观经济学中，价格是由商品或劳务的需求和供给共同决定的。因此，均衡价格理论，即均衡价格的形成及其变动，通常被作为微观经济学分析的出发点。本章分析了需求、需求量、需求定理、供给、供给量、供给定理、均衡价格及均衡数量等基本理论，考察了需求变动、供给变动及其与均衡价格变动之间的关系，说明均衡价格的形成及其变动。

2.1 需求理论

2.1.1 需求与需求函数

1. 需求的定义

需求(demand)是指消费者在一定时期内，每一个价格水平上愿意而且能够购买的商品或劳务的数量。

作为需求必须具备两个条件：第一要有购买意愿；第二要有支付能力。需求是购买意愿和支付能力的统一，消费者如果只有购买意愿而没有支付能力，或者有支付能力而没有购买商品的意愿都不会构成某种商品的需求。

需求不同于需要(needs)，需要是指人们想要获得的商品和劳务的数量，不以支付能力为基础。需要只是一种潜在的需求，而需求是一种有支付能力的需要。

相对而言，需求量(demand quantity)是指在一定时期，消费者在某一价格下愿意而且能够购买的商品或劳务的数量。需求与需求量都是指消费者对商品的需求数量，其区别在于，需求是在一系列价格水平时消费者对一组商品或劳务的购买数量，而需求量则是在某一特定价格时消费者对商品或劳务的购买数量。相应的,需求价格是指对于购买一定数量的商品,消费者所愿意支付的最高价格。

需求可以分为个人需求和市场需求。个人需求指在一段时间内,对应于商品的各个价格水平,消费者愿意而且能够购买的各个可能的商品数量。市场需求是个人需求的总和,是全体消费者在某商品的各个价格水平上愿意而且能够购买的各个可能的数量总和。个人需求是构成市场需求的基础,个人需求和市场需求都是对某种商品的需求。

本书以后所讲到的某一商品的需求量,如果不特殊说明,主要是指市场需求量。

2. 影响需求的因素

消费者对某种商品的需求量是由许多因素综合作用决定的,其中主要的因素有该商品本身的价格、相关商品的价格、消费者对未来价格的预期、家庭收入和消费者偏好等。它们各自对商品需求量的影响如下。

(1) 商品本身的价格(P)。其他条件不变时,对于正常物品来说,商品本身的价格越高,消费者对该商品的需求量就会越小;价格越低,消费者对该商品的需求量就会越大。

(2) 相关商品的价格(P_X)。当一种商品的价格保持不变,与其相关的其他商品的价格发生变化时,该商品本身的需求量也会发生变化。

在经济学中,相关商品可分为两种:一种是替代品(substitute goods),可以相互替代满足消费者同样需要的商品,比如大米和面粉,羊肉和牛肉等。消费者在购买两种具有替代关系的相关商品时,如果其中一种商品的价格上涨,另一种商品的需求量就会增加;反之,如果其中一种商品的价格下降,另一种商品的需求量就会减少。即替代品价格上升,另一种商品的需求量增加;替代品价格下降,另一种商品的需求量减少。另一种是互补品(complementary goods),指互相配合使用才能满足消费者需要的商品,比如钢笔和墨水、羽毛球和球拍等。消费者在购买两种具有互补关系的相关商品时,如果其中一种商品的价格上涨,另一种商品需求量就会减少;反之,如果其中一种商品的价格下降,另一种商品需求量就会增加。即互补品价格上升,另一种商品的需求量减少;互补品价格下降,另一种商品的需求量增加。

(3) 消费者对未来价格的预期(P_E)。预期是指人们对一定经济现象在未来发展的基本变化的一种推测或判断。消费者预期未来价格上升,商品现在的需求量增加;消费者预期未来价格下降,商品现在的需求量减少。

(4) 家庭收入(M)。一般而言,对于正常物品来说,收入增加,商品的需求量增加;收入降低,商品的需求量降低。对于低档品,消费者收入增加,会引起需求量减少。

(5) 消费者偏好(T)。经济学中的偏好,是指由于非经济因素导致的,人们对某种商品的特别爱好或喜好。当消费者对某种商品的偏好程度增强时,商品的需求量增加;反之,当消费者对某种商品的偏好程度减弱时,商品的需求量减少。

(6) 人口数量与人口结构(*N*)。一般而言，人口数量增加，需求量增加；人口数量减少，需求量减少。人口结构(年龄、性别等)主要影响需求的构成，从而影响某些商品的需求。

(7) 政府的消费政策(*G*)。政府的许多政策都会鼓励或限制消费，从而增加或减少人们对商品或劳务的需求。消费政策鼓励人们消费的商品，消费者对该商品的需求量就会增加；消费政策限制人们消费的商品，消费者对该商品的需求量就会减少。

当然，除了以上因素之外，还有民族风俗、文化习惯、社会风尚、经济开放程度等因素，都会不同程度的影响需求。

3. 需求函数

需求函数表示在某一特定时期内市场上某种商品的各种可能的购买量和决定这些购买量的因素之间的关系。消费者对某种商品的需求量是由许多因素综合作用决定的，因而一种商品的需求数量可以被看成所有影响该商品需求数量的因素的函数，用数学方程式来表示，即

$$Q_d = f(P, M, T, P_E, P_x, N, G) \tag{2.1}$$

式中，Q_d 表示对某一商品或劳务的需求量；P 为商品自身的价格；M 表示收入；T 表示消费者偏好；P_x 表示相关商品的价格；P_E 表示消费者对商品的价格预期；N 表示人口数量或结构；G 表示政府的消费政策。

影响商品的需求量最重要的因素是该商品本身的价格，所以为简化分析，假定其他因素不变，只考虑商品本身的价格对其需求量的影响。于是，商品的需求函数可简化为

$$Q_d = f(P) \tag{2.2}$$

需求与价格成反向变化关系。进一步简化，假定需求量与价格之间存在线性关系，则需求函数为

$$Q_d = a - bP \quad (a > 0, \; b > 0) \tag{2.3}$$

式中，a 表示 $P=0$ 时的需求量，系数 b 表示当价格 P 发生微小变动时所引起的需求量 Q_d 的微小变动程度，是下边将要学习的线性需求曲线的斜率。

2.1.2 需求表、需求曲线和需求定理

1. 需求表

商品的需求量和价格之间存在着一一对应关系，可以分别用商品的需求表和需求曲线加以表示。

需求表是用表格来表示商品价格与需求量之间的对应关系的数字序列表，如表 2-1 所示。

表 2-1 碟片的需求表

价格—数量组合	价格/元	需求量/张
A	10	280
B	12	220
C	15	190
D	18	160
E	20	130
…	…	…

从表 2-1 中可知，当碟片的价格为 10 元时，需求量为 280 张；当碟片的价格为 15 元时，需求量为 190 张；当价格为 20 元时，需求量为 130 张……从表 2-1 中可以看出，碟片的需求量和价格之间呈一种反向变动关系，如果把表中的数据描绘在横轴表示需求量 Q，纵轴表示价格 P 的平面坐标图上，就可以得到一条需求曲线。

2. 需求曲线

需求曲线(demand curve)是在平面坐标上表示商品价格与需求量之间对应关系的曲线，这条曲线表示一定时期内消费者在各种可能的价格下愿意而且能够购买的商品或劳务的数量，也可以表示为消费者购买相应数量的商品或劳务所愿意支付的对应的最高价格，如图 2.1 所示。

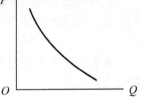

图 2.1 某商品的需求曲线

微观经济学中，在分析需求曲线和供给曲线时，通常以纵轴表示自变量，横轴表示因变量。

需求曲线可能是直线，也可能是曲线，且通常情况下是向右下方倾斜，其斜率为负，表示需求量与商品自身价格成反方向变动关系。

3. 需求定理

由上述分析可知，需求函数、需求表、需求曲线都反映了商品的价格变化和需求量变化二者之间的关系。从表 2-1 可见，商品的需求量随商品价格的上升而减少，随商品价格的下降而增加。从图 2.1 可见，需求曲线的基本特征是向右下方倾斜，表明商品的价格变化和需求量变化二者之间呈反向变动的关系。

因此，在影响商品需求的其他条件因素不变的情况下，当某种商品的价格下降时，消费者对这种商品愿意而且能够购买的数量就会增加；当商品的价格上升时，消费者对这种商品愿意而且能够购买的数量就会减少。

第 2 章
均衡价格理论

商品需求量与其价格之间的这种互为反方向变化的趋势,称为需求定理(law of demand)。绝大多数商品的需求都是符合这一定理的,但也有少数商品例外。

需求定理的例外:

第一,某些低档品,在特定条件下,这些低档品的价格下跌时,需求减少;而当价格上升时,需求反而增加。如以英国人吉芬而命名的"吉芬商品(Giffen goods)"。在1845年爱尔兰发生饥荒时,吉芬发现,马铃薯的价格虽然急剧上涨,但它的需求量反而增加。原因是灾荒造成爱尔兰人实际收入急剧下降,使得人类生活必需的低档商品的消费增加。

第二,某些炫耀品,如珠宝、文物、名车、高档时装等。这些炫耀性的消费商品,其价格成为地位和身份的象征,价格越高,越显示拥有者的地位,需求量也越大;当价格下跌,不能显示拥有者地位时,商品的需求量也会下降。

在以上两种情况下,需求曲线向右上方倾斜,斜率为正值。

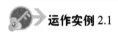 运作实例 2.1

深受消费者欢迎的低价高效药物为何消失?[①]

我国药品市场上常常出现低价高效药物供不应求的现象。许多传统的药品疗效高,深受患者欢迎。但是因为它们价格太低,医院和药店都很少经营,医生也往往弃之不用。部分药品,连部分生产厂家都停止了生产。所以患者感到,尽管药品价格经过下调,但是,实际药费支出却不见减少。

按照价格机制,供不应求只是短暂的现象,它会自发地引起价格的上涨和供给量的增加。那么,是什么原因导致低价高效药品的长期供不应求甚至消失呢?

原因主要在于,我国药品出厂以后,必须经过买断总经销权的大型批发企业,到各大片区或省级代理,再到市级代理,再到医药批发公司销售商,最后进入医院和药店。在这些中间环节,每过一道,都按一定比例加价,价格越高,则加价越多。所以每一个药品流通企业自然倾向于多经销高价药。另外,由于政府对医院补偿不足,允许其"以药养医",即允许医院用药品经营的盈利补偿医院财政不足。因为医院从出售高价药品得到的利润也更高,所以医院对高价药品自然也"情有独钟"。

传统药品经过长期生产和竞争,成本很低,在按比例层层加价的制度下,与同类新药的价格差就越来越大,到达药店和医院时便形成巨大价差。

在与一般商品市场中需求者自己选择商品不同,处方药必须经过医生开具处方,因此医生对药品的偏好而不是患者的偏好支配药品的需求。所以价格越高的药品"需求"也就越高,价格越低的药品"需求"也就越低,以至于市场萎缩。

---

① 资料来源:刘东. 微观经济学教程. 北京:科学出版社,2005年。

请结合案例分析：价格越高的药品"需求"也就越高，价格越低的药品"需求"也就越低，是否意味着对需求定理的否定？为什么？

2.1.3 需求量变动与需求变动

1. 需求量的变动

需求量的变动指在其他条件不变的情况下，由商品的自身价格的变动所引起的该商品的需求量的变动。相应的，在几何图形中，需求量的变动表现为商品的价格与需求数量组合点沿着同一条既定的需求曲线运动。对应的需求数量的变化不表示整个需求状况的变化。如图 2.2 所示，随着商品价格变动所引起的需求数量的变动，价格和数量组合点 a 沿着同一条既定的需求曲线运动到价格和数量组合点 b。在这一需求量的变动过程中，只是由于价格从 P_1 变动到 P_2，引起了商品需求数量从 Q_1 变动到 Q_2，而该种商品的整个需求状况没有发生变化，仍然由这一条需求曲线 D 反映着整个市场的需求状况。

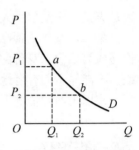

图 2.2 需求量的变动

2. 需求的变动

需求的变动是指在某商品自身价格保持不变的条件下，由其他因素变动所引起的该商品的需求数量的变动，这些因素包括：消费者的收入水平、相关商品的价格、消费者的偏好和消费者对该商品的价格预期、消费政策等。相应的，在几何图形中，需求的变动表示为需求曲线的位置发生平行移动，代表商品的整个需求状况发生了变化。

如图 2.3 所示，当除商品本身的价格之外的因素变化引起商品需求减少时，用该商品原来的需求曲线 D_0 运动到需求曲线 D_1（需求曲线向左平移）来表示需求的减少，也即在每一价格水平上的商品需求量减少了。当除商品本身的价格之外的因素变化引起商品需求增加时，用需求曲线 D_0 运动到需求曲线 D_2（需求曲线向右平移）来表示需求的增加，也即在每一价格水平上的商品需求量增加了。

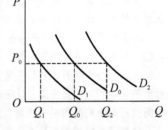

图 2.3 需求的变动

总之，需求曲线向左移动时，表示需求的减少；需求曲线向右移动时，表示需求的增加。

2.2 供给理论

2.2.1 供给与供给函数

1. 供给的定义

供给(supply)是指厂商(生产者)在某一特定时期内,在每一个价格水平上愿意而且能够提供的商品或服务的数量。作为供给也要具备两个条件:第一,有提供意愿;第二,有生产能力。两者缺一不可。

相对而言,供给量(supply quantity)则是指在一定时期内,厂商在某一价格下愿意而且能够出售的商品或劳务的数量。供给与供给量都是指厂商对商品的供给数量,其区别在于,供给是在一系列价格水平时厂商的一组商品或劳务的出售数量,而供给量则是在某一特定价格时厂商的商品或劳务的出售数量。相应的,供给价格是指对于出售一定数量的商品,厂商所愿意接受的最低价格。

供给可以分为单个厂商的供给和整个行业的供给。由单个厂商对某种商品的供给叫个别供给。某种商品市场所有个别供给的总和叫市场供给,即与每一个可能的价格水平上相对应的每个厂商供给量的总和。个别供给是构成市场供给的基础,个别供给和市场供给都是对某种商品的供给。

在以后讲到某一商品的供给量时,如果不特殊说明,主要指市场的供给量。

2. 影响供给的因素

厂商对某种商品的供给数量也是由许多因素综合作用决定的,其中主要的因素有:该商品自身的价格、生产技术和管理水平、生产成本、其他商品的价格、厂商对未来商品价格的预期、政府的经济政策等。它们各自对商品的供给数量的影响如下。

1) 商品本身的价格(P)

企业是生产者,又是要素购买者。作为生产者,企业追求的是收入最大化;作为要素购买者,企业追求的是成本最小化。因此,企业的经济行为目标是利润最大化。在其他条件不变的情况下,如果商品本身的价格上升,厂商就会投入更多的生产要素用于该商品的生产,从而使该种商品的供给量增加;反之,商品本身的价格下降,厂商就会投入较少的生产要素用于该商品的生产,将生产要素转用于其他相对价格较高的商品的生产,从而使该种商品的供给量减少。

2) 生产技术和管理水平(T)

一般情况下,技术水平和管理水平提高,可以降低生产成本,提高生产效率,从而提高产量水平,使产品供给量增加。相反,生产技术和管理水平降低,会使商品的供给量减少。

3) 生产成本(C)

在其他条件不变的情况下,生产成本上升,厂商利润减少,供给量减少;生产成本降低,厂商利润增加,供给量增加。

4) 其他商品价格(P_x)

其他商品价格上升,厂商一般会增加其他商品的生产,减少本商品的生产,本商品的供给量降低;其他商品价格下降,厂商一般会减少其他商品的生产,增加本商品的生产,本商品的供给量增加。

5) 对未来价格的预期(P_E)

如果生产者预期未来价格上涨,厂商将待价而沽,从而减少商品现在的供给,商品的供给量减少;预期未来价格下降,厂商大量抛售,从而增加商品现在的供给,商品的供给量增加。

6) 政府政策(G)

政府政策直接影响厂商生产,政府鼓励生产,则会减税或免税,导致产品成本降低,在相同价格水平下,供给量会增加;如果政府限制生产,则会征税或增税,导致产品成本提高,在相同价格水平下,供给量减少。

除上述因素外,还有时间、气候、厂商数目、经济开放程度等,都会不同程度地影响供给。

3. 供给函数

供给函数(supply function)表示在某一特定时期内,市场上某种商品供给量和决定供给量的各种因素之间的关系。厂商对某种商品的供给数量是由许多因素综合作用决定的,因而一种商品的供给数量可以看成是所有影响该商品供给数量的因素的函数,用数学方程式来表示,即

$$Q_s = f(P, C, P_E, P_x, T, G) \tag{2.4}$$

式中,Q_s 表示某一商品或劳务的供给量;P 表示商品的价格;C 表示商品的成本;P_x 表示相关商品的价格;T 表示技术水平;P_E 表示厂商对未来价格的预期;G 表示政府政策。

影响商品供给量最重要的因素是该商品本身的价格,所以为简化分析,假定其他因素不变,只考虑商品本身的价格对其供给量的影响。于是,供给函数可写为

$$Q_s = f(P) \tag{2.5}$$

供给量与商品本身的价格成正向变化关系。为了简便起见,假定供给量与价格之间存在线性关系,则供给函数为

$$Q_s = -c + dP \quad (c > 0, d > 0) \tag{2.6}$$

式中,系数 d 表示供给曲线的斜率,它表示当价格 P 发生微小变动时所引起的供给量 Q_s 的微小变动程度;$-c$ 表示价格为零时的供给量。在经济学中,这意味着要使厂商提供大于

零的产量,其价格条件是:

$$P > \frac{c}{d}$$

2.2.2 供给表、供给曲线和供给定理

1. 供给表

供给表是用表格来表示商品价格与供给量之间的对应关系的数字序列表,如表 2-2 所示。

表 2-2 碟片的供给表

价格－数量组合	价格/元	供给量/张
A	10	200
B	12	600
C	14	1 000
D	16	1 400
E	18	1 800
F	20	2 200
…	…	…

供给函数表明,一种商品的价格变化与该商品供给数量变化之间存在对应的函数关系,因此,根据商品的不同价格,就可以得到其对应价格下的商品的供给量。在表 2-2 中,当价格为 10 元时,碟片的供给量为 200 张;当价格为 14 元时,碟片的供给量为 1 000 张;当价格为 18 元时,碟片的供给量为 1 800 张……从供给表中可以看出,碟片的供给量和价格之间呈一种同方向变动关系,如果把表中的数据描绘在横轴表示供给量 Q,纵轴表示价格 P 的平面坐标图上,就可以得到一条供给曲线。

2. 供给曲线

供给曲线(supply curve)是在平面坐标上表示商品价格与供给量之间对应关系的曲线,这条曲线表示一定时期内厂商在各种可能的价格下愿意而且能够出售的商品或劳务的数量,也可以表示为厂商提供相应数量的商品或劳务所要求得到的对应的最低价格,如图 2.4 所示。

供给曲线可能是直线,也可能是曲线,且通常情况下是向右上方倾斜,其斜率为正,表示供给量与商品自身价格呈同方向变动关系。

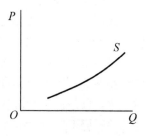

图 2.4 某商品的供给曲线

3. 供给定理

供给函数、供给表、供给曲线都反映了商品的价格变化和供给量变化二者之间的关系。从表 2-2 中可见，商品的供给数量随商品的价格的上升而增加，随商品的价格的下降而减少。从图 2.4 中可见，供给曲线的基本特征是向右上方倾斜，表明商品的价格变化和供给量变化，这二者之间呈同向变动的关系。

因此，当某种商品的价格下降时，在其他条件不变的情况下，厂商对这种商品愿意而且能够提供出售的数量就会减少；当商品的价格上升时，厂商对这种商品愿意而且能够提供出售的数量就会增加。

商品供给量与其价格之间的这种同方向变化的趋势，称为供给定理(law of supply)。

商品的供给量与供给价格同方向变动的主要原因，一是因为商品的价格上升后，现有厂商将扩大生产，增加供给量；二是这种商品价格上升后，将吸引新的厂商进入该商品的生产行列，也会使商品的供给量增加。

与需求一样，供给规律也有例外或特殊的情况。

第一，只能以单件生产的商品，由于技术进步和规模经营，使生产成本大幅下降，大批量生产得以实现，此时，商品价格下降，厂商仍愿意供给更多的产品。

第二，某些商品的价格小幅度升降时，供给按正常情况变动。大幅度升降时，人们会因为不同的价格预期而采取不同的行动，可能待价而沽，引起供给的不规则变化。如股票、证券、黄金等商品市场常常出现这样的情况。

2.2.3 供给量变动与供给变动

1. 供给量的变动

供给量的变动是指在其他条件不变的情况下，由商品的自身价格的变动所引起的该商品的供给数量的变动。

在几何图形中，供给量的变动表现为商品的价格与供给数量组合点沿着同一条既定的供给曲线运动，如图 2.5 所示。

供给量的变动表现为商品的价格与供给数量组合点沿着同一条既定的供给曲线运动。对应的供给数量的变化不表示整个供给状况的变化。如图 2.5 所示，随着商品价格变动所引起的供给数量的变动，价格和数量组合点 a 沿着同一条既定的供给曲线运动到价格和数量组合点 b。在这一供给量的变动过程中，只是由于价格从 P_1 变动到 P_2，引起了商品供给数量从 Q_1 变动到 Q_2，而该种商品的整个供给状况没有发生变化，仍然由这一条供给曲线 S 反映着整个市场的供给状况。

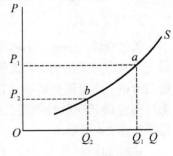

图 2.5 供给量的变动

第2章 均衡价格理论

2. 供给的变动

供给的变动是指在某商品自身价格保持不变的条件下,由于其他因素变动所引起的该商品的供给数量的变动,这些因素包括:生产要素的价格及生产成本、生产的技术和管理水平、相关商品的价格、厂商的预期和政府的经济政策等。相应的,在几何图形中,供给的变动表示为供给曲线的平行移动,代表商品的整个供给状况发生了变化。

如图 2.6 所示,当除商品本身的价格之外的因素变化引起商品供给减少时,用商品原来的供给曲线 S_0 运动到供给曲线 S_1(供给曲线向左平移)来表示供给的减少,也即在每一价格水平上的商品供给量减少了。当除商品本身的价格之外的因素变化引起商品供给增加时,用供给曲线 S_0 运动到供给曲线 S_2(供给曲线向右平移)来表示供给的增加,也即在每一价格水平上的商品供给量增加了。

总之,供给增加,供给曲线向右移动;供给减少,供给曲线向左移动。

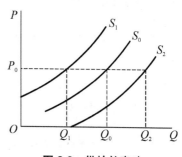

图 2.6 供给的变动

运作实例 2.2

从捕鱼话供给[①]

海南为期两个月的伏季休渔解禁开捕,海南市场上又恢复了海洋捕捞产品的供给,消费者又可以吃到从海里捕上来的各种海鲜。从休渔到解禁,影响最大的当然是海洋捕捞产品的供给问题。根据经济学的分析,要形成有效的供给,必须同时具备供给的愿望和供给的能力这两大条件。

影响供给愿望的因素主要有:供给品的价格,投入品的价格以及预期等。实际上,供给品的价格越高,投入品的价格越低,预期赚到的利润越多,生产者就越倾向于多供给。因为生产者的供给愿望主要来源于追求利润的动机。以海南海洋捕捞为例,虽然海南四面环海,海产资源十分丰富,但在改革开放之前,很难遇见大量的海洋捕捞产品供应市场,其原因就是那时的海洋捕捞产品价格很低,而且定得很死,渔民也就没有生产的积极性。改革开放以后,海洋捕捞产品的价格放开,渔民出海的积极性就提高了。从投入品的角度来看,使用以风力为动力的帆船作渔船的主要投入就是人工和设施的费用,在使用机动渔船的情况下,还要考虑燃料消耗的费用。在海洋捕捞产品价格一定的前提下,渔民出海捕鱼所需投入品的这些费用越高,渔民就越倾向于少出海;这些费用越低,渔民就越倾向于多出海。

哪些因素影响供给的能力呢?主要有生产技术和经营管理等因素。任何供给行为都是建立在一定的技术水平的基础上的,只有掌握了某种产品的生产技术,生产者才有可能向市场提供该种产品。不同的生产技术所能生产的产品的数量和质量也是有很大差别的。以捕鱼为例,用帆船作渔船只能捕到数量不多、种

---

① 资料来源:李仁君,从捕鱼话供给,海南日报,2003.1.15。

类有限的海鱼；而使用大吨位、适航性能好的渔船进行捕捞就是另一种概念了。比如，在海南的护鱼行动中，省海洋与渔业厅组织了大吨位、适航性能好的渔船结帮开赴中、深海区作业，探索中深海捕捞的组织方式，提高捕捞生产的组织化程度。在技术一定的前提下，生产者的经营管理知识也能影响供给，科学的经营管理使资源的配置更有效。所以，一个管理有方的船队要比一个管理混乱的船队更有生产效率。

政府政策可能是既影响到供给愿望又影响到供给能力的一个因素。比如，政府对某种产品征税，如果税收不能完全转嫁出去，就会影响该种产品供给的积极性，同时也削弱了该种产品的供给能力。政府有些政策可能是禁令，即不准做什么，比如禁止供应毒品；或在规定的时间内不准做什么，比如规定时间内休渔。以休渔为例，休渔期内海鱼的供给就中断了，但从渔业资源的可持续发展来看，定期休渔是完全必要的。据"世界鱼类中心"和国际食品政策研究所最新发布的研究报告称，由于世界人口的急剧增长和无节制的滥渔滥捕，未来20年内发展中国家的10亿人将无鱼可吃。按全世界现有的人口增长速度和人类消费鱼类数量要翻番来计算，50年之内海洋的鱼类储量将无力满足人类的消费。可见，如不采取措施，海洋鱼类市场的供给将会出现危机。

通过一定时期的休渔，实现了渔业资源的可持续供给。据了解，海南在今年休渔期间，海洋渔业部门认真落实各项休渔措施，加强监管，使休渔工作落到实处，全省3 279艘休渔渔船全部入港，违规作业渔船明显减少。从休渔的效果来看，海南省休渔4年，效果十分明显，渔业资源得以迅速恢复，捕捞产量连年递增。南海水产研究所提供的资料表明，近几年开捕后的平均鱼获率比休渔前提高1.5倍，鱼的个体增大一倍以上。在品种方面，马鲛、乌鲳、蓝圆鱼参、带鱼等鱼汛旺盛。通过休渔实现了生态、经济和社会效益的综合发展。现在，休渔在海南已变成渔民的自觉行动。通过休渔，实际上是提高了渔民海洋捕捞产品的长期供给能力。

2.3 均衡价格的决定及其变动

由以上分析可知，需求说明了在一定时期内，消费者在各种可能的价格下愿意而且能够购买的商品或劳务的数量，相应的，需求价格说明的是对于购买一定数量的商品，消费者所愿意支付的最高价格。供给说明了在一定时期内，厂商在各种可能的价格下愿意并且能够出售的商品或劳务的数量，供给价格则说明了对于出售一定数量的商品或劳务，厂商愿意接受的最低价格。但是，需求和供给都没有说明这种商品的价格本身是多少，也没有说明这一价格是如何变动的。

在微观经济学中，商品的价格是在商品的市场需求和市场供给这两种力量相互影响、相互作用下由供求双方共同决定的，这样的价格称为均衡价格。均衡价格又随着需求变动、供给变动和供求的同时变动而变动。

2.3.1 均衡价格的决定

均衡是指经济事物中有关变量在一定条件的相互作用下所达到的一种相对静止的状态。这种相对静止状态表明：第一，经济事物中有关变量的相互作用在一定条件下达到平衡；第二，经济事物中有关变量的要求和愿望在一定条件下能够得到满足；第三，如果原有的相对静止状态由于某种力量而改变，则会有其他的力量自发地实现新的相对静止状态。

微观经济学的均衡分析分为局部均衡分析与一般均衡分析。局部均衡是指单个市场或部分市场的供求与其价格之间的关系所处的一种相对静止的状态。一般均衡是指一个社会中所有的市场供求与相应的价格体系之间的关系所处的一种相对静止的状态。一般均衡分析建立在局部均衡分析的基础之上。

经济学用"均衡"来说明市场需求和市场供给这两种相反力量变化影响市场价格变动的趋势，以及市场价格变动影响需求和供给变动的趋势。如果市场需求大于市场供给，市场价格将会提高，根据需求定理和供给定理，价格提高，使需求减少，供给增加，一直到市场需求量等于市场供给量为止。相反，如果市场供给大于市场需求，市场价格将会下降，根据需求定理和供给定理，价格下降，使需求增加，供给减少，一直到市场需求量等于市场供给量为止。当需求量等于供给量时，价格不再具有变动的趋势，市场价格处于一种相对静止的均衡状态。

因此，均衡价格(equilibrium price)是指消费者对某种商品的需求量等于生产者提供的商品的供给量时的价格，均衡价格下的交易量称为均衡交易量或均衡产量(equilibrium quantity)。从几何意义上说，一种商品市场的均衡出现在该商品的市场需求曲线和市场供给曲线相交的交点上，该交点称为均衡点。均衡点上对应的价格称为均衡价格，均衡点上对应的产量称为均衡产量。市场上需求量和供给量相等的状态，也称为市场出清状态。

如图 2.7 所示，市场需求曲线 D 和市场供给曲线 S 相交于 E 点，E 点即均衡点。在均衡点 E 上，对应的均衡价格为 P_e，均衡产量为 Q_e。

均衡价格是在市场供求关系中自发形成的，均衡价格的形成过程就是市场价格机制的调节过程。市场的价格机制是指价格具有调节市场供求，使之达到一致性而使稀缺性资源按需要的比例配置的内在功能。

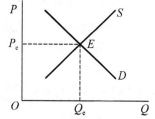

图 2.7　均衡价格和均衡数量

当市场价格偏离均衡价格时，即市场出现非均衡状态时，一般来说，偏离的市场价格会自动地回复到均衡价格水平，从而使供求不相等的非均衡状态逐步消失。

如果市场价格高于均衡价格，如图 2.8(a)所示，市场价格 P_1 大于均衡价格 P_e，此时，市场价格 P_1 下的市场需求为 Q_{d1}，市场供给为 Q_{s1}，且 $Q_{d1}<Q_{s1}$，供给量大于需求量，市场出现供给过剩，过剩量为 $Q_{d1}Q_{s1}$。此时，供给过剩使供给竞争加剧，使得价格下降。价格下降又会使需求量增加，供给量减少，直到两者相等时为止，市场价格回复到均衡位置。

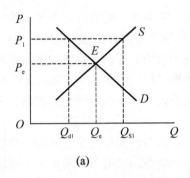 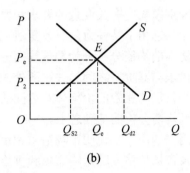

图2.8 均衡价格的形成

如果市场价格低于均衡价格，比如为 P_2，如图 2.8(b)所示，此时，市场价格 P_2 下的市场需求为 Q_{d2}，市场供给为 Q_{s2}，且 $Q_{d2}>Q_{s2}$，需求量大于供给量，市场出现供给不足，需求过度，商品短缺，短缺量为 $Q_{d2}Q_{s2}$。此时，市场短缺使市场产品需求竞争加剧，使得价格上升。价格上升又会使需求量减少，供给量增加，直到两者相等时为止，市场价格回复到均衡位置。

总之，价格、需求和供给三者相互影响、相互作用，在市场机制的作用下，无论从何种状况出发，都始终会使市场达到均衡状态。在这种状态下，需求量和供给量相等，价格既不上升也不下降，供求数量既不增加也不减少，过剩供给和过剩需求都会消失。

在市场经济的条件下，当供给大于需求时，会使商品价格下降。价格的下降，使消费增加，需求增加；另一方面价格下降，又抑制了生产，商品的供给减少，最终使该商品供求相等，资源得到合理配置。当供给小于需求时，会使商品价格上升。价格的上升，使消费减少，需求降低；另一方面价格上升，又刺激了生产，商品的供给增加，最终使该商品供求相等，资源得到合理配置。

2.3.2 均衡价格的变动

一种商品的市场均衡价格的高低是由该商品的市场需求曲线和市场供给曲线的交点来表示的。因而，需求的变动或供给的变动，或者说，需求曲线的移动和供给曲线的移动都会使均衡价格发生变动。

1. 需求变动对均衡的影响

需求的变动表现为需求曲线的位置发生移动。在商品价格不变的前提下，如果其他因素变化引起需求增加，则需求曲线向右平移；如果其他因素变化引起需求减少，则需求曲线向左平移。由需求变动所引起的需求曲线的位置发生移动，表示在每一个既定的价格水平需求量都增加或减少。

在图 2.9 中,假设供给不变,需求增加,使需求曲线向右移动,由 D_0 移动到 D_1,均衡点由 E_0 上升到 E_1,相应的,均衡价格由 P_0 上升到 P_1,均衡产量由 Q_0 上升到 Q_1。如果需求减少,将使需求曲线向左移动,由 D_0 移动到 D_2,均衡点由 E_0 下降到 E_2,相应的,均衡价格由 P_0 下降到 P_2,均衡产量由 Q_0 下降到 Q_2。

可见,在供给不变的条件下,需求的变动将引起均衡价格和均衡产量同方向变动。

2. 供给变动对均衡的影响

供给的变动表现为供给曲线的位置发生移动。在商品价格不变的前提下,如果其他因素变化引起供给增加,则供给曲线向右平移。如果其他因素变化引起供给减少,则供给曲线向左平移。由供给变动所引起的供给曲线的位置发生移动,表示在每一个既定的价格水平供给量都增加或减少。

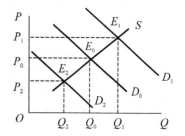

图 2.9 需求的变动对均衡的影响

在图 2.10 中,假设需求不变,供给增加,导致供给曲线向右移动,由 S_0 移动到 S_1,新的均衡点由 E_0 下降到 E_1,相应的,均衡价格由 P_0 下降到 P_1,均衡产量由 Q_0 增加到 Q_1。如果供给减少,将导致供给曲线向左移动,由 S_0 移动到 S_2,新的均衡点由 E_0 上升到 E_2,相应的,均衡价格由 P_0 上升到 P_2,均衡产量由 Q_0 下降到 Q_2。

可见,在需求不变的条件下,供给变动引起均衡价格呈反方向变动,均衡产量呈同方向变动。

综上所述,供求变动对均衡价格和均衡数量的影响,被称为"供求定理"(law of supply and demand),即一般而言,在供给不变的前提下,需求变动引起均衡价格和均衡数量呈同方向变动;在需求不变的前提下,供给变动则分别引起均衡价格呈反向变动和均衡数量呈同方向变动。

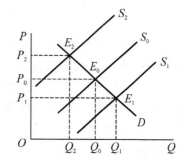

图 2.10 供给的变动对均衡的影响

3. 需求和供给同时变动对均衡的影响

需求和供给同时变动可分为多种情况,二者同时变动对均衡价格和均衡数量的影响,即变动的最终结果既取决于需求变动、供给变动的方向,也取决于需求变动、供给变动的力度,或需求曲线和供给曲线位置移动方向及其大小。

例如,在需求和供给都增加的情况下,需求增加,则需求曲线向右平移,从而使均衡价格和均衡产量都增加;供给增加,供给曲线也向右平移,从而使均衡价格下降和均衡产量增加。但需求增加使均衡价格上升,供给增加使均衡价格下降,均衡价格最终是上升、下降还是不变,取决于需求曲线和供给曲线向右平移的距离的大小。如果需求曲线向右平移的距离小于供给曲线向右平移的距离,则均衡价格最终会下降;如果需求曲线向右平移的距离大于供给曲线向右平移的距离,则均衡价格最终会上升;如果需求曲线向右平移的距离等于供给曲线向右平移的距离,则均衡价格最终会不变。其他情形,依此类推。

2.3.3 非均衡价格:支持价格和限制价格

均衡价格理论是以没有政府等外在因素对市场的干预、市场处于完全竞争状态为前提的。在现实的经济活动中,政府会对市场价格进行一定的干预,如采用支持价格或限制价格的形式,以实现政府对经济的调节目标。

1. 支持价格

支持价格是政府为了支持某一行业的发展而规定的该行业或产业产品的最低价格。如世界上许多国家都在不同时期实施了不同程度、不同形式的对农产品的支持价格政策,以扶持农业的发展。

支持价格的目的在于扶持某些生产,保障其收益,因而支持价格总是高于市场的均衡价格,使市场价格处于非均衡状态,即供给供给量超过需求量,形成超额供给,如图 2.11 所示。

在图 2.11 中,按照市场供求自发形成的均衡点为 A 点,均衡价格为 P_0,均衡数量为 Q_0。当政府制定的支付价格为 P_1 时,此时的支持价格下,对应的需求量为 Q_d,对应的供给量为 Q_s,这时供给量 Q_s 大于需求量 Q_d,形成超额供给(或需求不足),超额供给量为 Q_dQ_s,市场处于非均衡状态。

在这种供大于求的情况下,如果市场竞争充分,竞争的结果将使价格下降,趋向于 P_0;随着价格下降,厂商的供给量下降,消费者的需求量增加,供求数量趋向于 Q_0,市场竞争的结果是均衡状态的恢复。

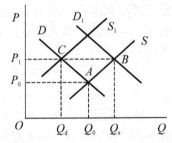

图 2.11 支持价格与均衡价格

因此,在实施支持价格时,为了避免供大于求而导致的价格下降,政府必须解决超额供给问题。如采用扩大政府收购、增加政府储备、扩大出口等措施来扩大需求,使需求曲线右移到 D_1,使市场在 B 点形成新的均衡,此时均衡价格为 P_1,均衡数量为 Q_s;或者采用限制生产、减少产量等办法,来减少供给,使供给曲线左移到 S_1,使市场在 C 点形成新的均衡,此时,均衡价格为 P_1,均衡数量为 Q_d。可见,政府在实施支持价格政策时,政府还需要采取扩大需求或采取限制生产的措施,才能使该商品的价格在支持价格水平下保持稳定。

2. 限制价格

限制价格是政府为了防止物价上涨而规定的某些产品的最高价格。如在战争、自然灾害等特殊时期，国家制定的对某些生活必需品的最高限价。

限制价格的目的在于维持物价稳定，保护消费者的利益，因而限制价格总是低于完全竞争市场决定的均衡价格，使市场处于非均衡状态，即供给量小于需求量，形成超额需求(或供给短缺)，如图2.12所示。

在图2.12中，按照市场的自发作用，均衡点在 A 点，对应的均衡价格为 P_0，均衡数量为 Q_0。当政府制定的限制价格为 P_1 时，此时的限制价格下，对应的需求量为 Q_d，对应的供给量为 Q_s，这时供给量 Q_s 小于需求量 Q_d，形成超额需求(或供给短缺)，超额需求量为 Q_dQ_s，市场处于非均衡状态。

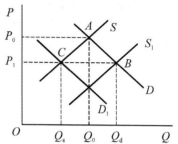

图2.12　限制价格与均衡价格

在这种供小于求的情况下，如果市场竞争充分，竞争的结果将使价格上升，趋向于 P_0；随着价格上升，厂商的供给量上升，消费者的需求量下降，供求数量趋向于 Q_0，市场竞争的结果是均衡状态的恢复。

因此，在实施限制价格时，为了避免供小于求而导致的价格上升，实现物价稳定，政府必须解决超额需求问题。如采用限制消费、减少需求，使需求曲线左移到 D_1，使市场在 C 点形成新的均衡，此时的均衡价格为 P_1，均衡数量为 Q_s；或者采用鼓励生产、增加产量等办法，来增加供给使供给曲线右移到 S_1，使市场在 B 点形成新的均衡，此时的均衡价格为 P_1，均衡数量为 Q_d。

政府为了防止产成品价格的普遍上涨，也往往限制原材料、燃料等的价格。政府为了增加贫民的福利，经常采取房租限价政策，规定房租不得超过规定的最高标准。再如，对垄断公用事业的价格管制也通常采取最高限价政策。当然，政府在实施限制价格的过程中，必须要解决好超额需求问题。否则，限制价格必然导致黑市交易的出现和利用最高限价和均衡价格的差额进行投机活动，使得资源使用不当，产品分配不公。

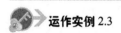
运作实例2.3

米价暴涨为何仍然谷贱伤农？

据央视报道，米价高涨的当下，在全国最大的商品粮基地黑龙江，当地的一些农民却仍然在为卖稻谷发愁：去年天公作美，稻谷收成好，每亩大概能收获450多千克稻谷，由于农资、化肥、人工在2007年不断上涨，每亩种粮成本得500元左右，如果稻谷卖1.4元钱一千克的话，自己辛辛苦苦一年下来，根本挣不了多少钱，如果价格再低，还会赔钱。

米价暴涨，却依旧伤农，不仅是很不正常的市场乱象，更是一个非常危险的恶性循环的开始。米价之所以暴涨，在本质上是因为粮食供应紧张；而谷贱伤农势必加打击农民种粮积极性，特别是米价高涨下的谷贱伤农已经扭曲了市场信号的正常传递，市场自我调节功能的失灵必然愈发加剧粮食供应的紧张。

其实，运能组织严重不足也是农民不能从米价高涨中获益的一个关键"瓶颈"。为解南方粮荒，中央前不久下令铁道部必须在 60 天内从东北向南方抢运 1 000 万吨大米。但这只是一种非常态的紧急"政治抢运",在常态的情况下却依然是大部分的东北大米外运困难。在某种程度上,配发车皮早已成为一个暴利的寻租机会,网上甚至有粮商举报"拿到一节车皮得另给 5 000 元通关费"。

提高农民种粮积极性永远是最为根本的粮食安全保证;而疏通粮食流通体制,是当下最为迫切的市场需要。因为,当分散的粮农很难顺利得到运输的保障,无论是天公作美增产,还是国际粮价大涨,都会失却应有的收入增加意义。

资料来源:news.xinhuanet.com/fortune/2008-05-02/con.

本 章 小 结

本章首先介绍了需求与供给的一般原理,然后在此基础上分析了均衡价格的决定及其变动,并说明了非均衡价格的应用:支持价格与限制价格。

本章的重点是供求曲线、均衡价格的决定及其变动。

本章的难点是供求定理及均衡价格的决定。

中英文关键词语

(1) 需求:demand　　　　(2) 需求量:demand quantity　　(3) 需求定理:law of demand
(4) 替代品:substitute goods　(5) 互补品:complementary goods　(6) 供给:supply
(7) 供给定理:law of supply　(8) 供给量:supply quantity　　(9) 均衡:equilibrium
(10) 均衡数量:equilibrium quantity　(11) 均衡价格:equilibrium price

习　题

1. 影响需求的主要因素有哪些?
2. 需求量的变动与需求的变动有什么区别和联系?
3. 请说明在发生下列情况时某品种的牛肉的需求曲线会发生什么样的变动?为什么?
   (1) 卫生检疫部门报告,认为这种牛肉含某种疯牛病的成分。
   (2) 另一种牛肉的价格上涨了。
   (3) 消费者的收入增加了。
   (4) 养牛的工人工资增加了。
   (5) 预计人口将有一个较大的增长。

4. 下述各种情况的出现，将对商品 A 的供给有何影响？
(1) 在商品 A 的行业内，企业数目减少了。
(2) 生产商品 A 的技术有重大革新。
(3) 预计产品 A 的价格会下降。
(4) 生产商品 A 的人工和原材料价格上涨了。
5. 供给量的变动与供给的变动有什么区别和联系？
6. 如果政府：(1)对某种商品的所有生产者给予单位现金补贴会对该商品的供给曲线产生什么影响？(2)与上述相反，对该商品的所有生产者征收单位销售税，将会对该商品的供给曲线产生什么影响？(3)对一种商品的所有生产者来说，实行最低限价或最高限价与给予单位补贴或征收单位销售税有何不同？
7. 均衡价格是如何形成的？
8. 已知某一时期内某商品的需求函数为 Q_d=50-5P，供给函数为 Q_s=-10+5P。
(1) 求均衡价格 P 和均衡数量 Q，并做出几何图形。
(2) 假定供给函数不变，由于消费者收入水平提高，使需求函数变为 Q_d=60-5P。求相应的均衡价格 P 和均衡数量 Q，并做出几何图形。

第 3 章　弹 性 理 论

教学目标

通过本章的学习，掌握各种弹性的经济含义以及影响弹性大小的各种因素，学会运用弹性理论解释相关的经济现象，能够将弹性理论运用于企业的经营和管理中。

教学要求

掌握弹性基本概念和计算方法；理解各种弹性的经济含义以及影响弹性大小的各种因素；理解蛛网原理，学会弹性原理的应用。

第 3 章

弹性理论

 引例

1. 我国在汉代的《汉书·食货志》上就有记载："籴甚贵,伤民;甚贱,伤农。民伤则离散,农伤则国贫。"在那样一个生产力还很落后的年代,农民就已经意识到了,丰收之后带来的并不一定就是喜悦,而是谷贱伤农。从经济学的角度,这该如何解释?

2. 从经营者角度,电影票价应该涨价还是降价?故宫博物馆还可以涨价吗?出租车起步价涨还是降?奢侈品征收消费税会怎样?

3. 所有类型的商品都能降价促销吗?各国政府为什么对农产品实行保护政策?

本章学习之后,大家对这些问题就会有一个明确的认识。

在第 2 章中,讨论了价格与商品的需求量、供给量之间的关系,和供求对均衡价格的决定,但并没有深入分析价格变动与供求之间量的关系。在现实中可以观察到,价格的变动会引起商品需求量或供给量的变动,但需求量或供给量对价格变动的反应程度是不同的。而且,这种反应程度的不同取决于我们采用相对的数量还是绝对的数量来进行衡量。例如,如果让化妆品之类的奢侈品和粮食之类的生活必需品的价格变动同样的比例,前者的供给量或需求量变动的比例会更大。但是,如果让化妆品和粮食的价格同时变动 1 元,则对于粮食的供求就会产生很大的影响,而对化妆品的供求却几乎不会产生任何影响。所以,要选择一种较好的方法来比较不同商品需求量或供给量对于价格变动的反映敏感性。采用相对数量来进行比较,不仅可以克服不同种类商品计量单位的不同,而且避免了同类商品由于原始价格不同而对比较结果的影响。经济学中的弹性(elasticity)概念就是在这种情况下提出的。

3.1 弹性的一般原理

经济学上研究自变量和因变量间定量变动关系的基本手段有两种:一种是弹性分析(elasticity analysis),分析变量间相对变动关系;另一种就是边际分析(margin analysis),分析变量间绝对变动关系。弹性分析是经济分析中的重要工具。

3.1.1 弹性的概念

弹性在不同的领域有着有相互联系但又截然不同的意义。在物理学和机械学中,弹性理论是描述一个物体在外力的作用下如何运动或发生形变的理论。在经济学中,弹性概念是由阿尔弗雷德·马歇尔[①]提出的,弹性被用来表示两个经济变量变化的关系。当两个经济变量之间存在函数关系时,作为自变量的经济变量的变化,必然会引起作为因变量的经济变量的变化。弹性表示作为因变量的经济变量的相对变化对作为自变量的经济变量的相对变化的反应程度或灵敏程度,它等于因变量的相对变化对自变量的相对变化的比值。即

$$弹性系数 = \frac{因变量的变动比例}{自变量的变动比例}$$

设两个经济变量之间的函数关系为 $Y = f(X)$,一般的弹性公式为

$$E = \frac{\frac{\Delta Y}{Y}}{\frac{\Delta X}{X}} = \frac{\Delta Y}{\Delta X} \cdot \frac{X}{Y} \tag{3.1}$$

式中,E 为弹性系数;ΔX、ΔY 分别为变量 X、Y 的变动量。

弹性的概念可以应用在所有具有因果关系的变量之间。作为原因的变量通常称作自变量,受其作用发生改变的量称作因变量,弹性就是指因变量的变化率与自变量的变化率之比。理解弹性指标时,应注意如下特性:(1)弹性数值不会因计量单位不同而不同;(2)弹性数值的正负决定于两个变量是同向变化还是反向变化;(3)弹性的绝对值反映因变量对自变量变化的敏感程度。

具体计算弹性时,有两种表示方法:点弹性(point elasticity)和弧弹性(arc elasticity)。点弹性即弹性的极限形式,是指在一既定的价格和需求量点上,价格的微小(无穷小)变化导致的需求量相对变化的程度。计算点弹性要求变量之间的函数方程必须是可导的。以下对点弹性的计算都假定函数是可导的。弧弹性即两点间平均弹性,是指在需求曲线上的两点之间,价格的相对变化导致的需求量相对变化的程度。

3.1.2 点弹性

设一函数 $Y = f(X)$,当 $X \to X + \Delta X$,$Y \to Y + \Delta Y$ 时,我们定义 X 的相对变动为 $\frac{\Delta X}{X}$,Y 的相对变为 $\frac{\Delta Y}{Y}$,则得到点弹性的计算公式为:

[①] 剑桥大学经济学教授,19 世纪末和 20 世纪初英国经济学界最重要的人物。马歇尔最主要著作是 1890 年出版的《经济学原理》,该书在西方经济学界被公认为划时代的著作,也是继《国富论》之后最伟大的经济学著作。

$$E = \frac{f(X)\text{的相对变动}}{X\text{的相对变动}} = \lim_{\Delta X \to 0} \frac{\frac{\Delta Y}{Y}}{\frac{\Delta X}{X}} = \lim_{\Delta X \to 0} \frac{\Delta Y}{\Delta X} \cdot \frac{X}{Y} = \frac{dY}{dX} \cdot \frac{X}{Y} \quad (3.2)$$

一切函数只要可导，都可以由此定义点弹性概念，以反映 Y 对于 X 变动的敏感程度。

偏弹性是弹性概念的推广。设 $Y = f(X_1, X_2, \cdots, X_n)$，则 Y 对某一自变量 $X_i (i=1, 2, \cdots, n)$ 的点弹性定义为：

$$E = \lim_{\Delta X_i \to 0} \frac{\Delta f}{\Delta X_i} \cdot \frac{X_i}{f} = \frac{\partial f}{\partial X_i} \cdot \frac{X_i}{f}, (i=1, 2, \cdots, n) \quad (3.3)$$

式中，f 代表多元函数 $f(X_1, X_2, \cdots, X_n)$。

【**例 3.1**】 有段时间汽油的价格经常波动。有两个司机 D 和 E 去加油站加油。在看到油价变化之前，D 决定加 10 升汽油，E 打算加 10 美元汽油。两个司机对汽油的需求价格点弹性各是多少？

解：设汽油的价格为 P，对于 D 来说，在此价格水平下的消费为 10 升汽油，所以有 $Q(P) = 10$，两边对 P 求导，有 $\frac{dQ(P)}{dP} = 0$，所以 D 对汽油的需求点弹性 $e = -\frac{P}{Q} \cdot \frac{dQ(P)}{dP} = 0$；

对于 E 来说，其对于汽油的消费为 $Q = \frac{10}{P}$，所以有需求函数 $Q(P) = \frac{10}{P}$，两边对 P 求导，有 $\frac{dQ(P)}{dP} = -\frac{10}{P^2}$，对该式整理得

$$\frac{P}{Q} \cdot \frac{dQ(P)}{dP} = \frac{P}{\frac{10}{P}} \cdot \frac{dQ(P)}{dP} = \frac{P^2}{10} \cdot \frac{dQ(P)}{dP} = -1$$

所以 E 对汽油的需求点弹性为 $e' = -\frac{P}{Q} \cdot \frac{dQ(P)}{dP} = 1$。

（因为 ΔP 和 ΔQ 的变化方向相反，所以为了使弹性值为正，在公式前加负号。）

3.1.3 弧弹性

弧弹性是指因变量函数曲线上两点之间的变动相对于自变量变动的敏感程度。通常是在函数不连续、不可求导的条件下才利用弧弹性的公式计算弹性。为了便于直观理解，我们利用一个连续、可导函数讨论弧弹性的计算。假定函数的形式为 $Y = aX^{-b}$，该函数的几何图形如图 3.1 所示。

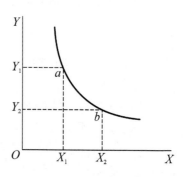

图 3.1 弧弹性的计算

由于弧弹性所涉及的变量的变化区间较大,因此产生了如何计算弹性的问题。由图3.1可以看到,当自变量取值X_1时,因变量取值Y_1;当自变量取值X_2时,因变量取值Y_2。只要弧的大小确定了,自变量的增量值ΔX与因变量的增量值ΔY也就确定了,但是弧两端点自变量值与因变量值不同,计算弹性时究竟以哪一个端点的变量值作为基础呢?

【例3.2】 假定$X_1=8$,$X_2=10$,$Y_1=3$,$Y_2=1$,那么弹性如何计算?

如果我们把自变量看作是由小到大的变化,即由8变到10($X_1 \to X_2$),那么,因变量是由大变到小,即由3变到1($Y_1 \to Y_2$)。此种情况下,X提高了25%(1/4),Y降低了近67%(2/3)。因此弹性的绝对值是

$$|E(f)| = \frac{2/3}{1/4} = 2\frac{2}{3}$$

如果我们把自变量看作是由大到小的变化,即由10变到8($X_2 \to X_1$),那么,因变量是由小变到大,即由1变到3($Y_2 \to Y_1$)。此种情况下,X降低了20%,Y提高了200%,因此弹性的绝对值是

$$|E(f)| = 200\% / 20\% = 10$$

此例中,不管自变量X与因变量Y变化的方向如何,自变量增量的绝对值不变,$|\Delta X|=2$。因变量增量的绝对值也不变,$|\Delta Y|=2$。但是,变量变化的方向不同,按照上述方法所计算的弹性值就不同。

如何计算弧弹性的弹性值呢?下面是两种常见的计算弧弹性的方法。

1) 起点基数法

起点基数法是以起始点的X、Y值作为分母计算弹性值。如果变量的起始点是(X_1,Y_1)那么弹性为:

$$E = \frac{\Delta Y / Y_1}{\Delta X / X_1} = \frac{\Delta Y}{\Delta X} \cdot \frac{X_1}{Y_1} \tag{3.4}$$

如果变量的起始点是(X_2,Y_2)那么弹性为

$$E = \frac{\Delta Y / Y_2}{\Delta X / X_2} = \frac{\Delta Y}{\Delta X} \cdot \frac{X_2}{Y_2} \tag{3.5}$$

正如我们已经看到的,该种计算方法是不精确的,对于同一段弧ab却有不同的弹性值,所以不常用。

2) 最佳算术平均数法(也称为中点法)

最佳算术平均数法是取变量起点与终点的算术平均数值作为分母,即

$$E = \frac{\dfrac{\Delta Y}{(Y_1+Y_2)/2}}{\dfrac{\Delta X}{(X_1+X_2)/2}} = \frac{\Delta Y}{\Delta X} \cdot \frac{X_1+X_2}{Y_1+Y_2} \tag{3.6}$$

这两种计算弧弹性的方法中,起点基数法不够精确,但是计算比较简便。在变量变化的区间很小的情况下可以利用这种方法。最佳算术平均数法比起点基数法要精确一些,计算也不太复杂,比较常用。在实际计算弧弹性时,可根据需要采取不同的计算方法。

阅读材料 3.1

弹性概念的推广[①]

事实上,不仅需求和供给可以定义相应的弹性值,而且任意两个有关系的经济量之间都可以定义弹性值。一般地,如果一个经济量 X 对另外一个经济量 Y 产生影响,则可以定义 Y 关于 X 的弹性系数为:

$$E_{Y,X} = \frac{Y 变动的百分比}{X 变动的百分比}$$

类似地,也可以用弧弹性和点弹性加以计算。弹性的概念在经济分析中被广泛使用。例如,一个国家的能源消费量受到国民收入的影响,因而在考察两者之间的数量关系时,可以利用能源消费关于国民收入的弹性系数。

但需要说明,两个经济量之间可以定义弹性一点也不说明这两者之间就必然具有相互影响关系。一个有意思的反例是,如果从数量上看,一个家庭中儿子从 1~18 岁的身高与国内生产总值之间存在着良好数量关系,当然也可以定义它们二者之间的弹性值。但这并不能说明儿子的身高就受到了国内生产总值的影响,因为二者之间几乎不存在多大的相关关系,定义二者之间的弹性值也就没有意义。因此,在定义一个弹性值之前,需要从理论上考察它们之间的关系。

3.2 需求弹性

广义上来讲,有关需求的弹性包括需求价格弹性、需求交叉价格弹性和需求收入弹性。需求价格弹性通常被简称为需求弹性,所以在一般分析中,"需求弹性"都是指的狭义概念,即"需求价格弹性"。而且,本节所讨论的各种需求弹性的表达式都是指其点弹性,而非弧弹性的表达式。若计算需求弹性的弧弹性,可以参照 3.1 节所讨论的弧弹性的两种计算方法。

---

① 刘凤良,西方经济学(微观部分),中国人民大学出版社出版,2005 年。

3.2.1 需求价格弹性的含义

需求的价格弹性(price elasticity of demand)指某种商品需求量变化的百分率与价格变化的百分率之比。它用来测度商品需求量的变动对于商品自身价格变动反应的敏感程度。

1. 需求价格点弹性的计算

对于一元函数 $Q = f(P)$ 来说,需求价格弹性的计算公式为:

$$E_d = \lim_{\Delta P \to 0} -\frac{\Delta Q}{\Delta P} \cdot \frac{P}{Q} = -\frac{dQ}{dP} \cdot \frac{P}{Q} \tag{3.7}$$

由于需求量与价格反方向变化,所以 $\frac{\Delta Q}{\Delta P}$ 为负值,$\frac{\Delta Q}{\Delta P} \cdot \frac{P}{Q}$ 也为负值。为了方便起见,在 $\frac{\Delta Q}{\Delta P} \cdot \frac{P}{Q}$ 前加负号,使 E_d 为正的数值。

对于多元函数 $Q = f(P, P_1, P_2, \cdots, P_n, M)$ 来说,P 为所讨论的商品自身的价格;$P_i (i=1,2,\cdots,n)$ 为其他种商品的价格;M 为消费者收入。需求价格弹性的计算公式为:

$$E_d = \lim_{\Delta P \to 0} -\frac{\Delta Q}{\Delta P} \cdot \frac{P}{Q} = -\frac{\partial Q}{\partial P} \cdot \frac{P}{Q} \tag{3.8}$$

2. 需求价格弹性的几何意义

我们以一元需求函数 $Q = f(P)$ 为例,来讨论需求价格弹性的几何意义,并且分线性需求函数与非线性需求函数两种情况进行讨论。

对于线性需求函数来说,如图 3.2(a)所示,线性需求曲线分别与纵坐标和横坐标相交于 A、B 两点,令 C 点为该需求曲线上的任意一点,根据点弹性的定义,C 点的需求价格弹性可以表示为:

$$E_d = -\frac{dQ}{dP} \cdot \frac{P}{Q} = \frac{GB}{CG} \cdot \frac{CG}{OG} = \frac{GB}{OG} = \frac{CB}{AC} = \frac{FO}{AF} \tag{3.9}$$

由此可以得出这样一个结论:线性需求曲线上的任何一点的弹性,都可以通过由该点出发向价格轴或者数量轴引垂线的方法来求得。

对于非线性需求函数来说,如图 3.2(b)所示,延长需求曲线上任一点 S 的切线,使切线分别与横坐标以及纵坐标相交,得到两个交点 F 与 G。根据点弹性的定义,S 点的需求价格弹性可以参照线性需求曲线的方法求得。

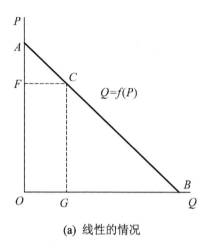 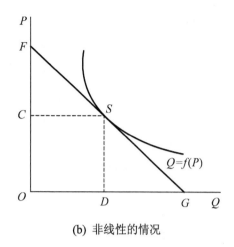

(a) 线性的情况　　　　　　　　　(b) 非线性的情况

图 3.2　需求价格弹性的几何意义

需求价格弹性的几何意义表明,需求曲线上各点的价格弹性是不同的。以线性需求函数为例,图 3.2(a)中,若 C 点是需求线的中点,那么,C 点需求的价格弹性为 $E_d=1$。C 点右下方需求曲线上各点的弹性为 $E_d<1$。C 点左上方需求曲线上各点的弹性为 $E_d>1$。

3.2.2　需求价格弹性的分类

需求价格弹性按照其大小可以分为五种情况:完全无弹性,即 $E_d=0$,如图 3.3(a)所示;需求缺乏弹性,即 $E_d<1$,如图 3.3(b)所示;需求具有单位弹性,即 $E_d=1$,如图 3.3(c)所示;需求富有弹性,即 $E_d>1$,如图 3.3(d)所示;需求具有无穷大弹性,即 $E_d=\infty$,如图 3.3(e)所示。

在需求价格弹性的五种类型中,完全无弹性、单位弹性、无穷大弹性是三种极端特殊的情况。若需求是完全无弹性的,则不管价格如何变化,需求都不会变化。就整个市场需求而言,需求价格弹性为无穷大的商品也很少见。但在完全竞争的市场上,单个厂商所面临的需求曲线具有无穷大的弹性。具有单位弹性的商品的需求曲线是直角双曲线,其最简单的形式是 $Q=1/P$。$E_d=1$,表明需求量变化的幅度与价格变化的幅度是相同的。显然,很难找到这种在曲线的各点上价格弹性都等于 1 的商品。一种商品的需求曲线上某一点或某一段弹性等于 1 是可能的,但不可能整条需求曲线上价格弹性都等于 1。绝大多数商品不是属于富有价格弹性的商品,就是属于缺乏价格弹性的商品。严格地讲,一种商品并非在所有的价格区间上都富有弹性或都缺乏弹性,许多商品在较高的价格区间上富有弹性,在较低的价格区间上缺乏弹性。从图形上看,并且越是靠近价格坐标的上端,就越富有弹性;需求曲线越是接近于垂直,并且越是靠近数量坐标的右端,就越缺乏弹性。

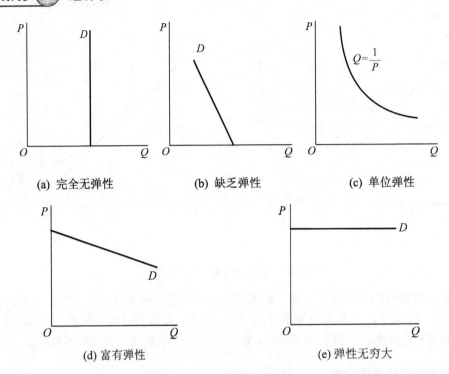

图 3.3 需求价格弹性的分类

3.2.3 决定需求价格弹性大小的因素

一种商品需求价格弹性的大小受多种因素的影响,其中主要因素有该商品替代品数目多寡以及相近的程度,该商品在消费者预算中的重要性,以及该商品用途的多寡等。

商品替代品数目的多寡以及相近程度是影响商品需求价格弹性大小的最重要的因素。一种商品的替代品数目越多、替代品之间越相近,该商品需求的价格弹性就越大。例如香烟。若商品间可以完全替代,那么商品就具有无穷大的弹性。

所谓商品在消费者预算中的重要性是指总支出中该商品所占的比重。像火柴、墨水、铅笔、食盐等类商品所占家庭预算的比重较小,因此,这类商品需求的价格弹性较小。

在其他条件不变的情况下,一种商品的用途越广,其需求的价格弹性就越大。当这些商品需求的价格较高时,消费者只购买较少的数量,以便用于最重要的用途上。当这类商品降价后,消费者将购买较多的数量,以便用于其他比较次要的用途上,例如,电既可以用于照明、启动电视,也可以用于烧电炉、启动空调等。如果电价较高,消费者可能仅使用少量的电,以便维持照明与启动电视等。如果降低电的价格,则消费者有可能大量地使用电,用于烧电炉、启动空调等。

有时难以依据一种条件判断商品是否富有弹性。原因在于有些商品虽然有多种用途,但是缺少相近的替代品,例如水就属于这类商品;有些商品虽然替代品较多,但是占家庭预算的比重却比较小,例如肥皂这类商品。

探讨需求价格弹性的大小及其决定因素对于企业的决策是非常重要的,因为企业所生产的产品需求价格弹性的大小与企业的收益紧密相关。企业在制定或变动产品的价格时一定要考虑自己产品需求价格弹性的大小。若产品需求价格弹性较大,则企业降低产品的价格会增加销售收益,提高产品价格会降低销售收益。若产品需求价格弹性较小,则企业降低产品的价格会降低销售收益,提高产品价格会增加销售收益。

3.2.4 需求的其他弹性

除了需求的价格弹性外,需求的收入弹性、需求的交叉弹性等也是需求弹性理论中需要探讨的重要问题。

1. 需求的收入弹性

需求的收入弹性(income elasticity of demand)是需求量的相对变动与收入相对变动的比值。它被用于测度商品需求量的变动对于收入变动反应的敏感程度。

假定对于 X 商品的需求函数为多元函数 $Q_X = f(P_X, P_1, P_2, \cdots, P_n, M)$,$P_X$ 为 X 商品的价格,$P_i(i=1,2,3,\cdots n)$ 为其他商品的价格,M 为消费者收入,则需求收入弹性的计算公式为(用 E_{dm} 表示 X 商品需求的收入弹性):

$$E_{dm} = \lim_{\Delta M \to 0} \frac{\Delta Q_X}{\Delta M} \cdot \frac{M}{Q_X} = \frac{\partial Q_X}{\partial M} \cdot \frac{M}{Q_X} \tag{3.10}$$

若把商品的需求 Q_X 看作只是消费者收入 M 的函数,即需求函数为 $Q_X = f(M)$,则需求收入弹性的计算公式为:

$$E_{dm} = \lim_{\Delta M \to 0} \frac{\Delta Q_X}{\Delta M} \cdot \frac{M}{Q_X} = \frac{dQ_X}{dM} \cdot \frac{M}{Q_X} \tag{3.11}$$

需求的收入弹性与需求的价格弹性取值范围是不同的。根据需求定理,商品需求量增量与商品的价格增量的符号是相反的。为了讨论的方便,对需求价格弹性取绝对值,使得需求价格弹性始终是正值。讨论需求的收入弹性时,不能采取这种做法。对于某种商品而言,收入的增加可能引起其需求量的增加;对于另一种商品而言,收入的增加则可能引起其需求量的减少。因此,需求的收入弹性可能是正的值,也可能是负的值。

根据收入的变动对商品需求量产生的不同影响,可以把商品分为正常商品和低档商品。正常商品的需求量随收入的增加而增加,低档商品的需求量随收入的增加而减少。因此,对于正常商品而言,$E_{dm} > 0$,对于低档商品而言,$E_{dm} < 0$。正常商品又可以进一步划分为刚性正常商品与弹性正常商品。刚性正常商品称为必需品(necessaries),弹性正常商品称为奢侈品(luxuries)。对于必需品来说,$0 < E_{dm} < 1$,说明收入发生相对变动时,需求量变

动较小；对于奢侈品来说，$E_{dm} > 1$，说明收入发生相对变动时，需求量变动更大。

把商品分为奢侈品、必需品与低档品带有时间性。随着时间的推移，收入的增加，奢侈品可能成为必需品，必需品可能成为低档品。从整体上来讲，食品是必需品。统计学家恩格尔曾用统计资料显示，随着家庭收入的增加，收入中用于食物开支的比重越来越小。因此食物的收入弹性是较小的。但是如果进一步再把食品分为高级食品与一般食品，则高级食品需求的收入弹性一般比较高。

2. 需求的交叉弹性

需求的交叉弹性表示在一定时期内某种商品 X 需求量的相对变动与它的相关商品 I 的价格的相对变动的比值，称为 X 商品对 I 商品的需求交叉弹性(cross elasticity of demand)，用 E_{XI} 表示。交叉弹性用来测度一种商品需求量变动对于另一种商品价格变动反应的敏感程度。

设 X 商品的需求函数为 $Q_X = f(P, P_1, P_2, \cdots, P_n, M)$，其中，$M$ 表示消费者收入，X 商品对 I 商品的需求的交叉弹性表示如下：

$$E_{XI} = \lim_{\Delta P_I \to 0} \frac{\Delta Q_X}{\Delta P_I} \cdot \frac{P_I}{Q_X} = \frac{\partial Q_X}{\partial P_I} \cdot \frac{P_I}{Q_X} \tag{3.12}$$

其中，$P_I (I = 1, 2, \cdots, n)$ 为第 I 种商品的价格。

需求的交叉弹性可能取正值，也可能取负值，视商品是替代品还是互补品而定。若 I 商品是 X 商品的替代品，则随着 I 商品的提价，对于商品 X 的需求量将上升，此种情况下 $E_{XI} > 0$。若 I 商品是 X 商品的互补品，则随着 I 商品的提价，对于 X 商品的需求量将下降，此种情况下，$E_{XI} < 0$。若两种商品既不是替代品，也不是互补品，而是无关品，则 $E_{XI} = 0$。对于替代品来说，两种商品间的可替代程度越大，交叉弹性越大。对于互补品而言，两种商品的互补性越强，交叉弹性的绝对值越大。

3.3 供给弹性

供给弹性分为供给价格弹性、供给交叉弹性、供给成本弹性等，下面分别加以讨论。需要注意的是，本节所讨论的各种供给弹性的表达式也都是指其点弹性，而非弧弹性的表达式。若计算各种供给弹性的弧弹性，可以参照 3.1 节所讨论的弧弹性的两种计算方法。

3.3.1 供给价格弹性

供给价格弹性(price elasticity of supply)是商品供给量的相对变动与商品自身价格相对变动的比值，用 E_s 来表示。它用来测度商品供给量变动对于商品自身价格变动反应的敏感程度。

1. 供给价格弹性的计算

在不同的供给函数下,供给价格弹性有不同的表达方式。如果供给函数是一元函数 $Q=f(P)$,则供给价格弹性的表达式为:

$$E_s = \lim_{\Delta p \to 0} \frac{\Delta Q}{\Delta P} \cdot \frac{P}{Q} = \frac{dQ}{dP} \cdot \frac{P}{Q} \tag{3.13}$$

如果供给函数是多元函数 $Q_X = f(P_X, P_1, P_2, \cdots, P_n, C)$,其中,$P_X$ 表示 X 商品的价格,P_i 表示其他商品的价格,C 表示 X 商品的生产成本,则供给价格弹性的表达式为:

$$E_s = \lim_{\Delta P_X \to 0} \frac{\Delta Q_X}{\Delta P_X} \cdot \frac{P_X}{Q_X} = \frac{\partial Q_X}{\partial P_X} \cdot \frac{P_X}{Q_X} \tag{3.14}$$

由于一般商品的需求量与商品自身的价格同方向变化,即 $\frac{\Delta Q_X}{\Delta P_X} > 0$($\frac{dQ_X}{dP_X} > 0$ 或 $\frac{\partial Q_X}{\partial P_X} > 0$),因此,供给价格弹性大于零。

2. 供给价格弹性的几何意义

以一元函数为例讨论供给价格弹性的几何意义,也分线性供给函数与非线性供给函数两种情况进行讨论。

对于线性供给函数来说,如图 3.4(a)所示,假设线性供给函数的延长线与横轴相交于 C 点,令 A 点为该供给曲线上的任意一点,过 A 点向横轴作垂线 AB,根据点弹性的定义,A 点的供给价格弹性可以表示为:

$$E_s = \frac{dQ}{dP} \cdot \frac{P}{Q} = \frac{CB}{AB} \cdot \frac{AB}{OB} = \frac{CB}{OB} \tag{3.15}$$

由图 3.4(a)可以看出,由于供给曲线在原点 O 的左端与横坐标交于 C 点,线段 CB 大于线段 OB,因此供给价格弹性大于 1。若供给曲线在原点 O 的右端与横坐标交于 C' 点,从该供给曲线上 A' 点向横轴做垂线 $A'B'$,那么线段 $C'B'$ 小于线段 OB',则该点供给价格弹性小于 1。如果供给曲线恰好过原点,那么其上的任意一点的弹性都等于 1。

对以上讨论归结如下:如果供给函数是线性的,只要供给曲线向右上方倾斜且不通过原点,那么供给线上各点的弹性就不相同。只要线性的供给曲线在原点的右侧与横坐标轴相交,那么整条供给曲线上供给价格弹性都小于 1;如果线性的供给曲线在原点的左侧与横坐标轴相交,那么整条供给曲线上供给价格弹性都大于 1;若线性的供给曲线过原点,则整条供给曲线上供给价格弹性都等于 1。

关于非线性供给曲线的点弹性的几何意义,可以先过所求点作供给曲线的切线,其后的过程推导与线性供给曲线是相同的,参看图 3.4(b),供给曲线上任一点 T 的供给价格弹性可以做如下描述:从 T 点向代表数量的横坐标引垂线得到 B 点,延长与 T 点相切的切线

使之交横坐标于 A 点,供给价格弹性表示为线段 AB 与线段 OB 之比。

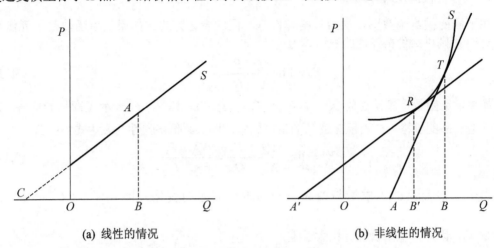

(a) 线性的情况　　　　　　　　(b) 非线性的情况

图 3.4　供给价格弹性的几何意义

3. 供给价格弹性分类

同需求价格弹性一样,供给价格弹性也可以分为 5 类(以线性供给曲线为例):供给完全无弹性,即 $E_s=0$,如图 3.5(a)所示;供给缺乏价格弹性,即 $0<E_s<1$,如图 3.5(b)所示;供给具有单位价格弹性,即 $E_s=1$,如图 3.5(c)所示;供给富有价格弹性,即 $E_s>1$,如图 3.5(d)所示;供给价格弹性为无穷大,即 $E_s=\infty$,如图 3.5(e)所示。

供给曲线的某一点或某一段等于 1 是可能的,但整条供给曲线的弹性都等于 1 的情况是非常罕见的。只有供给量的相对变动始终等于价格的相对变动,才能保证供给线上各点的弹性都等于 1,几乎没有一种商品能够满足这一条件。

整条供给曲线完全无弹性比较少见。一些不可再生资源,例如土地的总供给,以及那些无法复制的珍品的供给价格弹性等于零,因为无论这类资源或物品的价格如何变动,其供给量都不会有任何变动。

整条供给曲线价格弹性为无穷大的情况也比较少见。通常认为在劳动力严重过剩地区的劳动力供给曲线具有无穷大的供给价格弹性。在这些地区,一旦把劳动力的价格确定在某一水平,比如确定在图 3.5(e)中 P_0 的水平,便会得到源源不断的劳动力的供给。

大多数商品的供给不是属于曲线富有价格弹性一类,就是属于缺乏价格弹性一类。就短期情况而言,劳动力密集型国家、劳动力密集型行业较容易在价格提高时大幅度提高供给,因此,这些地区的劳动力密集型产品的供给富有价格弹性。那些资本密集型的产品短期内因技术问题难以随商品价格的提高而增加供给,因此其供给价格弹性较小。

影响供给价格弹性的因素很多,其中主要有生产周期的长短,生产的技术状况,产品生产所需要的规模等。一般而言，某种产品生产周期越长，该产品供给价格弹性越小；产品生产周期越短，其供给价格弹性越大。生产的技术状况在这里是指产品是需要用劳动密集型方法，还是采取资本或技术密集型方法生产。如果产品需要采用劳动密集型方法生产，则产品的供给价格弹性比较大；如果产品需要采用资本密集型或技术密集型方法生产，则产品供给价格弹性比较小。就生产规模而言，产品生产所需要的规模大，产品的供给价格弹性就小；产品生产所需要的规模小，产品的供给价格弹性就大。

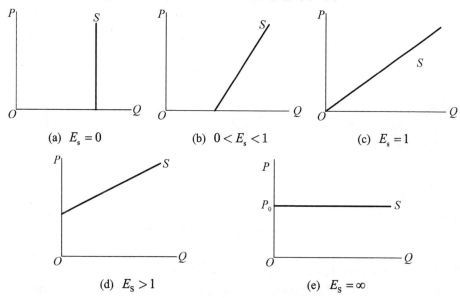

图 3.5 供给价格弹性的分类

3.3.2 供给的交叉弹性

供给的交叉弹性(cross elasticity of supply)是指一种商品供给量的相对变动与另一种商品价格相对变动的比值。它用来测度一种商品供给量的变动对于另一种商品价格变动反应的敏感程度。

我们来讨论 X 商品对于其他任一种商品 I 的供给交叉弹性。设商品的供给函数为 $Q_X = f(P_X, P_1, P_2, \cdots, P_n, C)$，用 E_{XI} 表示 X 商品对于 I 商品的供给交叉弹性，则 X 商品供给的交叉弹性可以采取以下表达式：

$$E_{XI} = \lim_{\Delta P_I \to 0} \frac{\Delta Q_X}{\Delta P_I} \cdot \frac{P_I}{Q_X} = \frac{\partial Q_X}{\partial P_I} \cdot \frac{P_I}{Q_X} \tag{3.16}$$

研究供给的交叉弹性对于政府制定正确的经济政策是非常重要的。若政府试图通过税收、补贴、支持价格或限制价格政策增加或减少某种产品的生产，一定要考虑这种政策对其他产品供给量的影响,因为这些政策都会通过改变某种产品的价格而改变其他产品的供给量。供给的交叉弹性的研究有助于从量上把握一种商品价格变动对另一种商品供给量变动的影响程度。

3.3.3 供给的成本弹性

供给的成本弹性是指一种产品供给量的相对变动与该种产品成本相对变动的比值。它被用来测度供给量的变动对于成本变动反应的敏感程度。设商品的供给函数为 $Q_X^s = f(P_X, P_1, P_2, \cdots, P_n, C)$,用 E_{cs} 表示 X 商品供给的成本弹性,则供给的成本弹性可以采取以下表达式:

$$E_{cs} = \lim_{\Delta C \to 0} \frac{\Delta Q_X}{\Delta C} \cdot \frac{C}{Q_X} = \frac{\partial Q_X}{\partial C} \cdot \frac{C}{Q_X} \tag{3.17}$$

若其他条件为既定的情况下,供给的成本弹性取负值。因为供给量与成本反方向变化,成本越大,供给越少。

阅读材料 3.2

为什么看病贵,如何解决?①

看病贵是中国社会较普遍的问题。为什么看病贵,该如何解决?

医疗价格上升的原因是需求增加而供给不变。中国国家统计局的数据显示:1995—2003 年,每千人医疗服务供给没有增加,而其他消费品供给则在成功的经济改革中快速增加。虽然每人医疗总支出从 1995 年的 186.4 元增加到 2003 年的 509.5 元,但是医疗价格指数也从 1995 年的 1.000 上升到 2003 年的 2.616。那么,以 1995 年的价格计算,医疗供给量 1995 年是 186.4 元,2003 年是 509.5/2.616=194.8 元,几乎没有增长。从其他衡量医疗供给的指标看,比如每千人拥有的医院数量和医疗人员数量也没有增加。我做过一个估算,医疗需求的收入弹性大致为 1,而价格弹性为 0.63。那么,假定价格不变,当收入增加 1%时,需求量将增加 1%;假定收入不变,当价格增加 1%时,需求量将减少 0.63%。1995~2003 年,人均收入每年增加 8%。如果价格不变,那么需求也必须每年增加 8%。由于供给不变,需求为与之相适应也保持不变,价格就必须每年上涨 12.7%(8/0.63)以抵消收入的增加。

供给不变的原因是负责医疗供应的地方政府财力有限。解决的办法是允许和鼓励建设民办医院。民办医院的存在会增加供给的渠道,而且能通过竞争促使公立医院提高医疗服务质量。

江苏省宿迁市医疗体系民营化改革的成功支持了我的观点。从 1999 年到 2004 年,宿迁市的人均门诊费用市县级医院由 75.49 元降到 70.19 元,下降了 7%;乡级医院由 37.62 元降到 27.84 元,降幅达 26%。

---

① 邹至庄,普林斯顿大学经济学系讲座教授;来源:金融博览,2007 年 02 期。

每病床日收费市县级医院由 182.18 元降到 175.38 元,下降了 3.7%;乡级医院由 62.24 元降到 51.71 元,降幅为 16.9%。出院者平均医药费用市县级医院由 2 150.80 元降到 2 124.12 元,下降了 1.2%;乡级医院由 554.36 元降到 484.80 元,降幅为 12.5%。乡级医院医疗价格(按照新闻报道对价格的定义)比全国平均水平低三分之一。如果我们再看看全国医疗价格指数(它从 1999 年的 1.808 上升到 2003 年的 2.616),就不难理解宿迁的民营化实验能够降低医疗价格是非常大的成就。

关于宿迁经验的成功与否,存在一些争论。限于篇幅,这里不做讨论。我仅提出一点异议,并给出解答。异议即人均门诊费用、住院费用下降,而医院数量却迅速增加、医院收入也迅速增加。如果数据无误,那么医疗需求一定大幅度地持续增长。宿迁地处苏北,相对封闭,人口规模相对稳定,外来就诊人数不是很多,医疗需求不可能如此持续大规模地增加。医疗费用到底是贵了还是便宜了?

这可以用供给和需求的基本经济理论来解释。在医疗改革之前,供给曲线是垂直的,供给的数量不会因为价格上涨而上升。改革之后,供给曲线有正的斜率,且有很大部分处于原来垂直的供给曲线的右侧,这意味着供给增加。我一样假设需求没有增加,则新的市场均衡将处于更低的价格和更大的数量上。前面提到的数据与此理论分析的结论是一致的。如果需求是缺乏价格弹性的(我估计的价格弹性为 −0.633),作为价格和数量乘积的支出就会因为价格的下降而减少。如果竞争导致成本的显著下降,医院的收益就可能会增加,因为收益等于收入减去成本。因此,上面提到关于价格、需求数量、供给数量、患者支出和医院收益等方面的事实都可以用基本的经济理论解释清楚。

关于医疗服务的民营化供给问题。虽然有宿迁以及民营医院盛行的其他国家的成功经验,中国并不需要将很多公立医院民营化,只需要允许民营医院存在,允许它们相互之间以及与国营医院之间进行竞争,让好医院兴盛起来。在教育问题上,中国早就允许并鼓励教育的民营供给。与此相反,在医疗问题上,中国不鼓励建立民营医院,也不鼓励公立医院的民营化。其不幸的结果是,在全国生产飞速增长、物价稳定的良好形势下,只有医疗供给没有增长,医疗价格迅速上涨,看病贵。

3.4 弹性理论的运用

弹性是经济学中得到广泛应用的一个重要概念,它在预测市场结果、分析市场受到干预时所发生的变化等方面起着重要作用,是企业管理者和宏观政策制定者进行科学决策的一个有利的经济分析工具。例如,为了提高生产者的收入,往往对农产品采取提价办法,而对一些高档消费品采取降价办法;同样,给出口物资定价时,如出口目的主要是增加外汇收入,则要对价格弹性大的物资规定较低价格,对弹性小的物资规定较高价格;再如,各种商品收入弹性也是经济决策时要认真考虑的,在规划各经济部门发展速度时,收入弹性大的行业,由于需求量增长要快于国民收入增长,因此发展速度应快些,而收入弹性小的行业,速度应当慢些。

3.4.1 供需弹性与蛛网理论

1. 蛛网理论的含义及其假设

蛛网理论(cobweb theorem)是一种动态均衡分析。古典经济学理论认为,如果供给量和价格的均衡被打破,经过竞争,均衡状态会自动恢复。蛛网理论却证明,按照古典经济学静态下完全竞争的假设,均衡一旦被打破,经济系统并不一定自动恢复均衡。蛛网理论是20世纪30年代西方经济学界出现的一种动态均衡分析,它将市场均衡理论与弹性理论结合起来,再引进时间因素来考察市场价格和产量的变动状况,即用供求定理解释某些生产周期长的商品在供求不平衡时所发生的价格和产量循环影响和变动。蛛网理论是在1930年由美国的舒尔茨、荷兰的J.丁伯根和意大利的里奇各自独立提出。由于价格和产量的连续变动用图形表示犹如蛛网,1934年英国的卡尔多将这种理论命名为蛛网理论。

蛛网理论建立在以下三个基本假设的基础之上。

(1) 从开始生产到生产出产品需要一定时间,而且在这段时间内生产规模无法改变。

(2) 本期的产量决定本期的价格,以 P_t 和 Q_t 分别表示本期的价格与产量,则这两者的关系用函数式来表示则为 $P_t = f(Q_t)$。

(3) 本期价格决定下期的产量。以 Q_{t+1} 代表下期产量,则这两者之间的关系为:$Q_{t+1} = f(P_t)$。

2. 蛛网理论的三种模型

根据供给弹性和需求弹性大小的不同,蛛网理论表现为三种不同的模型。

1) 收敛型蛛网模型

如图3.6(a)所示。假定,在第一期由于某种外在原因的干扰,如恶劣的气候条件,实际产量由均衡水平减少为 Q_1。根据需求曲线,消费者愿意支付 P_1 的价格购买全部的产量 Q_1,于是,实际价格上升为 P_1。根据第一期的较高的价格水平 P_1,按照供给曲线,生产者将第二期的产量增加为 Q_2。

在第二期,生产者为了出售全部的产量 Q_2,接受消费者所愿意支付的价格 P_2,于是,实际价格下降为 P_2。根据第二期的较低的价格水平 P_2,生产者将第三期的产量减少为 Q_3。

在第三期,消费者愿意支付 P_3 的价格购买全部的产量 Q_3,于是,实际价格又上升为 P_3。根据第三期的较高的价格水平 P_3,生产者又将第四期的产量增加为 Q_4。

如此循环下去,如图3.6(b)所示,逐年的实际价格是环绕其均衡价格上下波动的,实际产量相应地交替出现偏离均衡值的超额供给或超额需求,但价格和产量波动的幅度越来越小,最后恢复到均衡点 E 所代表的水平。由此可见,图中的均衡点 E 所代表的均衡状态是稳定的。也就是说,由于外在的原因,当价格和产量偏离均衡数值(P_e 和 Q_e)后,经济体系中存在着自发的因素,能使价格和产量自动恢复到均衡状态。

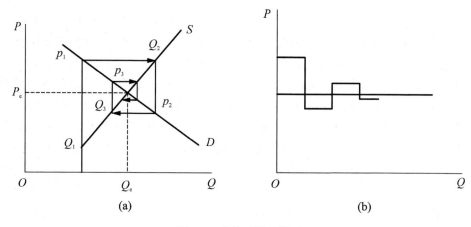

图 3.6　收敛型蛛网模型

在这种情况下,供给曲线 S 斜率的绝对值大于需求曲线 D 斜率的绝对值,即从图形上看起来,S 比 D 较为陡峭,或 D 比 S 较为平缓。或者换一种说法,供给的价格弹性小于需求的价格弹性,在这场合,当市场由于受到干扰偏离原有的均衡状态以后,实际价格和实际产量会围绕均衡水平上下波动,但波动的幅度越来越小,最后会回复到原来的均衡点。所以,供求曲线的上述关系是蛛网趋于稳定的条件,相应的蛛网被称为"收敛型蛛网"。

2) 发散型蛛网模型

如图 3.7(a)所示。假定,在第一期由于某种外在原因的干扰,实际产量由均衡水平 Q_e 减少为 Q_1。根据需求曲线,消费者为了购买全部的产量 Q_1,愿意支付较高的价格 P_1,于是,实际价格上升为 P_1。根据第一期的较高的价格水平 P_1,按照供给曲线,生产者将第二期的产量增加为 Q_2。

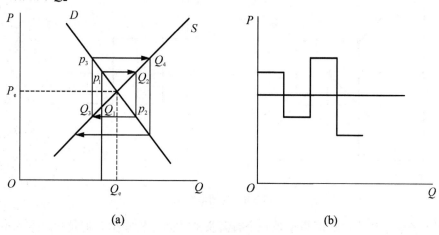

图 3.7　发散型蛛网模型

在第二期，生产者为了出售全部的产量 Q_2，接受消费者所愿意支付的价格 P_2，于是，实际价格下降为 P_2。根据第二期的较低的价格水平 P_2，生产者将第三期的产量减少为 Q_3。

在第三期，消费者为了购买全部的产量 Q_3，愿意支付的价格上升为 P_3，于是，实际价格又上升为 P_3。根据第三期的较高的价格水平 P_3，生产者又将第四期的产量增加为 Q_4。

这里，跟图 3.6 的情况恰好相反，供给曲线 S 斜率的绝对值小于需求曲线 D 斜率的绝对值，即 S 与 D 相比较，前者较平缓。或者说，供给的价格弹性大于需求的价格弹性，这时，当市场由于受到外力的干扰偏离原有的均衡状态以后，实际价格和实际产量上下波动的幅度会越来越大，偏离均衡点越来越远。

如此循环下去，实际产量和实际价格波动的幅度越来越大，偏离均衡产量和均衡价格越来越远。图中的均衡点 E 所代表的均衡状态是不稳定的，被称为不稳定的均衡。因此，当供给曲线比需求曲线较为平缓时，即供给的价格弹性大于需求的价格弹性，得到蛛网模型不稳定的结果，相应的蛛网被称为"发散型蛛网"。

3）封闭型蛛网模型

如图 3.8 所示。对图 3.8 中的不同时点上的价格与供求量之间的相互作用的解释，与第一种情况对图 3.6 和第二种情况对图 3.7 的解释是类似的。这里，供给曲线 S 斜率的绝对值与需求曲线 D 斜率的绝对值恰好相等，即供给的价格弹性与需求的价格弹性正好相同，这时，当市场由于受到外力的干扰偏离原有的均衡状态以后，实际产量和实际价格始终按同一幅度围绕均衡点上下波动，既不进一步偏离均衡点，也不逐步地趋向均衡点。因此，供给曲线斜率的绝对值等于需求曲线斜率的绝对值，即供给的价格弹性等于需求的价格弹性，为蛛网以相同的幅度上下波动的条件，相应的蛛网被称为"封闭型蛛网"。

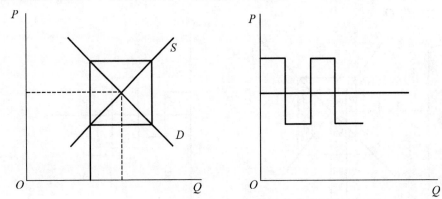

图 3.8 封闭型蛛网

西方经济学家认为，蛛网模型是一个有意义的动态分析模型。但是，这个模型还是一个很简单的和有缺陷的模型。根据该模型，造成产量和价格波动的主要原因是：生产者总是根据上一期的价格来决定下一期的产量,这样,上一期的价格同时也就是生产者对下一期的预期价格。而事实上,在每一期,生产者只能按照本期的市场价格来出售由预期价格(即上一期价格)所决定的产量。这种实际价格和预期价格的不吻合,造成了产量和价格的波动。但是,这种解释是不全面的。因为生产者从自己的经验中,会逐步修正自己的预期价格,使预期价格接近实际价格,从而使实际产量接近市场的实际需求量。关于这一点,西方经济学家阿西玛咖普罗斯(A. Asimakopulos)通过美国 1972—1975 年的土豆产量和价格变化情况来作为证明。在案例中,1972 年美国土豆产量大幅度下降,土豆价格上涨。农场主便扩大土豆的种植面积,使土豆产量在 1974 年达到历史最高水平。结果,导致土豆价格又急剧下降。这种现象显然可以用蛛网模型来解释。作为补充,阿西玛咖普罗斯又举了一个特殊的例子来说明蛛网模型的缺陷:当农场主们都因土豆价格下降而缩减土豆的种植面积时,唯有一个农场主不这么做。可见,这个农场主的预期和行为与蛛网模型所分析的情况是不吻合的。

3.4.2 供需弹性与营销决策

利用需求价格弹性的概念,可以得出价格变动如何影响销售收益的结论。这对于制定销售策略和合理确定商品价格有着重要的参考价值。

1. 需求价格弹性与定价策略

由于各种商品的不同需求价格弹性会影响销售收入,因而调整商品价格时要考虑弹性。研究产品需求的交叉弹性也很有用,企业在制定产品价格时,应考虑到替代品和互补品之间的相互影响,否则,变动价格可能会对销路和利润产生不良后果。

设需求函数 $Q = Q(P)$,从而收益函数为 $R = P \cdot Q = P \cdot Q(P)$,其边际收益

$$MR = R'(P) = [P \cdot Q(P)]' = Q(P) + P \cdot Q'(P) = Q(P)(1 - E_d) \tag{3.18}$$

由此可知,当需求是富有弹性时,即当 $E_d > 1$ 时,$R'(P) < 0$,说明收益是价格的单调减函数。此时若采取降价措施,可使总收益增加,即薄利多销多收益;当需求是缺乏弹性时,即当 $E_d < 1$ 时,$R'(P) > 0$,说明收益是价格的单调增函数。此时可适当提高商品售价,以增加销售收入;当需求具有单位弹性,即 $E_d = 1$ 时,$R'(P) = 0$,此时的收益已经达到最大值,且总收益不受价格影响,因而无需再对商品价格进行调整。

2. 需求收入弹性与消费品的生产

消费品生产企业,需要科学地预测消费者购买力的投向,以便生产适销产品,增加企业利润。而居民消费品购买力又与其可支配收入有直接关系。

需求的收入弹性(以 E_{dm} 表示),是指消费者收入的相对变动所引起的需求量的相对变动。其数学表达为

$$E_{dm} = \frac{\Delta Q/Q}{\Delta M/M} \tag{3.19}$$

当 $\Delta M \to 0$ 时

$$E_{dm} = \lim_{\Delta M \to 0} \frac{\Delta Q/Q}{\Delta M/M} = \frac{dQ}{dM} \cdot \frac{M}{Q} \tag{3.20}$$

式中，$Q = f(M)$；M 表示消费者的收入；ΔM 为消费者收入的变动量。根据 E_{dm} 的大小，能够测定消费者收入变动对需求量变动的影响程度，而且可以确定商品的性质和类型，解释许多经济现象，分析许多经济问题。一般来说，当消费者收入提高时，会增加各种产品的需求量，当某种产品的需求量随收入的提高而增加即需求量与收入成正向变动时，叫正常品，此时 $E_{dm} > 0$。其中，又可以根据 E_{dm} 是否大于 1，将正常品分为两种：奢侈品和必需品。需求量随收入增加而减少的产品，叫劣等品。

以上讨论了需求价格弹性及需求收入弹性的定义及其在经济中的应用。类似地，还可以讨论需求交叉弹性、供给价格弹性、供给的预期价格弹性、总成本对产量的弹性、总利润对产(销)量的弹性等在经济中的应用。

3. 供求弹性与国际贸易收支

研究一国进出口商品供给和需求弹性，对一国正确地制定汇率政策、价格政策、产业政策、外贸管理政策等宏观、微观经济政策，进而改善贸易收支，促进国际收支平衡有着重大的理论意义。

一般而言，需求弹性越大，货币贬值对贸易收支的调节效果越好，越有利于改善国际贸易收支。当需求弹性无穷大时，一国货币贬值不仅能消除逆差，还可以使该国从逆差变为顺差。相反当需求缺乏弹性时，一国的货币贬值不仅不能改善国际贸易收支，反而使国际贸易收支恶化。进出口商品的供给弹性对贸易收支也有影响，但其影响方向是不确定的。

英国经济学家马歇尔率先提出了商品的供给和需求价格弹性理论，并将其运用于国际贸易领域，正式提出了"进出口需求弹性"的概念。后来在勒纳等人的相继努力下，创立了国际收支弹性分析法的马歇尔—勒纳条件，主要考察在假定供给弹性无穷大时，货币贬值与贸易收支之间的改善关系。在这一条件中，只要一国出口和进口需求弹性之和的绝对值大于 1，即 $|dx + dm| > 1$，那么该国的货币贬值一定能够改善贸易收支，进而改善国际收支。

3.4.3 供需弹性与税负转嫁

税收会使得供给曲线和需求曲线发生位移，从而影响消费者均衡的位置。根据弹性理论，可以看到需求价格弹性与供给价格弹性的不同情况下，或者说在需求曲线斜率和供给曲线斜率不同组合的情况下，消费者和生产者承担着不同的税负。税负转嫁，就是纳税人不实际负担所纳税收，而通过购入或销出商品价格的变动，或通过其他手段，将全部或部分税收转移给他人负担。税负转嫁并不会影响税收的总体负担，但会使税收负担在不同的纳税人之间进行分配，对不同的纳税人产生不同的经济影响。税负转嫁是税收政策制定时必须考虑的重要因素。

假定向厂商征收从量税，税额仍为 T，如图 3.9 所示。由于征税，均衡点从 C 点上升为 B 点，销售价格从 G 点上升为 A 点。因此，消费者需支付数量为 AG 的单位税额，总的税负为 $AG \times Q_1$，即图中的 $AGFB$ 面积。而厂商需支付的单位税额为 $T-AG$，即 GH，总的税负为 $GH \times Q_1$，即 $GFEH$ 面积。究竟由谁更多地承担税额，取决于供给曲线与需求曲线的斜率。当需求曲线斜率大于供给曲线斜率时，则税负主要由消费者承担；反之，主要由生产者承担。这是因为，当需求曲线斜率大于供给曲线斜率时，表示需求弹性小于供给弹性，因而税收主要可通过提高销售价格来转移，即使价格有较多提高，消费者也不能不买，而供给曲线斜率大于需求曲线斜率时，情况则相反。

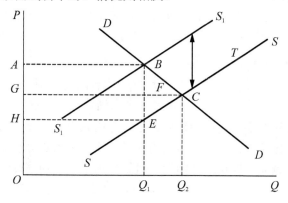

图 3.9 税收的负担

需求价格弹性与供给价格弹性的相对大小不但影响着消费者和生产者的税负分配，它也影响着政府税收政策的作用后果。政府对某种产品征税，目的之一是获得财政收入，目的之二可能是要影响该产品的生产，在不同的弹性情况下，这两个目的有不同的体现。从极端的例子可见，当需求价格弹性为零时，税负完全由购买者负担，并且政府征税的主要后果是获得了财政收入，征税对该部门生产的影响作用是微乎其微的。当需求价格弹性为无穷大时，税负完全由生产者负担，政府征税的主要作用不是获得财政收入(因销量大减使总销售额大减)，而是对这一部门生产的影响，简单地说，征税能够限制该部门的发展。

3.4.4 需求收入弹性与恩格尔定律

不同商品的需求收入弹性是不同的。一般来讲，收入增加对商品的需求量增加，符合这种特性的是正常商品，即正常商品的收入弹性系数为正值。正常物品又分为生活必需品和奢侈品，收入增加后生活必需品消费增加的比例小于收入增加的比例，即收入弹性小于1，而奢侈品消费增加的比例大于收入增加的比例，即收入弹性大于1。但也有一些商品，比如，旧货、低档面料的服装、处理品等商品是随着消费者的收入的增加而减少，收入弹性系数是负值。

恩格尔定律是需求收入弹性应用的一个范例。19世纪德国统计学家恩格尔根据统计资料，对消费结构的变化得出一个规律：一个家庭收入越少，其总支出中用在购买食物中的费用所占的比重越大。随着家庭收入的增加，其总支出中用在购买食物中的费用所占比重越小。这就是说，随收入的增加，支出也增加，食物支出也增加，但是，食品支出的增加幅度，赶不上总支出增加的幅度，从而，使食物支出在总支出中的比重下降，食物以外的其他支出，如娱乐、旅游等随意性支出的比重将上升。这个规律被称为恩格尔定律。

恩格尔定律的前提假设是：①假定其他一切变量都是常数；②食物支出有统一的含义，即指维持生活所需要的食物支出，在各种收入水平之下，都应按照这种含义所要求的来衡量。恩格尔定律隐含着食物支出的收入弹性是小于1的。经统计资料证明：恩格尔定律不仅适用于食物支出，也同样适用于作为维持生活所需要的衣服、住房等生活必需品的支出。在经济学中，把食物支出在全部消费支出中所占的比重，称为恩格尔系数。其计算公式为

$$恩格尔系数 = \frac{家庭或个人食品支出额}{家庭或个人消费支出总额}$$

恩格尔系数是反映恩格尔定律的重要参数，是用来说明人民生活水平贫富程度的一个综合性指标。对一个国家而言，这个国家越穷，其恩格尔系数就越高；反之，这个国家越富，其恩格尔系数就越低。据说联合国粮农组织提出了一个划分贫困与富裕之间的标准：恩格尔系数在59%以上为贫困；50%~59%之间为小康；30%~40%之间为富裕；30%以下为特别富裕。1998年美国农业部公布的调查数据，各国的恩格尔系数：印度51%，墨西哥33.2%，以色列21.0%，日本17.8%，德国17.7%，法国15.2%，澳大利亚14.6%，英国是11.5%，美国是10.9%。

改革开放以来，我国城镇和农村居民家庭恩格尔系数已由1978年的57.5%和67.7%分别下降到2005年的36.7%和45.5%。恩格尔系数的降低，说明我国人民以吃饱为标志的温饱型生活，正在向以享受和发展为标志的小康型生活转变。它说明，我国城乡广大居民的生活质量正稳步提高！特别值得一提的是，在物质生活进一步改善和提高的同时，城乡人民的精神生活也得到了进一步充实。用于陶冶情操、增进身心健康的文化艺术、健身保健、医疗卫生等方面的支出稳步增长，用于子女非义务教育和自身再教育的支出大幅度提高。

最后需要注意的是，弹性分析需要的数据少，计算方法只需要对微分和导数有所了解即可，而且应用广泛灵活。但是，由于考虑的变量较少，分析结果可能有片面性。这就要求利用这一分析方法时要充分考虑其他因素的影响，必要时适当修改分析结论。

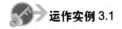 运作实例 3.1

从消费品的需求弹性看间接税降税的可行性[1]

尽管目前面对的是这样一种严峻的趋势,国内一些从事实际工作的政府官员和部分理论工作者仍然对降税持有异议。比较典型的观点是,减税于扩大需求无补,会降低其刺激效应。他们认为,我国税制结构的主体是间接税,而西方发达国家税制结构的主体则主要是直接税,降税对两者的激励效应有很大的区别;并认为我国若顺应这股潮流,也实施降税的政策,将只是一种简单的模仿,而不会对我国的经济发展起到实质性的促进作用。我们现在征收的多为间接税,有的学者就认为在这种情况下,税率的削减只会导致企业产品成本下降,进而增大企业的利润空间。然而,在目前我国企业的运行机制和竞争行为又都不是很规范的情况下,这样做只会导致企业之间相互压价竞争,不利于良性市场环境的形成,不利于资源的优化配置。如此一来,减税不仅不能拉动内需,反而会引起物价下滑,对经济增长没有好处。

我认为,这种观点值得商榷。对于间接税的刺激效应是否能对经济的运行产生积极的影响,不仅应从企业的角度加以考虑,而且也不应该忽略消费者这一环节。试想,如果间接税降了下来,厂商向消费者转嫁的负担也将下降,对于我国目前有效需求不足的状况将会是一个有效的缓解。为此,笔者将主要从间接税对消费品的需求弹性的影响这一角度出发,分析我国对间接税降税的可行性。

所谓需求弹性是指用于测量一种商品的需求量对于影响需求因素的量的变动做出的反应程度或灵敏程度。它是以需求量变动的百分比与影响需求因素变动百分比的比值来表示的。从理论上说,由于影响需求量的变动可以由多种因素引起,因而,就有多种弹性。但是,由于税收的变动只会对价格产生直接的影响,因此,我们在这里就只选择需求的价格弹性进行分析。如果我们用 E_d 来表示价格需求弹性,即需求随价格变化的相对幅度的大小,那么,E_d=需求变化的百分比/价格变化的百分比。

当 $E_d=1$ 时,反映需求量与价格等比例变化。对于这类商品而言,价格的上升(下降)只会引起需求量等比例的减少(增加),而对最终的总收入不会形成显著的影响。那么也只有在这种情况下,才会出现反对者所说的现象。因为,税金的变化所引起的价格的变化,会被需求量等量的逆向变化所抵消,不会影响到企业最终的销售总额,因此也就不会刺激到企业的投资热情,如此一来减税政策的激励效应将流于无形,反而会使国家的税收收入下降,这当然是不可行的。

当 $E_d<1$ 时,反映了需求量的相应变化小于价格自身的变化。对于这类商品,价格的上升(下降)仅会引起需求量较小程度的减少(增加),定价时,较高水平价格往往会增加赢利。低价对需求量刺激效果不强,薄利并不能多销,反而会降低收入水平。在这一方面,国家当然也没有必要给以太大的税收优惠,否则只会使厂商获得更高的超额利润,别无他利。相反,对这类商品加以税收控制,不仅有利于增加财政收入,还可以加大政府的宏观调控力度。当然这类商品只是少数,不具有影响税收总体走势的意义,可以不用着重考虑。

当 $E_d>1$ 时,反映需求量的相应变化大于价格自身的变化。对于这类商品,价格的上升(下降)会引起需求量较大幅度的减少(增加)。企业往往可以通过价格策略上的稍稍让利,而使销售量大幅度的增加,从而达到一个更为理想的销售总额。这类商品正是本文讨论问题的主要载体。

---

[1] 作者:不详,来源:http://www.chinalww.com/20060914/11581635448474.shtml

我国目前正处于民间需求不旺的阶段，很多商品的定价状态是，消费得起的人的配置状态已经到位，想消费的人，又无足够的购买能力。最终的结果就是，我国国内的这一庞大的潜在市场，虽然诱人，却无法真正给投资者以预期的回报。在这样的状况下，已投资的人就被打消了继续投资的热情，想投资的人也只能选择持观望态度。结果，诺大的一个市场，就只剩下政府在忙碌，而政府的投资行为的经济性和长期性还有待慎重考虑。

现在矛盾的焦点是，供给方和需求方经过博弈，却无法得到一个令双方都满意的均衡价格。这是明显违背经济学中的价格决定原理的，其中的问题可能就在税收的高低上。供给方的价格除了成本加一个平均利润之外，还有一个可变动因素——税金。而税额的大小又是由政府所制定的税率来决定的。由于添加了第三方因素，价格博弈的结果就偏离了最初的均衡点。如果税负偏高，实质上就相当于促使厂商提价，那么就会使一部分消费者被淘汰出局，当然市场的需求量也会相应地缩水。在商品的需求弹性大于1的情况下，就会形成由于价格的上升所带来的收益不足以弥补提价所引起的需求量的下降而造成的亏损的不利局面。然而，只要税负能够被控制在合理的范围内，即市场上大多数的人都能够接受，那么就不仅不会影响市场的效率，还能使市场的作用因政府职能的弥补而更加完善。但是，当税负一旦超出某一合理的范围的时候，价格就可能会大大地偏离出能够促进市场正常运行的均衡空间，即厂商所能够提供的最低售价和消费者所能够接受的最高售价之间没有交易。当这种情况出现时，市场交易就会处于一种萧条的状态。一方面，供给方有大量的库存和足够的生产能力；另一方面，消费者还有大量的潜在需求。如果政府不能对这种状况加以合理调节，使供需双方都能够接受的价格空间得到最大限度的重叠的话，对目前的生产潜能无疑将是一种浪费。再退一步来讲，即使对这种产业结构和产品结构加以转型，这种由税收的超额介入而引起的矛盾，依然需要解决。否则，转型的结果也将是只给少部分有足够消费能力的人带来享受新科技和新产品的机会，而大部分消费者依然处于持币待购的状态，市场需求依然不旺。而且在这样的假设中，还没有考虑转型的能力和成本，这无疑又是一个困绕政府决策者的难题。

在这样的情况下，税额的变动就成为具有决定意义的一环。即使是可以转嫁的间接税也不例外。如果税率降低，商家就有了两种选择。第一保持既定价格不变，拓展利润空间；第二保持既定的利润空间，降价以扩大销售量。当这种商品的需求弹性大于1的时候，根据上述分析第二种方案将是最佳选择，因为这样做，一来是积极顺应国家扩大内需的宏观政策，二来也可以趁此机会扩大企业的市场占有量。而且，如果这种商品的价格需求弹性比较高的话，较小幅度的降价，还可以换来总利润的较大幅度的增加。

我国目前的情况正对应于这一模式。现在市场需求不旺，是因为消费者都持币待购。例如对商品房的需求：我国经过住房制度改革，取消了福利分房，商品房的需求大大增加了。据估计，这一举措将使我国国内住房的需求弹性至少增加到1.6，消费者对住房价格具有十分高的敏感度。再如汽车，国内的需求也是很大的，只是其价格也一直是高高在上，虽然也有所下降，但离消费者的期望价和购买力还是相差甚远，使消费者只能望车兴叹。如果我们能够把价格降下来，国内市场的启动，将会成为我国汽车工业起飞的助推器。要达到这一目标，除了厂家需要加倍努力，开发新技术、降低成本外，政府也要真正关心这一产业，降低税率，尤其是降低可以转嫁给消费者的间接税。因为，为企业减负，实际上也是为消费者减负。况且，这些产业是我国目前产业结构调整的方向所在，对于我国未来的税制结构的优化会产生积极的影响，对于拉动内需，同样起着不可替代的作用。一旦繁荣了这些产业之后，税源扩大，又可以有效改善政府目前的财政困境，可谓一举数得。

目前，在我国市场供大于求的情形下，降低间接税，也就是降低价格，从需求弹性的角度来看，这将有利于唤起国内大部分中间阶层更新需求的热情，这将是治愈通货紧缩的一剂良方。

本 章 小 结

弹性理论是重要的供求分析工具之一,对分析许多现实经济问题和做出经济决策是十分重要的。这一章首先学习了弹性的概念及其计算,在此基础上介绍了需求收入弹性的含义与计算、需求交叉弹性的含义与计算、需求富有弹性与缺乏弹性的分类和供给弹性的含义与计算,并进一步分析了弹性理论在社会经济生活中的应用。

本章的重点是需求价格弹性的含义与计算、需求富有弹性与缺乏弹性的分类、决定一种商品需求弹性的因素、需求弹性与总收益之间的关系。难点是弹性理论的应用。

中英文关键词语

(1) 弹性分析:elasticity analysis (2) 边际分析:marginal analysis (3) 弹性:elasticity
(4) 点弹性:point elasticity (5) 弧弹性:arc elasticity
(6) 需求的价格弹性:price elasticity of demand (7) 需求的收入弹性:income elasticity of demand
(8) 必需品:necessaries (9) 奢侈品:luxuries (10) 需求的交叉弹性:cross elasticity of demand
(11) 供给价格弹性:price elasticity of supply (12) 供给的交叉弹性:cross elasticity of supply

习 题

1. 名词解释

(1) 弹性 (2) 收入弹性 (3) 交叉弹性 (4) 供给的价格弹性

2. 判断题

(1) 如果需求曲线是一条直线,则直线上各点的需求价格弹性是一样的。 ( )

(2) 如果市场对某种产品的需求是完全具有弹性的,而市场对该种产品的供给是通常的形状,则在市场均衡时消费者剩余会无穷大。 ( )

(3) 市场需求是个人需求的加总,因此市场需求曲线连续的必要条件是每个人的需求曲线是连续的。 ( )

(4) 如果一条线性的需求曲线与一条曲线型的需求曲线相切,则在切点处两条需求曲线的需求的价格弹性系数是相同的。 ( )

(5) 当两种商品中一种商品的价格发生变化时,这两种商品的需求量都同时增加或减少,则这种商品的需求的交叉价格弹性系数负值。 ( )

3. 计算题

(1) 某种商品在价格由 8 元下降为 6 元时，需求量由 20 单位增加为 30 单位。用中点法计算这种商品的需求弹性，并说明属于哪一种需求弹性。

(2) 某商品的需求价格弹性系数为 0.15，现价格为 1.2 元，试问该商品的价格上涨多少元才能使其消费量减少 10%？

(3) 一城市乘客对公共汽车票价需求的价格弹性为 0.6，票价 1 元，日乘客量为 55 万人。市政当局计划将提价后净减少的日乘客量控制为 10 万人，新的票价应为多少？

4. 简答题

(1) 根据需求弹性理论解释"薄利多销"和"谷贱伤农"这两句话的含义。

(2) 为什么化妆品可以薄利多销而药品却不行？是不是所有的药品都不能薄利多销？为什么？

(3) 对厂商来说，其产品的需求弹性大于 1 和小于 1 对其价格战略(采取降价还是涨价)将产生何种影响？

(4) 作图说明对香烟征税时，生产者还是消费者的负担大？

(5) 说明收入弹性的宏观和微观意义。

(6) 简述交叉弹性对企业经营决策的作用。

第 4 章 消费者行为理论

教学目标

通过本章的学习，会用图形描述总效用与边际效用的关系。会从消费者的均衡条件推导消费者的需求曲线，会用图形说明如何达到消费者均衡，以及计算消费者均衡。并会用图形表示正常商品的替代效应和收入效应。

教学要求

掌握效用、总效用、边际效用的含义，理解边际效用递减规律的含义。了解无差异曲线的含义与特征，了解消费者预算线的含义，掌握什么是替代和收入效应。了解不确定条件下的个人选择。

引例

请关注以下与消费者行为有关的现象：

1. 面对琳琅满目的商品，消费者为什么购买某种商品和服务而不购买其他的商品和服务？

2. 水对人们必不可少，它的价格却很便宜，而珠宝对人们来说并非必不可少的，它的价格却很高。从必需程度上来讲，水对人类的重要性要远远大于钻石，然而前者的价格却不及后者的万分之一，是不是人类的价值体系出了错误？为什么？

3. 鲁迅的小说《伤逝》表达了一个主题，爱情也需要不断更新，当然并不是指喜新厌旧，为什么？

本章的学习将会为你解开奥秘。

从第3章的分析知道，按照需求定理，商品的需求量与其价格呈现反方向变动的规律，需求曲线是从左上方向右下方倾斜的。那么，是什么决定了需求量与价格之间的这种规律呢？通过对消费者行为理论的学习，可以找到隐含在这种规律背后的原因。而且，通过本章的学习，还要进一步研究消费者的资源配置行为，即消费者如何用有限的收入购买到适当的消费品以获得最大的满足。通俗地讲，就是对下面两个问题做出回答，即在日常生活中消费者根据什么原则来决定购买何种消费品，每一种买多少？消费者在什么条件下才能得到最大的满足(用经济学术语说，即达到消费者均衡)？

4.1 效用概述

研究消费者行为的决定，就要研究消费者的心理。而研究消费者的心理，一个最基础的概念就是"效用"，所以有的教科书上就把消费者行为理论直接称为"效用论"。因此，本章的分析就从"效用"这个概念开始。

4.1.1 效用的概念及特征

效用是指消费者在消费商品或劳务时所感受到的满足程度，它是消费者对商品满足自己的欲望的能力的一种主观心理评价。满足程度高就是效用大，反之，满足程度低就是效用小。如果消费者在商品消费中感到快乐，则效用为正；反之，如果消费者感到痛苦，则效用为负。

效用具有主观性、非伦理性和差异性三大特征。

1) 主观性

效用是商品对欲望的满足。欲望是一种心理感觉，效用也是一种心理感觉。某种物品效用的有无、大小没有客观标准，完全取决于消费者在消费商品时的主观感受。例如，一支香烟对吸烟者来说可能有很大的效用，而对不吸烟者来说，则可能毫无效用，甚至为负效用。

2) 非伦理(中)性

商品满足的欲望，可以是求知、求美等有益的欲望，也可以是吸烟、酗酒等不良的欲望，甚至还可以是背离道德、违犯法典的欲望，比如吸毒和赌博。对消费者来说，商品对于各种欲望的满足就是它的效用所在，从这个意义上讲，效用是中性的，没有伦理学的含义。

3) 差异性

效用作为一种主观感受，因人、因时、因地而异。对不同的人而言，同种商品提供的效用是不同的。例如，一本行政法参考书对法律专业、经管专业的学生有不同的效用。对于同一个人，同种商品在不同的时间和地点带来的效用也是不同的。例如，电风扇夏天效用大，冬天没有用甚至会带来负效用。

4.1.2 效用和使用价值的联系和区别

效用与使用价值密切相关，但又截然不同。人们在消费某种商品，实际上是在利用商品的使用价值，并在对商品有用性的使用中获得一定的效用。因此，使用价值是效用的物质基础。商品能带来效用，主要是因为商品具有使用价值，但是效用和使用价值又是有区别的。使用价值作为商品的有用性是客观存在的，不以人们是否消费商品而改变。所以说，使用价值是商品本身具有的属性，由物品本身的物理或化学性质所决定。例如，一件棉衣无论在寒冷的冬天还是在炎热的夏天，都具有使用价值。效用是人们在消费某种商品时所感受到的满足程度，是消费者在使用商品时的一种心理感受。研究效用强调的是它的主观性，人们只有在消费商品才能感受到效用。所以在研究消费者行为时，也就更偏重于心理分析。

4.1.3 基数效用论与序数效用论

对于如何研究效用，经济学流派中有两种不同的理论：基数效用论和序数效用论。在19世纪和20世纪初期，西方经济学家普遍使用基数效用论。基数效用论者认为，效用如同长度、重量等概念一样，可以具体衡量并加总求和，其计量单位被称为效用单位，不同的效用量之间的比较是有意义的。到了20世纪30年代，序数效用论为大多数西方经济学家所使用。序数效用论者认为，效用是一个类似于香、臭、美、丑那样的概念，效用的大小是无法具体衡量的，效用之间的比较只能通过顺序或等级来表示。就是说，消费者在选择商品的时候，不是给每一种商品所能带来的效用赋值，所需回答的仅仅是偏好哪一种商品(组合)的消费，即哪一种商品带来的效用第一，哪一种商品带来的效用第二。人们认为，就分析消费者行为来说，以序数来度量效用的假定比以基数来度量效用的假定所受到的限制要少，它可以减少一些被认为是值得怀疑的心理假设。所以，在现代微观经济学中，通常使用的是序数效用理论，但在某些研究方面，如对风险情况下消费者行为的分析等，还继续使用基数效用的概念。

在这两种理论的基础上，形成了分析消费者行为的两种方法，即基数效用论者的边际效用分析方法和序数效用论者的无差异曲线分析方法。以下两节将分别介绍这两种理论，并分别采用两种分析方法对消费者的行为进行分析。应当指出的是，这两种理论虽然采用的分析方法不同，但得出的结论是一致的。

最好吃的东西①

兔子和猫争论，世界上什么东西最好吃。兔子说："世界上萝卜最好吃。萝卜又甜又脆又解渴，我一想起萝卜就要流口水。"猫不同意，说："世界上最好吃的东西是老鼠。老鼠的肉非常嫩，嚼起来又酥又松，味道美极了！"兔子和猫争论不休，相持不下，跑去请猴子评理。猴子听了，不由得大笑起来："瞧你们这两个傻瓜蛋，连这点儿常识都不懂！世界上最好吃的东西是什么？是桃子！桃子不但美味可口，而且长得漂亮。我每天做梦都梦见吃桃子。"兔子和猫听了，全都直摇头。那么，世界上到底什么东西最好吃呢？

"幸福方程式"与"阿Q精神"②

我们消费的目的是为了获得幸福。对于什么是幸福，美国的经济学家萨谬尔森是用"幸福方程式"来概括的。这个"幸福方程式"就是：幸福=效用/欲望，从这个方程式中我们看到欲望与幸福成反比，也就是说人的欲望越大越不幸福，反之，就越幸福。一个人的欲望水平与实际水平之间的差距越大，他就越痛苦。但我们知道人的欲望是无限的，那么多大的效用不也等于零吗？因此我们在分析消费者行为理论的时候我们假定人的欲望是一定的。那么我们在离开分析效用理论时，再来思考萨谬尔森提出的"幸福方程式"真是觉得他对幸福与欲望关系的阐述太精辟了，难怪他是诺贝尔奖的获得者。

有的人把拥有财富的多少看作衡量幸福的标准。实际上，幸福是一种感觉，自己认为幸福就是幸福。在社会生活中对于幸福，不同的人有不同的理解，政治家把实现自己的理想和抱负作为最大的幸福；企业家把赚到更多的钱当作最大的幸福；我们教书匠把学生喜欢听自己的课作为最大的幸福；老百姓往往觉得平平淡淡衣食无忧就是最大的幸福。

---

① 资料来源：池州学院网精品课程《西方经济学》电子教案，作者：项桂娥，网址：www.cntc.edu.cn/jpkcxge/nindex.htm。

② 摘自张淑云主编的《经济学——从理论到实践》，化学工业出版社出版，2004年9月。

从"幸福方程式"使我想起了"阿Q精神"。鲁迅笔下的阿Q形象,是用来唤醒中国老百姓的那种逆来顺受的劣根性。而我要说的是人生如果一点阿Q精神都没有,会感到不幸福。因此,"阿Q精神"在一定条件下是人生获取幸福的手段。市场经济发展到今天,贫富差距越来越大,如果穷人欲望过高,那只会给自己增加痛苦。倒不如用"知足常乐",用"阿Q精神"来降低自己的欲望,使自己虽穷却也活得幸福自在。富人比穷人更看重财富,他会追求更富,如果得不到他也会感到不幸福。

"知足常乐"、"适可而止"、"随遇而安"、"退一步海阔天空"、"该阿Q时得阿Q",这些说法有着深刻的经济含义,我们要为自己最大化的幸福做出理性的选择。

4.2 基数效用论

4.2.1 基数效用论的观点

基数效用论是主张用基数来表示和分析效用的一种消费者行为分析理论。该理论产生于19世纪70年代,其重要代表人物是德国的戈森、英国的威廉·杰文斯、奥地利的卡尔·门格尔和法国的里昂·瓦尔拉斯等。他们认为效用可以用基数来表示,即可以用表示和衡量物体长度、重量等具体大小的数字来度量,比如1、2、3、4等。

基数效用论的假定前提是效用是可以计量的,用具体数字来研究消费者的行为。它的基本观点可以归纳为两条:

(1) 效用是可以用效用单位来计量其大小的,正如重量可以用千克来计量一样。效用单位为"尤特尔"(Util)。

(2) 不同商品的效用和同一商品各单位的效用是可以加总而得出总效用的。因此,效用是可以用基数来表示的。

4.2.2 总效用和边际效用

基数效用论采用边际效用分析方法来分析消费者行为时,涉及两个重要的概念:总效用和边际效用。

总效用(TU)是消费一定数量的某种物品所得到的总满足程度。理解总效用的概念需要注意两点:①总效用是各单位商品效用的和;②总效用是商品消费量的函数,如果用TU表示总效用,Q表示商品量,总效用函数就是$TU = f(Q)$。

边际的含义是增量,指自变量增加所引起的因变量的增加量。物品的边际效用(MU),是指该物品的消费量每增(减)一个单位所引起的总效用的增(减)量。或者换一种说法,边际效用是指所消费物品的一定数量中最后增加的那个单位提供的效用。在边际效用中,自变量是某物品的消费量,而因变量则是满足程度或效用。

其数学表达式为

$$MU = \frac{\Delta TU}{\Delta Q} = \frac{TU_n - TU_{n-1}}{Q_n - Q_{n-1}} \tag{4.1}$$

式中，$\Delta Q = 1$。

因此

$$MU = TU_n - TU_{n-1} \tag{4.2}$$

假如商品 X 是无限可分的，这一公式还可以进一步表述为

$$MU_X = \frac{dTU_X}{dQ_X}$$

式中，MU_X 为边际效用，TU_X 为总效用，Q_X 为商品数量。

例如，假设某商品的消费量从 0 增加到 7，在这个过程中，消费者所得到的边际效用和总效用分别如表 4-1 所示。

表 4-1 总效用与边际效用

数量(Q)	总效用(TU)	边际效用(MU)	数量(Q)	总效用(TU)	边际效用(MU)
0	0	—	4	28	4
1	10	10	5	30	2
2	18	8	6	30	0
3	24	6	7	28	-2

通过对表 4-1 的分析，可以将总效用与边际效用的关系总结为以下两点。

(1) $TU = \sum MU$，总效用是单位商品消费的效用之和，也就是说，总效用是各单位商品的边际效用之和。

(2) $MU > 0$，TU 增加，即如果边际效用为正，增加商品消费会使总效用增加；$MU = 0$，TU 达到极大值，即如果边际效用为零，增加商品消费并不能增加总效用，此时总效用达到最大；$MU < 0$，TU 减少，即当边际效用为负时，增加商品消费会使总效用减少。

简而言之，由于边际效用递减规律的作用，总效用先是随商品消费量的增加而递增，在达到效用最大后，又随商品消费量的增加而递减。

4.2.3 边际效用递减规律

1. 边际效用递减规律的含义

观察人们的行为和心理，可以发现一个规律性现象：在消费者偏好和商品使用价值既定的条件下，随着消费者对某种物品消费量的增加，他从该物品连续增加的消费单位中所得到的边际效用是递减的。这个规律告诉我们：商品消费量越小，边际效用越大；商品消

费量越大,边际效用越小;如果增加单位消费品不能获得任何满足,边际效用则为零;当商品消费量超过一定数额,继续增加消费的商品,不仅不能带来愉快,反而会造成痛苦,边际效用变为负值。

例如,一个饭量较大的人吃馒头,当他非常饿时,吃第1个馒头觉得最香,最好吃,效用很大,30个单位;再吃第2个馒头觉得也不错,好吃,效用也不小,20个单位;吃第3个馒头时已经快饱了,觉得馒头也就那么回事吧,效用只有10个单位;吃第4个馒头时,吃不吃都无所谓,效用等于0;如果再吃第5个馒头,就会肚子发胀,消化不良,产生负效用(带来痛苦),-10个单位。

上述现象普遍存在,经济学家称其为"边际效用递减规律",如表4-2所示。

表4-2 边际效用递减规律

商品消费量(Q)	边际效用(MU)	总效用(TU)
0	0	0
1	30-0=30	30+0=30
2	50-30=20	30+20=50
3	60-50=10	30+20+10=60
4	60-60=0	30+20+10+0=60
5	50-60=-10	30+20+10-10=50

边际效用递减变化可以直观地用表4-2反映出来。也可以用几何的方法来表示总效用、边际效用以及它们的相互关系,如图4.1所示。用横轴代表商品消费量Q,纵轴表示总效用和边际效用,可以给出总效用曲线和边际效用曲线。

如图4.1所示,总效用是一条先上升而后下降的曲线,边际效用则是一条向右下方倾斜的曲线。如果消费量小于4,边际效用曲线MU在横轴上方,总效用曲线TU处于上升阶段;如果消费量为4,边际效用曲线MU与横轴相交,此时总效用曲线TU上升到顶点;如果消费量大于4,边际效用曲线MU在横轴下方,总效用TU则处于下降阶段。

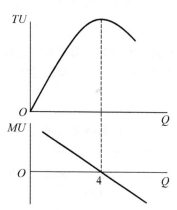

图4.1 总效用曲线和边际效用曲线

理解"边际效用递减规律"时要注意几点:(1)边际效用的大小与欲望的强弱成正比;(2)边际效用的大小与消费数量成反比;(3)边际效用递减具有时间性;(4)一般情况下,边际效用总是正值(>0),即消费者不会把消费量增加到带来痛苦的"负效用"地步。

2. 边际效用递减的原因

边际效用递减规律可以用以下三个理由来解释。

(1) 第一种解释：生理的或心理的原因。消费一种物品的数量越多，生理上得到满足或心理上对重复刺激的反应就递减了。由于效用是一种心理感受，所以经济学家认为，边际效用递减规律得自于"内省"。例如，把一个人的眼睛蒙住，请他伸出臂膀，然后向他手上加重物，开始他会感到重物的增加，但当重物增加到一定程度时，尽管所加重物相同，他的感觉是增加的(即边际)重物越来越小。韦伯—费克纳边际影响递减规律也证明了声音、光线和其他感觉都存在这种递减现象。边际效用递减与这些现象类似。

(2) 第二种解释：若 MU 不递减，消费者对某种物品的消费量将会越来越多，以致无穷。(反证法)

(3) 第三种解释：物品本身用途的多样性。设想每种物品(如水)都有几种用途(饮用、洗衣、浇花草)，再假定消费者把这些用途按其重要性加以分级，因此，消费者必然把第一个单位的水用在最重要的用途上(饮用)，然后再把其他单位的水依次满足较不重要的用途(洗衣、浇花)，这样由于不同单位的水先后用于满足其重要性依次下降的用途上，所以该物品的 MU 必然随消费量的增加而呈递减趋势。

总之，边际效用递减规律是在考察总结人们日常生活中得出的一个理论命题。当然，它的有效性要以假定人们消费行为的决策是符合理性为其必要前提的。

3. 关于货币的边际效用

货币也具有效用，而且随着货币收入量的不断增加，货币的边际效用是递减的。这就是说，随着某消费者货币收入的逐步增加，每增加一元钱给该消费者所带来的边际效用是越来越小的。货币的边际效用(λ)可用商品边际效用与商品价格的比来表示，即

$$\lambda = \frac{MU}{P} \tag{4.3}$$

在分析消费者行为时，基数效用论者又通常假定货币的边际效用是不变的。因为只有货币的边际效用是不变的，才能用货币的边际效用去衡量其他物品的效用。同时，由于消费者的货币收入通常是有限的，同样的货币可以购买不同的物品，所以，这个假定在一般情况下也是合理的。

4.2.4 边际效用与需求定理和消费者剩余

边际效用递减规律可以用来解释需求定理和消费者剩余。

1. 边际效用与需求定理

需求定理表明，消费者愿意买进的任一商品的数量与该商品价格呈反方向变化，价格高(或提高)则需求量少(或减少)，反之则相反。为什么消费品的需求量与其价格之间具有这样的关系呢？可用边际效用递减规律来说明。

消费者购买各种物品是为了从消费这些物品中获得效用，他所愿意付出的价格取决于他以这种价格所获得的物品能带来的效用。这也就是说，消费者所愿意付出的货币表示了他用货币所购买的物品的效用。例如，某消费者愿意以2元购买一本书或一斤苹果，这就说明一本书或一斤苹果给消费者所带来的效用是相同的。

在假定货币的边际效用不变的条件下，消费者为购买一定量某物品所愿意付出的货币的价格取决于他从这一定量物品中所获得的效用。效用大，愿付出的价格高；效用小，愿付出的价格低。根据边际效用递减规律，随着消费物品数量的增加，该物品给消费者所带来的边际效用是递减的，而货币的边际效用是不变的。这样，随着物品的增加，消费者所愿付出的价格也在下降。因此，需求量与价格必然成反方向变动。

2. 边际效用与消费者剩余

消费者按他对物品效用的评价来决定他愿意支付的价格，但市场上的实际价格并不一定等于他愿意支付的价格。消费者愿意对某物品所支付的价格与他实际支付的价格的差额就是消费者剩余。消费者剩余这一概念是19世纪末20世纪初英国经济学家A.马歇尔所提出来的，他给这一概念所下的定义是："他宁愿付出而不愿得不到此物的价格，超过他实际付出的价格的部分，是这种剩余满足的经济衡量。这部分可称为消费者剩余"。

通过下面的例题来理解消费者剩余的概念。

【例4.1】 假设货币的边际效用为2，磁盘的市场价格为2元，磁盘的边际效用见表4-3，磁盘的购买量为2张时，消费者剩余为多少？

解：因为 $\lambda = \dfrac{MU}{P}$，所以意愿价格 $P = \dfrac{MU}{\lambda}$，又因为 $\lambda = 2$，所以当购买第一张磁盘时，消费者愿意支付的价格为

$$P = \frac{MU}{\lambda} = \frac{6}{2}(元) = 3(元),$$

当消费者购买第二张磁盘时，消费者愿意支付的价格为

$$P = \frac{MU}{\lambda} = \frac{4}{2}(元) = 2(元)。$$

由此可知：购买2张磁盘，实际支付：2元×2=4元，愿意支付：3元+2元=5元

消费者剩余：5元-4元=1元(或者可以说是2个效用单位)

表 4-3 消费者剩余

磁盘购买量/张	边际效用/效用单位	意愿价格/元	市场价格/元
1	6	3	2
2	4	2	2
3	2	1	2
4	0	0	2

在表 4-3 中，各单位的意愿价格是根据各单位的边际效用与货币的边际效用的比计算出来的，而市场价格则是由整个市场的供求关系确定的，不以某一个消费者的意志为转移。某一个消费者对该物品的购买仅占市场上一个微不足道的比例，无法影响价格，因此市场价格是固定的。随着消费者购买某种物品数量的增加，他愿意付出的价格在下降，而市场价格始终不变。这样，随着消费者购买物品的增加，他从每单位物品购买中所获得的消费者剩余在减少。

值得注意的是，消费者剩余是一种心理现象，消费者在购买过程中并未真正得到实在的利益，只不过他在心理上认为得到了。商家有时将此作为一种促销手段，先将价格(故意)定得很高，然后打折，报出一个比原价低很多的价格。

如果用几何图形来表示的话，如图 4.2 所示，消费者剩余可以用消费者需求曲线以下，市场价格线之上的面积来表示。其中，P_0 为市场价格，$P^d=f(Q)$ 为消费者需求曲线。

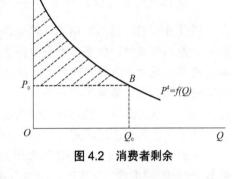

图 4.2 消费者剩余

如果用数学公式表示的话可以表示为

$$cs = \int_0^{Q_0} f(Q)dQ - P_0Q_0 \tag{4.4}$$

有了消费者剩余这个概念，就可以来回答经济学说史上著名的水—钻石之谜。现在可以通过总收益与边际收益来解决这个悖论。人们从水的消费中得到的总效用可以说是十分巨大的。但是由于水资源是如此丰富，人们从消费的最后一单位水中得到的边际效用十分低。在这种情况下，水的价格很低，而带给消费者的剩余则很高。钻石正好相反，由于产量相对于需求很小，边际效用很高，但钻石带来的总效用和消费者剩余都很小。因此，就消费者剩余来看，钻石无法与水抗衡，水给消费者带来了巨大的净收益；就其稀缺性来看，水难以与钻石匹敌，任何人想拥有钻石都必须付出高昂的代价。

4.2.5 边际效用分析法下的消费者均衡

在经济学上,消费者均衡是指在预算收入、商品价格、货币效用以及消费偏好既定的条件下,消费者把有限的收入合理而充分地用于各种商品的购买或消费选择上,以获得最大效用。简而言之,消费者均衡就是研究特定条件下的效用最大化。

1. 消费者均衡的条件

消费者根据什么原则来购买商品,从而实现效用最大化呢?或者说消费者均衡的条件是什么呢?在运用边际效用分析法研究消费者均衡问题时,有以下三个假定前提。

(1) 消费者的嗜好与偏好是给定的,就是说,消费者对各种消费品的效用和边际效用是已知和既定的。

(2) 消费者决定买进各种消费品的价格是已知和既定的。

(3) 消费者的收入 M 是既定的,还假定他的收入全部用来购买这几种商品。

如果消费者的货币收入水平是固定的,市场上各种商品的价格是已知的,那么,消费者应该使自己所购买的各种商品的边际效用与价格之比相等。也就是说,消费者均衡的条件是:消费者花费在各种商品购买上的最后一元钱所带来的边际效用相等。

当消费者以一定的货币收入消费多种产品,或者对一种产品采取多种消费方式时,一定要使最后一元货币所取得的边际效用彼此均等,才能取得总效用的最大化。这就叫做边际效用均等法则,或戈森第二法则,也叫效用最大法则(law of maximizing utility)。消费者均衡的实现条件实际上是对人们日常生活经验的理论概括。无论人们是否了解这种理论,他们实际上都在自觉或不自觉地按这一原则进行消费和购买。

假定消费者用既定的收入 M 购买 n 种商品,P_1,P_2,$\cdots$,P_n 分别为 n 种商品的既定的价格,λ 为不变的货币的边际效用。以 Q_1,Q_2,$\cdots$,Q_n 分别表示 n 种商品的数量,MU_1,MU_2,$\cdots$,MU_n 分别表示 n 种商品的边际效用,则上述的消费者效用最大化的均衡条件可以用公式表示为

$$P_1Q_1 + P_2Q_2 + \cdots + P_nQ_n = M \tag{4.5}$$

$$\frac{MU_1}{P_1} = \frac{MU_2}{P_2} = \cdots = \frac{MU_n}{P_n} = \lambda \tag{4.6}$$

下面举例说明消费者均衡的条件。

【例 4.2】 假定消费者准备以 10 元购买三种彼此无关的产品 X、Y、Z,其市场价格 P_X,P_Y,P_Z 分别为每千克 1 元、2 元和 3 元,其边际效用为 MU_X,MU_Y,MU_Z,如表 4-4 所列。试求当每种产品的购买量分别为多少时消费者达到均衡?

表 4-4 预算限制下的消费选择

消费量 Q /kg	产品 X P=1		产品 Y P=2		产品 Z P=3	
	边际效用 $MU_X = \dfrac{\Delta TU_X}{\Delta Q_X}$	每元所得边际效用 $\dfrac{MU_X}{P_X}$	边际效用 $MU_Y = \dfrac{\Delta TU_Y}{\Delta Q_Y}$	每元所得边际效用 $\dfrac{MU_Y}{P_Y}$	边际效用 $MU_Z = \dfrac{\Delta TU_Z}{\Delta Q_Z}$	每元所得边际效用 $\dfrac{MU_Z}{P_Z}$
1	12	12*	18	9*	24	8*
2	10	10*	16	8*	21	7
3	8	8*	14	7	18	6
4	7	7	12	6	15	5
5	6	6	10	5	12	4
6	5	5	8	4	9	3
7	4	4	6	3	6	2
8	3	3	4	2	3	1
9	2	2	2	1	0	0
10	0	0	0	0	0	0
合计 TU	57(买 10 个)	—	70(买 5 个)	—	68(买 $3\dfrac{1}{3}$ 个)	—

如果消费者把 10 元全部用于其中的某一种产品如仅购买产品 X，只得总效用 57 utils。但是，如果他按每元所得边际效用的高低，依次选择总额为 10 元的三种产品：X 产品 3 千克，Y 产品 2 千克，Z 产品 1 千克，则在购买各产品的每元所得边际效用都等于 8 utils 时，可得最大效用 88 utils，比全部买 X 产品多得效用 31 utils，即

$$\frac{MU_X}{P_X} = \frac{MU_Y}{P_Y} = \frac{MU_Z}{P_Z}$$

2. 消费者均衡的实现过程

假设消费者只购买两种物品 X 和 Y。消费者之所以要按照这一原则来进行购买，是因为在收入既定的条件下，多购买 X 物品就要少购买 Y 物品。随着 X 物品数量的增加，它的边际效用递减，而随着 Y 物品数量的减少，它的边际效用递增。为了使所购买的 X 与 Y 物品的组合能带来最大的总效用，消费者就要调整他所购买的 X 物品与 Y 物品的数量。当他购买的最后一单位 X 物品带来的边际效用与价格之比，等于购买的最后一单位 Y 物品带来

的边际效用与价格之比时,总效用达到最大。这时,消费者不再调整购买两种物品的数量从而就实现了消费者均衡。

与(4.5)式和(4.6)式相对应,在购买两种商品情况下的消费者效用最大化的均衡条件为:

$$P_X Q_X + P_Y Q_Y = M \tag{4.7}$$

$$\frac{MU_X}{P_X} = \frac{MU_Y}{P_Y} = \lambda \tag{4.8}$$

(1) 从 $\frac{MU_X}{P_X} = \frac{MU_Y}{P_Y}$ 的关系分析:

第一种情况:当 $\frac{MU_X}{P_X} < \frac{MU_Y}{P_Y}$ 时,理性的消费者就会调整这两种商品的购买数量:减少对商品 X 的购买量,增加对商品 Y 的购买量。

第二种情况:当 $\frac{MU_X}{P_X} > \frac{MU_Y}{P_X}$ 时,则说明购买的 Y 商品过多了,理性的消费者就会减少商品 Y 的购买量,增加商品 X 的购买量。

第三种情况:当 $\frac{MU_X}{P_X} = \frac{MU_Y}{P_Y}$ 时,他便得到了由减少商品 Y 购买和增加商品 X 购买所带来的总效用增加的全部好处,即消费者获得了最大的总效用。

(2) 从 $\frac{MU_i}{P_i} = \lambda$ 的关系分析:

第一种情况:当 $\frac{MU_i}{P_i} < \lambda$ 时,这说明消费者用一元钱购买第 i 种商品所得到的边际效用小于所付出的这一元钱的边际效用。也可以理解为,消费者对第 i 种商品的消费量是太多了。

第二种情况:当 $\frac{MU_i}{P_i} > \lambda$ 时,这说明消费者用一元钱购买第 i 种商品所得到的边际效用大于所付出的这一元钱的边际效用。也可以理解为,消费者对第 i 种商品的消费量是不足的。

第三种情况:当 $\frac{MU_i}{P_i} = \lambda$ 时,这说明消费者对两种商品的消费量达到均衡,实现了总效用的最大化。

3. 消费者均衡的证明

上述例子只是帮助理解消费者均衡的条件,但并不是一种证明。这里用数学的方法证明消费者均衡条件的正确性。这就要把消费者均衡归结为在家庭预算限制条件下求解效用函数的极大值问题。

设效用函数和预算限制分别为

$$TU = U(Q_X, Q_Y) \tag{4.9}$$

$$P_X Q_X + P_Y Q_Y = M \tag{4.10}$$

用拉格朗日乘数来求总效用 TU 的极大值。

将(4.10)式预算限制改写为

$$M - P_X Q_X - P_Y Q_Y = 0 \tag{4.11}$$

以拉格朗日乘数 λ ($\lambda \neq 0$)乘以式(4.11)得出

$$\lambda(M - P_X Q_X - P_Y Q_Y) = 0 \tag{4.12}$$

将式(4.12)与式(4.9)效用函数相加,就可以得出拉格朗日函数

$$Z = U(Q_X, Q_Y) + \lambda(M - P_X Q_X - P_Y Q_Y) \tag{4.13}$$

由于 $\lambda(M - P_X Q_X - P_Y Q_Y) = 0$,所以与总效用函数相加不会引起总效用函数的任何变动,即 $TU = U(Q_X, Q_Y)$ 的极值与 Z 的极值并无差异。从拉格朗日函数可知,Z 是 Q_X、Q_Y 与 λ 的函数。Z 的极大值的必要条件是所有一阶偏导数都等于零

$$Z_X = \frac{\Delta Z}{\Delta Q_X} = MU_X - \lambda P_X = 0 \tag{4.14}$$

$$Z_Y = \frac{\Delta Z}{\Delta Q_Y} = MU_Y - \lambda P_Y = 0 \tag{4.15}$$

$$Z_\lambda = \frac{\Delta Z}{\Delta \lambda} = M - P_X Q_X - P_Y Q_Y = 0 \tag{4.16}$$

其中,MU_X 和 MU_Y 分别代表 X 与 Y 的边际效用。

由式(4.14)和式(4.15)得

$$\frac{MU_X}{P_X} = \frac{MU_Y}{P_Y} \quad 或者 \quad \frac{MU_X}{MU_Y} = \frac{P_X}{P_Y} \tag{4.17}$$

即效用函数 $TU = U(Q_X, Q_Y)$ 的总效用达到极大值的必要条件是

$$\frac{X\text{的边际效用}}{Y\text{的边际效用}} = \frac{X\text{的价格}}{Y\text{的价格}} \tag{4.18}$$

而且,由 $MU_X - \lambda P_X = 0$ 和 $MU_Y - \lambda P_Y = 0$ 可以得知:$\frac{MU_X}{P_X} = \frac{MU_Y}{P_Y} = \lambda$,所以可以把 λ 作为效用最大化条件下每单位货币的边际效用。

第 4 章 消费者行为理论

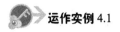

运作实例 4.1

吃三个面包的感觉[①]

美国总统罗斯福连任三届后,曾有记者问他有何感想,总统一言不发,只是拿出一块三明治面包让记者吃,这位记者不明白总统的用意,又不便问,只好吃了。接着总统拿出第二块,记者还是勉强吃了。紧接着总统拿出第三块,记者为了不撑破肚皮,赶紧婉言谢绝。这时罗斯福总统微微一笑:"现在你知道我连任三届总统的滋味了吧,这个故事揭示了经济学中的一个重要的原理:边际效用递减规律。"

总效用是消费一定量某物品与劳务所带来的满足程度。边际效用是某种物品的消费量增加一单位所增加的满足程度。我们就从罗斯福总统让记者吃面包说起。假定,记者消费一个面包的总效用是 10 效用单位,2 个面包是总效用为 18 个效用单位,如果记者再吃 3 个面包总效用还为 18 个效用单位。记者消费 1 个面包的边际效用是 10 效用单位,2 个面包的边际效用为 8 个效用单位,如果记者再吃第 3 个面包边际用为 0 效用单位。这几个数字说明记者随着消费面包数量的增加,边际效用是递减的。为什么记者不再吃第三个面包是因为再吃不会增加效用。还比如,水是非常宝贵的,没有水,人们就会死亡,但是你连续喝超过了你能饮用的数量时,那么多余的水就没有什么用途了,再喝边际效用几乎为零,或是在零以下。现在我们的生活富裕了,我们都有体验:"天天吃着山珍海味也吃不出当年饺子的香味"。这就是边际效用递减规律。设想如果不是递减而是递增会是什么结果,吃一万个面包也不饱。吸毒就接近效用递增,毒吸的越多越上瘾。吸毒的人觉得吸毒和其他消费相比,毒品给他的享受超过了其他的各种享受。所以吸毒的人会卖掉家产,抛妻弃子,宁可食不充饥,衣不遮体,毒却不可不吸。所以说,幸亏我们生活在效用递减的世界里,在购买消费达到一定数量后因效用递减就会停止下来。

消费者购买物品是为了效用最大化,而且,物品的效用越大,消费者愿意支付的价格越高。根据效用理论,企业在决定生产什么时首先要考虑商品能给消费者带来多大效用。

企业要使自己生产出的产品能卖出去,而且能卖高价,就要分析消费者的心理,来满足消费者的偏好。一个企业要成功,不仅要了解当前的消费时尚,还要善于发现未来的消费时尚。这样才能从消费时尚中了解到消费者的偏好及变动,并及时开发出能满足这种偏好的产品。同时,消费时尚也受广告的影响。一种成功的广告会引导着一种新的消费时尚,左右消费者的偏好。所以说,企业行为从广告开始。

消费者连续消费一种产品的边际效用是递减的。如果企业连续只生产一种产品,它带给消费者的边际效用就在递减,消费者愿意支付的价格就低了。因此,企业的产品要不断创造出多样化的产品,即使是同类产品,只要不相同,就不会引起边际效用递减。例如,同类服装做成不同式样,就成为不同产品,就不会引起边际效用递减。如果是完全相同,则会引起边际效用递减,消费者不会多购买。

边际效用递减原理告诉我们,企业要进行创新,生产不同的产品满足消费者需求,减少和阻碍边际效用递减。

[①] 摘自:张淑云主编的《经济学——从理论到实践》,化学工业出版社出版,2004 年 9 月出版。

4.3 序数效用论

序数效用论是指用先后顺序或优劣对比来表示与分析人们对某种商品的主观评价的效用理论。序数效用论是为了弥补基数效用论的缺点而提出来的另一种研究消费者行为的理论。序数效用论者认为效用是用来表示个人偏好的，但个人的偏好是心理活动，因此效用的量在理论上和实际上生来就是不可计量的，只能根据消费者的偏好程度将它们排列为第一、第二、第三等顺序，而不能用基数1，2，…来表示它们量的大小。

例如，某女性消费者消费了一件衣服与一套化妆品，她从中得到的效用是无法用基数来衡量，也无法加总求和的。但她可以比较从消费这两种物品中所得到的效用。如果她认为消费衣服所带来的效用大于消费化妆品所带来的效用，那么就可以说，衣服的效用是第一、化妆品的效用是第二。

序数效用论在分析消费者行为时，将无差异曲线作为自己的分析工具。最先提出无差异曲线的是英国的埃奇沃斯，但他的无差异曲线分析仍然是以效用的可测性为基础的。后来洛桑学派的帕累托在其《政治经济学教程》中，最先阐述了使用无差异曲线分析消费者行为的方法。此后，这种方法经希克斯等人加以完善，运用于许多问题的分析。此外，序数效用论又提出预算线，预算线表明在收入与商品价格既定的条件下，消费者可能购买到的各种商品的全部数量组合，将无差异曲线与预算线相结合，即可以找到实现消费者均衡的具体条件。

4.3.1 关于消费者偏好的假定

序数效用论对消费者偏好有以下三个基本的假设条件：

(1) 偏好的完全性，即对于任何两个商品组合 A 和 B，消费者总是可以做出，而且也仅仅只能做出以下三种判断中的一种：对 A 的偏好大于对 B 的偏好，对 A 的偏好小于对 B 的偏好，对 A 和 B 的偏好相同(对 A 和 B 具有相同的偏好)。

(2) 偏好的可传递性，即对于任何三个商品组合 A、B 和 C，对 A 的偏好大于(或小于、或等于)对 B 的偏好，对 B 的偏好大于(或小于、或等于)对 C 的偏好。那么，该消费者必须做出对 A 的偏好大于(或小于、或等于)对 C 的偏好的判断。

(3) 偏好的非饱和性，即如果两个商品组合的区别仅在于其中一种商品的数量的不同，那么，消费者总是偏好于含有这种商品数量较多的那个组合。这意味着，消费者对每一种商品的消费都处于饱和以前的状态。

序数效用论者指出：消费者对于各种不同的商品组合的偏好(即爱好)程度是有差别的，这种偏好程度的差别决定了不同商品组合的效用的大小顺序。

4.3.2 无差异曲线及其特点

无差异曲线和偏好这一概念是联系在一起的。无差异曲线的含义是指用来表示消费者偏好相同的两种商品不同数量的各种组合的曲线。或者说，它是表示能给消费者带来同等效用水平或满足程度的两种商品不同数量的各种组合的曲线。

无差异曲线相对应的效用函数为：$U=f(Q_X, Q_Y)$

其中，Q_X 和 Q_Y 分别为商品 X 和商品 Y 的数量；U 是常数，表示某个效用水平。由于无差异曲线表示的是序数效用，所以，这里的 U 只需表示某一个效用水平，而不在乎其具体数值的大小，有的西方学者称这种效用水平为效用指数。

【例 4.3】 商品 X 和 Y 在三种不同的效用水平 U_1、U_2、U_3 下各有 A、B、C、D、E、F 六种组合，如表 4-5 所示。其中 Q_X 和 Q_Y 分别表示商品 X 和商品 Y 的数量，请根据表 4-5 做出相应的无差异曲线图。

表 4-5 某消费者的无差异表

商品组合	效用水平 U_1		效用水平 U_2		效用水平 U_3	
	Q_X	Q_Y	Q_X	Q_Y	Q_X	Q_Y
A	20	130	30	120	50	120
B	30	60	40	80	55	90
C	40	45	50	63	60	83
D	50	35	60	50	70	70
E	60	30	70	44	80	60
F	70	27	80	40	90	54

以横坐标 Q_X 表示商品 X 的数量，以纵坐标 Q_Y 表示商品 Y 的数量，将效用水平 U_1 下的五种商品组合在坐标系中描出五个坐标点，然后将其用圆滑的曲线相连，即可得到无差异曲线 U_1；依此类推可以作出无差异曲线 U_2 和 U_3；如图 4.3 所示。

除以上的方法之外，无差异曲线也可以从三维空间的几何图形中得到说明。在图 4.4 中，水平的两个坐标轴 OQ_X 和 OQ_Y 分别表示商品 X 和商品 Y 的数量，垂直的坐标轴 $O'Z$ 表示总的效用水平，坐标平面上的点 P' 和 Q' 表示不同的无差异曲线上的点，点 P' 和 Q' 处的效用水平分别为 $P'P$ 和 $Q'Q$；依此类推，与每一商品组合相对应的效用水平都可以在效用曲面 $OAZB$ 上找到。从三维空间的几何图形中可以看出，离坐标原点越远的无差异曲线代表的效用水平越高。

分析上图，我们可以将无差异曲线的特征简单地总结为以下三条：①同一坐标平面上的任何两条无差异曲线之间，可以有无数条无差异曲线；②在同一坐标平面上任何两条无差异曲线不会相交，如图 4.5 所示，因为 V 点和 M 点的效用水平相同，T 点和 M 点的效用水平相同，则可推论 V 点和 T 点的效用水平相同，这显然是不成立的；③无差异曲线是凸向原点，如图 4.6 所示。在图 4.5 和图 4.6 中，q_{Xi}、q_{Yi} ($i=1, 2, 3, 4, 5, 6, 7$) 分别表示商品 X 和商品 Y 的不同数量值。

无差异曲线是表示能给消费者带来相同效用水平或满足程度的两种商品的不同数量的各种组合，相应的效用函数为 $U=f(Q_X, Q_Y)$。当消费者的收入或商品的价格发生变化时，给消费者带来相同效用水平的各种组合也不会发生变化，也就是说，相同效用水平的各种组合中包含的商品 X 和商品 Y 的数量没有变化，所以说无差异曲线本身不会发生变化。

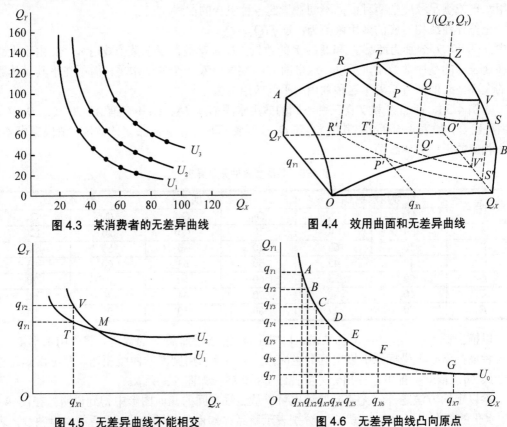

图 4.3　某消费者的无差异曲线

图 4.4　效用曲面和无差异曲线

图 4.5　无差异曲线不能相交

图 4.6　无差异曲线凸向原点

4.3.3　商品的边际替代率

1. 商品的边际替代率的含义

商品的边际替代率是指在维持效用水平不变的前提下，消费者减少的一种商品的消费量与增加的另一种商品的消费量之比。

以 MRS 代表商品的边际替代率，则商品 X 对商品 Y 的边际替代率的公式是

$$MRS_{XY} = -\frac{\Delta Q_Y}{\Delta Q_X} \tag{4.19}$$

式中，ΔQ_X 代表 X 商品的增加量，ΔQ_Y 代表 Y 商品的减少量，MRS_{XY} 代表以 X 商品代替 Y 商品的边际替代率。由于 ΔQ_X 和 ΔQ_Y 的变化方向是相反的，为了使商品的边际替代率取正值以便于比较，所以，在公式中加了一个负号。

假定商品数量的变化量趋于无穷小，即当 $\Delta Q_X \to 0$ 时，则商品的边际替代率的公式(4.19)可以写为

$$MRS_{XY} = \lim_{\Delta Q_X \to 0} -\frac{\Delta Q_Y}{\Delta Q_X} = -\frac{\mathrm{d}Q_Y}{\mathrm{d}Q_X} \tag{4.20}$$

显然，无差异曲线上任何一点的商品的边际替代率等于无差异曲线在该点的斜率的绝对值。

2. 商品的边际替代率递减规律

商品的边际替代率递减规律是指在维持效用水平不变的前提下，随着一种商品消费数量的连续增加，消费者为得到每一单位的这种商品所需要放弃的另一种商品的消费数量是递减的。如图 4.7 所示。

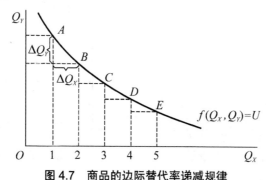

图 4.7　商品的边际替代率递减规律

商品的边际替代率递减的原因在于：随着一种商品 X 的消费数量的逐步增加，它的边际效用在递减，随着另一种商品 Y 的消费数量的减少，它的边际效用在递增。这样，每增加一定数量的 X 商品，所能代替的 Y 商品的数量就越来越少，即 X 商品以同样的数量增加时，所能减少的 Y 商品越来越少，或者说，在 $MRS_{XY} = -\dfrac{\Delta Q_Y}{\Delta Q_X}$ 这个公式中，当分母 ΔQ_X 不变时，分子 ΔQ_Y 在不断减少，从而分数值就减少了。

边际替代率递减实际上是用无差异曲线的形式表述边际效用递减规律。因为从以上的解释可以看出，边际替代率递减正是由于随着某种商品量的增加，其边际效用减少。

从几何意义上讲，商品的边际替代率递减表示无差异曲线的斜率的绝对值是递减的。所以，在一般情况下，商品的边际替代率递减规律决定了无差异线的形状是凸向原点的。不过当两种商品为完全替代品或完全互补品时，无差异曲线会呈现出特殊的形状。

3. 无差异曲线的特殊形状

对于完全替代商品来说相应的无差异曲线为一条斜率不变的直线；对于完全互补商品来说，相应的无差异曲线呈直角形状。

无差异曲线凸向原点的弯曲程度完全取决于两种物品替代性的大小。如果两种物品的替代性很大(如玉米粉与面粉)，那么，一种物品增加一单位，另一种物品的减少大概是一个相当固定的数额，而不会随着前者的增加而减少得很多。这样，这两种物品的边际替代率递减较为缓和，这时无差异曲线的弯曲程度就小。如果两种物品是完全可以互相替代的，则一种物品增加一单位，另一种物品减少同样的数量，边际替代率不变，从而无差异曲线就是一条直线，如图 4.8 所示。

反之，如果两种物品是完全互补的，即指两种商品必须按固定不变的比例同时被使用的情况。例如，眼镜片与镜架必须配合使用。这时，无差异曲线与原点成 90°凸出。因此，在完全互补的情况下，相应的无差异曲线为直角形状，如图 4.9 所示。

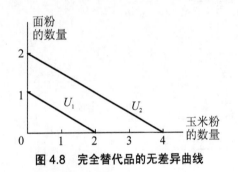

图 4.8 完全替代品的无差异曲线　　　　图 4.9 完全互补品的无差异曲线

4.3.4 预算线

1. 预算线的含义

序数效用论者在分析消费者行为时建立了消费者的预算线。预算线又称为预算约束线、消费可能线或价格线。预算线表示在消费者收入和商品价格既定的条件下，消费者的全部收入所能购买到的两种商品的不同数量的各种组合。如图 4.10 所示，其中 M 表示消费者的既定收入，以 P_X 和 P_Y 分别表示已知的商品 X 和商品 Y 的价格，以 Q_X 和 Q_Y 分别表示商品 X 和商品 Y 的数量。直线 AB 就是既定收入水平 M 下，消费者购买商品 X 和 Y 的预算线。

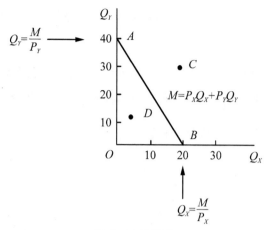

图 4.10 预算线

预算线的方程可以表示为

$$M = P_X Q_X + P_Y Q_Y \tag{4.21}$$

该式表示：消费者的全部收入 M 等于他购买商品 X 的支出与购买商品 Y 的支出的总和。把式(4.21)的预算线方程也可改写为

$$Q_Y = -\frac{P_X}{P_Y} Q_1 + \frac{M}{P_Y} \tag{4.22}$$

预算线的斜率为

$$-\frac{OA}{OB} = -\frac{\dfrac{M}{P_Y}}{\dfrac{M}{P_X}} = -\frac{P_X}{P_Y} \tag{4.23}$$

2. 预算线的变动

消费者的收入 M 或商品价格 P_X 和 P_Y 发生变化时，便会引起预算线的变动。预算线变动可以归纳为以下 4 种情况：

(1) 当两种商品的价格不变，消费者的收入发生变化时，预算线的位置会发生平移。如图 4.11(a)所示，商品的价格不变，则预算线的斜率 $-P_X/P_Y$ 不变。于是，收入的变化只能引起预算线的截距 M/P_X 和 M/P_Y 的变化。

(2) 当消费者的收入不变，两种商品的价格同比例同方向变化时，预算线的位置也会发生平移。图 4.11(a)两种商品价格同比例同方向的变化并不影响预算线的斜率 $-P_1/P_2$，而只能引起预算线的截距 M/P_X 和 M/P_Y 的变化。

(3) 当消费者的收入不变，一种商品的价格不变而另一种商品的价格发生变化时，不仅

预算线的斜率 $-\dfrac{P_X}{P_Y}$ 会发生变化,而且预算线的截距 $\dfrac{M}{P_X}$ 和 $\dfrac{M}{P_Y}$ 也会发生变化,如图 4.11(b),4.11(c)所示。

(4) 当消费者的收入和两种商品的价格都同比例同方向变化时,预算线不发生变化。此时预算线的斜率 $-\dfrac{P_X}{P_Y}$ 不会发生变化,预算线的截距也不会发生变化。这说明消费者的全部收入用来购买其中任何一种商品的数量都是不变的。

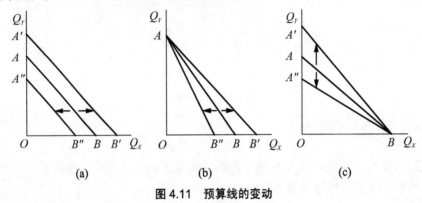

图 4.11 预算线的变动

3. 预算线的重要经济意义

由图 4.11 可以看出,预算线平面可划分为三个区域,它们分别代表一定的经济含义。

(1) 预算线以外的点,是在现在的商品价格和消费预算条件下不能购买到的商品组合,它们反映了消费者货币资源的稀缺性。

(2) 预算线以内的点,是在现有条件下能够购买的商品组合,但存在货币剩余,因此它们反映了消费者货币资源的闲置。

(3) 预算线上的点,都是消费者刚好用完消费预算能够购买的商品组合,它们反映了消费者货币资源的充分利用。

4.3.5 用无差异曲线法分析消费者均衡

现在把无差异曲线与预算线结合在一起来分析消费者均衡的实现。

如果把无差异曲线与消费可能线合在一个图上,那么,预算线必定与无数条无差异曲线中的一条相切于一点,在这个切点上就实现了消费者均衡。可以用图 4.12 来说明这一点。图中既定的预算线 AB 和其中一条无差异曲线 U_2 相切于 E 点,则 E 点就是在既定收入约束条件下消费者能够获得最大效用水平的均衡点。

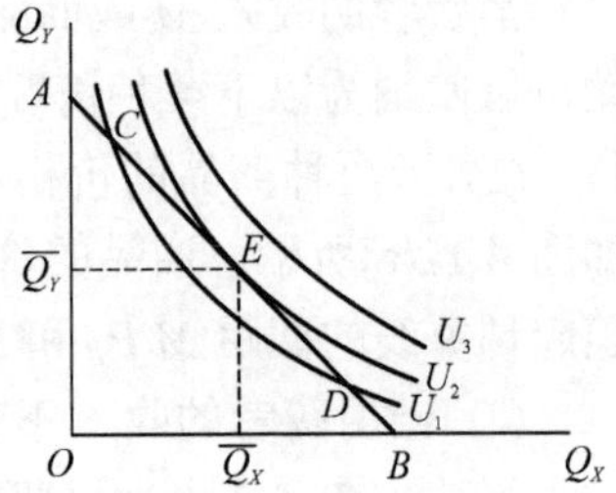

图 4.12 消费者的均衡

1. 消费者均衡的条件

根据无差异曲线分析,消费者均衡是无差异曲线与预算线的相切之点,即 E 点。在切点 E,无差异曲线 I_2 和预算线 AB 的斜率是相等的。

预算线的斜率的绝对值可以用两商品的价格之比 $\dfrac{P_X}{P_Y}$ 来表示,而无差异曲线的斜率就是以商品 X 代替商品 Y 时的边际替代率,即 MRS_{XY},所以,在 E 点有

$$MRS_{XY} = \frac{P_X}{P_Y} \tag{4.24}$$

这就是消费者效用最大化的均衡条件。

它表示在一定的收入约束条件下,为了得到最大的消费满足,消费者应选择最优的商品数量的购买组合,使得两种商品的边际替代率等于两商品的价格之比。也可以说,它表示在消费者的均衡点上,消费者愿意用一单位的某种商品去交换另一种商品的数量应该等于该消费者能够在市场上用一单位的这种商品去交换的另一种商品的数量。

为什么说只有当 $MRS_{XY} = \dfrac{P_X}{P_Y}$ 时,消费者才能获得最大的满足?从图 4.12 上可以看出,U_3 代表的效用大于 U_2,但 U_3 与 AB 线既不相交又不相切,说明达到 U_3 效用水平的商品 X 与商品 Y 的数量组合在收入与价格既定的条件下是无法实现的。AB 线与 U_1 相交于 C 和 D,在 C 点和 D 点所购买的商品 X 与商品 Y 的数量也是收入与价格既定条件下的最大组合,但 $U_1 < U_3$,在 C 点和 D 点时商品 X 和商品 Y 的组合并不能达到最大效用。此外,U_2 除 E 点之外的其他各点也在 AB 之外,即所要求的商品 X 与商品 Y 的数量组合也是收入与价格既定条件下无法实现的。由此看来,只有在 E 点时才能实现消费者均衡。

2. 无差异曲线分析法与边际效用分析法比较

应该指出的是,运用无差异曲线分析法与边际效用分析法分析消费者的行为,虽然采用的假设条件不同,但是所得出的消费者均衡的条件本质是相同的。其证明如下:

由于在保持效用水平不变的前提下,消费者增加的某种商品的消费量所带来的效用的增加量和相应减少的另一种商品的消费量所带来的效用的减少量必定是相等的,即有

$$|MU_X \cdot \Delta Q_X| = |MU_Y \cdot \Delta Q_Y| \tag{4.25}$$

上式可以写为

$$MRS_{XY} = -\frac{\Delta Q_Y}{\Delta Q_X} = \frac{MU_Y}{MU_X} \tag{4.26}$$

又因为

$$MRS_{XY} = \frac{P_X}{P_Y} \tag{4.27}$$

根据以上两个式子，序数效用论者关于消费者均衡条件式(4.25)可以改写为

$$MRS_{XY} = \frac{MU_X}{MU_Y} = \frac{P_X}{P_Y} \tag{4.28}$$

或者

$$\frac{MU_X}{P_X} = \frac{MU_Y}{P_Y} = \lambda \tag{4.29}$$

式中，λ 为货币的边际效用。

而式(4.29)正是用边际效用分析法得出的消费者均衡的条件。

无差异分析法与边际效用分析法总是用不同的方法说明相同的问题，得出相同的结论。理解了这一点，就把两种消费者行为理论联系起来了。

阅读材料 4.3

西方经济学效用范式批判[①]

西方经济学效用理论的思想渊源也许可以追溯到以边沁(Bentham, 1789)和密尔(Mill, 1848)为代表的英国功利主义哲学[②]，但其直接莫基却是产生于 19 世纪 50～70 年代的"边际革命"。在此期间，德国的戈森(Gossen, 1854)、英国的杰文斯(Jevons, 1871)、奥地利的门格尔(Menger, 1871)以及法国的瓦尔拉斯(Walras, 1974 年)等人差不多同时但又各自独立地发现了"边际效用递减规律"。边际效用学说建立在效用可以直接计量的假设之上，因此也被称为"基数效用论"。边际效用学说对西方经济学产生了深远的影响：第一，它是马歇尔创立新古典经济学一个重要的理论来源，而现代西方经济学则是建立在新古典经济学基础上的；第二，它通过边际方法把微积分引入经济分析，从而为现代西方经济理论成功地运用数学工具奠定了基础。

19 世纪末 20 世纪初，经济学家开始对效用可以直接计量的假设产生了怀疑，其中包括帕累托(Pareto, 1896)和斯拉茨基(Slusky, 1915)，但为效用理论建立一个新的分析框架的却是英国经济学家希克斯。1934 年，希克斯和艾伦在《价值理论的再思考》这篇著名论文中提出：效用作为一种心理现象是无法计量的，因为不可能找到效用的计量单位；他们运用埃奇沃思发明的"无差异曲线"对效用进行了重新诠释，认为消费者在市场上所做的并不是权衡商品效用的大小而只是在不同的商品之间进行排序(Hicks, Allen, 1934)。这就是所谓的"序数效用论"。"序数效用论"力图避免效用可以直接被计量这种尴尬的假设，并为经济学提供了一种新的分析方法，即"无差异分析"。这种方法后来也被广泛地运用于厂商理论和生产者行为的分析。

---

① 作者：叶航，浙江大学经济学院。本文选自《经济学家》2003 年第 1 期，内容有删节。
② 功利主义，Utilitarianism，也可直译为"效用主义"。

但"序数效用论"给经济学带来了一个新的难题：如果效用无法计量，经济学家用什么来说明消费者的选择是由偏好或效用最大化决定的呢？"因为大多数经济理论最终都是以一个使其偏好或效用最大化的消费者为基础的，所以，对于发展和检验理论，显然这个问题是至关重要的。"(Richter，1966)。1938年，美国经济学家萨谬尔森(Samuelson，1938)在《关于消费者行为理论的一个解释》中提出：效用作为一种主观心理状态虽然观察不到，但我们可以观察消费者的行为；当消费者选择了某一消费品时，他的"偏好"就被"显示"了；因此，经济学家可以通过消费行为来观测和推断消费者内在的行为规范。这就是所谓的"显示偏好理论"。其后，在德布鲁(Debreu，1954)、阿罗(Arrow，1959)、里克特(Richter，1971)、克拉克(Clark，1985)等人的共同努力下，这一理论日趋完善。一般认为，自"显示偏好理论"以后，效用的计量问题已经完全解决了。更准确的说法也许是，人们认为不必考虑效用的计量，经济学也可以建立自己的理论大厦。从此，经济学家把主要精力转向生产和生产者行为的研究上，并在这一领域取得了长足的进展。

今天，"无差异分析"和"显示偏好理论"是西方经济学有关效用和消费者行为的标准理论。但出人意料的是，效用可以计量的观点并没有消失。在广泛使用的经济学入门教科书中，"基数效用论"和"序数效用论"往往被安排在同一章中介绍给读者。两种矛盾的理论竟可以如此相安无事地"和平共处"，在其他学科中也许是绝无仅有的。

从西方经济学效用理论的发展中可以看到，"序数效用论"和"显示偏好理论"是在否定"基数效用论"的基础上发展起来的。从形式上看，这种否定确实避免了"效用可以被直接计量"这一令人困惑和尴尬的假设；但从内容上看，这种否定的有效性却非常值得怀疑。"序数效用论"和"显示偏好理论"对"基数效用论"的替代存在着明显的逻辑缺陷，主要表现在以下两个方面：

第一，"序数效用论"对"基数效用论"的替代是逻辑等价的同义反复。

我们知道，在"序数效用论"中"无差异曲线凸向原点"是一个未经证明的假定，而"序数效用论"的其他结论，包括"边际替代率递减规律"和"切点定律"都是从这一前提中推导出来的。但通过分析不难发现，"无差异曲线凸向原点"与"边际效用递减"事实上是同一个假定，它们二者在逻辑上是完全等价的。

第二，"显示偏好理论"是一个无法被经验反驳和证伪的循环论证。

在前面曾经提到，抛开繁复的数学证明，"显示偏好理论"无非要人们相信这样一个结论：消费者在市场上选择了某一消费品组合，他的"偏好"就同时被"显示"了，因此经济学家无需数量描述，就可以证明这一组合必然是效用最大化的。但是，用命题"消费者选择的消费品必然是效用最大化的"来证明命题"消费者选择的是效用最大化的消费品"，显然是一个逻辑上的循环论证。因为"显示偏好理论"事实上是用这样一种方法来"证明"消费者的理性行为：某个消费品只要被消费者选择了，那么它肯定就是"效用最大化"的。这一结论没有给经验判断留下丝毫反驳和证伪的余地！按照这个逻辑来推论，消费者在任何情况下都是"理性"的：不抽烟是理性的，抽烟也是理性的；不酗酒是理性的，酗酒也是理性的；甚至吸毒和自杀都可以被视作一种"理性"行为，因为这些行为都是一个人根据自身偏好最大化做出的选择。①

---

① 1992年诺贝尔经济学奖获得者贝克尔曾经指出，按照传统经济理论，对烟、酒、毒品的嗜好甚至人的自杀倾向都可以用"效用最大化"加以解释。

西方经济学效用理论也许不得不面对这样一个事实：如果效用是无法计量的，那么支撑整个现代经济学理论大厦的假设——"效用最大化"就将失去科学的根基；如果现代经济学不得不保留"效用最大化"假设，那么经济学家就必须回到 100 多年前的起点上，从基数的角度对"效用"以及"效用最大化"做出重新描述。

4.4 消费者均衡的运动

通过上一节的分析我们知道，当收入 I 或商品价格 P_1 和 P_2 发生变化时，无差异曲线本身不会发生变化，但是预算线却会发生相应的变动。由此可知，当收入或者商品的价格发生变化时，由无差异曲线和预算线决定的消费者均衡肯定会发生变动。本节就来看一下，当消费者的收入、商品的价格发生变化时，消费者的均衡是如何运动的。

4.4.1 收入变化时消费者均衡的运动

1. 收入—消费曲线的形成

收入变化时消费者均衡的运动可以用收入—消费曲线(Income Consumption Curve, I.C.C)来表示。收入—消费曲线是指在消费者的偏好和商品的价格不变的条件下，与消费者的不同收入水平相联系的消费者效用最大化的均衡点的轨迹。

可以用图 4.13 的上半部分来具体说明收入—消费曲线的形成。

图 4.13(a)中，随着收入水平的不断增加，预算线由 AB 移至 $A'B'$，再移至 $A''B''$，于是，形成了三个不同收入水平下的消费者效用最大化的均衡点 E_1、E_2 和 E_3。如果收入水平的变化是连续的则可以得到无数个这样的均衡点的轨迹，这便是商品 X 的收入—消费曲线。图 4.13(a)中的收入—消费曲线是向右上方倾斜的，它表示：随着收入水平的增加，消费者对商品 X 的需求量是上升的。

图 4.13(b)中的收入—消费曲线是向后弯曲的，它表示：随着收入水平的增加，消费者对商品 X 的需求量开始是增加的，但当收入上升到一定水平之后，消费者对商品 X 的需求量反而减少了。

由此可见，不同商品的收入—消费曲线形状是不同的。这和我们前面学过的需求收入弹性有关。

一般来讲，收入增加对商品的需求量增加，符合这种特性的是正常商品。正常商品的收入弹性系数为正值，收入—消费曲线向右上方倾斜。正常物品又分为生活必需品和奢侈品，收入增加后生活必需品消费增加的比例小于收入增加的比例，即收入弹性小于 1，而奢侈品消费增加的比例大于收入增加的比例，即收入弹性大于 1。但也有一些商品，比如，旧货、低档面料的服装、处理品等商品的消费是随着消费者收入的增加而减少，它们的收入弹性系数是负值,收入消费曲线向左下方倾斜。

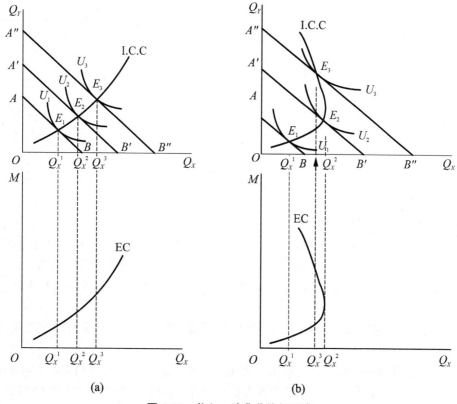

图 4.13 收入—消费曲线的形成

通俗地说,收入增加了不会多吃粮食、食盐,对牙膏的增加也有限;收入增加后对住房、汽车、化妆品、名牌服饰等的需求增加;对旧货、低档面料的服装、处理品非但不增加,反而减少。近年来收入不断增加,低档品从生活中逐渐消失,而高档品的消费越来越多。

2. 恩格尔曲线

根据收入消费曲线我们可以做出恩格尔曲线,如图4.13下半部分所示。所谓恩格尔曲线(Engel Curve, EC)是表示消费者在每一收入水平对某商品的需求量的曲线,是以19世纪著名的德国统计学家恩斯特·恩格尔的名字命名的。与恩格尔曲线相对应的函数关系为 $Q_X = f(M)$,其中,M 为收入水平;Q_X 为某种商品 X 的需求量。

对收入弹性不同的商品,恩格尔曲线的形状也是不同的。必需品需求量的增加速度小于收入的增加速度;奢侈品需求量增加速度大于收入的增加速度;低档品随收入的增加需求量减少。图 4.14(a)表示必需品的恩格尔曲线,图 4.14 (b)表示奢侈品的恩格尔曲线,图 4.14(c)表示低档商品的恩格尔曲线。

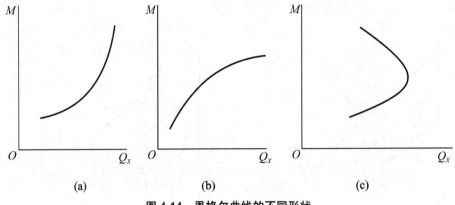

(a)　　　　　　　(b)　　　　　　　(c)

图 4.14　恩格尔曲线的不同形状

4.4.2　价格变化时消费者均衡的变动

当某一种商品的价格发生变动时,消费者均衡的变动可以用价格—消费曲线(Price Consumption Curve,P.C.C)来表示。所谓价格—消费曲线就是指在消费者的偏好、收入以及其他商品价格不变的条件下,与某一种商品的不同价格水平相联系的消费者均衡点的轨迹。

可以以图 4.15(a)来说明价格—消费曲线的形成,图中 P.C.C 就是商品 X 的价格消费曲线。

为了更直观地观察价格变化与需求量变化之间的关系,在图 4.15(b)中,用纵轴来衡量 X 的价格,在 P_X^0 价格水平下消费者的需求为 Q_X^0,这样图(a)中的 E_1 点就对应图(b)中的 A 点。同样可以导出 E_2、E_3 点分别对应 B 点和 C 点。由此可以得到一条从左上朝右下倾斜的曲线,这就是商品 X 的需求曲线。这也就是序数效用论者对需求定理的解释。

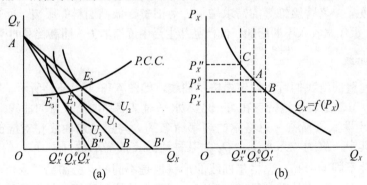

(a)　　　　　　　　　(b)

图 4.15　价格—消费曲线和消费者的需求曲线

在学习商品的需求价格弹性时我们就知道，不同商品的需求价格弹性不同，所以需求曲线的形状也是不同的。这里我们就不再一一做出这些不同形状的需求曲线。下一节，将价格的变化分解为替代效应和收入效应，通过对比不同商品的需求量对价格变化反应的不同，来深入研究形成各类商品需求曲线不同形状的原因。

4.4.3 税收与消费者选择

税收是政府的主要收入来源，同时也会对消费者的均衡产生影响。税收分为两种：比例税和定额税。比例税是指政府对某种商品 X 征收的消费税。例如，消费者每购买一单位 X 商品，除了支付价格 P_X 外，还必须支付税收 t，这种税收就是比例税。定额税是指无论消费者如何选择商品组合，政府一律征收数额固定的税收 T。收入税就是一种定额税。这两种税收会给消费者的均衡带来不同的影响。

在图 4.16 中，AB 是没有税收情况下的预算约束线。如果除 X 以外其他商品统称为 Y，消费者收入为 M，那么 $OA=M/P_Y$，$OB=M/P_X$，消费者均衡点为 a 点。如果政府对每单位 X 商品按其价格的一定比率征收比例税 t，那么相当于 X 商品的价格变成了 P_X+t，X 的价格上升，预算约束线沿着 A 点内旋，于是，预算约束线变为 AB'。其中 $OB'=M/(P_X+t)$，消费均衡点为 b 点。这两个均衡点相比，X 的消费量肯定下降了。这是两方面的原因造成的：首先，比例税提高了 X 商品的相对价格，替代效应肯定会使消费者消费的 X 数量减少；其次，征税降低了消费者的收入，如果 X、Y 都是正常商品，那么两种商品的消费量都会因收入效应而下降。与此同时，消费者的效用水平也从 U_1 下降到 U_2。

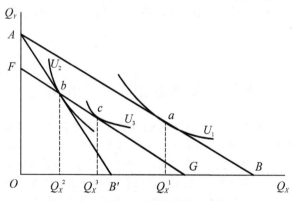

图 4.16 比例税、定额税和消费者均衡

如果政府征收定额税，并且 $T=t$，即两种税收给政府带来相同的收入，那么，图中表现为预算线绕 b 点旋转至与 AB 平行，于是预算约束线变成了 FG，其中 $OF=(M-T)/P_Y$，$OG=(M-T)/P_X$，此时消费均衡点为 c 点。与 b 点相比，c 点所代表的效用水平更高，X 的

消费量上升。

所以关于税收和消费者均衡的关系有如下结论：①无论哪种税收形式，都会使有关商品的消费量下降，但在比例税下，该商品消费量下降得更多；②无论哪种税收形式，都使消费者的实际收入下降，从而降低了消费者能够达到的最高效用水平；但是如果比例税和定额税给政府带来相同收入的话，前者给消费者带来的损失更大。

由此可见，从经济学的角度看，采用定额税要优于采用比例税，因此大多数经济学家倾向于征收所得税形式的定额税，因为它与消费者的选择无关；而不欢迎生产税或消费税这样的比例税，因为它干扰了消费者的选择。归根到底，比例税造成了相对价格的扭曲，使生产者或消费者接受错误的价格引导，因而带来了低效率。

如果将上面所研究的税收改成补贴，请大家画图比较比例补贴和定额补贴的不同。

最后得出的结论应该是这样的：①补贴总是鼓励多消费有关商品，但比例补贴使受补贴商品消费量增加更多；②补贴总是能提高消费者的效用水平，但在政府支出相同补贴总额的情况下，定额补贴能使消费者效用达到更高的水平。

由此可见，毋需政府多支出，定额补贴与比例补贴相比能使消费者处境改善更大。那么，为什么在现实中政府经常采用比例补贴的方法呢？例如，向穷人提供食品券，使他们能以优惠的价格买基本食品；学费减免；住房补贴等。这些都是比例补贴的各种形式，为什么不把这笔开支以货币的形式直接发放给受补贴的人呢？一个最主要的原因就是政府普遍具有"父爱主义倾向"。政府担心补贴接受者没有管理自己行为、合理安排支出的能力。例如，若将补贴儿童牛奶的支出发放给贫穷家庭的家长，家长可能拿钱去喝酒赌博，使孩子得不到足够的营养；如果不是强制儿童接受义务教育，而是将学费发给适龄儿童，可能一部分儿童不去接受教育。当然，这一理由是否充分，还是颇有争议的。

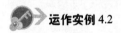

运作实例 4.2

谁是"奢侈品消费税"的承担者[①]

从今年4月1日起，中国将调整现行消费税政策，消费税的应税品目、原有税目的税率都将有所调整。游艇、高尔夫球及球具等被列入消费税征收范畴。(3月22日《中国新闻网》)在"关注社会公平，缩小贫富差距"成为民众及"两会"关注的热点问题之时，以税收来调节贫富差异确有必要。

但笔者认为，在认识政策"积极效应"的同时还必须了解其可能的"负面影响"，笔者就此提出"奢侈品消费税"负担的讨论话题。简单来看，当然是谁购买高档奢侈品和服务则由谁承担税收，但直接纳税人却未必是最后的税收承担者。

在经济学研究中有"税收归宿"问题，税收在生产者与消费者之间的分摊与"弹性"相关。美国经济

[①] 作者：顾一冰，来源：中国经济时报，发表于2006年3月23日。

学家格里高利·曼昆在其《经济学原理》作过解释:"当对一种商品征税时,这种税收由生产者承担还是由消费者承担,主要取决于该商品的需求弹性与供给弹性。"因此某些商品与服务由于征收消费税而提高价格时,富裕群体可能选择其他高档消费来替代,结论是税收实际上会落到了生产者身上,某些行业工人可能会失业而面临窘境。例证:1990年美国国会决定对豪华汽车、游艇等高档消费品征税,其目的是让消费这些物品的富人交税,以帮助穷人。结果却是富人不再消费这些物品而以国外旅游与消费等替代,税收由生产者承担影响经营能力,只好解雇工人,这项政策似乎帮了穷人"倒忙",不得不于1993年取消。

在实际生活中也有"税收归宿"问题,税收是随着价格一起移转的,直接看是"谁买单谁交税",但是否真做到"谁消费谁买单"呢?目前,新华社记者撰文指出,高尔夫球目前在中国尚属一项奢侈的运动,但党政干部接受商人邀请,享受免费的打高尔夫球等高消费娱乐健身活动却已"蔚然成风"。很显然,少数党政干部享受着高档奢侈品和服务,但并非税收承担者。进一步看,税收承担者似乎是"买单"的商人,但商人"买单"的目的是为了换取党政干部手中的"公权力"。说到底,这项税收的最终承担者就是民众。

"税收归宿"问题影响着"消费税政策"的实施效果,在经济学意义上的改进需要政府及决策者思考研究,而在现实生活中的"公权、公款买单"现象更值得全社会警惕。必须根治"权钱交易"的土壤,从限制可能带来部门和团体利益的权力着手,加939政府体制改革,减少部门对微观经济的干预特权,并进一步强化民众对公务员和政府其他工作人员的"否决权力"。唯有行政权力逐渐失去"利用价值",商人为党政干部"买单"的现象才能逐步消亡,百姓也不必再变相承担"奢侈品消费税"。

4.5 替代效应和收入效应

从价格—消费曲线和需求曲线我们看到价格是如何影响需求的。事实上,这种影响是通过两个方面进行的:首先,如果某一种商品价格下降了,那么消费者会多消费一些相对便宜的这种商品,去代替相对昂贵的其他商品,这叫做替代效应(substitution effect);其次,商品价格下降等于是消费者收入的购买力上升,或者说是真实收入上升,使消费者在一般情况下增加所有商品的消费,从而达到更高的效用水平,这叫做收入效应(income effect)。这两者合起来,就是价格变化带来的总影响,称之为价格效应(price effect)。

4.5.1 替代效应和收入效应的含义

所谓替代效应是指由于商品的相对价格发生变化,消费者增加跌价商品的购买量以代替价格相对上涨的商品的现象。

在分析替代效应时涉及一个重要的概念——补偿预算线。当商品的价格发生变化引起消费者的实际收入水平发生变化时,补偿预算线是用来表示以假设的货币收入的增减来维持消费者的实际收入水平不变的一种分析工具。具体地说,在商品价格下降引起消费者的实际收入水平提高时,假设可以取走消费者的一部分货币收入,以使消费者的实际收入维持原有的水平,则补偿预算线在此就可以用来表示使消费者的货币收入下降到只能维持原有的无差异曲线的效用水平(即原有的实际收入水平)这一情况。

例如，如图 4.17 所示，假设 X 商品的价格下降，Y 商品的价格不变，则 Y 商品的相对价格是上升的，消费者的实际收入水平增加，消费均衡点可以移到一个代表更高效用水平的无差异曲线上。现在我们为了研究纯粹的替代效应，以 X 商品和 Y 商品的新的价格之比作为斜率，做出与原来的无差异曲线相切的一条直线 $A'B'$，则 $A'B'$ 就是补偿预算线。它表示在原来的实际收入水平不变的情况下，由于 X 商品和 Y 商品相对价格发生变化后，消费者所可能购买到这两种商品的组合。补偿预算线 $A'B'$ 与原来的无差异曲线相切于 E_1 点，代表了由于购买商品的替代而带来的新的消费均衡点。在均衡点 E_1，X 商品购买量的变动完全是由替代效应引起的。

所谓收入效应是指由于某一种商品的价格下降(提高)而导致实际购买力的提高(下降)，从而使得他改变商品的购买量的现象。不考虑商品相对价格的变化时，新的预算线与原来的预算线斜率相等，实际购买力的变化将引起消费者的效用水平向另一条无差异曲线移动。

例如，假定原来的预算线为 AB，消费均衡点为 E_1；保持 X 商品和 Y 商品的相对价格不变，实际收入增加，则预算线 AB 平行向右移动至 $A'B'$，与新的无差异曲线 U_2 相切于均衡点 E_2。X 商品和 Y 商品的购买量都增加，如图 4.18 所示。

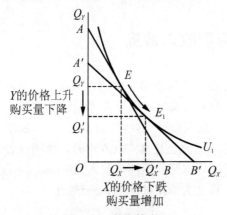

图 4.17 替代效应

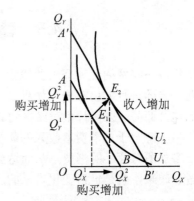

图 4.18 收入效应

图 4.17 所显示的替代效应可以表述为：随着 X 商品相对 Y 商品价格的下降，消费者会增加对 X 的购买来替代 Y 商品，即替代效应与价格成反方向变动；图 4.18 所显示的收入效应可以表述为：随着消费者实际收入水平的提高(商品 X 价格下降)，他会增加对商品 X(和 Y)的购买，即收入效应与价格也成反方向变动。实际上，对所有的商品来说，替代效应和价格都是成反方向变动的，但收入效应与价格成反方向变动的规律却仅适用于一般的商品，即正常商品。对于低档商品或者说是劣等商品来说，收入效用与价格却是同方向变动的。

价格效应是替代效应和收入效应的合成，所以替代效应和收入效应的不同将导致正常商品和低档商品的价格效应呈现出不同的结果。下面就分别来分析不同类商品的价格效应。

4.5.2 正常物品的价格效应分解

用图 4.19 来说明正常物品的价格效应。图 4.19 中，在原价格条件下，预算约束线为 AB，X 的价格下降后，预算约束线变为 AB'，对 X 的需求量由 Q_X' 增加到 Q_X'''，所以价格效应为 $Q_X'Q_X'''$，这可以分解为替代效应和收入效应两部分。

(1) 为了完全独立地考察相对价格变化带来的影响，先假定消费者的真实收入没有变，即效用水平不变，做出一条补偿预算线 FG。$Q_X'Q_X''$ 的斜率与新的预算约束线 AB' 平行，表示是在变化后的相对价格下和变化前的真实收入水平上应用的预算约束

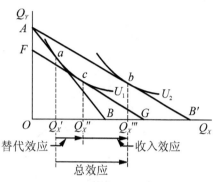

图 4.19 正常商品的价格效应

线。此时，均衡点为 c，对 X 的需求量为 Q_X''。因此，$Q_X'Q_X''$ 就是替代效应，即仅仅由于相对价格变化带来的结果，也就是消费者多消费便宜商品、少消费昂贵商品。

(2) 现在让补偿预算线从 FG 向外平移至 AB'，相对价格没有变，而收入有所上升，这是由于商品价格的下跌而带来的消费者真实收入的上升。此时，消费者的效用水平从原来的 U_1 上升到更高的水平 U_2，同时，X 的需求量也从 Q_X'' 增加到 Q_X'''，因此 $Q_X''Q_X'''$ 是收入效应。

由此可见，对于正常物品来说，替代效应与价格成反方向的变动，收入效应也与价格成反方向的变动，在它们的共同作用下，总效应必定与价格成反方向的变动。正因为如此，正常物品的需求曲线是向右下方倾斜的。

4.5.3 低档商品的价格效应分解

所谓低档物品，指收入需求弹性为负的商品，即随着收入的增加，消费者对于这种商品的消费却会减少。那么，对于低档商品来说，当它的价格发生变化时，消费者对于这种商品的需求量是增加还是减少呢？这就需要对低档商品的价格效应进行分析。

以图 4.20 为例分析低档物品价格下降时的替代效应和收入效应。

对于低档商品来说，替代效应与价格成反方向的变动，收入效应与价格成同方向的变动。而且，在大多数的场合，收入效应的作用小于替代效应的作用(如图 4.20 所示)，所以，一般低档商品的总效应与价格成反方向的变动，相应的需求曲线是向右下方倾斜的。

需要注意的是，在低档商品里面，还有一类特殊的商品，被称为吉芬商品。它们的收入效应的作用大于替代效应的作用(如图 4.21 所示)，所以，总效应与价格成同方向的变动，相应的需求曲线是向右上方倾斜的。因此，吉芬商品指的就是需求量与价格成同方向变动

的特殊商品。

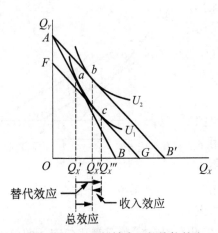
图 4.20　一般低档商品的价格效应

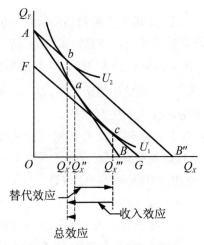
图 4.21　吉芬商品的价格效应

吉芬商品的特殊性就在于：它的收入效应的作用很大，以至于超过了替代效应的作用，从而使得总效应与价格成同方向的变动。这也就是吉芬物品的需求曲线呈现出向右上方倾斜的特殊形状的原因。

吉芬商品是由英国统计学家罗伯特·吉芬发现的，因而以他的姓氏命名。吉芬商品的特殊性引起许多经济学家的兴趣，但在现实中人们很难找到吉芬商品的实例。这是什么原因呢？以马铃薯为例来看一下吉芬商品的价格效应是如何产生的。马铃薯是一种低档商品，同时它的支出在农民的收入中占很大的比重，马铃薯价格下降的话，会使农民的实际收入增加很多，从而农民能消费更多质量较高的商品，如面包等，而相应减少马铃薯的消费量。由此可以看到，吉芬商品必须具备两个条件：一是它是低档商品，随着收入的上升需求量下降；二是它必须在消费总支出中占很大比重，才能使得收入效应大到足以抵消替代效应。

还有一点需要说明的是：某一商品是正常商品还是低档商品取决于消费者无差异曲线的形状。同一商品对一些人来说是正常商品，而对另一些人来说则可能成了低档商品；甚至对于同一个人来说，可能某种商品在低收入水平时还是正常商品，而在收入达到一定层次后则成了低档商品。不过，一般来说，大多数低档商品都是定义在范围十分狭小的类别中，这样才能保证在收入提高时，很容易找到这种商品的替代品。

现将本节分析的正常物品、低档物品和吉芬物品的替代效应和收入效应所得到的结论综合于表 4-6。

表 4-6 商品价格变化所引起的替代效应和收入效应

商品类别		替代效应与价格的关系	收入效应与价格的关系	总效应与价格的关系	需求曲线的形状
正常商品		反方向变化	反方向变化	反方向变化	向右下方倾斜
低档商品	一般低档品	反方向变化	同方向变化	反方向变化	向右下方倾斜
	吉芬商品	反方向变化	同方向变化	同方向变化	向右上方倾斜

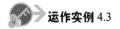 运作实例 4.3

势 力 效 应[①]

1899 年，美国经济学家和社会批评家凡勃伦对消费享乐主义进行深入研究，出版了一本名为《有闲阶级论》的书，阐述了一种"摆阔气"的消费理论。凡勃伦的观点是，随着财富的扩大，驱动消费者行为的动力已经越来越既非生存也非舒适，而是要获得"人们的尊重和羡慕"。因而，出现了摆阔气的消费理论。这就是说，消费者选择的消费品代表一定的社会地位和阶层，表示教养和品位。

实际上，随着我国经济改革开放，在我国出现了一个暴富阶层，他们通过各种不同的渠道变得异常富有。对于这些人来说，消费只会选择最昂贵的商店、酒店，吃饭动辄上万元，他们就是把消费作为身份和地位的一种代表，商品价格越高越能体现其地位，或者说越奢侈越能体现其地位。就在北京近郊，有一个富商花了 600 万买了一栋别墅，然后说别墅盖得不好，轻易地将别墅炸掉，要重新找人设计建造。对这个消费群来说，商品价格越高越具有吸引力。统计数字也表明，如果这些暴富阶层出入的地方的商品降价，在很短的时期内销售额可能会增加，但在长期内就会失去这些顾客。

4.6 不确定条件下的个人选择

前面对消费者行为的分析中，假定价格、收入以及其他一些变量是可以确切地知道的。但现实世界充满不确定性和风险，这将会对个人的选择产生很大的影响。在对不确定性和风险问题的研究中，一般侧重于对人们投资行为的分析。

人们生活在一个充满不确定性与风险的世界里。但人们对不确定性与风险并不了解。所以，先来介绍不确定性与风险的定义，以及它们之间的区别。

[①] 资料来源：北京电大密云分校校友录，网址：www.my-btvu.org/xyl-showthread-asp?boardid=568&RootID =9336

4.6.1 不确定性与风险

不确定性与风险的关系是理论界关于风险概念界定的争论焦点之一。一种观点认为,风险就是一种不确定性,与不确定性没有本质区别。持有这种观点的人将不确定性直观地理解为事件发生的最终结果的多种可能状态,即确定性的反义。也许这些可能状态的数量及其可能程度可以根据经验知识或历史数据事前进行估计,但事件的最终结果呈现出何种状态确实不能事前准确预知。根据能否事前估计事件最终结果可能状态的数量和可能程度,不确定性又可以分为可衡量的不确定性和不可衡量的不确定性。

另外一种观点认为,尽管风险与不确定性有密切的联系,但二者有着本质的区别,不能将二者混为一谈。风险和不确定性的根本区别在于决策者能否预知事件发生最终结果的概率分布。而在实践中,某一事件处于风险状态还是不确定性状态并不是完全由事件本身的性质决定的,有时很大程度上取决于决策者的认知能力和所拥有的信息量。随着决策者的认知能力的提高和所掌握的信息量的增加,不确定性决策也可能演化为风险决策。因此,风险和不确定性的区别是建立在投资者的主观认知能力和认知条件(主要是信息量的拥有状况)的基础上的,具有明显的主观色彩。这种区别对于在不同的主观认知能力和条件下进行决策的方法选择有一定的指导意义,但鉴于实践中区分这两种状态的困难和两种状态转换的可能性,许多对风险的讨论都采取了第一种观点,并不严格区分风险和不确定的差异,尤其是在很大程度上可以量化的金融风险的分析中。

4.6.2 不同的风险偏好

不同的人由于家庭财力、学识、投资时机、个人投资取向等因素的不同,其对待风险的态度会不同;同一个人也可能在不同的时期、不同的年龄阶段及其他因素的变化而表现出对风险的不同态度。在经济学研究中,人们往往用风险爱好者、风险规避者和风险中立者三个术语来反映经济主体对风险的态度。

为了说明这三类人对风险的不同态度,我们来做下面的测试:

假设有三场赌博,假定被研究的经济主体都有能力参加,且每个人都可以自愿、自由地选择参加或是不参加,并且经济主体只是作为参与者而没有坐庄。三场赌博都以抛硬币决定胜负:如果抛硬币出现正面,参与者赢;如果出现反面,则庄家赢。但三场赌博的规则的不同之处在于:

(1) 参与者赢的话,可以得到 1 万元,参与者输的话,必须付出 1 万元。这是一场"公平"赌博,因为从赌博中可以获得的预期收益为:$1 \times 50\% + (-1) \times 50\% = 0$(万元)

(2) 参与者赢的话,可以得到 0.4 万元,参与者输的话,必须付出 1 万元。这是一场"不利"赌博,因为从赌博中可以获得的预期收益为:$0.4 \times 50\% + (-1) \times 50\% = -0.3$(万元)

(3) 参与者赢的话,可以得到 1 万元,参与者输的话,只须付出 10 元。这是一场"有

利"赌博，因为从赌博中可以获得的预期收益为：1×50%+(-0.001)×50%=0.4995(万元)

根据不同人的参与情况，可以得到下面的表格：

表 4-7　个人对待风险的态度

人 的 类 型	参加赌博的类型
风险规避者	只参加有利的赌博
风险中立者	可能参加公平的赌博 肯定参加有利的赌博
风险爱好者	即使不利的赌博也参加

通过上述分析，可以借助于赌博的类型对不同风险偏好者给以具体的描述：

风险爱好者肯定参加有利赌博，也肯定参加公平赌博，而且会把所有的赌注全部押上。风险爱好者可能参加不利赌博，也可能不参加，这取决他对风险的爱好程度和不利赌博的不利程度，即使是十足的风险爱好者也会对非常不利的赌博避而远之。

风险中立者肯定参加有利赌博，一定不参加不利赌博，而公平赌博对他而言参加与否无所谓。

风险规避者肯定参加有利赌博，肯定不参加公平赌博和不利赌博。

因此，给定赌博类型，可以根据经济主体的态度知道他对风险的态度；或者给定经济主体对风险的态度，可以知道他将参与什么样的赌博。同样的道理，不同消费者对风险态度的不同，决定了他对不同消费方式的选择；不同投资者对待风险的态度不同，决定了他对不同投资方式的选择。

需要指出，现实生活中的大部分人是风险规避者，在同样的利率水平下，大部分人更喜欢政府债券而不是公司债券。换言之，公司债券如果想得到同样的青睐，就必须多支付利息。现实生活中以投机为业，以冒险为乐的人也不少，这些都是风险爱好者。但也有这样的情况，在一定环境中是风险规避者，环境一变，经济主体又立刻成了风险爱好者。常看到或听到某君上午去投保，晚上可以孜孜不倦地豪赌到天明。

4.6.3　如何降低风险

近年来的统计表明，在消费者的风险决策中，风险爱好型的行为有上升的趋势。但是从广泛意义上而言，消费者大多数还是风险规避型的。消费者常采取的三种用来降低风险的措施是：多样化、保险、获得更多的决策信息。

"多样化"是消费者进行投资决策的要点之一，即要做到投资组合的多样化。因为当人们进行理财投资时，往往会遇到风险：市场风险、财务风险、管理风险、利率风险、通货膨胀风险、经济大势变化风险、行业风险、流动性风险等。基于这些因素，为了能合理理财，成功地回避或转嫁风险，必须进行多样化的投资组合。一般规律是，一种投资的风险越大,收益也越大。在现实中,由于风险的不确定性,人们不会只投资于某一种形式,即"不把鸡蛋放在一个篮子里"。不同的投资工具既有其长处,又有其短处,若把资金全部集中投向一种金融产品,往往不能有效地防范投资风险,也难以获得理想的投资收益。

保险的购买使得无论有无风险损失,投保人的收入总是固定的。风险规避者为规避风险愿意放弃一部分收入,事实上,如果保险的价格正好等于期望损失(即避免预期损失为1 000美元的措施正好标价1 000美元),风险规避者将会购买足够的保险,以使他们从任何可能遭受的损失中得到全额的补偿。因为保险的购买使得无论有无风险损失,投保人的收入总是固定的。因为保险的支出等于预期损失,因此固定收入总是等于风险存在时的期望收入。对于一个风险规避者而言,确定收入给他带来的效用要高于存在无损失时的高收入、有损失时低收入这种不稳定情况所带来的效用。

消费者们通常从专业的保险公司购买保险。一般而言,保险公司也是追求利润最大化的企业,他们知道自己在销售保险合同时,自己面临着较小的风险。大数定律的存在使得大规模经营能够规避风险。该定律告诉我们,尽管孤立的事件可能是偶发的、不可预计的,但是许多相似事件的平均结果是可预计的。在大规模经营的基础上,保险公司可以确信,在大量事件发生之后,公司的保险收入会与其总支出持平。因此保险公司会表现为保险中性,即使他的经理作为个人是风险规避者。

当存在不确定性时消费者是基于有限的信息进行决策的。如果他能拥有更多的信息,那一定能进行更好的预计,风险也因而可以降低。因为信息是有价值的商品,所以人们也必须支付才能享用它。完全信息的价值便是信息完全时进行选择的期望收益与信息不完全时进行选择的期望收益的差额。

还以消费者的投资决策为例。在进行投资决策时,消费者不仅要对各种投资方式的风险有充分的认识,此外,还应详细掌握自己的资产负债情况,清楚个人净资产负债比有多大。当收入与负债比超过一定范围时,就应适当减少个人债务,以免造成债务压力。同时,不能对诸如利率上升、股票上涨、外汇贬值、房地产价格下跌等,做出盲目判断,因为这些受市场之手操作的方面,靠人力是无法准确评判将来会如何变化。总之,科学的理财行为,需要对各种投资工具进行合理的分析,如果自身知识有限,可向专业理财师或理财机构寻求帮助。

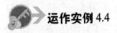 运作实例4.4

双赢的汽车保险[①]

人们在不确定的条件下活动,这就产生了风险。风险是蒙受损失的可能性,某一种结果出现的可能性

---

① 资料来源:新浪博客—笑看风云—微观经济学案例库,网址:blog.sina.com.cn/s/blog_4a61033b010005gt.Html。

可以用概率来表示。概率是一种结果发生的可能性。概率越大产生风险的可能性就越大。许多事情发生风险的概率是可以根据历史资料或有关信息来估算的。在概率论中，期望值和方差的测度与比较风险是极为重要的。期望值与不确定性事件有关，是在不确定性情况下，在全部影响因素作用下，所有可能结果的加权平均，权数就是每种结果的概率。方差又叫离差，就是实际值与期望值之间的差额。

在不确定性条件下会产生风险，消费者如何规避风险，减少损失可以通过保险来分担风险。我们以汽车保险为例。车祸是汽车行驶中可能出现的损失，其概率是可以根据历史资料估算的。具体到每一个汽车司机发生车祸的概率是很小的，但一旦发生车祸带来的损失是巨大的，投保人为避免风险可以投保，把发生车祸带来巨大损失的风险转嫁给了保险公司。那么保险公司是否吃亏？答案是否定的。因为保险公司对整个社会发生车祸的概率进行测算。如保险公司测算的结果是车祸的概率是0.1，比如你投保是10万元，发生车祸时保险公司要支付你10万元，也就是为10%的人支付10万元保费，平均每人最低的保费为1万元，这样保险公司并没有赔钱。投保人以少量的保费换得保险是有利的。保险公司集中每一个人的保费，并支付给发生车祸的人。这就是起到了在不确定的情况下分摊风险的作用。保险结果是双赢的结局。

对是否上保险和消费者的风险的态度有关，有风险回避者、风险爱好者和风险中立者。以汽车保险为例(不包括强制的)，愿意上保险的人，是想通过保险转嫁风险属于有风险回避者；有的人总是心存侥幸，自认为自己不会出车祸，不上保险，属于风险爱好者；而大多数人是风险中立者，按照规定上应该或必须上的那部分保险。

在现实生活中，人们在进行许多选择时是面临不确定性的。例如，人们往往通过借贷行为来支付大型的消费，如购房或接受高等教育，他们计划用将来的收入来偿还今天的借贷。但是，对于我们中的绝大部分而言，未来收入是不确定的：薪水可能上升，也可能下降；我们的职位可能提升，但也可能被降职，甚至可能失去工作；但如果我们推迟消费行为(暂缓购房或求学)，我们又得承担消费品的实际价格上升，以后更无法支付的风险。消费者在进行消费或投资决策时，应该把这些不确定因素都考虑进去。

本 章 小 结

本章首先介绍了研究消费者行为的两种理论：基数效用论和序数效用论，然后分别利用基数效用理论和序数效用理论分析了消费者需求曲线的形成原因和消费者均衡的实现，在此基础上重点讲解了运用无差异曲线分析消费者均衡变动的方法。

本章的重点是运用基数效用论和序数效用论的方法分析消费者均衡的形成。

本章的难点是用无差异曲线法分析消费者均衡在价格、收入变动情况下的运动。

中英文关键词语

(1) 偏好：preference (2) 效用：utility (3) 基数效用：cardinal utility
(4) 序数效用：ordinal utility (5) 总效用：total utility (6) 边际效用：marginal utility

(7) 消费者均衡：consumer's equilibrium　　(8) 消费者剩余：consumer's surplus
(9) 无差异曲线：indifference curve　　(10) 边际替代率：marginal rate of substitution
(11) 边际替代率递减规律：law of diminishing marginal rate of substitution
(12) 预算线：budget line　　(13) 替代效应：substitution effect
(14) 收入效应：income effect　　(15) 价格效应：price effect　　(16) 不确定性：uncertainty

习　题

1. 简释下列概念

(1) 边际效用　　(2) 无差异曲线　　(3) 边际替代率　　(4) 消费者剩余
(5) 正常物品　　(6) 吉芬物品　　(7) 收入效应　　(8) 替代效应

2. 判断

(1) 在同一条无差异曲线上，不同的消费者得到的效用水平是无差异的。　　（　）
(2) 无差异曲线的斜率为固定常数时，表明两种商品是完全互补的。　　（　）
(3) 在同一条无差异曲线上，任意两点对应的两种商品不同数量组合所能带来的边际效用相等。　　（　）
(4) 当边际效用减少时，总效用也是减少的。　　（　）
(5) 吉芬物品是一种需求量与价格同方向变化的特殊商品。　　（　）
(6) 吉芬物品和低档物品的需求曲线都向右上方倾斜。　　（　）
(7) 所有吉芬物品都是低档物品。　　（　）
(8) 正常物品的替代效应同价格呈同方向变动。　　（　）
(9) 基数效用论的分析方法包括边际效用分析和无差异曲线分析方法。　　（　）
(10) 商品价格变化引起的替代效应，表现为相应的消费者的均衡点沿原有的无差异曲线运动。　　（　）
(11) 当消费某种物品的边际效用为负时，则总效用达极大值。　　（　）
(12) 若某商品的价格变化，其替代效应小于收入效应，则该商品是低档品。　　（　）
(13) 若 $MU_X/P_X > MU_Y/P_Y$，消费者应增加 X 商品的购买，减少 Y 商品的购买，最终可实现效用最大化。　　（　）
(14) 对于同一个消费者来说，同样数量的商品总是提供同量的效用。　　（　）

3. 选择题

(1) 基数效用论关于消费者均衡的条件是(　　)。
　　A. 无差异曲线与预算线相切　　B. $MRS_{XY}=P_X/P_Y$
　　C. $MU_X/P_X=MU_Y/P_Y$　　D. $MU_X/MU_Y=P_X/P_Y$

(2) MRS_{XY} 递减，意味着当 X 商品的消费量不断增加时，能代替的 Y 商品的数量(　　)。
　　A. 越来越多　　　B. 越来越少　　　C. 保持不变　　　D. 以上均不正确
(3) 设对某一消费者有 $MU_X/P_X < MU_Y/P_Y$，为使他得到的效用最大，他将(　　)。
　　A. X、Y 的价格不变，增加 X 的购买量，减少 Y 的购买量
　　B. X、Y 的价格不变，增加 Y 的购买量，减少 X 的购买量
　　C. 仅当 X 的价格降低时，才有可能增加 X 的购买
　　D. 仅当 Y 的价格降低时，才有可能增加 Y 的购买
(4) 当消费者对商品 X 的消费达到饱和点时，则边际效用 MU_X 为(　　)。
　　A. 正值　　　B. 负值　　　C. 零　　　D. 不确定
(5) 同一条无差异曲线上，若增加 1 个单位 X 商品的购买，需要减少 2 个单位的 Y 商品的消费，则有(　　)。
　　A. $MRS_{XY}=2$　　B. $MRS_{XY}=1/2$　　C. $MU_X/MU_Y=2$　　D. $MU_X/MU_Y=1/2$
(6) 通常物品价格上升导致需求量减少的原因在于(　　)。
　　A. 替代效应使需求量增加，收入效应使需求量减少
　　B. 替代效应使需求量增加，收入效应使需求量增加
　　C. 替代效应使需求量减少，收入效应使需求量减少
　　D. 替代效应使需求量减少，收入效应使需求量增加
(7) 当只有商品价格变化时，连接消费者各均衡点的轨迹称作(　　)。
　　A. 需求曲线　　　　　　　　B. 价格—消费曲线
　　C. 恩格尔曲线　　　　　　　D. 收入—消费曲线
(8) 某消费者消费更多的某种商品时(　　)。
　　A. 消费者获得的总效用递增　　B. 消费者获得的边际效用递增
　　C. 消费者获得的总效用递减　　D. 消费者获得的边际效用递减
(9) 商品价格变化引起的替代效应，表现为相应的消费者的均衡点(　　)。
　　A. 沿着原有的无差异曲线移动　　B. 运动到另一条无差异曲线上
　　C. 沿着原有的预算线移动　　　　D. 不变
(10) 商品价格变化引起的收入效应，表现为相应的消费者的均衡点(　　)。
　　A. 沿着原有的无差异曲线运动　　B. 运动到另一条无差异曲线上
　　C. 不变　　　　　　　　　　　　D. 不规则变动
(11) $M=P_XQ_X+P_YQ_Y$ 是消费者的(　　)。
　　A. 需求函数　　B. 效用函数　　C. 预算约束方程　　D. 不确定函数
(12) 消费者处于均衡时(　　)。
　　A. 每单位货币购买不同商品所增加的满足程度相等
　　B. 每种商品的总效用相等
　　C. 每种商品的替代效应等于收入效应

D. 所购买的商品的边际效用相等

(13) 在消费者均衡点以上的无差异曲线的斜率的绝对值(   )。
    A. 大于预算线的斜率　　　　　　B. 小于预算线的斜率
    C. 等于预算线的斜率　　　　　　D. 可能大于、小于或等于预算线的斜率

(14) 需求曲线斜率为正的充要条件是(   )。
    A. 低档商品　　　　　　　　　　B. 替代效应超过收入效应
    C. 收入效应超过替代效应　　　　D. 低档商品且收入效应超过替代效应

4. 分析讨论题

(1) 如果你有一辆需要四个轮子才能开动的车子上有了三个轮子，那么你有第四个轮子时，这第四个轮子的边际效用会超过第三个轮子，这是不是违背了边际效用递减规律？

(2) 假定某消费者只买 X、Y 两种商品，试用文字和图形说明当他购买时情况为 MU_X/P_X 超过 MU_Y/P_Y，而总支出水平和 P_X、P_Y 又既定不变，则他应当多买些 X 而少买些 Y 才能使总效用增加？

(3) 假定消费者购买 X 和 Y 两种商品，最初 $MU_X/P_X = MU_Y/P_Y$，若 P_X 下跌，P_Y 保持不变，又假定 x 的需求价格弹性小于 1，则 y 的购买量情况如何变化？

(4) 假定某人的收入、物品价格和消费品的效用函数为已知，请给出效用极大化所需的条件。如果他只消费两种消费品，他是否必然总是同时买进两种商品？为什么？

5. 计算题

已知 $P_X = 20$ 元，$P_Y = 10$ 元，X、Y 不同数量的边际效用如下表：

Q_X	MU_X	Q_Y	MU_Y
1	16	1	10
2	14	2	8
3	12	3	7.5
4	5	4	7
5	2	5	6.5
6	1	6	6
		7	5.5
		8	5
		9	4.5
		10	4

若消费者的收入为 80 元，均衡时所购买的 X、Y 的数量是多少？此时货币的边际效用是多少？

第 5 章　生 产 理 论

教学目标

通过本章的学习，理解边际报酬递减规律的含义，会用图形描述总产量与平均产量、边际产量的关系；理解边际技术替代率的含义，会用图形说明如何达到生产要素的最优组合。

教学要求

掌握总产量、平均产量、边际产量的含义。掌握内在经济、内在不经济、外在经济、外在不经济的含义。了解等产量线、等成本线、边际技术替代率、脊线的含义与特征。

微观 经济学

引例

请关注以下现象：

1. 1958年"大跃进"时期，时髦的口号是"人有多大胆，地有多高产"。于是一些地方把传统的两季稻改为三季稻。结果总产量反而减少了。这是为什么？

2. 一家商业银行是否应该在我们这个城市的每个角落都设立一个储蓄所，还是把人力和物力集中于总部或者少数几家分支机构，以便获得更高的效率？

3. 生产同样产品的企业，有的企业规模大利润大，有的企业规模大利润小。

4. 在既定的成本下，有的企业能实现最大的产量，有的不能；在既定的产量下，有的企业能实现最小成本，有的不能。

以上问题，与生产理论密不可分。

前面对需求、供给进行了分析，而对需求进行分析主要是为了解决企业该生产什么、要生产多少的问题。那么，企业该怎样组织生产才能使生产效率最高呢？这是本章——生产理论所要回答的问题。

生产理论研究的是生产者的行为。生产者通常又称为厂商。经济分析中，厂商(firm)这个词意指市场经济中为赚取利润而从事生产的一个经济单位。即能够做出统一生产决策的经济单位，它包括个人企业、合伙企业和公司。尽管这些企业或公司在规模上差别很大，但在法律上都是独立的法人，在经济上都能自主经营、自负盈亏，并能自主地做出统一的生产经营决策。

在研究厂商行为时，假定生产者都是具有理性的"经济人"，同消费者把效用极大化作为目标一样，厂商是以实现利润最大化作为自己的生产行为目的，即如何在既定的产量下实现成本最小，或在既定的成本之下使产量达到最大。

厂商利润最大化的实现基本上涉及如下三个问题。

第一，投入的生产要素与产量之间的物质技术关系，即如何投入生产要素以使产量达到最大。

第二，成本与收益之间的关系。要使利润最大化，就是要使扣除成本后的收益达到最大化。这就要进行成本—收益分析，并确定一个利润最大化的原则。

第三，不同的市场类型条件下，厂商如何实现利润的最大化。市场有各种结构，当厂商处于不同的市场上时，应该有不同的产量与价格策略。

本章的生产理论要说明的是第一个问题，即如何合理地投入生产要素，并从中得出若干生产规律。

5.1 生产函数

5.1.1 生产与生产要素

生产是厂商利用各种方法或手段对各种生产要素进行组合以制成产品的行为。在生产中要投入各种生产要素并生产出产品,所以,生产也就是将投入变为产出的过程。

生产要素是指厂商在生产中所使用的各种生产资源,是从事生产经营活动的必备条件,这些资源可以分为土地、劳动、资本与企业家才能四大类。

土地既可以作为劳动资料,也可以作为劳动对象。广义地说,土地作为生产要素,它是指人类无法创造的一切自然资源。不仅包括土地本身,还包括石油、煤、铁等各种矿藏,以及森林、野生动植物等一切自然资源。劳动是人类为了进行生产或者为获取收入而提供的劳务,包括体力劳动与脑力劳动。资本是指生产中所使用的资金。它采取了两种形式:无形的人力资本与有形的物质资本。前者指体现在劳动者身上的身体、文化、技术状态;后者是指人造的各类生产设备,如厂房、机器设备、动力燃料、原材料等。企业家才能是指企业家对整个生产过程的组织与管理工作。在现代经济学中,企业家才能特别受到经济学家的青睐,认为正是凭借着企业家才能,劳动、土地、资本才得以有效地组织在一起,并为人类提供了各种各样的产品。

5.1.2 生产函数

生产是将投入要素变为产出的过程。在生产过程中,生产要素的数量及不同的要素组合与产出的数量是不同的。生产函数就是表明一定技术水平之下,生产要素的数量与某种组合和它所能生产出来的最大产量之间依存关系的函数。

如果以 Q 代表总产量,L、K、N、E 分别代表劳动、资本、土地、企业家才能这四种生产要素,则生产函数的一般形式为

$$Q=f(L, K, N, E) \tag{5.1}$$

在分析生产要素与产量的关系时,一般把土地看作固定的量,又因为企业家才能难以估算,因此,生产函数又可以写为

$$Q=f(L, K) \tag{5.2}$$

这一函数式表明,在一定技术水平下,生产 Q 的产量,需要一定数量劳动与资本的组合。同样,生产函数也表明,在劳动与资本的数量与组合已知时,也就可以推算出最大的产量。

1. 固定投入比例生产函数

固定投入比例生产函数指在每一产量水平上任何要素投入量之间的比例都是固定的生

产函数。假定只用 L 和 K，则固定比例生产函数的通常形式为

$$Q=\text{Minimum}(L/U，K/V) \tag{5.3}$$

U 为固定的劳动生产系数(单位产量配备的劳动数)

V 为固定的资本生产系数(单位产量配备的资本数)

在固定比例生产函数下，产量取决于较小比值的那一要素。这时，产量的增加，必须有 L、K 按规定比例同时增加，若其中之一数量不变，单独增加另一要素量，则产量不变。既然都满足最小比例，也就有

$$Q=L/U=K/V，K/L=V/U \tag{5.4}$$

2. 柯布—道格拉斯生产函数

柯布—道格拉斯生产函数，又称 C-D 生产函数，是一个非常著名的生产函数。

20 世纪 30 年代初，美国经济学家道格拉斯和数学家柯布根据美国的历史统计资料，研究了 1899—1922 年期间美国的资本和劳动这两种生产要素对产量的影响，得出了这一期间美国的生产函数，这就是后来著名的柯布—道格拉斯生产函数，其公式为

$$Q = AL^a K^{1-a} \tag{5.5}$$

这一时期生产函数的具体形式为

$$Q = 1.01 L^{\frac{3}{4}} K^{\frac{1}{4}} = 1.01 \sqrt[4]{L^3} \sqrt[4]{K}$$

其中，Q 为产量；L 为劳动投入量；A 为常数；a 为小于 1 的正常数。该公式表明，在总产量中，劳动收益的相对份额是 a，资本收益的相对份额是 $1-a$。他们还进一步计算出，A 为 1.01，a=0.75，$1-a$=0.25。这一生产函数表示：在资本投入量固定不变时，劳动投入量单独增加 1%，产量将增加 1% 的 3/4，即 0.75%；当劳动投入量固定不变时，资本投入量增加 1%，产量将增加 1% 的 1/4，即 0.25%。换句话说，这一期间，美国每增加一个百分点的劳动所引起的产量的增长，三倍于每增加一个百分点的资本所引起的产量的增长，或者说，在这期间产量增长中，劳动所做的贡献占 3/4，资本所做的贡献占 1/4，即该劳动和资本对总量的贡献比例为 3∶1。

生产函数表示生产中的投入量和产出量之间的依存关系，这种关系普遍存在于各种生产过程之中。一家工厂必然具有一个生产函数，一家饭店也是如此，甚至一所学校或医院同样存在着各自的生产函数。估算和研究生产函数，对于经济理论研究和生产实践都具有一定意义。这也是很多经济学家和统计学家对生产函数感兴趣的原因。

5.1.3 技术系数

在社会生产的各个部门及同一部门的各个不同企业，它们在生产过程中所投入的各种生产要素的配合比例是各不相同的。为生产一定量某种产品所需要的各种生产要素的配合比例称为技术系数。例如，在柯布—道格拉斯生产函数中，劳动与资本的配合比例为 3∶1，

即在生产中使用 3 单位劳动与 1 单位资本。这就是技术系数。

技术系数分为固定技术系数和可变技术系数。如果生产某种产品所需要的各种生产要素的配合比例是不能改变的，这种技术系数称为固定技术系数。这种固定技术系数的生产函数称为固定配合比例生产函数。如果生产某种产品所需要的各种生产要素的配合比例是可以改变的，也就是说，各种生产要素相互之间具有某种替代性，多用某一种生产要素就可以少用另一种生产要素，这种技术系数称为可变技术系数。这种可变技术系数的生产函数称为可变配合比例生产函数。在大多数情况下，生产中采用的生产技术系数是可变的。例如，农业生产中就可以采用多用劳动，少用资本的劳动密集型经营，也可以采用多用资本，少用劳动的资本密集型经营。而究竟采用哪种方式主要取决于土地分配状况和劳动与资本的相对价格。

5.2 短期生产函数——一种可变生产要素的生产函数

5.2.1 短期生产函数

短期指生产者来不及调整全部生产要素投入数量，至少有一种生产要素投入数量是固定不变的时间周期。在短期内，生产要素投入分为不变要素投入(如厂房、机器设备等)和可变要素投入(如劳动、原材料等)。

长期指生产者可以调整全部生产要素投入数量的时间周期。在长期内，所有生产要素投入都是可变要素投入。

可见，短期和长期的划分是以生产者能否变动全部要素投入数量作为标准的，而并非按照具体的时间长短的标准来划分的。对于不同的产品生产，短期和长期的具体时间的规定是不同的。例如，变动一个大型炼油厂的规模可能需要五年，则其短期和长期的划分以五年为界，而变动一个小食店的规模可能只需要一个月，则其短期和长期的划分仅为一个月。

长期是指生产者可以调整全部生产要素数量的时间周期。在生产函数 $Q=f(L, K)$ 中，假定资本投入量不变，用 $\overline{K}$ 表示；劳动投入量可变，用 L 表示，则得到短期生产函数，可以写为

$$Q=f(L, \overline{K}) \tag{5.6}$$

由于资本 K 的投入量是不变的，因此，生产中总产量只取决于劳动量 L。随着 L 的连续增加，生产过程中总产量、平均产量和边际产量也会发生相应的变化。

5.2.2 总产量、平均产量和边际产量的变动规律

总产量是一定量的某种生产要素所生产出来的全部产量。平均产量是指平均每单位某种生产要素所生产出来的产量。边际产量是指某种生产要素增加一单位时所增加的总产量。

以生产要素劳动的投入为例,相对应的各种函数关系如下,资本同理。

1. 总产量函数、平均产量函数、边际产量函数定义

如果以 Q 表示某种生产要素的产量,ΔL 表示某种生产要素的增加量,以 TP 表示总产量,以 AP 代表平均产量,以 MP 代表边际产量,则它们的定义、它们之间的关系可表示为

总产量函数定义:总产量(记为 TP_L)是在资本投入既定的条件下,与一定可变生产要素劳动的投入量相对应的最大产量总和。公式为

$$TP_L = f(L) \tag{5.7}$$

平均产量函数定义:平均产量(记为 AP_L)是指平均每个单位可变生产要素劳动所能生产的产量。公式为

$$AP_L = \frac{TP_L}{L} = \frac{f(L)}{L} \tag{5.8}$$

边际产量函数定义:边际产量(记为 MP_L)是指每增加一单位可变要素劳动的投入量所引起的总产量的变动量。公式为

$$MP_L = \frac{\Delta TP_L}{\Delta L} \tag{5.9}$$

或

$$MP_L = \lim_{\Delta L \to 0} \frac{\Delta TP_L}{\Delta L} = \frac{\mathrm{d}f(L)}{\mathrm{d}L} \tag{5.10}$$

假定生产某种产品时所用的生产要素是资本与劳动。其中资本是固定的,劳动是可变的。根据上述关系可做出表 5-1。

表 5-1 总产量、平均产量和边际产量的变动

资产量/k	劳动量/L	劳动增量/ΔL	总产量/TP	平均产量/AP	边际产量/MP
10	0	0	0	0	0
10	1	1	3	3	3
10	2	1	8	4	5
10	3	1	12	4	4
10	4	1	15	3.75	3
10	5	1	17	3.4	2
10	6	1	17	2.83	0
10	7	1	16	2.29	-1
10	8	1	13	1.63	-3

根据上表可做出图 5.1。

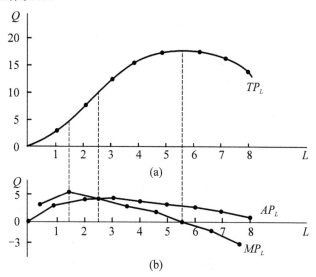

图 5.1 一种可变生产要素的生产函数的产量曲线

在图 5.1 中，横轴 OL 代表劳动量，纵轴 TP、AP、MP 代表总产量、平均产量、边际产量。根据这个图，可以看出总产量、平均产量、边际产量都随着劳动的连续投入而呈现出先递增、到某一点之后再开始递减的趋势。但三者递减却有着差别。

2. 总产量函数、平均产量函数、边际产量函数曲线的特点

由图 5.1 可以得出：总产量曲线的特点：初期随着可变投入的增加，总产量以递增的增长率上升，然后以递减的增长率上升，达到某一极大值后，随着可变投入的继续增加反而下降。

平均产量变动的特点：初期，随着可变要素投入的增加，平均产量不断增加，到一定点达到极大值，之后随着可变要素投入量的继续增加，转而下降。

边际产量曲线变动的特点：边际产量在开始时，随着可变要素投入的不断增加，到一定点达到极大值，之后开始下降，边际产量可以下降为零，甚至为负。边际产量是总量增量的变动情况，它的最大值在 TP 由递增上升转入递减上升的拐点。

3. 短期生产的三个阶段

当把产量的变动划分为三个阶段时，由图 5.2 便可以看得更为清楚了。

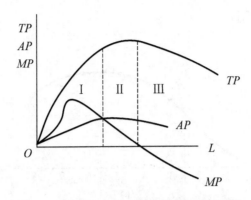

图 5.2 总产量、平均产量和边际产量的变动

在第Ⅰ阶段，AP 递增，$MP>AP$，表明这时增加劳动量 L 是有利的。因为相对于被固定的资本 K 来说，劳动量 L 还未得到充分发挥的程度，因而也就尚未获得最大的产量。

在第Ⅱ阶段，AP 递减，MP 虽已先行递减，但由于 $MP>0$，这时的 TP 仍在递增，直至 TP 达到最高点，才可获得最大的产量。

在第Ⅲ阶段，MP 进入负值区，TP 开始递减，表明不能再继续增加 L 了，如果继续增加，Q 也不会增加了。

微观经济学由此论断，任何企业显然不会在第Ⅲ阶段进行生产，因为此阶段上的 TP 和 AP 都是下降的；但企业生产一般也不停留在第Ⅰ阶段，因为此阶段上只要增加投入，就能提高 MP，从而使 TP 和 AP 都继续递增；所以，合理的生产投入应当是保持在第Ⅱ阶段上，或者说合理的生产一定要在第Ⅱ阶段内进行。

5.2.3 边际收益(边际报酬)递减规律

严格地说，产量与收益的概念是不同的，产量与收益规律也是不同的。因为，收益的大小不仅要取决于产量，还要取决于成本、价格等多种因素。在现实的经济中，既会有产量增加，收益减少的情况，也会有产量减少，收益增加的情况。但尚未考虑成本、价格因素时，西方经济学又经常将产量与收益作为同一个概念来使用。

从图 5.2 我们可以发现：在技术水平不变的情况下，当把一种可变的生产要素连续地投入到生产中时，最初这种生产要素的增加会使产量增加，但当它的连续投入增加到一定限度后，产量增量将会逐渐递减，直到最后使产量绝对地减少。这就是边际收益(边际报酬)递减规律的基本内容。

在理解这一规律时，要注意这样几点。

第一，这一规律发生作用的前提是技术水平不变。所谓技术水平不变是指生产中所使用的技术没有发生重大变革。虽然在现实社会中，技术进步的速度很快，但并不是每时每刻都会有重大的技术突破，技术进步总是间歇式进行的，只有经过一定时期的准备以后，才会有重大的进展。无论在农业还是工业中，一种技术水平一旦形成，总会有一个相对稳定的时期，这一时期就可以称为技术水平不变。所以，在一定时期内技术水平不变作为该规律的前提是完全可以成立的。离开了这一前提，就不会存在边际收益递减规律了。虽然该规律作用的前提是技术水平在一定时期内不变，但在生产中所使用的各种生产要素的配合比例却是可变的，即其技术系数是可变的，并且投入的生产要素分为不变的与可变的两类。边际收益递减规律研究的就是将不断增加的可变生产要素，连续地投入到其他不变的生产要素上时对产量或收益所产生的影响。这种情况也是普遍存在的。例如，在农业中，当土地等生产要素不变时，连续增加施肥量；或者在工业中，当厂房、设备等生产要素不变时，连续增加劳动量都属于这种情况。

第二，边际收益递减规律是以其他生产要素的投入固定不变为前提，来考察一种可变要素发生变化时其边际产量的变化。边际收益递减的原因就在于增加的生产要素只能与越来越少的固定生产要素相结合。

第三，在其他生产要素不变时，一种生产要素的连续增加投入所引起的边际产量或收益变动情况也可以区分为三个阶段。第Ⅰ阶段，边际产量递增，即这种可变生产要素的增加使边际产量或收益增加。因为在生产开始阶段，固定要素相对过多，可变要素相对不足，不变的生产要素尚未得到充分利用，这时增加可变的生产要素可使不变的生产要素作用得以充分发挥，从而使边际产量或边际收益递增。在第Ⅱ阶段上，边际产量或边际收益递减，即这种可变的生产要素的增加仍可使总产量增加，但每单位该生产要素的增量所能带来的产量或收益的增量之比却在递减。因为在该阶段，不变的生产要素已接近于充分利用了，可变的生产要素的增加已不能再像在第Ⅰ阶段时那样使产量保持那样高的增长幅度。在第Ⅲ阶段，边际产量或边际收益已成为负值，总产量绝对地减少，即该可变生产要素的增加使总产量或总收益绝对地减少。因为在该阶段，不变的生产要素已得到充分利用，再增加可变要素只会降低生产效率，减少总产量了。

边际收益递减规律是从科学实验和生产实践得出来的。这种现象在农业中最为明显。早在1771年英国农学家A.杨格就曾用在若干相同地块上施用不同量的氮肥的实验，证明了氮肥施用增量与产量之间所存在的边际量递减的关系。此后，国内外学者又以大量的事实反复证明了这一规律的存在。

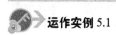运作实例 5.1

农场主的经济学

随着土地的集约经营，你有可能成为一个农场主。为此，让我们来关注北方农场的经验。北方农场的投入主要是土地和劳动两种要素，主要生产小麦。根据历年的经验，北方农场的产量和要素投入的关系大

致可以表示为

$$Q = 0.5 L^{\frac{1}{2}} K^{\frac{1}{2}}$$

其中，Q 表示小麦的产量，单位为吨；L 表示劳动投入量，以人数计量；K 表示土地的投入量，单位为亩。

最初农场租用 25 亩土地，在第一年雇用了 4 个人，在实际耕种过程中，农场主发现人手非常紧张，以至于有很多土地上麦苗长得不齐，并且除草也不是很好，所以第二年他决定增加人手，雇佣了 9 个人。不过，一年下来农场主仍觉得还没有做到精耕细作，决定继续增加人手，第三年雇佣人数增加到 16 个人。

根据生产函数和相关数据我们可以知道，第二年农场劳动的平均产量为 0.83，第三年农场劳动的平均产量为 0.625。显然，劳动的平均产量在递减。这时，我们的农场主担心，雇佣 16 个人是不是多了？

那么，请计算第二年和第三年该农场主劳动的边际产量。你能给农场主什么咨询意见呢？请试一试，答案或许是不确定的，你需要考虑小麦的价格和劳动者的工资率。

根据题目中得到的数据，说明平均产量和边际产量发生变化的原因。

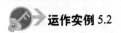

运作实例 5.2

从"大跃进"到"杂交水稻"[①]

大跃进是发生在我国 20 世纪 50 年代末 60 年代初的一种"跑步进入共产主义"的激进运动。经历过那个年代的人都还记得这种运动的极端性和破坏性。而袁隆平则是我国著名的农业科学家，也是享誉世界的"杂交水稻之父"，杂交水稻这项技术因大幅度地提高了水稻的亩产量，而对全球的水稻供应产生了革命性的影响。这两件事能联系在一起，主要是与经济学上的边际收益递减规律有关。

在一定技术条件下，当使用多种投入，但只有一种投入是可变的，来生产一种产品时，随着这种可变投入的增加，得到的产量也是增加的，但超过一定限度后，这种增加的产量就会越来越少，甚至使总产量绝对地减少。这一现象普遍存在，被称为边际收益递减规律。当这一学说在 18 世纪被提出之后，曾发生了两种观点的争论。一种观点从递减性出发，引申出了资本主义的利润趋于下降的趋势，从李嘉图以后的众多西方学者据此为资本主义抱以同情；另一种观点通过强调技术进步的作用，而强烈批判了这一规律，认为它抹杀了技术进步对收益递减的反作用，马克思主义的经济学从列宁开始就非常强调这一批判性的结论。

实际上，技术进步因素在产量变化过程中到底重不重要？这主要与我们要考察的时期长短有关。假设我们是在一个充分长的时期内考察某种产品的生产，那么技术进步的因素很难不发挥作用；而在一个短期内假设技术水平没有发生变化可能会更现实一些。这样，在短期内边际收益递减应该被当作一个客观的规律来看待。说它是客观的规律，主要是因为这一规律是由生产的技术特征决定的。根据边际收益递减规律，边际产量先递增后递减，递增是暂时的，而递减则是必然的。边际产量递增是生产要素潜力发挥，生产效率提高的结果，而到一定程度之后边际产量递减，则是生产要素潜力耗尽，生产效率下降的原因所致。

[①] 摘自：李仁君，《从"大跃进"到"杂交水稻"》，《海南日报》2003 年 6 月 11 日。

规律既然是客观的，就必须得到尊重，否则就会受到规律的惩罚。由于大跃进时期的舆论导向把人定胜天的思想拔高到了让人头脑发昏的地步，当时的人们错误地提出"人有多大胆，地有多高产"。超限度的强行"密植"必然导致了粮食产量的大量减产。

按照边际收益递减规律，连续追加投入，得到的产出的增加却越来越少，这似乎很可怕，但从长期着眼却也没什么了不起。我国从建国以来，一方面人口翻了一番还多，而另一方面可耕地的面积却一直在减少，然而改革开放以来，我国并没有出现所谓的"粮食危机"，这多亏了农业科技进步所发挥的作用。从边际收益递减规律的角度来看，我国没有发生"粮食危机"的后果，主要是因为在长期中，这一规律的前提条件——技术水平不变，发生了变化。以袁隆平的事迹为例，为了提高水稻亩产量，他几十年如一日蹲在田间地头，经过无数次艰苦的试验和研究，终于将水稻种植技术推进到"杂交水稻"时代，在袁隆平取得成就的基础上，我国科学家通过联合攻关，现在已全部破解了水稻的基因密码。这对我国今后大幅度提高水稻亩产量提供了美好的前景。

从大跃进运动到袁隆平的成就，给我们展示了如何对待边际收益递减规律的正反两方面的例证。在短期，我们必须尊重边际收益递减规律，确定合理的投入限度；但在长期，通过积极地实施技术创新战略，打破边际收益递减规律的限制，可为人民谋取更大的福利。

5.3 长期生产函数——两种可变生产要素的生产函数

5.3.1 两种可变生产要素的生产函数表达式

在 5.2 节中，已考察了短期生产中生产要素的投入只有一种可变，其他要素都不变的情形下，厂商生产要素合理投入的问题。但从长期的角度来看，生产中所有生产要素的投入量都是可变的。在生产理论中，通常以两种可变生产要素的生产函数来考察长期生产。假定生产者使用劳动和资本两种可变生产要素生产一种产品，则两种可变生产要素的长期生产函数可以写为

$$Q=f(L, K) \tag{5.11}$$

式中，Q 代表产量；L、K 分别代表劳动和资本。

该生产函数表示：长期内在技术水平不变的条件下由 L、K 等可变生产要素投入量的一定组合所能生产的产量。

5.3.2 等产量线

1. 等产量曲线含义

等产量曲线是在技术水平不变的条件下，生产同一产量的两种生产要素投入的所有不同组合点的轨迹(这与无差异曲线有异曲同工之理解)，与等产量曲线相对应的生产函数是

$$Q = f(L,K) = Q^0 \tag{5.12}$$

式中，Q^0 为常数，表示既定的产量水平。

这一函数是一个两种可变要素的生产函数。

2. 等产量曲线形状

我们知道，生产某一产量，要素的组合是多种多样的。例如，某一生产只用了土地和劳动两种可变的生产要素的投入，要得到 300 谷物，它们可能有以下 A、B、C、D 四种组合方式，具体情况如表 5-2 所示。

表 5-2　谷物数量为 300 的四种生产要素组合方式

组 合 方 式	劳动数量(L)	土地数量(N)	谷物数量
A	1	6	300
B	2	3	300
C	3	2	300
D	4	1	300

根据表 5-2 在坐标图中把 A、B、C、D 四点连成一条线，这条曲线代表了两种生产要素的不同数量组合带来的相等总产量(300 单位谷物)的一条曲线，这条曲线称为等产量线，如图 5.3 所示。

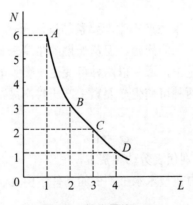

图 5.3　等产量线(一)

再如图 5.5 是从图 5.4 来的，是从三维空间中的等产量点向 L—K 平面投影而来的，因此曲线的纵坐标与横坐标所表示的并不是变量与自变量的关系。在图 5.4 中，L 与 K 都是自变量，Q 才是因变量。

图 5.5 中三条等产量曲线，它们分别表示产量为 50、100、150 单位。以代表 100 单位产量的等产量曲线为例，即可以使用 A 点的要素组合(OL_1，OK_1)生产，也可以使用 B 点的

要素组合(OL_2, OK_2)或 C 点的要素组合(OL_3, OK_3)生产。这是连续性生产函数的等产量线，它表示两种投入要素的比例可以任意变动，产量是一个连续函数，这是等产量曲线的基本类型。

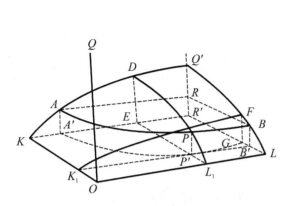

图 5.4 生产函数的产量曲面和等产量曲线

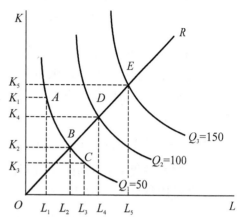

图 5.5 等产量线(二)

3. 等产量曲线特征

从上面的等产量线图(图 5.5)我们可以发现，等产量线具有如下特征：①它是一条凸向原点，向右下方倾斜的曲线，其斜率为负值；②在同一平面图上，可以有无数条等产量线，但不同的等产量线代表着不同的产量水平，离原点越远的等产量线所代表的产量水平越高，反之越低；③同一平面上的任意两条等产量线不能相交。

等产量线之所以是一条凸向原点的曲线，是由两种可变生产要素之间边际技术替代率递减所决定的。

5.3.3 边际技术替代率递减规律

边际技术替代率(marginal rate of technical substitution)

1. 边际技术替代率的含义

长期生产的主要特征是不同比例的要素组合可以生产同一产量水平，即在维持同一产量水平时，要素之间可以相互代替。边际技术替代率是研究要素之间替代关系的一个重要概念，它是指在维持产量水平不变的条件下，增加一单位某种生产要素投入量时所减少的另一种要素的投入数量。以 $MRTS_{LK}$ 表示劳动对资本的边际技术替代率，则

$$MRTS_{LK} = -\frac{\Delta K}{\Delta L} \tag{5.13}$$

式中，ΔK 和 ΔL 分别表示资本投入量的变化量和劳动投入量的变化量，式中加负号是为了使 $MRTS_{LK}$ 为正值，以便于比较。

如果要素投入量的变化量为无穷小，上式变为

$$MRTS_{LK} = \lim_{\Delta L \to 0} -\frac{\Delta K}{\Delta L} = -\frac{dK}{dL} \tag{5.14}$$

式(5.14)说明等产量曲线上某一点的边际技术替代率就是等产量曲线该点斜率的绝对值。

边际技术替代率为负值，因为在代表一给定产量的等产量曲线上，作为代表一种技术上有效率的组合，意味着为生产同一产量，增加 L 的使用量，必须减少 K 的使用量，二者反方向变化。

2. 边际技术替代率与边际产量的关系

边际技术替代率(绝对值)等于两种要素的边际产量之比。

设生产函数 $Q = f(L, K)$，则

$$dQ = \frac{dQ}{dL} \cdot dL + \frac{dQ}{dk} \cdot dK = MP_L \cdot dL + MP_K \cdot dK \tag{5.15}$$

由于同一条等产量线上产量相等，即 $dQ = 0$ 则上式变为

$$MP_L \cdot dL + MP_K \cdot dK = 0$$

即

$$-\frac{dK}{dL} = \frac{MP_L}{MP_K} \tag{5.16}$$

由边际技术替代率公式可知

$$MRTS_{LK} = \frac{MP_L}{MP_K} \tag{5.17}$$

上述关系是因为边际技术替代率是建立在等产量曲线的基础上，所以对于任意一条给定的等产量曲线来说，当用劳动投入代替资本投入时，在维持产量水平不变的前提下，由增加劳动投入量所带来的总产量的增加量和由减少资本量所带来的总产量的减少量必然相等。

3. 边际技术替代率递减规律

边际技术替代率递减规律指：在维持产量不变的前提下，当一种要素的投入量不断增加时，每一单位的这种要素所能代替的另一种生产要素的数量是递减的。以图 5.6 为例，当要素组合沿着等产量曲线由 a 点按顺序移动到 b、c 和 d 点的过程中，劳动投入等量的由 L_1 增加到 L_2、L_3 和 L_4，即 $L_2-L_1=L_3-L_2=L_4-L_3$，相应的资本投入的减少量为 $K_1-K_2>K_2-K_3>K_3-K_4$，这恰好说明了边际技术替代率是递减的。

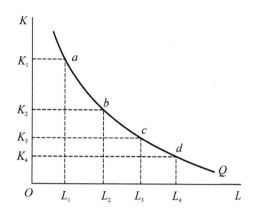

图 5.6 边际技术替代率递减规律

边际技术替代率递减的原因：是因为边际产量是逐渐下降的。其一，当资本量不变时，随着劳动投入量的增加，则劳动的边际产量有递减趋势；其二，当资本量也下降时，劳动的边际产量会下降得更多。

等产量线上的切线斜率绝对值递减，使等产量线从左上方向右下方倾斜，并凸向原点。

5.3.4 生产的经济区域

在所投入的资本与劳动两种要素都可以变动的情况下，不存在像只有一种变动要素投入情况下那种三个生产阶段的划分，但是存在着生产的经济区域(economic region of production)与非经济区域的划分。利用图 5.7 进行讨论。

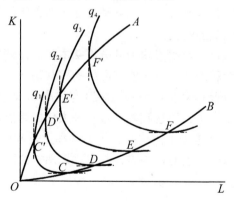

图 5.7 生产的经济区域

在图 5.7 中象征性地画出了四条等产量曲线：q_1、q_2、q_3、q_4。这四条等产量曲线都很特别。就其中任一条等产量曲线而言，并非在曲线的每一点上斜率都是负的值，也就是说并非曲线上每一点的边际技术替代率都是正的值。

用"脊"线(ridge line)将等产量曲线上斜率为正值的区域与斜率为负值的区域分开。所谓"脊"线是指连接等产量曲线上边际技术替代率为 0 与连接等产量曲线上边际技术替代率为无穷大的线。图 5.7 中，等产量曲线上 C、D、E、F 点的边际技术替代率为 0，C'、D'、E'、F' 点的边际技术替代率为无穷大。

因此连接 C、D、E、F 点的曲线 OB 线与连接 C'、D'、E'、F' 点的曲线 OA 线为"脊"线。

"脊"线以内的区域为生产的经济区域，也叫做生产的相关段(relevant range of production)。"脊"线以外的区域为生产的非经济区域。之所以称为生产的经济区域是因为如果把生产选择在这一区域，不会造成资源的浪费。而在生产的非经济区域进行生产则会造成资源的浪费。由图 5.7 可以看出，在"脊"线以外的区域，等产量曲线的斜率是正的值。这表明，在"脊"线以外，为了维持既定的产量水平，在增加一种要素的同时必须增加另一种要素，要素之间并不存在替代的关系。若将生产从"脊"线以外的区域移到"脊"线以内的区域，既维持了既定的产出水平，又节约了资本与劳动两种要素的投入，因此，"脊"线以外的区域是生产的非经济区域。

5.4 生产要素的最优组合

前面分析了短期内技术系数不变的条件下，一种生产要素连续投入引起的产量的变化，以及技术系数不变的条件下，两种生产要素连续投入引起的规模收益变化的问题。我们知道，从长期的角度来看，生产过程中，技术系数是可变的，所有生产要素的投入也是可变的。因此，接下来的工作就是要来分析技术系数可变的条件下，各种生产要素应按什么比例进行组合以使厂商实现利润的最大。

生产要素最优组合的分析与消费者均衡的分析基本类似。消费者均衡研究的是消费者如何将既定的收入分配于两种或两种以上的产品的购买与消费上，以达到其消费效用的最大化。生产要素最优组合则是研究生产者如何将既定的成本(即生产资源)分配于两种或两种以上生产要素的购买与生产上，以达到其产量的最大化。因而，微观经济学在研究这两个问题时的分析方法基本上都是采用的边际分析方法和无差异曲线(或等产量线)的分析方法。在分析生产要素最优组合问题时，为方便起见，以两种生产要素的最优组合为例进行分析。

5.4.1 等成本线

等产量线只能说明生产一定的产量可以有哪些不同的投入要素组合方式，还不能说明哪一种组合方式是最优的。为了求最优解，就要考虑成本因素，即看哪一种组合方式成本最低。为此，在等产量线的基础上还有必要引进等成本曲线。

等成本线又称企业预算线,它是在平面坐标图上用来表示生产者的总成本和生产要素价格既定条件下,生产者所能购买到的两种生产要素的数量的最大组合的曲线。

假定某厂商的预算成本为 60 万元,每单位 X 生产要素的价格为 20 万元,每单位 Y 生产要素的价格为 10 万元。该厂商可能购买的两种生产要素的分配情况可作图 5.8 表示如下:

从图 5.8 中可以看出,如果全部成本用于购买 X,可购买 3 单位(A 点);如果全部用于购买 Y,可购得 6 单位(B 点),连接 A、B 两点的线即为等成本线。在 A、B 两点线外任意一点(如 M 点,要购买 4 单位 Y 和 2 单位 X,共需 80 万元),是无法实现的。在 AB 线内的任意一点(如 N 点,购买 2 单位 Y 和 1 单位 X,共用 40 万元),这虽然可以实现,但并非是可以购买的 X 和 Y 的最大组合。只有在 AB 线上的任何一点(如 H 点,购买 3 单位 Y 和 1.5 单位 X,共用 60 万元),才能既能实现,又是购买的 X 与 Y 的最大组合。

如果生产者的成本变动,图 5.8 中的等成本线会平等移动。成本增加,等成本线向右上方平行移动;成本减少,等成本线向左下方平行移动,如图 5.9 所示。

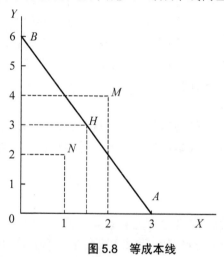

图 5.8　等成本线

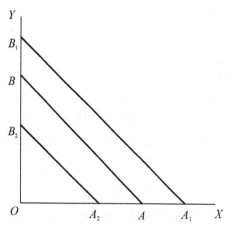

图 5.9　等成本线的移动

5.4.2　生产要素的最优组合

1. 生产要素最优组合的原则

厂商为了生产一定量的产品,生产要素的投入有多种方式。例如生产 100 单位的产品,厂商可以投入 10 个劳动和 5 个资本,也可以投入 6 个资本和 8 个劳动;甚至还可以投入 7 个资本和 7 个劳动等。但每种投入的成本肯定是不一样的。那么,厂商该选择何种投入方式呢?选择某种投入方式的衡量标准是什么呢?

选择生产要素组合方式的标准有两个因素,一是各种生产要素的边际产量,二是要看投入的生产要素的价格。因此,生产要素最优组合的原则就是:在成本与生产要素价格既定的条件下,应使所购买的各种生产要素所带来的边际产量与其价格之比相等。也就是说应该使每一单位货币无论购买何种生产要素都能使该厂商得到相等的边际产量。

假定厂商所购买的生产要素是资本 K 和劳动 L。如果资本的边际产量为 MP_K，劳动的边际产量为 MP_L，资本的价格为 P_K，资本的数量为 Q_K，劳动的价格为 P_L，劳动的数量为 Q_L，M 为既定的成本，MP_M 为单位货币的边际产量，那么生产要素最优组合的原则的公式为

$$P_K \cdot Q_K + P_L \cdot Q_L = M \tag{5.18}$$

$$MP_K/P_K = MP_L/P_L \tag{5.19}$$

这一原则说明，两种(或多种)投入要素结合以生产一种产品的情况下，当各种投入要素每增加 1 元所增加的产量都互相相等时，各种投入要素之间的组合比例为最优。因为，如果各种投入要素每多投 1 元所增加的产量不等，那么，从每元边际产量较小的投入要素上抽出资金，用来增加每元边际产量较大的投入要素的投入量，就能在成本不变的情况下，使产量增加。既然有可能增加产量，就说明这时的投入要素组合不是最优的。例如，企业有两种投入要素 A 和 B。投入要素 A 每增加 1 元，可使产量值增加 5 元；B 每增加 1 元可使产量值增加 10 元。那么，从投入要素 A 中抽出 1 元资金转投入要素 B 就可以在总成本不变的情况下，使企业的总产值增加 5 元。既然总产值还有增加的余地，说明现有的 A 和 B 的组合不是最优的。结论是，只有当所有投入要素每多投 1 元的边际产量都相等时，投入要素的组合才是最优的。

在说明了生产要素最优组合的原则和条件后，我们知道，在符合这一原则的条件下，厂商具体的应该选择怎样的要素组合还得根据产量和成本而定。由此就需要结合等产量线和等成本线来考虑。

2. 生产要素最优组合的确定

经过前面的分析，我们已知道，在同一平面图上可能会有无数条等产量线。而在总成本和价格既定的条件下，等成本线却只有一条。当把等产量线等成本线合在一个平面图时，等成本线必定会与无数条等产量线中的其中一条相切于一点。这一相切点即为在总成本与生产要素价格既定条件下，厂商所能实现的生产要素的最优组合。这可以通过图 5.10 来加以说明：

图 5.10 中，Q_1、Q_2、Q_3 为三条总产量水平不同的等产量线，其产量大小的顺序，由大到小依次为 Q_3、Q_2、Q_1。AB 为等成本线，并与 Q_2 相切于 E 点，在该切点上即可实现生产者既定总成本与生产要素价格前提下的 OM 量的 X 要素与 ON 量的 Y 要素的最优组合。之所以只有在 E 点才能实现生产要素的最优组合是因为：从图上看，Q_3 代表的产量水平虽大于 Q_2 所代表的产量水平，但 Q_3 与 AB 线既不相交也不相切，表明达到 Q_3 所代表的产量水平的 X 与 Y 生产要素的组合是现有成本条件下无法实现的；AB 线虽与 Q_1 相交于 F 和 G 两点，F 和 G 均在 AB 线上，也是既定的总成本条件下所能实现的组合，但在这两点上的组

合所生产出的产量水平是 Q_1,小于 Q_2 所代表的产量水平,因而并未达到既定总成本下的最大产量;至于 Q_2 上除 E 点之外的其他点,由于均处于 AB 线之外,因而也都无法实现。可见,只有在 Q_2 产量水平下 OM 量的 X 与 ON 量的 Y 的组合,才是最小成本下的最大产量。

同理,当产量既定时,成本不同时,坐标图中,等产量线只有一条,等成本线有无数条,众多的等成本线中,总会有一条与既定的等产量线相切,相切点便是代表了产量既定,成本最小的 X 要素与 Y 要素的最优组合。如图 5.11 中的 E 点。

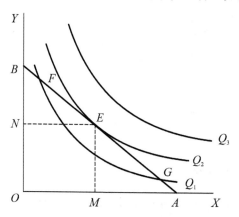

图 5.10 既定成本下生产要素的最优组合   图 5.11 既定产量下生产要素的最优组合

【例 5.1】 某厂生产汽车零件,每周要用卡车把零件运往 100 公里以外的汽车装配厂供组装用。卡车运输费用是根据所需时间和所用的燃料(汽油)数量来决定的。这里,时间和燃料是两种可以互相替代的投入,即如果高速行车,可以节省时间,但要花费更多燃料。有关卡车的速度、所需时间和燃料等的数据如表 5-3 所示(按往返 200 公里计算)。

(1) 请在以时间为纵轴、汽油总消耗量为横轴的坐标图上画出 Q=200 公里的等产量线。
(2) 如果汽油价格为每公升 5 元,司机工资为每小时 5 元,按哪种速度开车,可使运输费用最低?此时运输费用是多少?
(3) 如果司机工资增加到每小时 10 元,汽油价格不变,则应按哪种速度行车最为合算?

表 5-3 卡车运输有关资料

速度(公里/小时)①	汽油消耗(公里/公升)②	时间/小时[=200/①]③	汽油总消耗量/公升[=200/②]④
40	40	5	5
50	35	4	5.71
60	29	3.33	6.90
70	23	2.86	8.70

解：(1) 根据材料，可画出等产量线如图 5.12 所示。

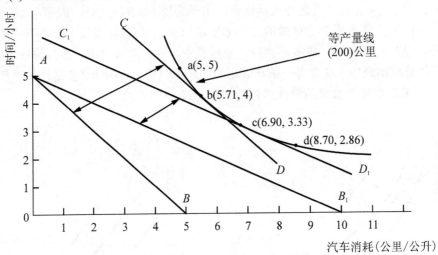

图 5.12 等产量线

(2) 先画一条任意的等成本线 AB，斜率为：$P_{汽油}/P_{司机}=5/5=1$。然后平行移动至 CD，与等产量曲线相切于 b 点，b 点就代表时间和燃料的最优组合，即时间为 4 小时，油总耗量为 5.71 公升。最低总运输费用为 $4×5+5.71×5=48.55$ 元。此时车速为 50 公里/小时，为最优速度。

(3) 再画一条任意的等成本曲线 AB_1，斜率为：$P_{汽油}/P_{司机}=5/10=1/2$。然后平行移动到 C_1D_1，使其相切于等产量线。在切点 C 得最优组合，时间为 3.33 小时，总油耗 6.9 公升，总运输费用为 $3.33×10+6.9×5=67.8$ 元。此时速度为 60 公里/小时，为最优。

5.4.3 生产扩展线

在其他条件不变时，当生产的产量或成本发生变动时，企业会重新选择最优的生产要素的组合，在变化了的产量条件下实现最小的成本，或在变化了的成本条件下实现最大的产量。这就是本节要讨论的生产扩展的问题。

1. 等斜线

在图 5.13 中，有三条等产量曲线 Q_1、Q_2、Q_3，它们分别有三条切线 T_1、T_2、T_3，而且这三条切线是相互平行的。这意味着，这三条等产量线各自在切点 A、B、C 三点上的两要素的边际技术替代率 $MRTS_{LK}$ 相等的。连结这些点的曲线 OS 被称为等斜线。等斜线是一组等产量线中两要素的边际技术替代率相等的点的轨迹。

在本章 5.3 节所分析的长期生产的经济与不经济区域分界线即脊线，就是由两条等斜线构成的，只是这两条等斜线代表了边际技术替代率的两种特殊情况。在图 5.7 中，脊线 OF' 上的每一点的两要素的边际技术替代率都是相等的，都为 $MRTS_{LK}=-dK/dL=\infty$，脊线 OF 上的每一点的两要素的边际技术替代率也是相等的，都为 $MRTS_{LK}=-dK/dL=0$。

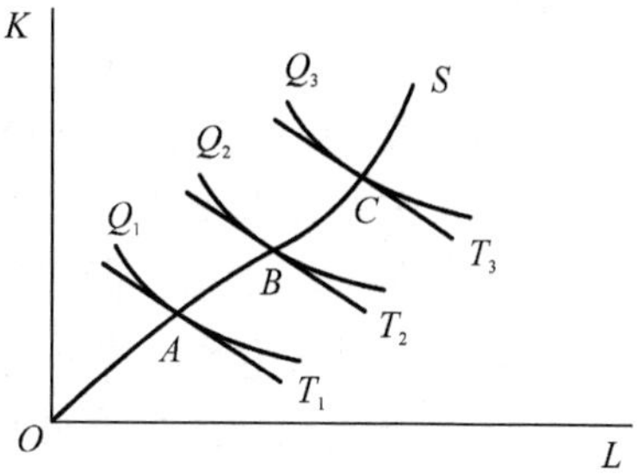

2. 扩展线

在生产要素的价格、生产函数和其他条件不变时，如果企业改变成本，等成本线就会发生平移；如果企业改变产量，等产量线就会发生平移。这些不同的等产量线将与不同的等成本线相切，形成一系列不同的生产均衡点，这些生产均衡点的轨迹就是扩展线。如图 5.14 所示。

图 5.14 中的曲线 ON 就是一条扩展线。由于生产要素的价格保持不变，两要素的价格比例是固定的，又由于生产均衡的条件为两要素的边际替代率等于两要素的价格比例，所以，在扩展线上的所有的生产均衡点上边际技术替代率都是相等的。这就是说，扩展线一定是一条等斜率线。

图 5.13 等斜线

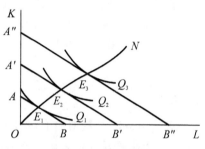

图 5.14 扩展线

扩展线表示：在生产要素价格、生产函数和其他条件不变的情况下，当生产成本或产量发生变化时，企业必然会沿着扩展线来选择最优的生产要素组合，从而实现既定成本条件下的最大产量，或实现既定产量条件下的最小成本。

5.5 规 模 经 济

生产中，如果两种或两种以上的生产要素按原有的技术系数增加投入，就会使原有的生产规模扩大。因此，研究长期生产函数中生产要素的合理投入，就是要确定多大的生产规模是最适宜的问题。这一问题的解决，涉及经济学中的另一个重要规律：规模经济。

5.5.1 规模经济与规模不经济

规模经济是指：在生产技术水平不变的情况下，当两种生产要素按同样的比例增加，即生产规模扩大时，起初产量增加的幅度大于生产规模的扩大幅度，但当规模的扩大超过一定限度后，产量的增加幅度便会小于生产规模的扩大幅度，甚至产量会绝对地减少，出现规模不经济。

假定 L 单位的劳动力和 K 单位的资本相结合可以生产 Q 单位产品,即 $L+K\to Q$。如果 a 为 L 与 K 增加的倍数,b 为 Q 增加的倍数,如果 $aL+aK=bQ$,则可根据 b 值的大小把规模与收益的关系分为三种类型。

第一种类型:$b>a$,即产量增加的倍数大于投入要素增加的倍数。规模扩大,使生产效率提高,这种类型称为规模收益递增。

第二种类型:$b=a$,即产量增加的倍数等于投入要素增加的倍数。规模扩大,生产效率不变,这种类型称为规模收益不变。

第三种类型:$b<a$,即产量增加的倍数小于投入要素增加的倍数。规模扩大,使生产效率下降,这种类型称为规模收益递减。

【例 5.2】 假定生产函数为:$Q=10K+8L-0.2KL$,如果投入要素 $K=10$,$L=20$ 分别增加一倍,判断生产函数在此范围内的规模收益类型。

解:当 $K=10$,$L=20$ 时
$$Q=10\times10+8\times20-0.2\times10\times20=220$$
如果投入量增加一倍,即 $K=20$,$L=40$,可求得
$$Q'=10\times20+8\times40-0.2\times20\times40=360$$

$Q'/Q=1.64$,产量增加了 64%,但投入量却增加了 100%,投入量增加大于产量的增加,说明该生产函数在该投入量范围内规模收益递减。

随着生产规模从小到大,厂商的产量与收益一般会先后经历规模收益递增、不变、递减三个阶段。由于大规模生产带来的生产效率和收益的提高,称为规模经济;由规模太大引起生产效率和收益的下降,称为规模不经济;可以使收益达到最大值的规模,称为经济规模。

对于这一规律的理解,要注意以下几点。

第一,该规律发生作用的条件是不改变原有的技术系数,在生产中所使用的两种生产要素在量上同比例地增加。因而它表现的是在技术系数不变时,两种生产要素的同时增加所引起的生产规模的扩大以及这种扩大给产量或收益所带来的影响。例如,农业中土地数量和劳动量的同时增加,或若干小农单位合并为大农场院;工业中机器设备、厂房和劳动量的同时增加,或若干小厂合并为大厂,均属于这种情况。

第二,规模经济规律与边际收益递减规律是有区别的,边际收益递减规律考察的是在一定的生产要素组合条件下,其他生产要素投入不变,某一种生产要素连续投入时收益的变动情况。而规模经济考察的是在所有的生产要素连续同时增加或减少时收益的变动情况。

第三,两种生产要素增加所引起的产量或收益变动的情况也可以分为三个阶段:Ⅰ阶段,规模收益递增,即产量增加的幅度大于生产规模扩大的幅度。如当全部生产要素劳动

和资本都增加5%时,产量的增加大于5%;Ⅱ阶段为规模收益不变,即产量增加的幅度等于生产规模扩大的幅度。如当全部生产要素劳动和资本都增加5%时,产量的增加等于5%;Ⅲ阶段为规模收益递减,即产量增加的幅度小于生产规模扩大的幅度。如当全部生产要素劳动和资本都增加5%时,产量的增加小于5%。

生产规模的扩大之所以会引起产量的不同变动,不仅有其内在的原因,而且有其外在的原因。一个厂商本身生产规模的变动对其产量所造成的影响,用内在经济与内在不经济来解释;整个行业生产规模的扩大给个别厂商所带来的产量与收益的变动,用外在经济与外在不经济来解释。

5.5.2 内在经济与内在不经济

内在经济是指一个厂商在生产规模扩大时由自身内部所引起的产量与收益的增加。引起内在经济的主要原因有以下几方面。

第一,采用大型、高效和专用设备的经济性。机器设备这类生产要素具有不可分割性,当生产规模较小时,购置先进的大型设备较为困难,即使购买了也难以充分发挥其效用。因为现代大型设备只有在其加工对象达到相当数量时才有可能被采用,使产量能大幅度增加。大型、高效的专用设备进行大批量运作的结果无疑会使成本降低。

第二,专业化分工和协作的经济性。企业规模的扩大,为企业内部发展专业化分工和协作提供了条件。大规模生产可实行专业化分工和协作,从而提高工人的技术水平和熟练程度,提高生产效率,提高产量。亚当·斯密关于扣针制作业通过劳动分工提高生产效益的著名例子,他说,分工协作生产前,每人每天制针的数量至多20枚,而实行分工协作后,平均每人每天能制4 800枚,生产效率至少提高了240倍。在小规模的企业中,一人可能要承担多方面的工作,而大规模的企业有条件对劳动进行合理分工,由特定的人专门从事市场调研、采购、销售、储存和管理等经营管理活动,各司其职,使其特长得到充分发挥,以提高劳动生产率。

第三,大规模管理的经济性。首先,规模大的企业能拥有或聘请高级技术人员和研发人员,从而开拓并保持产品的低成本和多样化,使企业处于领先地位,增强其实力。其次,企业规模的扩大,也有利于采用现代化的办公自动化设备,增强信息处理能力,提高企业的管理效率。再次,无论何种规模的生产都需要配备必要的管理人员,但在生产规模较小时,这些管理人员的才能往往难以得到充分的发挥;而在生产规模较大时,则可以在不增加管理人员的情况下充分发挥管理才能,管理效率的提高则可以增加产量。

第四,大批量采购和销售的经济性。显然,规模大的企业在要素市场上的购买和产品市场上的出售处于有利地位,其一次性大批量购进原材料、零部件等生产要素,可以比多次小批量进货节省交易费用,并且还可以享受较大的批量折扣;大规模的销售也有利于降低单位产品的促销费用,提高促销活动的经济效果。大规模的销售有利于企业在各地设立办事处，以提高销售效率，更好地满足顾客需要。同时，大批量运输能降低产品运输成本，提高运输的经济性。

第五，副产品得以综合利用的经济性。在规模较小的生产中，生产过程中的一些副产品往往被作为废物丢弃掉，只有在大规模生产中，副产品的加工、利用才形成规模，具备经济上的合理性，使产量和收益得以增加。

总之，生产规模的扩大能降低生产成本，增加企业的收益。但是，这并不是说生产规模越大越好。

内在不经济是指当一个厂商由于本身生产规模过大而引起产量或收益的减少。造成内在不经济的原因主要有以下几方面。

第一，管理效率的降低。生产规模的过大往往会使管理机构过于庞大，从而使管理和决策缺乏灵活性，对市场需求的变化难以做出及时的反应。同时管理机构的庞大也常常会造成各管理环节之间的漏洞。这些都会降低生产效率，使产量和收益减少。

第二，各种费用大幅度增加。由于生产规模的过大，往往会使企业内部的通信费用、管理费用大幅度地增加；此外，还会由于大幅度地增加对生产要素的需求使生产要素的价格上升，增加对生产要素费用的支出；还会由于产量在大量增加，而增加销售的困难，增加增设销售机构和人员的支出。

5.5.3 外在经济与外在不经济

外在经济是指整个行业生产规模扩大和产量增加后，给个别企业所带来的产量与收益的增加。

形成外在经济的原因是：随着整个行业规模的扩大，个别企业可以取得修理、服务、信息、运输等方面的方便条件，从而使个别企业可以节约成本，使产量与收益增加。

产业集聚就是在一个适当大的区域范围内，生产某种产品的同类企业以及生产这种产品的上下游相关企业高密度地聚集在一起。产业聚集使专业化分工以一种独特的方式获得了空前发展，每个企业只做一个部件，甚至一个部件的某个环节。珠江三角洲地区，由于IT、家电等产业的聚集，使得在这一地区100公里范围内，90%以上的计算机零部件，80%以上的手机部件，将近100%的彩电部件都可以采购到。分工深化，大大降低了生产成本。据介绍，在珠三角地区，上述产品的零部件的采购成本比其他地区低30%，而在浙江，"块状经济"产品的成本和价格也低到了极点，比如，在北京市场上卖五六十块的布料，在当地不到10元，在市场上卖五六元的袜子这里仅几角钱。

外在不经济是指整个行业生产规模扩大和产量增加后，给个别企业所带来的产量与收益的减少。造成外在不经济的原因是：随着整个行业规模的扩大和产量的增加，劳动力、动力、燃料、土地、运输的供给变得紧张起来，或者引起了严重的环境污染，或者产品销售变得困难了，从而使个别企业的成本增加，使产量与收益减少。

5.5.4 适度规模

微观经济学根据对规模经济的考察提出：无论从一个企业，还是从一个公司、一个部门来看，其生产和经营的规模都既不能过小，也不能过大，而应当实现适度规模。对于一个厂商来说，就是两种生产要素的连续增加的投入应当适度。

适度规模在实行中应当遵循的基本原则是，至少应当在生产和经营中保持规模收益不变，即规模增加的幅度应大体上与收益增加的幅度相等，并且应当尽可能地使规模收益递增，而尽可能地避免出现规模收益递减。

个别企业的适度规模的界限与技术水平有关。不同企业的适度规模是与不同的技术水平相适应的。各个企业的生产技术状况不同，因此，对一个企业来说是适度的规模，可能对另一个企业来说就不是适度规模了。同时，随着技术的变革和技术水平的提高，个别企业的适度规模的内涵也在不断地变化着。从长期来看，企业应当根据生产技术的要求，调整生产要素的投入，以适应不同技术条件下适度规模的要求，促使规模收益不断地递增。

就市场状况而言，如果市场容量较大，市场上的竞争程度较小，那么个别企业其本身的规模经济的重要性就相对小一些，而其他生产和经营、管理方面的重要性就相对突出一些；反之，如果市场容量较小，市场上的竞争程度剧烈，那么，个别企业本身的规模经济的重要性就会显得十分突出了。因此，一个处于市场容量相对狭小、市场竞争剧烈环境中的企业，就必须十分注意其自身的适度规模问题。规模过小或规模过大，都会引起成本过高，从而会在竞争中处于不利的地位。其结果往往是，规模不经济的企业或是被吞并，或是因严重亏损而倒闭和破产。

5.5.5 生产函数与技术进步

前面对生产函数的分析都是假设在技术水平不变的前提下，研究投入和产出的关系。而在现实社会中，技术进步日新月异，突飞猛进，已经成为第一生产力。技术进步在经济发展中所起作用的大小，是当今衡量一个国家发达水平的重要标准。

技术是知识在生产中的应用。从广义说，它不仅包括技术本身的发明、创造、模仿和扩散等硬技术知识，也包括组织管理、经营等方面的软技术知识。技术进步就是技术知识在生产中的应用有了进展。

技术进步可以分为三种类型：劳动节约型、资本节约型和中立型。劳动节约型技术进步是指能使资本的边际产量比劳动的边际产量增加更快，因此，人们就会相对多用资本而少用劳动力，从而导致劳动力的节约大于资本的节约。资本节约型技术进步是指能导致劳动的边际产量比资本的边际产量增加更快，因此，为了提高经济效益，人们就会相对多用劳动力而少用资本，从而导致资本的节约大于劳动力的节约。中立型技术进步是指劳动的边际产量的增长率与资本的边际产量的增长率相等,因而人们节约劳动力和节约资本的比例相等。

技术进步在产量增长中所起作用的测定。

经济增长的方式基本上可以分为两种:①主要依靠增加投入的粗放型增长方式;②主要依靠技术进步的集约型增长方式。当前我国的经济建设要求经济增长方式从粗放型向集约型转变。为了衡量一个生产单位或国家在多大程度上实现了集约型的经济增长方式,这就需要有一种能够测定技术进步在经济增长中所起作用的方法。

假定某生产单位期初的生产函数为

$$Q = aK^n L^m \tag{5.20}$$

那么

$$MP_K = anK^{n-1}L^m \quad (求 K 的导数)$$

$$MP_L = amK^n L^{m-1} \quad (求 L 的导数)$$

假定在这一期间,该企业增加的全部产量为 ΔQ。那么

$$\Delta Q = MP_K \cdot \Delta K + MP_L \cdot \Delta L + \Delta Q'$$

上式中,$MP_K \cdot \Delta K + MP_L \Delta L$ 是因为增加投入而引起的产量的增加;$\Delta Q'$ 是由技术进步引起的产量的增加。两边均除以 Q,得

$$\frac{\Delta Q}{Q} = \frac{MP_K \cdot K}{Q} \cdot \frac{\Delta K}{K} + \frac{MP_L \cdot L}{Q} \cdot \frac{\Delta L}{L} + \frac{\Delta Q'}{Q}$$

又因为

$$\frac{MP_K \cdot K}{Q} = \frac{anK^{n-1}L^m K}{aK^n L^m} = n$$

$$\frac{MP_L \cdot L}{Q} = \frac{amK^n L^{m-1} L}{aK^n L^m} = m$$

所以

$$\frac{\Delta Q}{Q} = n\frac{\Delta K}{K} + m\frac{\Delta L}{L} + \frac{\Delta Q'}{Q}$$

如果 $\frac{\Delta Q}{Q}$ 为全部产量增长率,记为 G_Q;$\frac{\Delta K}{K}$ 为资本增长率,记为 G_K;$\frac{\Delta L}{L}$ 为劳动增长率,记为 G_L;$\frac{\Delta Q'}{Q}$ 为因技术进步引起的产量增长率,记为 G_A,那么上式又可写为

$$G_Q = nG_K + mG_L + G_A$$

或

$$G_A = G_Q - (nG_K + mG_L)。$$

【例 5.3】 假定某企业期初的生产函数为:$Q = 5K^{0.4}L^{0.6}$。在这期间,该企业资本投入增加了 10%,劳动力投入增加了 15%,到期末总产量增加了 20%。

(1) 在此期间该企业因技术进步引起的产量增长率是多少？

(2) 在此期间，技术进步在全部产量增长中所起的作用是多大？

解：(1) 因技术进步引起的产量增长率为

$$G_A = G_Q - nG_K - mG_L = 20\% - 0.4 \times 10\% - 0.6 \times 15\% = 7\%$$

即在全部产量增长率 20% 中，因技术进步引起的产量增长率为 7%。

(2) 技术进步在全部产量增长中所起的作用为

$$G_A / G_Q \times 100\% = 7\% / 20\% \times 100\% = 35\%$$

即在全部产量增长中，有 35% 是由技术进步引起的。

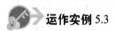

运作实例 5.3

全球航空联盟——规模经济的内在要求

众所周知，航空运输是经济全球化的催化剂，全球航空联盟所提供高效的国际航空运输极大地促进国际商业的扩展和正在形成的全球共同市场的发展。同时，国家与国家之间经济上日益相互依存，也为全球航空联盟的大发展提供了良好机遇。

广义上讲，战略联盟就是两个或两个以上经营实体之间为了达到某种战略目的而建立的一种合作关系，其主要特点是必须两个或两个以上的实体相对独立的前提下合作。据统计，当今世界航空运输市场的 70% 的份额被几大联盟瓜分，世界航空运输业已从航线竞争、中枢竞争、中枢群竞争发展到联盟竞争。因此，航空公司之间跨国、跨地区的联盟与合作是航空公司立于不败之地的最佳选择。21 世纪将是一个大联盟的时代，实力强大的航空公司主动组织起自己的全球战略联盟，实力弱小的也洞悉全局，选择最有实力的联盟作为自己的合作伙伴。

全球航空公司为什么都急于寻求战略联盟呢？其中最重要的一个原因就在于全球航空联盟的形成具有规模收益。产业联盟使企业在更大范围内配置资源，通过联盟达到 1+1＞2 的效果，产生额外的价值。航空运输业在资本运营方面上具有投入成本高、周期长的特点，启动成本大部分是沉没成本；而在空间方面，通过网络的作用，具有无限扩展性。航空联盟所设立的统一的售票中心、统一的管理和信息中心、统一订购收音机及其零部件和机上用品，养活相互重叠的航线，航班，分享使用各自的机场和其他基础设施等，由于固定资本分摊将可以大大降低成本。此外，联盟中成员公司专门营运自己熟悉的航线，在竞争中占有地理、气候等飞行条件的技术优势，专门航线的分工可实现联盟的优势互补；同时，通过联盟的航空网络可以扩大原有的市场份额，增加运输产量。参与联盟的航空公司与其他实力相似的航空公司相比，由于规模经济而降低了成本，结果使联盟成员公司具有新的比较优势，在贸易中可以获得更大利益。

美西北航与荷航联盟——翼之盟，是跨大西洋的航线合资，他们分摊成本、共享利润，以底特律、明尼阿波利斯、孟菲斯、阿姆斯特丹和东京为主要枢纽，把两个航空公司的电脑系统、销售队伍、政策进行整合，形成覆盖全球的整体网络。经过联盟，使他们跨大西洋、欧洲到非洲、欧洲到中东等航线的客座率在待业内达到最高。翼之盟的形成，强化了成员公司在欧洲的战略地位，并占有了比结成联盟之前更高的市场份额，实现了规模经济的高利润。

资料来源：http://www.gimy.com/gjmywz/showArticle.asp?ArticleID=2046

(网站：经济学阶梯教室)

本 章 小 结

本章从生产函数出发，以一种可变生产要素的生产函数，考察短期生产理论，以两种可变生产要素的生产函数考察长期生产理论。在短期生产理论中，经济学家提出了边际报酬递减规律，根据一种可变要素劳动的总产量曲线、平均产量曲线、边际产量曲线之间的关系，将生产划分为三个不同阶段。在长期生产理论中，将等产量线和等成本线结合在一起，研究生产者如何选择最优的要素组合，来实现既定成本条件下的最大产量，或实现既定产量条件下的最小成本。通过对两要素投入量的不断调整使得花费在两要素上的最后一单位货币成本所带来的边际产量相等，即 $MP_K/P_K=MP_L/P_L=MP_M$。

本章的重点是总产量、平均产量和边际产量的变动关系和长期中生产要素的最优组合原则。本章的难点是生产要素的最优组合原则。一种可变投入的产量曲线及关系、等产量线、等成本线、边际技术替代率。

 中英文关键词语

(1) 生产函数：production function (2) 短期生产函数：short-run production function

(3) 长期生产函数：long-run production function   (4) 总产量：total product

(5) 平均产量：average product   (6) 边际产量：marginal product   (7) 等成本线：isocost line

(8) 扩展线：expansion line   (9) 边际报酬递减规律：law of decreasing marginal returns

(10) 规模报酬：returns to scale   (11) 规模报酬不变：constant scale of return

(12) 规模报酬递增：increasing scale of return

(13) 规模报酬递减：decreasing scale of return

习 题

1. 名词解释

(1) 生产函数   (2) 边际收益递减规律   (3) 规模经济   (4) 等产量线

(5) 等成本线   (6) 边际技术替代率   (7) 脊线   (8) 扩展线

2. 问答题

(1) 作图说明一种可变要素连续投入后引起的生产的三个阶段的特点。

(2) 什么是适度规模？确定适度规模时应考虑哪些因素？

(3) 用公式表示生产要素最优组合的条件。

(4) 什么是内在经济，引起内在经济的原因是什么？

(5) 为什么脊线内叫经济区域，脊线外是非经济区域？

3. 计算题

(1) 某出租汽车公司现有小轿车 100 辆，大轿车 15 辆。如果再增加一辆小轿车，估计每月可增加营业收入 1 万元；如现增加一辆大轿车，每月可增加营业收入 3 万元。假定每增加一辆小轿车每月增加开支 1250 元(包括利息支出、折旧、维修费、司机费用和燃料费用等)，每增加一辆大轿车每月增加开支 2500 元。该公司这两种车的比例是否最优？如果不是最优，应如何调整？

(2) 假定生产函数为：$Q=10K+8L-0.2KL$，如果投入要素 $K=10$，$L=20$ 分别增加一倍，判断生产函数在此范围内的规模收益类型。

(3) 假定某企业的生产函数为：$Q=10LK$，其中，劳动力(L)的价格为 50 元，资本(K)的价格为 80 元。

① 如果企业希望生产 400 个单位的产品，应投入 L 和 K 各多少才能使成本最低？此时成本是多少？

② 如果企业打算在劳动力和资本上总共投入 6 000 元，它在 K 和 L 上各应投入多少才能使产量最大？最大产量是多少？

第6章 成本理论

教学目标

通过本章的学习，要能够掌握从产量变动与成本变动的相互关系中认识各种成本的变动规律及相互关系，熟悉各种成本概念，各自曲线的形状，推导及关系。特别是 MC 和 LMC 曲线。

教学要求

了解短期成本、长期成本的概念，并能够理解厂商利润最大化的条件。理解规模报酬的递增、不变、递减的含义，掌握厂商利润最大化的原则。

第6章 成本理论

 引例

请关注以下的经济现象:
1. 许多明星都没有去读大学。
2. 小的餐馆中午人很少的时候还要开门营业。
3. 许多行业都实行连锁经营。
4. 从上海到济南的打折飞机票只有99元。

这样的情形数不胜数,这些现象都代表了不同经济主体的经济行为,其背后是对于成本和收益的比较,那么,如何衡量其成本就是一个很重要的问题。

6.1 成本概述

6.1.1 成本函数

供给需求一章提到厂商愿意按照一定的供给价格提供一定数量的商品。对于提供的商品,厂商按照什么来定价,最主要、最基本的决定因素是产品的生产成本。

什么是成本?成本是厂商为生产一定数量的商品或者提供一定数量的劳务而花费在相应的生产要素上的价值。它表现为一定量的货币。

成本总是和一定数量的产品相联系的,成本函数经常被用来表示这种产品数量和相应的成本的对应关系,记作

$$C = \Phi(Q) \tag{6.1}$$

式中,C 为成本;Q 为产量。

成本函数对于厂商的成本分析很重要。因为在决定生产多少产量时,厂商必须对收益和成本进行比较,以求利润极大化,而收益和成本都是和产量有关的。因此,人们必须研究成本和产量的关系。

成本函数取决于两个因素,生产函数和投入要素的单位价格,生产函数所反映的是投入的生产要素与产出的物质技术关系,它揭示在各种形式下厂商为了得到一定数量产品至少要投入多少单位生产要素。可以由短期生产函数出发得到相应的短期成本函数。假定厂商在短期内使用劳动和资本这两种要素生产一种物品,其中劳动投入量是可变的,资本投入量是固定的。则生产函数是

$$Q = f(L, \overline{K}) \tag{6.2}$$

式中,L 是劳动投入量;$\overline{K}$ 是资本投入量(在短期中,这个量是固定的)。

假定要素市场上劳动的价格 w 和资本的价格 r 是给定的,则厂商的短期成本函数可以表示为

$$STC(Q) = w \cdot L(Q) + r \cdot \overline{K} \tag{6.3}$$

式中，$w \cdot L(Q)$ 为可变成本部分；$r \cdot \overline{K}$ 为固定成本部分。如果以 $\Phi(Q)$ 表示可变成本，以 b 表示固定成本，则短期成本函数可以表示为下列形式

$$STC(Q) = \Phi(Q) + b \tag{6.4}$$

例如，某产品生产函数 $Q = \overline{K} \cdot L$，假定 $\overline{K} = 200$，资本的单位价格 $r = 100$ 美元，再假定劳动单位价格 $w = 500$ 美元，则从生产函数可知，$L = Q/\overline{K}$。因此，短期成本函数为

$$STC(Q) = 2.5Q + 20\,000$$

6.1.2 作为机会成本的成本

现在从另一个角度观察成本。经济学家要切记的一个很重要的原则是：资源是稀缺的。那么每次采用一种方法使用资源时，就放弃了用其他方法利用该资源的机会。

由于资源是稀缺的，人们总要面临着选择。在作决策时人们要比较可供选择的各种方案的成本与收益。那么，在经济学中，这种成本和通常理解的成本一样吗？有时候会出现不一致的情况。从经济学的角度来衡量，人们所考虑的成本是机会成本。

机会成本是指如果一种生产要素被用于某一特定用途，它便放弃了在其他替代用途上可能获得的种种收益，所放弃的收益中最大的收益就是这一特定用途的机会成本。另外一种解释是，为了得到某种东西所放弃的东西。当经济学家讲企业生产成本的时候，他们包括生产物品与劳务的所有机会成本。

比如说，上一年大学的成本是多少？通常大家计算的时候，会想到把用于学费、书籍、住房和伙食的钱加起来，认为这就是上大学的总的成本。但实际上不是。上大学最大单项的机会成本是时间，因为为了上学，学生不得不放弃这一年工作可以获得的工资收入。另外，还有学费和书费。用在住宿和伙食上的钱不应该算作上大学的成本，因为即使你不上学，你也要有这些开支。只有在上大学的住宿和伙食费比其他地方贵时，贵的这部分才是上大学的成本。如果大学的伙食费和住宿费少于自己生活时所支付的房租与食物费用，那么，节省的钱是上大学的收益。

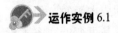
运作实例 6.1

这个大学毕业生的决定正确吗

一个在寻找其第一份工作的大学毕业生为了开办自己的电脑公司而放弃了年薪为 4 万元的工作。他把父母给自己的一套住房作为办公室，当时市场的租金为 1 200 元/月。他借了 1 万元购买设备，年贷款利息为 6%。第一年的总销售额为 20 万元，劳动总成本为 1.2 万元，原材料总成本为 5 万元。

这位大学生开办电脑公司 1 年的外显成本包括：为了购买设备贷款的利息 1 年 600 元，劳动总成本 1.2 万元，原材料总成本 5 万元。总共 6.26 万元。这是会计师的财务报表上反映的成本。

这个例子中的隐含成本包括：这位大学生放弃的一年 4 万元的收入，自有住房的一年的房租收入 1.44 万元。这些因素会影响这位大学生是否应该做出自己开办电脑公司的决策。考虑所有的成本后，总成本为 11.7 万元。

6.1.3 显性成本和隐含成本

企业生产的机会成本有时是明显的，有时并不那么明显。

1. 显性成本

显性成本是指厂商购买生产要素而支付货币构成的成本。显性成本包括支付雇员的工资，购买的原材料，燃料和其他生产资源，也包括支付的利息，租金，保险费等。在正常运转的市场上，价格等于机会成本，所以厂商购买生产要素的机会成本就是他们支付的货币。

2. 隐含成本

隐含成本指厂商使用自有生产要素而支付的费用，它包括使用自有资本的折旧费，使用自产原材料，燃料的费用(按市价计)，使用自有资金的利息(按市场利率计)和企业主为自己企业提供劳务所应得的酬金。这种酬金又被称为正常利润(如果购买他人的企业家才能而支付的薪金也构成正常利润，但归入显性成本)。

这种成本之所以被称之为隐含成本，是因为人们常常使用自有生产要素当作消费自有消费品一样看待，忽略其费用计算。这种成本往往并没有出现在企业的损益表中。

但隐含成本也是一种机会成本，厂商使用自有生产要素必须支付费用，如果该种要素因为自用而未被别人使用，就意味着放弃了其他的机会。所以经济学家坚持认为，无论生产要素为谁所有，都应当考虑生产要素的价值。比如，即使所有者没有直接领取报酬，而是以利润的形式得到补偿，也应该把所有者的劳动作为成本来计算。因为所有者有其他工作机会，因此，我们必须把失去的机会作为所有者劳动的成本来计算。

显性成本与隐含成本之间的区别说明了经济学家与会计师分析经营活动之间的不同。经济学家关心研究企业如何做出生产和定价决策，因此，当他们在衡量成本时就包括了所有机会成本。与此相比，会计师的工作是记录流入和流出企业的货币。结果，他们衡量显性成本，但忽略了隐含成本。

6.1.4 短期成本和长期成本

生产不仅需要劳动和土地，而且还需要时间，输油管道不可能一夜之间建造起来，一旦建成，就要持续几十年的时间。农民不可能在一个季节当中改变所种植的作物。

考虑到时间在生产和成本中所起的作用，区分两种不同的时期。定义短期为这样一个时期，在该时期里，企业能够通过改变可变要素，如原料和劳动，但不能改变不变要素(如资本)来调整生产。长期定义一个足够长的时期，以至于包括资本在内的所有要素都可以得到调整。但需要强调的是经济学上的短期与长期并不是以时间长短来划分的，主要看生产要素是否能得到全部的调整。

譬如说，日本钢铁公司只利用其高炉生产能力的70%，此时由于日本或加利福尼亚的地震导致钢材的需求量突然增大，为适应钢材的高需求，该公司可以延长工作时间，雇用更多的工人，发掘工厂和设备的最大潜力。

假设钢铁需求的增长持续了相当长的一段时期，比如说2年或3年，甚至10年。日本钢铁公司就会考察它的资本需要，并决定应该增加生产能力。从更一般的意义上讲，公司可能考察所有的固定要素，即那些由于受到物质条件或法律合同限制在短期内不能得到变动的要素。在长期中，日本钢铁公司可能增加新的更加有效的生产程序，铺设轨道连接或安装自动化的控制系统，或在墨西哥建造一个新钢厂。

由此可见，短期中发生的成本和长期中发生的成本就有区别。短期中和长期中厂商的经济决策也不同，前者用于厂商的日常经济决策，以确定最优的产出率，后者用于长期规划，确定最佳的生产规模。

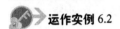
运作实例6.2

覆水难收与其他沉没成本[①]

在你的生活中或许有人会对你说"覆水难收"，或者"过去的事情就让它过去吧！"这些谚语含有理性决策的深刻真理。经济学家说，当成本已经发生而且无法收回时，这种成本就是沉没成本。(sunk cost)在某种意义上说，沉没成本是机会成本的反面；机会成本是如果你选择做一件事而不做其他事时你必须放弃的东西，而无论你做什么选择，沉没成本是不可避免。因为对沉没成本无所作为，当你做出包括经营战略在内的各种社会生活决策时可以不考虑沉没成本。

我们对企业停止经营决策的分析，是沉没成本的无关性的一个例子。我们假设，企业不能通过暂时停产来收回它的固定成本。因此，在短期中，企业的固定成本是沉没成本，而且，企业在决定生产多少时可以放心的不考虑这些成本。企业的短期供给曲线是在平均可变成本曲线以上的边际成本曲线的那一部分，而且，固定成本的大小对供给决策无关紧要。

沉没成本的无关性解释了企业是如何决策的。例如，在20世纪90年代初，许多大的航空公司有大量亏损。在一年中，美洲航空公司、三角航空公司和美国航空公司每家的亏损都超过了4亿美元。但是，尽

[①] 资料来源：曼昆著；梁小民译. 经济学原理(第三版). 北京：机械工业出版社(2003).

管有亏损，这些航空公司继续出售机票并运送乘客。乍一看，这种决策似乎让人惊讶：如果航空公司飞行要亏损，为什么航空公司的老板不干脆停止他们的经营呢？

为了理解这种行为，我们必须认识到，航空公司的许多成本在短期中是沉没成本。如果一个航空公司买了一架飞机而且不能转卖，那么，飞机的成本就沉没了。飞机的机会成本只包括燃料的成本和机务人员的工资。只要飞行的总收益大于这些可变成本，航空公司就应该继续经营。而且，事实上它们也是这样做的。

沉没成本的无关性对个人决策也是重要的。例如，设想你对看一场新放映的电影的评价是 10 美元，你用 7 美元买一张票，但在进电影院之前，你丢了票，你应该再买一张吗？

或者你应该马上回家并拒绝花 14 美元看电影？回答是你应该再买一张票，看电影的利益(10 美元)仍然大于机会成本(第二张票的 7 美元)。你为丢了的那张票付的 7 美元是沉没成本。覆水难收，不要为此而懊恼。

6.2　短期成本函数

本节将介绍短期成本，并分析各种短期成本曲线的变化规律。在此基础上，理解厂商在短期中和长期中的决策有何不同。

这里以小明的面包店为例进行分析，表 6-1 提供了相关的短期成本的数据。

6.2.1　固定成本与可变成本

表 6-1 的第一栏表示小明可以生产的面包数，每小时从 0～12 个。第二栏表示小明生产面包的总成本，第三栏表示小明面包店的固定成本，第四栏表示生产面包的可变成本。

这个例子中的总成本可以分为两类：固定成本和可变成本。固定成本(fixed cost)就是不随产量变化而变化的成本，它是个常数。固定成本也被称为购入不变要素的费用支出，这些费用即使企业停产，也要照样支付。小明的固定成本包括借入资金的利息、租用厂房或设备的租金、固定资产折旧费、停工期间无法解雇的雇员(如总经理、总工程师、总会计师等)的薪金及保险费等。表 6-1 的第三栏就是小明面包店的固定成本。

可变成本(variable cost)是随产量变动而变动的成本。也就是购买可变要素的费用支出。包括可随时解雇的工人的工资，原材料和燃料费用，由于停产停业而发生的水费和维修费等。小明的可变成本包括面粉、糖、包装袋的成本，生产的面包越多，需要买的这些产品越多。同时，如果小明要多生产面包，必须多雇工人，那么，这些工人的工资就是可变成本。表 6-1 第四栏表示生产面包的可变成本。如果产量是 0，可变成本是 0；如果生产 1 个面包，可变成本是 1，以此类推。

表 6-1　短期成本的衡量：小明的面包店

产量/每小时	总成本/元	固定成本/元	可变成本/元	平均固定成本/元	平均可变成本/元	平均总成本/元	边际成本/元
0	4	4	0	—	—	—	—
1	5	4	1	4	1	5	1
2	5.8	4	1.8	2	0.9	2.9	0.8
3	6.4	4	2.4	1.33	0.8	2.13	0.6
4	6.8	4	2.8	1	0.7	1.7	0.4
5	7.2	4	3.2	0.8	0.64	1.44	0.4
6	7.8	4	3.8	0.67	0.63	1.3	0.6
7	8.6	4	4.6	0.57	0.66	1.23	0.8
8	9.6	4	5.6	0.5	0.7	1.2	1
9	10.8	4	6.8	0.44	0.76	1.2	1.2
10	12.2	4	8.2	0.4	0.82	1.22	1.4
11	13.8	4	9.8	0.36	0.89	1.25	1.6
12	15.6	4	11.6	0.33	0.97	1.3	1.8

根据上述表列数字，可作成本曲线图，如图6.1所示。

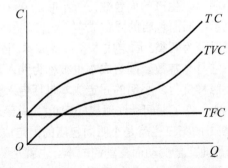

图 6.1　总成本、总固定成本和总可变成本曲线

图 6.1 中三条曲线分别为总固定成本曲线、总可变成本曲线和总成本曲线。这三条曲线的一般变化规律总结如下。

(1) 总固定成本曲线 TFC 是一条水平线，表明固定成本是一个既定的数量(图上为 4)，它不随产量的增减而改变。

(2) 总可变成本曲线 TVC 从原点出发，表明产量为零时，可变成本为零，随着产量的增加，可变成本也相应增加。

(3) 总成本 TC 是固定成本与可变成本之和，其形状与可变成本曲线一样，总成本曲线与可变成本曲线在任一产量上的垂直距离等于固定成本 TFC。总成本的多少随产量的变化而变化，其形状可以用可变投入要素的边际报酬规律来解释。这一点与可变成本曲线是一致的，在边际成本的变化规律中将会做以解释。

下面来看一个短期成本函数：$STC = Q^3 - 12Q^2 + 60Q + 40$。根据这个成本函数，可以得出可变成本函数为：$TVC = Q^3 - 12Q^2 + 60Q$，固定成本是：$TFC = 40$，故

$$TC = TFC + TVC \tag{6.5}$$

6.2.2 平均成本与边际成本

1. 平均成本与边际成本的概念

企业的决策者必须决定生产多少。这种决策的关键是成本如何随着产量水平的变动而变动。尤其是下面两个关于成本的问题：生产一单位产品要多少成本？增加生产一单位产品要多少成本？例如，在小明的面包店的例子中，小明要考虑：生产一个面包的成本是多少，多生产一个面包的成本会增加多少。

为了得到生产一单位产品要多少成本，把企业的成本除以它生产的产量。这就是平均成本(AC)，即总成本除以产量。

由于总成本是固定成本与可变成本之和，所以平均总成本可以表示为平均固定成本与平均可变成本之和。平均固定成本(AFC)是固定成本除以产量，表示每单位产品上分摊的固定成本。平均可变成本(AVC)是可变成本除以产量，它表示每单位产品上分摊的可变成本。

边际成本(marginal cost)是指厂商在短期内增加一单位产量所引起的总成本的增加。例如，如果小明的生产从 1 个增加到 2 个，总成本从 5 元增加到 5.8 元，第 2 个面包的边际成本是(5.8-5) 元，即 0.8 元，以此类推。把上述定义用数学公式表示出来，可以写为

$$AFC = \frac{TFC}{Q} \tag{6.6}$$

$$AVC = \frac{TVC}{Q} \tag{6.7}$$

由 $TC = TFC + TVC$ 得

$$AC = \frac{TC}{Q} = \frac{TFC + TVC}{Q} = \frac{TFC}{Q} + \frac{TVC}{Q} \tag{6.8}$$

即

$$AC = AFC + AVC \tag{6.9}$$

$$MC = \frac{\Delta TC}{\Delta Q} \qquad (6.10)$$

当 $\Delta Q \to 0$ 时

$$MC = \lim_{\Delta Q \to 0} \frac{\Delta TC}{\Delta Q} = \frac{\mathrm{d}TC}{\mathrm{d}Q} \qquad (6.11)$$

由公式可知，MC 是 TC 曲线上相应点的切线的斜率。

各类短期成本曲线如图 6.2 所示。

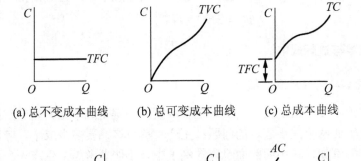

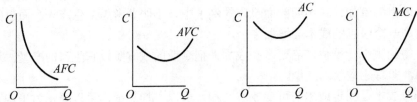

图 6.2　各类短期成本曲线

图 6.2 是用表 6-1 的数据画出的该企业的成本曲线。横轴代表企业产量，纵轴代表各种成本。该企业所具有的成本曲线的形状与经济中许多企业的成本曲线是相同的，所以具有代表性。

AFC 曲线是一条近轴曲线，它表示随着产量增加，分摊到单位产品上的固定成本越少，即 AFC 逐渐变小。

AVC 曲线是从图 6.1 中的 VC 曲线推导出来的。VC 曲线上任一点，与原点 O 的连线的斜率即该产量水平上的平均可变成本。AVC 曲线形状为 U 形，表明平均可变成本随产量增加先递减后递增，其成 U 形的原因也是可变投入要素的边际生产率先递增后递减，在图中，AVC 的最低点与产量为 6 的水平相对应。

AC 曲线是 U 形的。$AC=AFC+AVC$，AFC 随着产量的增加总是下降的。平均可变成本由于边际产量先递增后递减，一般随产量增加先递减后递增。AC 曲线形状的原因与 AVC 曲线相同。

MC 曲线是 U 形的，MC 随着产量的增加，初期迅速下降，很快降至最低点，而后迅速上升，上升的速度快于 AVC、AC。MC 的最低点在 ATC 由递减上升转入递增上升的拐点的产量上。

以上四个成本概念的曲线以及它们之间的关系如图 6.3 所示。AC、AVC、MC 曲线都是"U"形的。AC 曲线在 AVC 曲线的上方，它们之间的距离相当于 AFC，而且 MC 曲线在 AVC 曲线、AC 曲线的最低点分别与之相交，即 M、E 点。

MC 与 AC 之间存在一定的规律，只要 MC<AC，AC 就下降，只要 MC>AC，AC 就上升，也就是说，MC 曲线与 AC 曲线的交点是 AC 曲线的最低点。可以用一个例子来说明 MC 曲线和 AC 曲线的关系，平均成本 AC 好比是某排球队队员的平均身高，边际成本 MC 好比是新加入球队的队员的身高，若新队员身高低于球队的平均身高，会使平均身高降低；若新队员身高高于球队的平均身高，则会使平均身高上升；若新队员的身高正好等于球队的平均身高，则球队的平均身高不变。

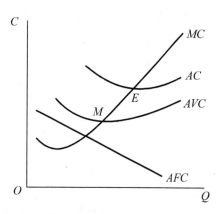

图 6.3　短期平均成本、边际成本曲线

既然 MC 曲线与 AC 曲线的交点在 AC 曲线的最低点上，那么十分明显，MC 曲线与 AVC 曲线的交点也必定位于 AVC 曲线的最低点上。从表 6-1 中我们可以看出：在 Q=9 时，AC=1.2，这是平均成本的最小值。这时，MC 的值也是 1.2。

2. 短期成本变动的决定因素：边际报酬递减规律

边际报酬递减规律是短期生产的一条基本规律，是消费者选择理论中边际效用递减法则在生产理论中的应用或转化形态。边际报酬递减规律成立的原因在于，在任何产品的生产过程中，可变生产要素与不变生产要素之间在数量上都存在一个最佳配合比例。开始时由于可变生产要素投入量小于最佳配合比例所需要的数量，随着可变生产要素投入量的逐渐增加，可变生产要素和不变生产要素的配合比例越来越接近最佳配合比例，所以，可变生产要素的边际产量是呈递增的趋势。当达到最佳配合比例后，再增加可变要素的投入，可变生产要素的边际产量就是呈递减趋势。

第 5 章的学习已经知道，关于边际报酬递减规律，有以下几点需要注意：第一，边际报酬递减规律是一个经验性的总结，但现实生活中的绝大多数生产函数似乎都符合这个规律；第二，这一规律的前提之一是假定技术水平不变，故它不能预示技术情况发生变化时，增加一单位可变生产要素对产出的影响；第三，这一规律的另一前提是至少有一种生产要素的数量是维持不变的,所以这个规律不适用于所有生产要素同时变动的情况,即不适用于长期生产函数;第四,改变各种生产要素的配合比例是完全可能的,即可变技术系数。

1) 边际报酬递减规律下的短期边际产量和短期边际成本之间的对应关系

在短期生产中,由于边际报酬呈递减规律,边际产量的递增阶段对应的是边际成本的递减阶段,边际产量的递减阶段对应的是边际成本的递增阶段,与边际产量的最大值相对应的是边际成本的最小值。所以,决定了 MC 曲线呈 U 型特征。

2) 边际报酬递减规律在短期成本函数中的体现

为什么短期成本具有以上所述的变动规律?原因恰在于边际报酬递减规律的作用,边际报酬递减规律是短期生产中的一个基本规律。这一规律同样适用于短期成本分析。成本分析与生产函数分析不同的是成本分析中用的是价值量概念,而生产函数分析中用的是实物量概念。现在假定生产要素的价格不变,来分析边际报酬递减规律在短期成本分析中的体现。

(1) 关于 MC 曲线的形状。短期生产开始时,由于边际报酬递增的作用,增加一单位可变投入所生产的边际产量是递增的,反过来,这一阶段增加一单位产量所需的边际成本是递减的。随着变动投入的增加,当超过一定界限后,边际报酬递减规律发生作用,增加一单位可变投入所生产的边际产量是递减的,反过来,这一阶段每增加一单位产量所需要的边际成本是递增的。因此,在边际报酬递减规律作用下,MC 曲线随可变投入的增加先递减,然后增加,最终形成一条 U 形曲线。

(2) 关于 TC 曲线和 TVC 曲线的形状。考虑到 TC 曲线和 TVC 曲线的形状完全相同,在此仅就 TC 曲线的形状进行分析。MC 曲线在边际报酬递减规律作用下先降后升,而 MC 又是 TC 曲线上相应点的斜率,因此,TC 曲线的斜率也是先递减后递增的,即 TC 曲线先以递减的速度增加,再以递增的速度增加。MC 曲线的最低点则对应 TC 曲线上由递减向递增变化的拐点。

(3) 关于 AC、AVC 曲线的形状。在边际报酬递减规律作用下,MC 曲线呈 U 形,随可变投入数量的增加,MC 先减小,后增加。根据边际量和平均量之间的关系,随可变投入数量的增加,MC 先减小,则相应的 AC 也减小;随着可变投入数量的进一步增加,MC 开始增加,但小于 AC 的数值,则 AC 继续减少;当 MC 继续增加,且 $MC>AC$ 时,AC 也开始增加。因此,在边际报酬递减规律作用下,AC 曲线也呈 U 型,但 AC 曲线的最低点晚于 MC 曲线的最低点出现。这是因为 MC 曲线经过最低点开始上升时,由于 $MC<AC$,AC 曲线仍在下降。同样的道理也适用于 AVC 曲线。随着可变投入数量的增加,MC 曲线、AC 曲线、AVC 曲线最低点出现的先后顺序是 MC、AVC、AC。

6.3 长期成本函数

6.3.1 从成本角度理解短期和长期的区别

对于许多企业来说，总成本分为固定成本和可变成本取决于所考虑的时间长度。例如，考虑一个汽车公司，比如通用汽车公司。在几个月的时期内，通用公司不能调整它汽车工厂的数量和规模。它要增加生产的方法是在已有的工厂中多雇佣工人。因此，这些工厂的成本在短期中是固定成本。与此相比，在几年的时期中，通用公司可以扩大其工厂规模。因此，这些工厂的成本在长期中是可变成本。

所以说，长期是指在这段时期，投入的所有生产要素，不仅指劳动和原材料，而且包括设备，厂房和土地等，都是可以改变的。厂商在"长期"可以按照事先确定的产量水平，来选择生产该产量的最适当的工厂规模。

在理解短期成本和长期成本不同的基础上，我们来分析厂商在"短期"和在"长期"所做的决策是否不同。在短期，厂商必须在既定的生产规模下，即资本要素的数量和质量不变前提下做出决策，这种决策是确定可变要素的投入数量或要素的组合比例，以获得每单位产品的最低的平均成本，我们把此称之为寻求最优产出率的问题；而在长期，厂商所有生产要素的数量和质量都是可变的条件下，他所需做出的决策是寻找一个最佳的生产规模来生产事先计划的产量，在短期中确定的东西在这里是不确定的，但一旦厂商选择了一个特定的生产规模，他的产量决策马上又转化成短期的决策。因此说，厂商的经营决策在短期，而战略规划在长期，长期计划的执行决定了该企业特定的短期中运行的状况。

下面来分析企业的长期成本曲线。

6.3.2 长期总成本函数和长期总成本曲线

1. 长期总成本定义

长期总成本(long-run total cost)是与短期总成本(short-run total cost)相对而言，它是厂商在长期生产特定产量所花费的成本总量。长期总成本是厂商在长期中在各种产量水平上通过改变生产要素的投入量所能达到的最低总成本。它反映的是理智的生产者在追求利润最大化的驱动下通过改变生产要素的投入在不同产量点上成本的最低发生额。

在每一个产量水平，都有一个对应合适的生产规模，使这个产量水平的长期中的成本达到最小。

2. 长期总成本曲线的推导

1) 由短期总成本曲线的包络线推出

长期总成本是无数条短期总成本曲线的包络线。在短期内，对于既定的产量(如不同数量的订单)，由于生产规模不能调整，厂商只能按较高的总成本来生产既定的产量。但在长期内，厂商可以变动全部的生产要素投入量来调整生产，从而将总成本降至最低。从而长期总成本是无数条短期总成本曲线的包络线。

如图 6.4 所示，假设长期中只有三种可供选择的生产规模，分别由图中的三条 STC 曲线表示。这三条 STC 曲线都不是从原点出发，每条 STC 曲线在纵坐标上的截距也不同。从图 6.4 中看，生产规模由小到大依次为 STC_1、STC_2、STC_3。现在假定生产 Q_2 的产量。厂商面临三种选择：第一种是在 STC_1 曲线所代表的较小生产规模下进行生产，相应的总成本在 d 点；第二种是在 STC_2 曲线代表的中等生产规模下生产，相应的总成本在 b 点；第三种是在 STC_3 所代表的较大生产规模下，相应的总成本在 e 点。长期中所有的要素都可以调整，因此厂商可以通过对要素的调整选择最优生产规模，以最低的总成本生产每一产量水平。在 d、b、e 三点中 b 点代表的成本水平最低，所以长期中厂商在 STC_2 曲线所代表的生产规模生产 Q_2 产量，所以 b 点在 LTC 曲线上。这里 b 点是 LTC 曲线与 STC 曲线的切点，代表着生产 Q_2 产量的最优规模和最低成本。通过对每一产量水平进行相同的分析，可以找出长期中厂商在每一产量水平上的最优生产规模和最低长期总成本，也就是可以找出无数个类似的 b(如 a、c)点，连接这些点即可得到长期总成本曲线。

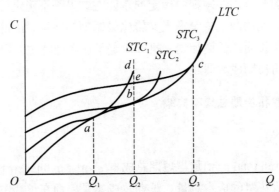

图 6.4 最优生产规模的选择和长期总成本曲线

2) 由企业的扩展线推出

因为扩展线本身就表示：对于既定的产量，使成本最小的两种生产要素最佳组合投入点的轨迹。而"两种生产要素最佳组合投入"就是一个长期的概念。于是，将产量点以及对应于产量点所得到的成本点(可以通过 $w \cdot OB$ 或 $r \cdot OA$ 算出)在坐标图上描出，即可得到长期总成本 LTC 曲线。

说明长期总成本曲线如何从生产扩展线中推导出来的,对理解长期成本概念很有帮助。如图 6.5 所示。

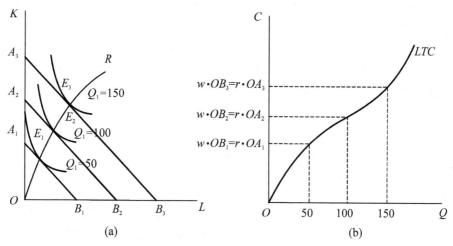

图 6.5　生产扩展线和长期总成本曲线

从前面的分析中可知,生产扩展线上的每一点都是最优生产要素组合,代表长期生产中某一产量的最低总成本投入组合,而且长期总成本又是指长期中各种产量水平上的最低总成本,因此可以从生产扩展线推导长期总成本曲线。

以图中 E_1 点为例进行分析。E_1 点生产的产量水平为 50 单位,所应用的要素组合为 E_1 点所代表的劳动与资本的组合,这一组合在总成本线 A_1B_1 上,所以其成本即为 A_1B_1 所表示的成本水平,假设劳动价格为 w,资本价格为 r,则 E_1 点的成本为 $w \cdot OB_1$ 或 $r \cdot OA_1$。将 E_1 点的产量和成本表示在图 6.5(b)中,即可得到长期总成本曲线上的一点。同样的道理,找出生产扩展线上每一个产量水平的最低总成本,并将其标在图 6.5(b)中,连接这些点即可得到 LTC 曲线。

由此可见,LTC 曲线表示厂商在长期内进行生产的最优生产规模和最低总成本。

基本点:

(1) LTC 相切于与某一产量对应的最小的 STC 曲线,在切点之外,STC 都高于 LTC。

(2) LTC 从原点开始,因不含固定成本。

(3) LTC 曲线先递减上升,到一定点后以递增增长率上升。

6.3.3　长期平均成本

长期平均成本 LAC 表示厂商在长期内按产量平均计算的最低总成本。

1. 长期平均成本曲线推导

(1) 根据长期总成本曲线的推导。把长期总成本曲线上每一点的长期总成本值除以相应的产量，便得到每一产量点上的长期平均成本值。再把每一产量和相应的长期平均成本值描绘在平面坐标图中，即可得长期平均成本曲线。

(2) 由无数条短期平均成本曲线的包络线画出。

长期平均成本是指厂商在长期内按产量平均计算的最低成本，LAC 曲线是 SAC 曲线的包络线。公式为

$$LAC = \frac{LTC}{Q} \tag{6.12}$$

从上式可以看出 LAC 是 LTC 曲线连接相应点与原点连线的斜率。因此，可以从 LTC 曲线推导出 LAC 曲线。此外根据长期和短期的关系，也可由 SAC 曲线推导出 LAC 曲线。本书主要介绍后一种方法。

假设可供厂商选择的生产规模只有三种：SAC_1、SAC_2、SAC_3，如图 6.6 所示，规模大小依次为 SAC_3、SAC_2、SAC_1。现在来分析长期中厂商如何根据产量选择最优生产规模。假定厂商生产 Q_1 的产量水平，厂商选择 SAC_1 进行生产。因此此时的成本 OC_1 是生产 Q_1 产量的最低成本。如果生产 Q_2 产量，可供厂商选择的生产规模是 SAC_1 和 SAC_2，因为 SAC_2 的成本较低，所以厂商会选择 SAC_2 曲线进行生产，其成本为 OC_2。如果生产 Q_3，则厂商会选择 SAC_3 曲线所代表的生产规模进行生产。有时某一种产出水平可以用两种生产规模中的任一种进行生产，而产生相同的平均成本。例如生产 Q'_1 的产量水平，即可选用 SAC_1 曲线所代表的较小生产规模进行生产，也可选用 SAC_2 曲线所代表的中等生产规模进行生产，两种生产规模产生相同的生产成本。厂商究竟选哪一种生产规模进行生产，要看长期中产品的销售量是扩张还是收缩。如果产品销售量可能扩张，则应选用 SAC_2 所代表的生产规模；如果产品销售量收缩，则应选用 SAC_1 所代表的生产规模。由此可以得出只有三种可供选择的生产规模时的 LAC 曲线，即图中 SAC 曲线的实线部分。

在理论分析中，常假定存在无数个可供厂商选择的生产规模，从而有无数条 SAC 曲线，于是便得到如图 6.7 所示的长期平均成本曲线，LAC 曲线是无数条 SAC 曲线的包络线。在每一个产量水平上，都有一个 LAC 与 SAC 的切点，切点对应的平均成本就是生产相应产量水平的最低平均成本，SAC 曲线所代表的生产规模则是生产该产量的最优生产规模。

基本点：

(1) LAC 曲线相切于与某一产量对应的最小的 SAC 曲线，在切点之外，SAC 高于 LAC。

(2) LAC 曲线最低点与某一特定 SAC 曲线最低点相切，其余之点，LAC 并不切于 SAC 最低点。而是 LAC 最低点左侧，相切于 SAC 最低点左侧；LAC 最低点右侧，相切于 SAC 最低点右侧。

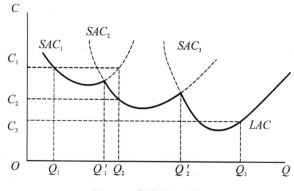

图 6.6 最优生产规模

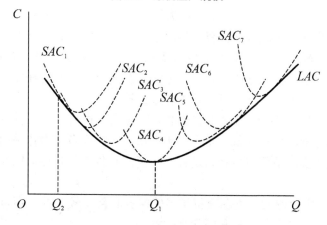

图 6.7 长期平均成本曲线

从前述内容可知，短期内，生产规模不能变动，因而厂商要做到在既定的生产规模下使平均成本降到最低。而长期决策则要在相应的产量下使成本最低，如图 6.7 中的 Q_2 产量水平。虽然从短期看用小的生产规模达到了 SAC_1 的最低点，但是它们仍高于生产这一产出水平的长期平均成本。尽管用 SAC_2 生产这一产量的平均成本不是在 SAC_2 曲线的最低点，但这是生产 Q_2 产量水平的长期最低平均成本。这是因为短期内厂商仍然受到固定投入的限制，不可能使生产要素的组合比例调整到长期最低水平。只有在长期中，厂商才可能对所有投入要素进行调整，从而使它们的组合达到最优，既而达到长期平均成本最低点，因此，在其他条件相同的情况下，短期成本要高于长期成本。图中可知 LAC 曲线先下降后上升。

2. LAC 曲线 U 形特征的原因

长期平均成本 U 形特征是由长期生产中内在的规模经济与不经济所决定的。规模经济是指厂商由于扩大生产规模而使经济效益得到提高，此时产量增加倍数大于成本增加倍数。

规模不经济是指厂商由于生产规模扩大而使经济效益下降。此时，产量增加倍数小于成本增加倍数。规模经济与规模不经济与生产理论中提到的规模报酬不同，二者区别在于前者表示在扩大生产规模时，成本变化情况，而且各种要素投入数量增加的比例可能相同也可能不同；而后者表示在扩大生产规模时，产量变化情况，并假定多种要素投入数量增加的比例是相同的。但一般来说，规模报酬递增时对应的是规模经济阶段，规模报酬递减时，对应的是规模不经济的阶段。往往在企业生产规模由小到大扩张过程中，先出现规模经济，产量增加倍数大于成本增加倍数，因而 LAC 下降；然后再出现规模不经济，产量增加倍数小于成本增加倍数，LAC 上升。由于规模经济与规模不经济的作用，LAC 曲线呈 U 形。

长期为什么一个厂商会经历规模经济？根据 E.A.G.洛宾逊教授的看法，有 4 种可能的原因。

(1) 技术经济。大厂商可以利用生产能力较高的机器。但成本的增加要小于生产能力的增加。根据一个管理咨询机构的估算，相对于一个日常运营费为 996 英镑的 3 万吨油轮来说，一个 9 万吨油轮的日常运营费为 1870 英镑。费用仅增加 1 倍，而能力增加了 2 倍。

(2) 管理经济。随着厂商规模的扩大，它可以收到劳动分工的好处。每个管理职位都可以分配给该领域的专家，这样可以实现更有效的管理。

(3) 商业经济。大厂商可以以优惠的价格大宗购进原材料，可以以较低的价格大量出售商品。如沃尔玛进货的价格就低于单个的小商店。大厂商有实力在国内的报刊和电视上做广告。这会形成忠实的消费者群体，这样，厂商的一种产品将促进同品牌的其他产品的销售。

(4) 财务经济。企业越大，就会获得越多的财务利益。较大的厂商可能从银行以优惠的利率获得贷款。也可能发行股票和债券来融资。

当然，随着企业规模扩大到一定的程度，就会增加企业管理者控制一个大型组织的难度，就需要更多的监管层次，这会引起信息和通讯费用更大比例的增加。所以，平均成本将开始上升。

此外，外在经济与不经济会影响 LAC 曲线的上、下位置。

3. 影响长期平均成本曲线变化的因素

(1) 规模经济与规模不经济。规模经济是指由于生产规模扩大而导致长期平均成本下降的情况。规模不经济是指由于企业规模扩大使得管理无效而导致长期成本上升的情况。

(2) 外在经济与外在不经济。外在经济是由于厂商的生产活动所依赖的外界环境改善而产生的。外在不经济是指企业生产所依赖的外界环境日益恶化。

(3) 学习效应。学习效应是指，在长期的生产过程中，企业的工人、技术人员、经理人员等可以积累起产品生产、产品的技术设计以及管理人员方面的经验，从而导致长期平均成本的下降。

(4) 范围经济。范围经济是指在相同的投入下,由一个单一的企业生产联产品比多个不同的企业分别生产这些联产品中每一个单一产品的产出水平要高。因为这种方式可以通过使多种产品共同分享生产设备或其他投入物而获得产出或成本方面的好处。

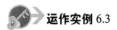
运作实例6.3

国美电器在中国的成功[①]

国美电器是中国最大的家电连锁销售企业。国美电器在长期的经营中,始终坚持自主创新能力和规模化发展。依靠创新经营,获得持续发展的动力。

国美早在十几年前就开始探索连锁经营的模式,在达到了一定规模后,所带来的就是摊薄了经营费用,这样就更有能力为消费者提供优质低价的产品。在2005年一年内,国美的门店数量就从不到200家提升到近500家,翻了一倍多,并广泛深入到二级市场。同时,通过并购广州易好家、东北黑天鹅、武汉中商、江苏金太阳等区域电器零售品牌,迅速在全国各地进行扩张。

当企业发展到一定规模后,国美电器把精细化管理放到了推动自身发展的重要位置。国美是国内最早采用包销定制的家电零售企业,在经营中采用包销定制的采购模式,依靠科学的信息收集、筛选,通过对消费者消费需求的了解,定制出符合中国不同市场特点的产品,降低生产成本,为消费者提供了更加符合其功能需求、质优价廉的产品。厂家也就更有目的地生产一些产品,及时适应市场需求,极大提升了自身市场竞争力。

国美电器的成功,带动了中国整个家电零售连锁业态的快速发展,在国内的一二级城市,形成了成熟家电零售商圈和强大竞争实力。

6.3.4 边际成本函数和长期边际成本曲线

1. 定义

长期边际成本是指长期中增加一单位产量所增加的最低总成本。公式为

$$LMC = \frac{\Delta LTC}{\Delta Q} \tag{6.13}$$

当 $\Delta Q \to 0$ 时

$$LMC = \lim_{\Delta Q \to 0} \frac{\Delta LTC}{\Delta Q} = \frac{\mathrm{d}LTC}{\mathrm{d}Q} \tag{6.14}$$

[①] 资料来源:2007年3月12日,中华服装网。

2. 长期边际成本曲线的推导

方法一：由长期总成本曲线求导、描点得出。从上式中可以看出 LMC 是 LTC 曲线上相应点的斜率。因此可以从 LTC 曲线推导出 LMC 曲线。

方法二：由短期边际成本曲线求出。

(1) 由长期总成本曲线是短期总成本曲线的包络线推出：对应于某一产量点，LTC 都与一条代表最优生产规模的 STC 相切(见图 6.4)，这说明这两条曲线在此产量点上的斜率是相等的，即 $LMC=SMC$。因此，由 SMC 曲线便可以推导出 LMC 曲线。如图 6.8 所示，在 Q_1 的水平上，PQ_1 既是最优的短期边际成本，也是最优的长期边际成本，即 $PQ_1=LMC_1=SMC_1$。同理，$RQ_2=LMC_2=SMC_2$，$SQ_3=LMC_3=SMC_3$。在生产规模可以无限细分的条件下，可以得到无数个类似于 P、R 和 S 的点，把这些点连起来便可得到 LMC 曲线。

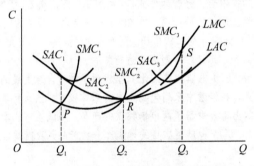

图 6.8　长期边际成本曲线与短期成本曲线

(2) 将每一产量点上对应的 SMC 计算出来，再用一条平滑的曲线连起来，便得到一条光滑的曲线，即为长期边际成本 LMC 曲线。

3. 长期边际成本曲线的形状

长期边际成本曲线呈 U 形，它与长期平均成本曲线相交于长期平均成本曲线的最低点。

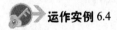 运作实例 6.4

南京飞沈阳 299 元的票价可行吗①

中国首家低成本航空公司春秋航空于 2007 年 2 月 7 日引进第六架空客 A320 客机，春秋航空次日起开通每天南京往返沈阳和三亚的航班；其中南京飞沈阳的网上购票最低价格仅为 299 元(不含机场建设费和燃油附加费)，此票价已低于火车硬卧的价格。

据介绍，春秋航空在南京往返沈阳的航线上，计划此特价票投放量全年不低于 10%，航空淡季时低价

---

① 资料来源：2007-02-08《市场报》，作者刘益广。

票将会超过30%。春秋航空如此低价出售机票招揽顾客，航空公司还能赚到钱吗？

春秋航空为了低价运行，将公司所有空客 A320 客机的商务舱全部改造为经济舱座位。这样，乘坐的乘客比其他普通航空公司 A320 客机的人数要多 30 人，乘客可以携带的行李重量也由其他普通航空公司规定 20 公斤缩为 15 公斤。同时，春秋航空在所有机场降低使用成本，乘客登机一般不使用登机桥，基本上都用国产摆渡车登机。最与众不同的是，春秋航空公司的飞机上不提供免费餐食，只免费供应给客人一瓶饮用水。如果乘客需要餐食，需另支付现金购买。

2006 年全年，春秋航空机票销售均价一般 3.8 折，其他普通航空公司的机票销售价均在 7 折左右，春秋航空还能赚钱，主要是春秋航空乘坐率基本上都在 95％以上，而其他航空公司的上座率平均只有 70％。据业内人士介绍，3.5 折左右的机票价格实际上就是普通航空公司的飞行成本。只要客舱满员运行，内部开源节流，每趟飞行 20％的利润还是可以相对保证。

普通的航空公司，一架飞机一天的飞行时间只有八九个小时，而在春秋航空，一架飞机的飞行时间往往超过 11 个小时。

案例分析：我们来分析短期内航空公司的成本。短期内航空公司的成本分为固定成本和可变成本。固定成本包括飞机的购置费(及购买飞机的贷款利息和飞机的折旧费)、飞行组工资、客舱乘务组工资、维护工人(内部人工)工资、机场地面服务费等。这部分费用是必须支出的。可变成本主要是由燃料和油料、服务费(安检、饮食、清洁)构成，这部分费用随着乘客人数的增加而增加。多一个乘客，增加的只是可变成本。所以，如果有空座的情况下，只要多一个乘客的票价高于增加的可变成本，对于航空公司来说就可以增加利润。

从长期来看，所有的成本都是可变成本，所以长期中是否可以提供打折票价和该航空公司的上座率有关即总成本的变化有关。这也是为什么春秋航空的均价低于其他航空公司的均价的原因。

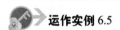
运作实例 6.5

吃饭的决策

假如有一天你去饭店吃饭，你点了很多菜，当开始吃最后一盘菜"小龙虾"时，你已经吃饱了。"小龙虾"是你最喜欢的一道菜，你应该坚持把它吃完吗？

案例分析：你不应该继续吃这道菜。因为吃这道菜的边际收益小于边际成本。继续吃增加的收益是负的，增加的成本是零，即 $MR<MC$。

本 章 小 结

> 本章首先对机会成本、显成本、隐成本进行全面概述，其次介绍了短期成本函数与长期成本函数及各类成本的概念和计算。

微观 经济学

本章的重点是成本函数与生产函数之间的关系，各种成本之间的关系，厂商利润最大化的原则。

本章的难点是 LMC 曲线的推导及各类成本的计算。

 中英文关键词语

(1) 成本：cost (2) 成本函数：cost function (3) 显性成本：explicit cost
(4) 隐性成本：implicit cost (5) 总成本：total cost (6) 总固定成本：total fixed cost
(7) 总变动成本：total variable cost (8) 边际成本：marginal cost
(9) 平均固定成本：average fixed cost (10) 平均可变成本 average variable cost
(11) 平均总成本：average total cost (12) 长期总成本：long‑run total cost
(13) 长期边际成本：long‑run marginal cost

习 题

1. 填空并计算

(1) 本章讨论了许多成本类型：机会成本、总成本、固定成本、可变成本、平均成本和边际成本。填写最合适的成本类型使以下句子完整：

① 采取某个行为的真正成本是其(　　)。
② (　　)是当边际成本低于它时下降，当边际成本高于它时上升。
③ 不取决于产量的成本是(　　)。
④ 在冰淇淋行业里，短期中，(　　)包括奶油和糖的成本，但不包括工厂的成本。
⑤ 利润等于总收益减(　　)。
⑥ 生产额外一单位产量的成本是(　　)。

(2) 对下表填空：

Q	TC	FC	VC	AFC	AVC	AC	MC
0	50						
1	70						
2	100						
3	120						
4	135						
5	150						

续表

Q	TC	FC	VC	AFC	AVC	AC	MC
6	160						
7	165						

(3) 根据上表中所计算出的平均可变成本平均成本和边际成本画出相应的曲线。边际成本曲线与平均成本曲线之间的关系是什么？边际成本曲线与平均可变成本曲线之间的关系是什么？并解释之。

(4) 考虑下表中三个不同厂商的长期总成本：

	产量(单位：美元)						
	1	2	3	4	5	6	7
A 企业	60	70	80	90	100	110	120
B 企业	11	24	39	56	75	96	119
C 企业	21	34	49	66	85	106	129

这里的每个厂商是处于规模经济还是处于规模不经济呢？

(5) 已知某企业的短期成本函数是 $TC(Q)=0.04Q^3-0.8Q^2+10Q+5$，求最小的平均可变成本值。

2. 简答题

(1) 经济利润和会计利润有何不同？

(2) 如何得出长期平均成本曲线？

第 7 章 市场结构理论(一)

教学目标

通过本章的学习,使学生了解市场经济下,不同市场结构是如何划分的,划分的依据是什么,了解完全竞争厂商短期均衡的几种情况及短期供给曲线和长期均衡的实现。能结合实际对完全竞争市场的经济效率做出评价。

教学要求

了解市场和市场结构的有关概念,市场结构的划分标准、市场结构不同类型的不同特点,了解完全竞争的概念,掌握完全竞争厂商的短期供给曲线与长期供给曲线以及短期供给曲线与边际成本曲线的关系。

第 7 章 市场结构理论(一)

 引例

1. 不同的企业都面临着不同的市场,为什么不同市场上的企业家确定自己不同的产量与价格,以实现利润最大化?
2. 为什么有的厂商能控制市场价格,有的厂商只能是市场价格的被动接受者?
3. 为什么在完全竞争条件下,企业却体会不到竞争的残酷?

以上问题在市场结构理论中会找到明确的答案。市场与厂商均衡理论是微观经济学的重要内容,其中心问题是分析不同类型市场中商品的均衡价格和均衡产量的决定问题。本章主要分析厂商的类型和完全竞争市场条件下的均衡价格和均衡产量的决定问题,第 8 章主要分析不完全竞争市场条件下的均衡价格和均衡产量的决定问题。

7.1 市场结构及其类型

7.1.1 什么是市场结构

什么是市场?尽管人们在现实生活中常常谈及市场,也离不开市场,但是经济学并没有一个确切、统一的"市场"定义。人们通常将交易场所当作市场,比如证券交易所、超市等;企业也通常将需求或供给当作市场,如用户、行业等。从不同需要出发,理论上分别产生了市场的"场所说"和"需求说"。虽然市场表现为交易场所、客户以及行业等不同形式,但是从本质上讲它是一种自发的利益协调与资源配置的机制。因此,市场是买卖双方相互作用并得以决定其交易价格和交易数量的一种组织形式或制度安排,是一种协调消费者利益与厂商利益的机制。市场作为一种协调机制,也是厂商实现利益最大化的基本前提。厂商的产品类别、生产数量和企业定价等选择不仅取决于厂商的技术条件和成本条件,更重要的是取决于厂商所处市场的竞争状态。在不同的市场结构中,市场竞争的特性有着重大的差异,厂商的竞争决策也就应有所不同。因为同样的决策在不同的市场结构中将会产生不同的反应,获得不同的效果。简言之,厂商的利益最大化行为,就必须因循市场结构决定利益协调机制。因此,市场与厂商的均衡,就是市场机制与厂商利益最大化行为的均衡。在经济学中,买卖双方的数量、商品的同质性、厂商进入或退出市场的"难易"程度以及信息的完全性,是决定市场竞争特性的 5 个基本因素。根据这些基本因素的差异,经济学将市场竞争特性归结为特定的市场结构,并将市场结构划分为完全竞争和不完全竞争。当个别厂商在一个行业不能确定自己产品价格时,市场就是完全竞争。当个别厂商在一个行业能够控制自己产品价格时,市场就存在不完全竞争。不完全竞争又包括完全垄断、垄断竞争和寡头垄断三种类型。

我们在市场上购买产品时，往往会面临不同的厂商可供选择，它们都能供给同种产品。一般来讲，越是消费者所必需的商品或越是易于生产的商品，其生产厂商也越多，消费者的选择范围也越大。比如我们买衣服时，会面临全北京、全中国甚至全世界的衣服厂商的产品可供选择，但要是购买微软公司的核心技术或是可口可乐的配比秘方则只能有唯一的厂商可供选择。

如果某种或某类产品有众多的生产厂家，厂商之间的产量竞争或价格竞争非常激烈，我们就说生产该种或该类产品的产业是竞争的或垄断竞争的；反之，如果生产某种或某类产品有唯一的或数目很少的生产厂家，厂商之间竞争较弱，我们就说生产该种或该类产品的产业是垄断的或寡头垄断的。因此我们可以用生产同种或同类产品的厂商之间的竞争程度或其反面——垄断程度，来划分产业的结构或市场的结构。

7.1.2 市场结构的影响因素

(1) 厂商的数量：一般来讲，厂商的数量越大，市场的竞争程度越高，而垄断程度越低；反之，厂商数量越少，市场的竞争程度越低，而垄断程度越高。

(2) 产品属性：假定厂商数量一定，则厂商生产的产品同质性越高，市场竞争程度就越高，而垄断性越弱；反之，产品的同质性越低，则市场的竞争程度也会越低，而垄断性程度越高。

(3) 要素流动性：如果某行业要素流进流出很容易，则厂商很容易进入或退出该行业，行业竞争程度就高，垄断程度就低；反之要素流通不易，厂商进入和退出的成本都很高，则该行业竞争程度就很弱，而垄断程度很高。

(4) 信息充分性：信息越充分，厂商越容易根据市场调整自己的决策，市场竞争程度越高，而垄断程度越低；反之，信息越不充分，则掌握较多信息的厂商有竞争优势，逐渐处于垄断地位，导致市场垄断程度很高而竞争程度很弱。

7.1.3 市场结构的分类

根据各个决定因素的强度不同，经济学把市场结构划分为四种：完全竞争市场、垄断竞争市场、寡头垄断市场和完全垄断市场。其中完全竞争和完全垄断处于两个极端状态，而垄断竞争和寡头垄断是介于这两个极端之间的普遍存在的市场结构，垄断竞争市场是偏向于完全竞争但又存在一定程度的垄断，寡头垄断偏向于完全垄断但又存在一定的竞争。如图7.1所示。

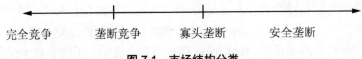

图7.1 市场结构分类

第7章 市场结构理论(一)

一般来讲,市场分为商品市场与要素市场(后面章节内容)。这里指商品市场。大家从一定的生活经验中发现,提供商品市场的行业的厂商数量有的很多、有的很少,甚至只有一个。在这种情况下,企业面临着不同的市场结构与特征,其产量与价格是如何决定的呢?这里讲的就是市场结构分类,按以下四个主要的因素分:①市场上厂商的数目;②厂商所生产的商品的差别;③单个厂商对市场价格的控制程度;④厂商进出该行业的难易程度。其中①和②为基本的决定因素,第三个为①和②的必然结果,④是①的延伸。它们之间的具体差别如表 7-1 所示。

表 7-1 市场结构的简单比较

市场类型	厂商数目	产品差别程度	对价格的控制程度	进出一个行业的难易程度	接近哪种商品市场
完全竞争	很多	完全无差别	没有	很容易	一些农产品市场
垄断竞争	很多	有差别	有一些	较容易	一些轻工业品
寡头	几个	有或无	相当程度	较困难	钢铁、汽车石油等
垄断	唯一	唯一产品,且无相近替代品	很大程度但经常受到管制	很困难,几乎不可能	公用事业,如水、电、气等

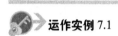
运作实例 7.1

农村春联市场:完全竞争的缩影①

贴春联是中国民间的一大传统,春节临近,春联市场红红火火,而在农村,此种风味更浓。

在该春联市场中存在许多买者和卖者;供应商的进货渠道大致相同,且产品的差异性很小,产品具有高度同质性(春联所用纸张、制作工艺相同,区别仅在于春联所书写内容的不同);供给者进入退出没有限制;农民购买春联时的习惯是逐个询价,最终决定购买,信息充分;供应商的零售价格水平相近,提价基本上销售量为零,降价会引起利润损失。

供应商在销售产品的过程中,都不愿意单方面降价。春联是农村过年的必需品,购买春联的支出在购买年货的支出中只占很小的比例,因此其需求弹性较小。某些供应商为增加销售量、扩大利润而采取的低于同行价格的竞争方法,反而会使消费者认为其所经营的产品存在瑕疵(例如上年库存,产品质量存在问题等),反而不愿买。

---

① 案例来源:杨晓东(内蒙古):《农村春联市场:完全竞争的缩影》,经济学消息报 599 期(2004 年 6 月 25 日)。

农村集贸市场条件简陋，春联商品习惯性席地摆放，大部分供应商都将春联放入透明的塑料袋中以防尘保持产品质量。而少部分供应商则更愿意损失少部分产品暴露于阳光下、寒风中，以此展示产品。因此就产生了产品之间的鲜明对照。暴露在阳光下的春联更鲜艳，更能吸引消费者目光、刺激购买欲望，在同等价格下，该供应商销量必定高于其他同行。由此可见，在价格竞争达到极限时，价格外的营销竞争对企业利润的贡献不可小视。

在商品种类上，例如"金鸡满架"一类小条幅，在春联中最为便宜且为春联中的必需品，且人工成本较低，统一价格保持5、6年不变，因此消费者不对此讨价还价。而小号春联相对价格较高，在春联支出中占比重较大，讨价还价较易发生；由此，价格降低和浪费的时间成本会造成较大利润损失，对小号春联需求量较大的顾客也不过购买7到8副。因此，我们不难明白浙江的小小纽扣风靡全国、使一大批人致富的原因；也提醒我们，在落后地区发展劳动密集、技术水平低、生产成本低的小商品生产不失为一种快速而行之有效的致富方法。

春联市场是一个特殊的市场，时间性很强，仅在年前存在10天左右，供应商只有一次批发购进货物的机会。供应商对于该年购入货物的数量主要基于上年销售量和对新进入者的预期分析。如果供应商总体预期正确，则该春联市场总体商品供应量与需求量大致相同，则价格相对稳定。一旦出现供应商总体预期偏差，价格机制就会发挥巨大的作用，将会出现暴利或者亏损。

综上可见，小小的农村春联市场竟是完全竞争市场的缩影与体现，横跨经济与管理两大学科。这也就不难明白经济学家为何总爱将问题简化研究，就像克鲁格曼在《萧条经济学的回归》一书中，总喜以简单的保姆公司为例得出解决经济问题的办法，这也许真的有效。

7.2 完全竞争市场上厂商的产量与价格决定

7.2.1 完全竞争市场的条件

完全竞争市场(perfect competition market)是指一种竞争不受任何阻碍和干扰的市场组织形式。完全竞争市场必须同时满足以下条件：

(1) 买卖双方的数量很多。在市场中有为数众多的买者和卖者，任何一个买者或卖者的个体行为，对市场供求的影响都是微不足道的。完全竞争厂商面对一条水平的需求曲线，个别厂商的供给对市场价格影响微不足道，只能接受市场价格，因此完全竞争厂商被称为价格接受者。众多企业合谋定价成本非常高或者是不可能的，市场均衡是全体参与者独立决策行为的共同结果。

(2) 产品同质性。所有出售的商品是完全同质的，在交易者眼中任何厂家生产的产品没有差异。市场上的不同厂商的产品可以完全互为替代。

(3) 市场没有进入或退出障碍。生产要素能够完全自由地进入或退出市场,要素的流动自由,要素转移的沉没成本为 0 或很低。厂商进入或退出行业所受资本、技术、营销、政策等限制很小。

(4) 信息完全性。买卖双方对市场拥有充分的对称信息,并能借此做出正确的决策。厂商了解其销售收入、生产成本、投入要素的价格及可供其选择的各种生产技术等;要素所有者了解厂商对于投入要素的支付价格及有关的机会成本;消费者知道各个厂商所制定的价格等。

通过完全竞争市场的四个假设分析,可以得出两个基本推论:第一,完全竞争市场所有厂商都是市场价格的接受者。厂商对市场供求的变动作用是微不足道的,也就不能影响由供求决定的市场价格。在完全竞争市场上,接受市场价格是厂商的唯一选择。若厂商产品价格高于市场价格,它的产品将完全被其他厂商产品所替代;若厂商产品价格低于市场价格,厂商不能获取合理利润。第二,完全竞争市场所有厂商长期内不存在规模经济,所有厂商拥有相同的成本函数和成本曲线是在信息完全和要素流动的条件下,他们追求最低成本技术的结果。因此,对于所有厂商而言,无论是产品质量与价格,还是生产技术与成本函数都是一样的,完全竞争市场是一个非个性化的市场。

完全竞争市场的四个假定条件是十分苛刻的,几乎没有或很少有一种行业能够完全满足这些条件。为数众多的农产品市场,如大米市场、玉米市场、小麦市场等,比较接近于完全竞争市场。尽管如此,完全竞争作为一种理想模型,基本概括了现实市场的本质,现实各种市场对于这些假设的某种偏离,并不严重影响完全竞争模型结论。此外,关于完全竞争市场条件下可以实现资源有效配置的理论,能够充分证明市场机制在资源配置中的作用,也是分析研究其他市场结构的理论基础。

7.2.2 完全竞争市场的需求曲线和收益曲线

1. 需求曲线

完全竞争产品市场的需求曲线,由众多的买者的个别需求曲线横向叠加而成,自左上方向右下方倾斜,具有负的斜率,如图 7.2(a)所示。

完全竞争产品市场上,厂商不能对市场均衡价格产生影响,厂商的需求曲线是一条水平曲线,需求价格弹性趋近∞,如图 7.2(b)所示。厂商作为市场价格的接受者,将市场价格视为常数来决定其产出水平,这一点是完全竞争短期均衡的重要假设。

在图 7.2(a)中,市场的需求曲线 D 和供给曲线 S,相交的均衡点 E 所决定的市场均衡价格为 P_e。在图 7.2(b)中,由均衡市场价格 P_e 出发的水平线 d 就是厂商的需求曲线。水平的需求曲线意味着厂商只能被动地接受给定的市场价格,其既不会也没有必要去改变这一价格水平。

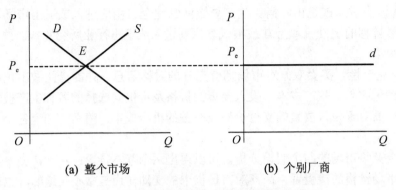

(a) 整个市场　　　　　　　(b) 个别厂商

图 7.2　产品市场需求曲线与个别厂商需求曲线

2. 收益曲线

1) 厂商的收益

根据完全竞争条件下需求曲线的特点，可以得出厂商的收益曲线，如图 7.3 所示。

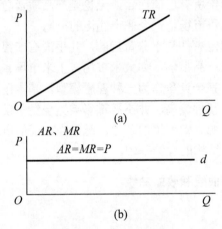

图 7.3　厂商收益曲线

在完全竞争条件下，厂商的需求曲线、边际收益曲线、平均收益曲线三线重合，称为"三位一体"。它是完全竞争厂商的重要特征。

厂商收益是指：厂商出售产品所得到的全部货币收入，即价格和销售量的乘积。

这里需要注意的是，收益和利润不是一回事。

收益可以分为总收益、平均收益和边际收益。

总收益(total revenue，TR)。是厂商销售一定量产品所得到的全部收入，它等于商品售价(P)乘以销售数量(Q)。

平均收益(average revenue，AR)。指厂商销售每单位产品所得到的平均收入，它等于总收益除以总的销售量。对于任何厂商而言,每一个销售量下所对应的平均收益都等于该销售量对应的销售价格。

边际收益(marginal revenue,MR)。是指厂商每增加或减少销售一单位产品所增加或减少的收入。

以上三个概念可以用公式表示为

$$TR = P \cdot Q \tag{7.1}$$

$$AR = \frac{TR}{Q} = \frac{P \cdot Q}{Q} = P \tag{7.2}$$

$$MR = \frac{\Delta TR}{\Delta Q} \quad 或 \quad MR = \lim_{\Delta Q \to 0} \frac{\Delta TR}{\Delta Q} = \frac{\mathrm{d}TR}{\mathrm{d}Q} \tag{7.3}$$

2) 厂商的利润

利润是企业总收益减去总成本。

由于经济学家和会计师用不同方法衡量成本,他们也用不同方法衡量利润。经济学家衡量企业的经济利润,即厂商的总收益减去所有机会成本。

经济利润=总收益-机会成本=总收益-(显性成本+隐性成本)

会计师衡量企业的会计利润,即企业的总收益减去企业的显性成本。

会计利润=总收益-显性成本,如图7.4所示。

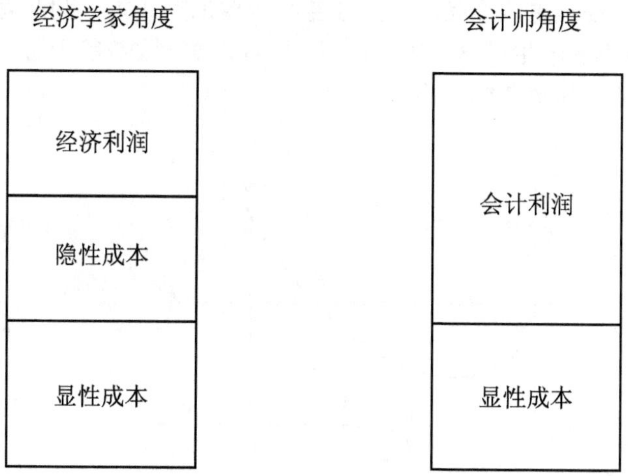

经济学家角度　　　　　会计师角度

经济利润	
隐性成本	会计利润
显性成本	显性成本

图7.4　经济利润和会计利润

要注意的是,由于会计师忽略了隐性成本,所以,会计利润大于经济利润。从经济学家的观点看,要使企业有利可图,总收益必须弥补全部机会成本,包括显性成本与隐性成本。会计利润与经济利润往往是不一致的。

3) 厂商利润最大化的条件

(1) 利润最大化的必要条件。

我们知道,利润等于总收益减去总成本,即

$$\pi(Q)=R(Q)-C(Q) \tag{7.4}$$

式中,π 为利润;R 为总收益;C 为总成本。

成本包括显性成本与隐性成本。由于收益与成本都是产出的函数,即 $R=R(Q)$,$C=C(Q)$,所以利润也是产出的函数,即 $\pi=\pi(Q)$。就 $\pi(Q)=R(Q)-C(Q)$ 式的利润函数对产出求一阶导数,并令该导数值等于 0,可以得到利润最大化的必要条件。由 $\dfrac{d\pi}{dQ}=\dfrac{dR}{dQ}-\dfrac{dC}{dQ}=0$ 得到:

$$MR=MC \tag{7.5}$$

式中,$MR=dR/dQ$,为某产量点的边际收益;$MC=dC/dQ$,为某产量点的边际成本。

即厂商达到利润最大化的必要条件是边际成本等于边际收益的产量点。

(2) 对于利润最大化必要条件 $MR=MC$ 的理解。

为什么在边际收益等于边际成本时能实现利润最大化呢?

如果在某个产量水平,边际收益大于边际成本,表明厂商多生产这一单位产品所增加的收益大于生产这一单位产品所增加的成本。这时,对于该厂商而言,生产这一单位的产品可以使利润增加,增加生产是有利可图的。如果在某个产量水平,边际收益小于边际成本,表明厂商多生产这一单位产品增加的收益小于增加的成本,利润就会在原来的基础上减少。这时,厂商就不应该生产这一单位产量。所以,边际收益等于边际成本,即 $MR=MC$,是利润最大化的条件,如图 7.5 所示。

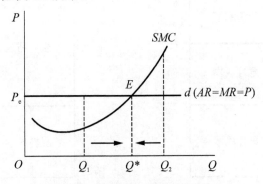

图 7.5　利润最大化的必要条件

在 $MR=MC$ 的均衡点上,厂商可能是盈余的,也可能是亏损的。如果是盈利的,这时的利润就是相对最大利润;如果是亏损的,这时的亏损就是相对最小亏损。不管是盈还是亏,在 $MR=MC$ 点上,厂商都处在收益曲线和成本曲线所能产生的最好的结果之中。

(3) 利润最大化的充分条件。

由图 7.6 可以看出，当产量达到 Q^* 时，厂商获得最大化利润。该点满足利润最大化的必要条件。在该产量点，总成本曲线切线的斜率(dC/dQ)等于总收益曲线切线的斜率(dR/dQ)。也即是 $MR=MC$。但是仅仅满足利润最大化的必要条件并不能保证厂商获得最大化利润。所以除了给出利润最大化的必要条件外，我们还要给出利润最大化的充分条件。利润最大化的充分条件是在某产量点上的二阶导数小于零，即

$$\frac{d\pi^2}{dQ^2}<0 \tag{7.6}$$

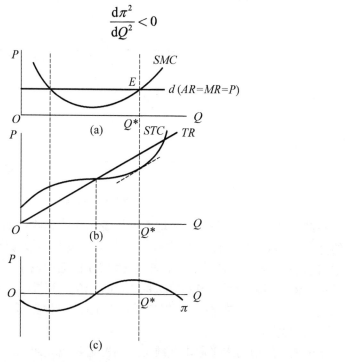

图 7.6 利润最大化的充分条件

7.2.3 完全竞争市场厂商的短期均衡

由于厂商利润(π)等于总收益减去总成本的差额，厂商实现利润最大化的选择必然受到厂商的总收益和总成本的直接约束。在完全竞争市场的短期均衡中，市场价格是给定的，总收益也是产量的线性函数。在厂商的短期生产中，不变要素的投入量是无法变动的，即生产规模也是给定的。因此，厂商的短期均衡，就是短期内在市场均衡价格约束下，调整最优产出水平，实现利润最大化的选择。

1. $MR=MC$ 定理与厂商盈亏分析

若以边际成本与边际收益分析厂商短期内均衡条件，边际利润 $M\pi=MR-MC=0$ 时，厂

商实现利润最大化,即厂商实现短期均衡。由于 $MR=MC$ 能够决定厂商一个确定的产出水平,产出也能够求导出厂商的最大利润(或最小亏损),所以该均衡条件称为 $MR=MC$ 定理。

由于完全竞争市场中边际收益等于边际成本且 $MR=P$,因此,厂商短期均衡条件可写为:
$$MR = MC = P \tag{7.7}$$
将上述公式用边际收益曲线和边际成本曲线图描述,如图 7.7 所示。

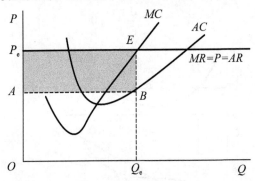

图 7.7 $MR=MC$ 定理

厂商利润最大化(或亏损最小)的均衡条件表示为边际收益曲线(水平价格线)与边际成本曲线的交点 E。当 $MR=MC$,即产量为 Q_e 时,厂商利润最大化(或亏损最小)。此时,矩形 OQ_eEP_e 的面积表示厂商的总收益,矩形 OQ_eBA 的面积表示厂商的总成本,矩形 $ABEP_e$ 的面积表示两者差额总利润。当 $Q>Q_e$ 时,$MC>MR$,超过 Q_e 的产量存在负的边际利润;当 $Q<Q_e$ 时,$MR>MC$,在 Q_e 以下的产量存在正边际利润。只有在产量为 Q_e 时,边际利润为 0,总利润最大。

由上述可知,厂商的水平需求曲线与厂商的边际成本曲线的交点,决定了厂商利润最大化的产量。由于边际成本曲线呈 U 型,其与水平的需求曲线会出现两个交点。利润最大化的点应在边际成本曲线的上升部分而不在下降部分。因为厂商生产的合理区间是在边际报酬递减阶段,就是边际成本上升的阶段。

短期内,完全竞争厂商可以通过产量的调整来实现利润最大化。$MC=MR$ 只是厂商获取最大利润的必要条件,在该条件满足的情况下,并不意味着厂商就一定可以获得利润。厂商盈亏与否还取决于市场价格与厂商平均成本的相对关系,从平均收益是否能弥补平均成本来判断,厂商在短期内存在三种盈亏状况,如图 7.8 所示。

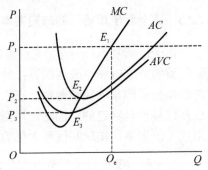

图 7.8 厂商盈亏分析

(1) 当 P 与 MC 的交点在 AC 以上，即 E_2 以上时，厂商处于盈利区，存在超额利润，应当继续生产。

(2) 当 P 与 MC、AC 同时相交于 E_2 时，厂商处于盈亏平衡点(或收支相抵点)，经济利润为 0，厂商有正常利润，仍可以继续生产。

(3) 当 P 与 MC 的交点位于 AC 以下，即 E_2 以下时，厂商处于亏损区。若 $P>AVC_{min}$，即 P 与 MC 相交于 E_2 与 E_3 之间时，厂商收益能够补偿部分固定成本和全部可变成本，应当继续生产；若 $P<AVC_{min}$，即 P 与 MC 相交于 E_3 以下时，厂商将损失全部固定成本和部分可变成本，厂商应当立即停产。即 P 与 MC、AVC_{min} 相交的 E_3 点被称为厂商停止营业点。但在此点，厂商可以停产，也可以继续生产，若继续生产，起码还能弥补 AVC。

由此可以得出完全竞争厂商短期均衡要点：

是否生产，取决于 $P \geqslant AVC_{min}$；

是否最优，取决于 $P=MC$；

是否盈亏，取决于 $P>AC_{min}$。

2. 短期供给曲线

1) 厂商短期供给曲线

厂商短期供给曲线是用来表示厂商在每一价格水平愿意且能够提供的商品数量。在完全竞争市场中，追求利润最大化的厂商将根据边际成本与市场价格相等的准则来决定其生产与供给的商品数量。因此，厂商的边际成本曲线对厂商供给量的确定具有重要意义。根据厂商短期均衡的条件：$MR=MC=P$，结合厂商短期的盈亏分析，绘制各种价格下厂商愿意且能够提供产品数量的曲线关系——供给曲线如图 7.9 所示。

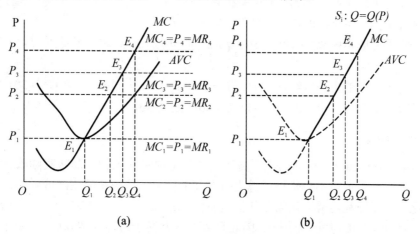

图 7.9　由完全竞争厂商边际成本曲线到供给曲线

当市场价格分别为 P_1、P_2、P_3、P_4 时，根据 $MR=MC$ 定理，厂商选择的最优产量依次为 Q_1、Q_2、Q_3、Q_4。在 $P<AVC_{\min}=P_1$ 时，厂商退出市场,供给量为 0。一方面，不同市场价格与厂商最优产量形成了关系点 E_1、E_2、E_3、E_4 恰恰落在边际成本曲线上，如图 7.9(a)所示；另一方面，边际成本曲线上的点($AVC_{\min}$ 及以上部分)表示了不同的价格水平与相应的最优产量之间的一一对应关系。因此，完全竞争厂商的短期供给曲线就是厂商的边际成本曲线位于平均可变成本曲线最低点及最低点以上的部分，如图 7.9(b)所示。并且，图中的完全竞争厂商边际成本曲线与短期供给曲线的对应关系，表明了商品的价格和供给量同方向变化的经济学本质。一方面，边际成本递增特性揭示了完全竞争厂商的短期供给曲线向右上方倾斜的基本规律；另一方面，市场价格与厂商最优产量的选择，反映供给曲线厂商供给的最大愿望。

2) 市场短期供给曲线

在任何价格水平下，一个行业的供给量等于行业内所有厂商的供应量总和。假定生产要素的价格不变，则一个行业的短期供给曲线应由该行业内所有厂商的短期供给曲线横向加总而得出，即

$$Q_s = \sum_{i=1}^{n} q_{si} \tag{7.8}$$

若行业内的 n 个厂商具有相同的短期供给函数，则式(7.8)可写为：

$$Q_s = nq_{si} \tag{7.9}$$

【**例 7.1**】 设某完全竞争产品市场有 100 个相同的企业，每个企业的总成本函数为 $STC = 30q + q^2 + 300$，求市场供给函数。

解：企业边际成本函数为 $MC = 30 + 2q$，

由于是完全竞争市场，所以 $P = MC$，即 $P = 30 + 2q$

企业平均可变成本函数为 $AVC = 30 + q$，当 $q = 0$ 时，AVC 达到最低点，即停止营业点，因此得 $AVC_{\min} = 30$，

所以，每个企业的短期供给曲线为：$P = 30 + 2q_i$，$q_i = -15 + 0.5P \ (P \geqslant 30)$

市场的供给函数为：$Q = 100q_i = -1500 + 50P \ (P \geqslant 30)$

3. 生产者剩余

生产者剩余(producer surplus)指厂商在提供一定数量的某种产品时实际接受的总价格或总支付与愿意接受的最小总价格或总支付之间的差额。厂商从事生产或经营总是要追求利润最大化，而保证利润最大化的条件就是要使 $MR=MC$，只要 $MR>MC$，厂商就是有利的。由于在完全竞争市场里，$MR=P$，因此只要价格 P 高于边际成本 MC，厂商进行生产就可以得到生产者剩余。此时厂商实际接受的总价格或总支付就是价格线以下的总收益，而厂商愿意接受的最小总价格或总支付便是边际成本线以下的总边际成本。用图形来表示，

价格直线和边际成本曲线所围成的面积即为生产者剩余。如图 7.10(a)中阴影部分的面积。用公式表示即为

$$PS = P_0 Q_0 - \int_0^{Q_0} f(Q) \mathrm{d}Q \tag{7.10}$$

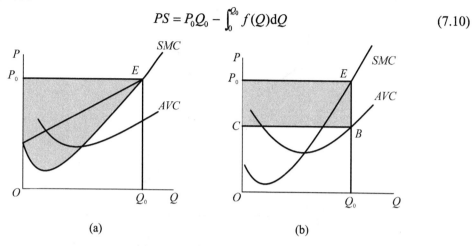

图 7.10 厂商的生产者剩余

在短期里，生产者剩余还可以用厂商的总收益与总可变成本的差额来衡量。因为在短期里，厂商的固定成本是无法改变的，总边际成本之和必然等于总可变成本。当产量为 1 时，可变成本即是边际成本，即 $VC(1)=MC(1)$，当产量为 2 时，$VC(2)=MC(1)+MC(2)$，以此类推，$VC(Q)=MC(1)+MC(2)+\cdots+MC(Q)$。表明可变成本可以用边际成本曲线与横轴之间的面积来表示。此外在短期里厂商无论生产还是不生产，固定成本都是要支付的，实际上只要价格高于可变成本，厂商生产就是有利的。这时继续生产不仅能收回全部的可变成本，还能够补偿一部分固定成本，可以减少损失，若厂商不生产，将损失全部的固定成本。所以图 7.10(b)中阴影矩形 CPEB 的面积便是生产者剩余，它等于总收益减去总可变成本。

生产者剩余与利润密切相关，但两者不相等。生产者剩余等于收益减去可变成本，而利润等于收益减去总成本，包括可变成本与固定成本，即：

生产者剩余

$$PS=R-VC \tag{7.11}$$

利润

$$\pi =R-VC-FC \tag{7.12}$$

这意味着在短期中，当固定成本为正时，生产者剩余大于利润。

厂商享有生产者剩余的范围取决于他们的生产成本。成本较高厂商享有的生产者剩余较少，而成本较低的厂商享有较多的生产者剩余。将所有的私人厂商的生产者剩余加总起来就是市场的生产者剩余，如图 7.11 中阴影部分的面积。

在图 7.11 中，市场供给曲线始于纵轴上代表市场成本最低厂商的平均可变成本的那一点，生产者剩余也就是在产量 0~Q* 之间位于产品市场价格以下和供给曲线以上的那部分面积。

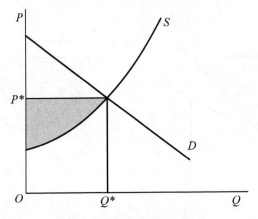

图 7.11　市场的生产者剩余

在以后的内容中我们将会看到，生产者剩余与消费者剩余这两个概念结合在一起，是分析经济效率和社会福利的十分有用的工具。

7.2.4　完全竞争市场厂商的长期均衡

 运作实例 7.2

政府举办的大型养鸡场为什么失败

20 世纪 80 年代，一些城市为了保证居民的菜篮子供应，由政府出资举办了大型养鸡场，但成功者少，许多养鸡场最后以破产告终。这其中的原因是多方面的，重要的一点则在于鸡蛋市场是一个完全竞争市场。

鸡蛋市场上有许多买者和卖者，其中任何一个生产者、即使是大型养鸡场，在市场总供给量中占的比例都是微不足道的，难以改变产量来影响价格，只能接受市场决定的价格。鸡蛋市场没有任何进入限制，谁想进入都可以，而且投资很小。鸡蛋是无差别产品，生产者无法以产品差别建立自己的垄断地位。所以，鸡蛋市场是典型的完全竞争市场。

在这个市场上，短期中鸡蛋生产者可能有超额利润(如发生了鸡瘟，供小于求，价格高)，也可能有亏损(如生产者进入太多，供大于求，价格低)。但在长期中一定是价格等于平均成本，生产者经济利润为零。生产者所赚的是由机会成本带来的会计利润，如生产者不向自己支付工资，会计成本中没有这一项，但这是机会成本。

如前所述，在长期均衡时价格等于平均成本。但这个平均成本是整个社会的行业平均成本。如果某个生产者采用了新养鸡技术，平均成本低于行业平均成本，就可以获得利润。生产者为了获得这种利润，都努力采用新技术，并降低成本。当所有生产者都这样做时，整个行业的平均成本也下降了，价格也下降了。这正是完全竞争市场上竞争的残酷性。如果哪个生产者平均成本高于行业平均成本，他就无法在这个行业中生存下去，只好退出或者破产。

政府建立的大型养鸡场在这种完全竞争的市场上并没有什么优势，它的规模不足以大到控制市场，产品也没有特色。它要以平等的身份与那些分散的养鸡专业户或把养鸡作为副业的农民竞争。但这种大型养鸡场的成本都要大于行业平均成本，因为这些养鸡场固定成本远远高于农民。它们建有大鸡舍，采用机械化方式，而且有相当一批管理人员、工作人员也是有工资的工人。这些成本的增加远远大于机械化养鸡所带来的好处，因为农民养鸡几乎没有什么固定成本，也不向自己支付工资，差别仅仅是种鸡支出和饲料支出。当鸡蛋行业的主力是农民时，行业平均成本也是由他们决定的。政府办的大型养鸡场的成本高于农民养鸡的成本，也就是高于行业平均成本，当价格等于行业平均成本时，就必然低于大型养鸡场的平均成本。这些大型养鸡场在与农民的竞争中并无优势，其破产就是必然的。

大型养鸡场由政府出资办，自然是国有企业，它也同样有产权不明晰、缺乏激励机制、效率低的共性。在一些垄断性行业，也许国有企业可以靠垄断优势存活下来，但在完全竞争行业就不行了。从这种意义上说，政府出资办大型养鸡场是出力不讨好，动机也许不错，但结果都不好。其实这些完全竞争行业，完全可以让市场调节，农民去办，政府不要与农民争利，何况也争不到利。

资料来源：http://swzw.blog.hexun.com/11644848_d.html

在长期里，完全竞争厂商的所有要素都是可变的，厂商通过对全部生产要素的调整来实现最大利润。完全竞争市场的均衡条件与短期均衡条件一样，只不过市场均衡由长期供求决定的，厂商均衡由 $P=LMC$ 决定。完全竞争厂商在长期中对生产要素的调整表现为两方面，一是厂商自身对最优生产规模的调整，二是厂商进入或退出一个行业即厂商数目的调整。

1. 完全竞争厂商的最优生产规模的选择

在短期里，如果厂商能够获得利润，它会进一步加以调整，以得到更多的利润。从图7.12可以看到，假定产品的市场价格为 P_0，且既定不变，短期里厂商已拥有的生产规模以 SAC_1 曲线和 SMC_1 曲线表示，在短期里厂商生产规模给定，只能在既定的生产规模下进行生产。根据利润最大化均衡条件，厂商选择的最优产量为 Q_1，所获得的利润为图中 P_0E_1GF 面积。但是，在长期里，厂商会调整生产规模，假设厂商将生产规模调整为 SAC_2 曲线和 SMC_2 曲线所代表的最优生产规模进行生产，按照 $MR=LMC$ 的利润最大化原则，相应的最优产量达到 Q_2，此时厂商获得的利润增大为图中 P_0E_2IH 所示的面积。很显然，在长期内，厂商通过对生产规模的调整，能够获得比在短期所能获得的更大的利润。

不过，这里是假定产品的市场价格始终不变。但实际上，如果市场需求不变的话，各个厂商自身都调整规模，即使厂商数量没有变化，整个行业的产量也会相应的发生变化，随着整个市场供给量的增加，往往会引起价格下降。

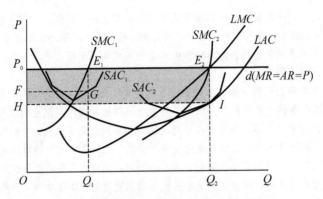

图 7.12　长期内厂商对最优生产规模的调整

2. 行业中厂商数目的调整

分析完全竞争厂商在长期中进入或退出一个行业即厂商数量的调整及对单个厂商利润的影响。

前面已经指出，在完全竞争市场，要素可以在不同部门之间自由流动，或者说厂商可以自由进入或退出一个行业。实际上生产要素总是会流向能获得更大利润的行业，也总是会从亏损的行业退出，正是由于行业之间生产要素的自由流动或厂商的自由进出，导致了完全竞争厂商长期均衡时的经济利润为零。具体来看，如果当某一行业开始时的产品价格较高为 P_1，厂商根据利润最大化均衡条件，将选择最优生产规模进行生产，如图 7.13 中的 Q_1 产量。此时厂商获得了利润，这会吸引一部分厂商进入到该行业中。随着行业内厂商数量的增加，市场上的产品供给就会增加，在市场需求相对稳定的情况下，市场价格就会不断下降，单个厂商的利润随之逐步减少，厂商也将随着价格的变化进一步调整生产规模。只有当市场价格水平下降到使单个厂商的利润减少为零时，新厂商的进入才会停止，至此厂商的生产规模调整至 Q_2 产量上。

相反，如果市场价格较低为 P_3，厂商根据 $MR=MC$ 的条件，相应的最优生产规模选择在 Q_3 产量上。此时，厂商是亏损的，这会使得行业内原有厂商中的一部分退出该行业的生产，随着行业内厂商数量的逐步减少，市场上产品的供给就会减少，若市场需求相对稳定，产品的市场价格就会上升，单个厂商的利润又会随之逐步增加。只有当市场价格水平上升到使单个厂商的亏损消失即利润为零时，厂商的退出才会停止。总之，不论是新厂商的加入，还是原有厂商的退出，最终这种调整将使市场价格达到等于长期平均成本最低点的水平，如图 7.13 中的价格水平 P_2。在这一水平，行业中的每个厂商既无利润，也无亏损，但都实现了正常利润，实现了长期均衡。

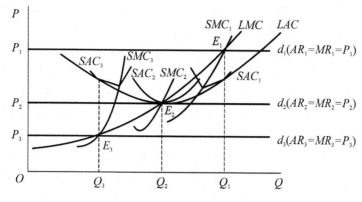

图 7.13　厂商进入或退出行业

图 7.13 中 E_2 点是完全竞争厂商的长期均衡点。在这个长期均衡点上，LAC 曲线达到最低点，代表最优生产规模的 SAC_2 曲线相切于该点，相应的 SMC_2 曲线和 LMC 曲线都从该点通过，厂商面对的需求曲线与 LAC 曲线相切于这一点。总而言之，完全竞争厂商的长期均衡出现在 LAC 曲线的最低点。此时不仅生产的平均成本降到长期平均成本的最低点，而且商品的价格也等于最低的长期平均成本。

因此我们得到完全竞争厂商的长期均衡条件为

$$MR=LMC=SMC=LAC=SAC=AR=P \tag{7.13}$$

此时单个厂商的利润等于零。

由于短期均衡和长期均衡的条件不同，短期均衡 $SMC=MR=P$ 的条件，不能推出 $LMC=P$，而长期均衡 $LMC=MR=P$ 的条件，则可以推出 $LMC=SMC=P$。因此，长期均衡时必定短期均衡，但是短期均衡时未必长期均衡。

3. 厂商进入与退出成本

需要进一步说明的是，完全竞争厂商长期均衡时利润为零，主要是因为自由进入和退出行业的条件。所谓自由出入，就是假定进出市场是毫无成本的。这显然不太符合现实，从进入成本看，从事任何经营，总要付出一定的开业成本，如熟悉业务、了解市场、筹集资金、物色厂址、寻找原料供应、并向有关部门登记注册等，这些活动都得耗费时间、精力和金钱，这些都是进入成本。即使市场所提供的利润为正，但如果不足以抵消进入成本，那么新的厂商也不会进入市场。这时，正在经营的厂商的长期利润也就不会等于零。

退出成本也会影响竞争。厂商往往在进入市场时就要考虑退出时的成本，如果退出成本很高，厂商就不太愿意进入市场。退出成本包括沉没成本，企业破产时，如果能把所有的资产以接近成本的价格出售，那么，它的沉没成本就很低，从而退出成本也低。但有些生产在技术上对设备有特殊的要求，这些特殊设备在企业之外便没有什么用途，因此企业破产时，这些成本昂贵的投入很难收回，退出的成本就比较高了。

4. 长期供给曲线与供给弹性

在短期均衡分析中，存在着生产要素价格不变的假定，于是直接由单个厂商的短期供给曲线水平相加得到行业的供给曲线。但是在长期分析中，情况就有所不同了。当厂商进入或退出一个行业时，整个行业产量的变化有可能对生产要素的市场需求产生影响，进而影响生产要素的价格。长期内，厂商自由进出该产业，我们不知道对哪些企业的供给进行加总。何况在长期内，产业的扩张、收缩会引起生产要素价格的变化，我们更不可能通过对单个厂商供给的简单加总得到产业供给曲线。完全竞争行业的长期均衡，就是分析长期中需求变化和要素价格变化对行业供给的影响。

根据生产要素价格变动对行业的不同影响，可以把行业区分为三类：当一个行业扩大生产时，使用的生产要素价格保持不变的则称为成本不变行业，使用的生产要素价格上涨的则称为成本递增行业，使用的生产要素价格下降的称为成本递减行业。在厂商长期均衡过程中，各行业分别形成不同弹性的供给曲线。

1) 成本不变行业

如果在长期内，随着某行业的产量扩大(或缩小)，各厂商生产要素价格不变，长期平均成本不变。这种行业被称为成本不变行业(constant-cost industry)。它的长期供给曲线是一条通过长期平均成本曲线最低点的水平线，其斜率为 0，具有完全弹性。

成本不变行业厂商均衡与市场供给曲线形成过程如图 7.14 所示。对于市场均衡而言，当某产品需求增加，需求曲线右移由 D_1 到 D_2，市场均衡价格由 P_1 上升到 P_2，厂商在此成本函数约束下可以获得超额利润；由于超额利润的存在必然引起新厂商进入，市场供给增加，市场价格下降到各厂商利润为 0 为止，即由曲线 S_1 平移到曲线 S_2，市场价格又恢复到 P_1。对于厂商均衡而言，厂商选择平均成本函数 SAC 为最优生产规模，在价格为 P_1 时选取产量 q_1；在价格上升到 P_2 时，按照 SMC 企业选取产量 q_2；在长期内，随着市场价格回落 $P_3=P_1$，厂商的均衡点又回到 LAC 曲线的最低点实现长期均衡。

2) 成本递增行业

如果在长期内，随着某行业的产量扩大，行业生产要素价格上涨，长期平均成本上升。这种行业被称为成本递增行业(increasing-cost industry)。成本递增行业的长期供给曲线是一条通过长期平均成本曲线最低点的斜向右上方的曲线，具有正的斜率和正的供给弹性。

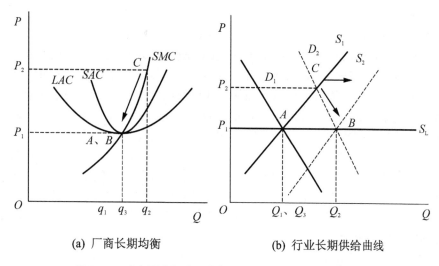

(a) 厂商长期均衡 (b) 行业长期供给曲线

图 7.14　成本不变行业厂商长期均衡与行业水平供给曲线

成本递增行业厂商均衡与市场供给曲线形成过程如图 7.15 所示。对于市场均衡而言，当某产品需求增加，需求曲线右移由 D_1 到 D_2，市场均衡价格由 P_1 上升到 P_2，厂商在此成本函数约束下可以获得超额利润；由于超额利润的存在必然引起新厂商进入，市场供给增加，市场价格下降到各厂商利润为 0 为止。对于厂商均衡而言，厂商选择 LAC_1 最低点为最优生产规模，在价格为 P_1 时选取产量 q_1；在价格上升到 P_2 时，按照 SMC_1 企业选取产量 q_2；在长期内随着行业产量增加要素价格增加，长期平均成本曲线 LAC_1 和边际成本曲线 SMC_1 分别上移到 LAC_2 和 SMC_2，厂商在 LAC_2 最低点 B 重新实现均衡。由供给曲线 S_1 平移到曲线 S_2，市场价格回落到 P_3，$P_3 > P_1$。

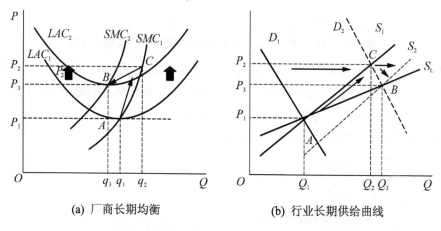

(a) 厂商长期均衡 (b) 行业长期供给曲线

图 7.15　成本递增行业厂商长期均衡与行业正斜率供给曲线

3) 成本递减行业

如果在长期内，随着某行业的产量扩大，行业生产要素价格下降，长期平均成本下降。这种行业被称为成本递减行业(decreasing-cost industry)。成本递减行业的长期供给曲线是一条通过长期平均成本曲线最低点的斜向右下方的曲线，具有负的斜率和负的供给弹性。

成本递减行业厂商均衡与市场供给曲线形成过程如图 7.16 所示。对于市场均衡而言，当某产品需求增加需求曲线右移由 D_1 到 D_2，市场均衡价格由 P_1 上升到 P_2，厂商在此成本函数约束下可以获得超额利润；由于超额利润的存在必然引起新厂商进入，市场供给增加由 S_1 到 S_2，市场价格又恢复到 P_3。对于厂商均衡而言，厂商选择 LAC_1 最低点为最优生产规模，在价格为 P_1 时选取产量 q_1；在价格上升 P_2 到时，按照 SMC_1 企业选取产量 q_2；在长期内随着行业产量增加要素价格下降，长期平均成本曲线 LAC_1 和边际成本曲线 SMC_1 分别下移到 LAC_2 和 SMC_2，厂商在 LAC_2 最低点 B 重新实现长期均衡。由供给曲线 S_1 平移到曲线 S_2，市场价格回落到 P_3，$P_3 < P_1$。

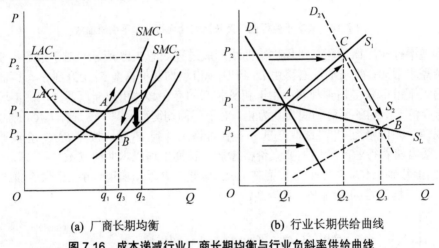

(a) 厂商长期均衡　　　　　(b) 行业长期供给曲线

图 7.16　成本递减行业厂商长期均衡与行业负斜率供给曲线

【例 7.2】 完全竞争企业的长期成本函数为 $LTC = q^3 - 4q^2 + 8q$，市场需求函数 $Q_d = 2000 - 100P$。试求长期均衡的市场价格和数量、行业长期均衡时的企业数量。

解：企业长期边际成本函数为 $LMC = 3q^2 - 8q + 8$

企业长期平均成本函数为 $LAC = q^2 - 4q + 8$

由 $LAC = LMC$ 得 $LAC_{min} = P = 4$。

所以，市场价格：$P = LAC = LMC = 4$；

厂商规模：$q = 2$；

市场数量：$Q_d = 2000 - 100P = 1600$

企业个数：$n = $ 市场数量 / 厂商规模 $= 1600/2 = 800$

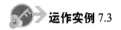 运作实例 7.3

加入 WTO 背景下的我国农业问题

1. 国内外粮食价格走势比较

据联合国粮农组织的资料,国际农产品、特别是粮食价格,在最近 18 年里基本上是不断下降的。近期值得重视的是,中国的主要粮食进口市场——美国和欧盟 3 年前就已经在乌拉圭回合谈判中达成"谅解备忘录",承诺削减政府对农产品的补贴;美国通过新的农业法,规定在 7 年内逐步削减、直至最终停止农业补贴,该法已于 1996 年 4 月生效;直接的影响是其粮食产量随补贴减少而增加,国际农产品市场上随美国的供给增加,又压国际粮食价格下滑,并因此进一步拉大与中国国内粮食价格的差距。若从这个角度看美国人在"谁来养活中国"背后所隐含的贸易战略,恐怕就不能简单化地从中国粮食生产潜力来顺着人家的话头作反应了。

与国际市场粮食价格的下降趋势相反,我国除了 1984 年、1989 年和近两年情况比较特殊之外,近 20 年来大多数年份粮食价格是上升的;并且 1979—1982 年和 1994—1996 年曾经两次行政性地大幅度提价。前者可以认为是对计划经济时期长期推行剪刀差、人为压低农产品价格的临时性补偿;而后者则是在农业比较效益低的情况下,以价格隐含的补贴来稳定农民的粮食生产。

统计资料表明,国内粮食价格自 1993 年下半年以后,长期在"天花板价格"之上运行(其中仅 1994 年上半年因外汇改革本币贬值而在 3~4 个月的短期内略低于国际价格),个别时段的个别品种国内价格比美国高约 1 倍。以玉米为例,1999 年 3 月份国内市场平均价格 1.44 元/公斤;而美国芝加哥的期货市场平均价格折合人民币仅 0.72 元/公斤。即使考虑运费,中美粮食差价仍然悬殊。因此,会造成我国连年丰收后已经涨库的粮食,如果不补贴就难以出口;如果放开市场就更没有销路。

2. 我国粮食进出口对国内农业生产的"反作用"

粮食进出口本应起到调节国内粮食供需和平抑价格的作用。但从最近 18 年的统计数据分析,进出口客观上加剧了国内供需矛盾和价格波动。

1984 年是中国农村改革之后第一次粮食供给周期,产量突破 8000 亿斤,就在国内粮食涨库、农民卖难的当年,仍维持粮食净进口 688 万吨,约占当年粮食商品增加量 1476 万吨的 47%。

1985~1986 年连续两年国内粮食减产,又因为经济过热粮食需求旺盛加剧供给不足;但同期粮食却净出口年均 250 万吨,约占年均粮食商品减少量 585 万吨的 43%。

1989 年年末开始萧条,市场全面疲软,出现了第二次粮食供给周期,连续 3 年农民因卖粮难而导致收入下降;而同期粮食净进口年均约 700 万吨,约占年均粮食商品增加量 1261 万吨的 55%。

1992 年中国经济进入高涨期,农民工大批进城,粮食需求复旺;同期粮食连续 3 年净出口年均约 510 万吨……

3. 影响我国粮食进出口的问题分析

分析进出口对国内市场的影响,不能把总产量作为基数。数据表明,我国粮食总产量中的 70%基本是小农自给自足,商品量自 1984 年以来稳定在只占总量的 30%~35%,而国家定购的粮食占商品量的 40%~60%左右,亦即仅占生产总量的约 15%。这反映出一个不同于一般市场经济国家的重要差别:在分析进出口时,所对应的基数只是产量的约 30%~35%;而在讨论国家定购价格时,所对应的基数只是产量的约

15%。因此，如果将以上数据按中国粮食商品率均值做加权处理，进出口对国内市场的副作用可能更为令人不快。

不过，既然讲市场化改革，中国粮食供求的稳定，就不应由进出口经营企业负责任，因为企业当然要以追求利润为第一目标。本文以20世纪90年代的粮食进出口对国内价格波动的作用为例予以说明：

1994年1月外汇改革，本币一步贬值约50%，短期内一度使"天花板(即国际市场价格)"抬高；原来已经高于国际价格的中国粮食因本币贬值，进一步使追求利润的粮食企业有了囤积居奇或出口获利的机会。当时国内市价大米低于国际价格38.5%，小麦和玉米分别低20.4%和14.1%。于是，中国1994年在粮食比上年减产1138万吨的情况下，我国反而净出口约200万吨。由于国内供需矛盾突出，紧接着5个月之后国内价格就再度顶破"天花板"，并且开始在"天花板"之上连续暴涨两年。最高为1995年中，大米和小麦均高出50%；玉米价格甚至高出一倍以上。同期中国自1995年1月到1996年6月虽然连续进口约3000万吨粮食，达到历史最高纪录，但据报道，进口粮食的销售价格还高于国内价格，因此并未能有效平抑国内市场粮价。其间国际价格随之上涨，逐步接近中国国内价格；而一旦中国停止进口，国际价格随即大幅度下降。由此可见，国际上对中国粮食问题的讨论并非空穴来风，我们应该结合农产品国际贸易谈判对中国农业在国际竞争压力下的发展问题认真研讨。

4. WTO与中国的"农业问题"

WTO的原则，第一是消除贸易壁垒，第二是降低关税，第三是市场准入。按照WTO的一般原则，国际农产品协议大部分在1995—2000年实施。主要包括三个内容：增加进口市场准入；削减国内生产者支持；减少出口补贴。这些措施会对我国农业的发展产生巨大的影响。

农产品贸易谈判，历来是关贸总协定谈判和世界贸易组织谈判中最困难的部分，1999年4月签字的《中美农业合作协议》，是中国为加入世贸组织与美国应该达成的双边协议中的组成部分。美国农业部长格利克曼在协议签字之后称赞这份农产品贸易协议是"美国农业的一个重要突破"。因为中国同意美国西北部7个州的小麦可以直接从西雅图出口，从而降低运输成本提高价格竞争优势。过去所谓"有争议的壁垒"，主要是中国为防止这些地区的小麦黑穗病(TCK)，而禁止直接从西海岸进口。

除此之外，中国在农产品贸易上做出的让步主要体现在中美双边谈判的一揽子协议中。由于国内至今没有正式公布的资料介绍我国在双边谈判中的出价，因此，我们只能将互联网上美国单方面公布的资料做摘要如下：

中国同意大幅度增加最低关税限额(TRQ 1%~3%)的农产品进口数量，并且应美国的要求减少国家贸易垄断进口所占的比例。到2006年，大豆从现在的170万吨增加到330万吨，增加幅度为94%，其中私营部门应该达到90%；小麦从200万吨增加到930万吨，为现在的4.65倍,私营部门最初应有10%；玉米配额从450万吨增加到720万吨，如果达到则为现在进口量25万吨的28.8倍，私营部门应该达到40%；大米配额从260万吨增加到530万吨，如果达到则为现在25万吨进口量的21.2倍，私营部门应该达到50%。到2004年，棉花要从现在的20万吨增加到89.4万吨，为现在的4.47倍,私营部门应该达到67%……。

此外，中国承诺取消出口补贴，特别是取消对美国不利的玉米、棉花和大米等农产品的出口补贴。而且到2004年前，中国除了在总体上把农产品关税降低到17%以下，还应进一步对美国有竞争优势的农产品降低到14.5%的平均关税。其中大豆仅3%；肉类和水果10%~12%；乳制品12%~19%；红酒20%。

那么，我国的农产品市场是否适合用完全竞争市场来分析？为什么？今后国家如何在WTO背景下保护我国的农业顺利发展？

资料来源：http://www.docdiy.cn/jjx/2007/0827/article_966.html

第 7 章 市场结构理论(一)

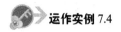
运作实例 7.4

中国电力工业由垄断结构向竞争性市场结构转变

国家电力监管委员会 4 月 5 日发布《电力监管年度报告(2006)》。《报告》约 3.2 万字,分引言、电力工业运行及市场秩序、电力监管职责履行情况三大部分。《报告》重点从保障电力安全、促进市场竞争、维护市场秩序、贯彻方针政策等四个方面,详尽阐述了 2006 年度国家电力监管委员会电力监管职责履行情况。

如何评价目前我国的电力市场结构,《报告》做出了这样的基本判断:我国电力工业正由传统的垂直一体化垄断结构向竞争性市场结构转变,电力市场正在发育之中。

在发电环节,截止到 2006 年年底,全国发电装机容量达到 62200 万千瓦,居世界第二位。其中水电 12 857 万千瓦,占总容量的 20.67%;火电 48405 万千瓦,占总容量的 77.82%;核电 685 万千瓦,占总容量的 1.10%;风力发电 187 万千瓦,占总容量的 0.30%;生物质能等其他发电 66 万千瓦,占总容量的 0.11%。这个环节的主要特点是投资主体多元化,并且初步形成了竞争格局。

目前,全国 6 000 千瓦及以上各类发电企业 4000 余家。其中国有及国有控股企业约占 90%。中国华能集团公司、中国大唐集团公司、中国华电集团公司、中国国电集团公司和中国电力投资集团公司等中央直属 5 大发电集团约占装机总量的 38.79%;国家开发投资公司、中国神华能源股份有限公司、中国长江三峡工程开发总公司、中国核工业集团公司、广东核电集团有限公司、华润电力控股有限公司等其他中央发电企业约占总装机容量的 10%;地方发电企业占总装机容量的 45%;民营和外资发电企业占总装机容量的 6.21%。

输电环节的特点是具有自然垄断性质。国家电网公司、南方电网公司分别占全国超高压电网的 80% 和 20%。

《报告》显示,目前全国从事省级输电业务的企业 31 家,跨省输电业务的企业 6 家。截止到 2006 年年底,两大电网总资产约为 15 110 亿元,其中国家电网公司约为 12 141 亿元,南方电网公司约为 2 969 亿元。全国 220 千伏及以上输电线路回路长度 28.15 万千米,220 千伏及以上变电设备容量 98 131 万千伏安。

按所有制形式划分,供电企业主要分中央国有和地方国有。中央国有主要为国家电网公司、南方电网公司和新疆生产建设兵团等拥有的供电企业;地方国有主要为内蒙古、陕西、山西等地方电力企业和水利系统管理的供电企业;此外,还有林垦、油田和煤矿等系统拥有的自发自供企业。截至 2005 年年底,全国户通电率为 99.20%。全国 3 211 家地、县级供电企业中,国家电网公司、南方电网公司直供直属的 1 196 家,控股或代管的 1 353 家,地方独立的 662 家。

据此,《报告》将供电环节的特点概括为:两大电网公司寡头垄断,约占县级售电量的 89%。普遍服务未完全实现,城乡与地区差异依然存在。

资料来源:news.sohu.com/20070405/n249221034.shtml

本 章 小 结

按照市场中厂商数量多少、产品的差异程度、市场信息、进入或退出市场的限制等,可以将市场划分为完全竞争、完全垄断、垄断竞争和寡头垄断等市场类型;市场类型决定了厂商的需求曲线,需求曲线决定了边际收益曲线,$MC=MR$ 原则决定了厂商利润最大化的产量。在完全竞争市场上,厂商的需求曲线、边际收益曲线、平均收益曲线"三位一体"是一条水平直线,厂商是价格的接受者;实现利润最大化的原则是 $MC=MR=P$;短期市场均衡,厂商的供给曲线是厂商边际成本曲线高于关门点以上部分;长期市场均衡,市场价格等于厂商最低平均成本,成本递增行业、成本递减行业、成本不变行业的长期供给曲线分别为正斜率、负斜率和 0。

本章的重点是 AR、MR、P 三线合一分析、短期均衡与长期均衡条件分析。

本章的难点是成本递增行业、成本递减行业、成本不变行业的长期供给曲线分析。

 中英文关键词语

(1) 完全竞争市场:perfect competition market (2) 总收益:total revenue, TR
(3) 平均收益:average revenue, AR (4) 成本不变行业:constant-cost industry
(5) 成本递增行业:increasing-cost industry (6) 成本递减行业:decreasing-cost industry

习 题

1. 填空题

(1) 完全竞争市场是指(   )。
    A. 市场参与者的购销量只占整个市场交易量的极小部分
    B. 市场参与者只能接受价格,而不能影响价格
    C. 交易的商品是同质的
    D. 以上全正确

(2) 在 $MR=MC$ 的均衡产量时,企业(   )。
    A. 必然获得最大的利润 B. 不可能亏损
    C. 必然获得最小亏损 D. 若获得利润则最大,若亏损则最小

(3) 在完全竞争市场上,厂商短期均衡条件是(   )。
    A. $P=AR$ B. $P=MR=MC$ C. $P=MC$ D. $P=AC$

2. 简答题

(1) 完全竞争的条件是什么？

(2) 完全竞争厂商会不会花钱做广告？为什么？

3. 计算分析题

(1) 某完全竞争市场中一个小企业的产品单价是 640 元，其成本函数为 $TC=240Q-20Q^2+Q^3$（正常利润包括在成本中）。假设这个企业在该行业中有代表性，问这一行业是否处于长期均衡状态？为什么？

(2) 一个完全竞争的厂商使用劳动和资本进行生产。在短期内，劳动的数量可变，而资本的数量不变。厂商根据劳动和资本估计出的成本曲线如下：

$$LTC=(2/3)Q^3-16Q^2+180Q$$
$$STC=2Q^3-24Q^2+120Q+400$$

① 厂商预期的长期最低价格是多少？

② 如果产品价格为 120 元，那么在短期内厂商将生产多少产品？

(3) 一个完全竞争的厂商，每天利润最大化的收益为 5 000 元。此时，厂商的平均成本是 8 元，边际成本是 10 元，平均变动成本是 5 元。求厂商每天的产量是多少？固定成本是多少？

第 8 章　市场结构理论(二)

教学目标

理解并阐述完全垄断、垄断竞争、寡头垄断的有关概念，不同市场结构类型的不同特点及均衡条件，能够利用博弈论分析简单的寡头间博弈均衡。

教学要求

通过本章学习，了解垄断产生的原因、垄断厂商的长期均衡，以及博弈论的基本概念。掌握垄断厂商确定产量和价格的分析模型，垄断厂商的价格歧视；垄断竞争厂商短期和长期均衡的条件；寡头厂商勾结与非勾结模型。

第8章 市场结构理论(二)

 引例

请关注以下现象:
1. 无论你住在什么地方,你都无法选择水、电、煤气的供给者。
2. 凭学生证坐火车、游览旅游景点可以半价购票,根据你出行时间的机动性,可以买到二折到八折价格之间的飞机票。
3. 同样的商品在大型购物超市定价高,在大卖场定价低。
4. 家用电器市场竞争很激烈。
5. 寡头市场上,寡头之间的合作具有不稳定性。
这些不胜枚举的经济现象会在本章找到合理的解释。

不完全竞争是相对于完全竞争而言的,除完全竞争市场以外所有或多或少带有一定垄断因素的市场都被称为不完全竞争市场。不完全竞争市场可分为完全垄断市场、垄断竞争市场和寡头垄断市场三种类型。本章的主要内容是分别说明这三类不完全竞争市场上产品价格和产量的决定问题,并就包括完全竞争市场在内的不同市场结构的经济效率进行比较。

8.1 完全垄断市场上厂商的产量与价格决定

8.1.1 完全垄断市场的条件与垄断产生的原因

1. 完全垄断市场的条件

完全垄断(monopoly)又称独占或卖方垄断。垄断者(monopolist)的英文词义就是"一个"与"卖者"的合成(希腊文中"mono"代表"一个","polist"代表卖者)。因此,完全垄断是指整个行业中只有一个卖者。与完全竞争一样,完全垄断也是一种理想状态的市场结构,是一种理论假设。完全垄断市场的主要条件有以下四点。

(1) 市场上只有一个卖者。由于整个行业存在唯一供给者,厂商即行业。这是完全垄断市场的最基本特征,其他假设是这一假设的保证条件。

(2) 产品没有替代品,需求的交叉弹性为0。即垄断市场的产品与其他市场产品不存在竞争替代。这是完全垄断市场的关键假设,若没有此假设,其他厂商将以自己的产品替代垄断产品,完全垄断厂商就不可能成为唯一的产品供给者。

(3) 完全垄断市场存在严格的进入障碍,其他企业难以进入市场。若其他企业容易进入市场参与竞争,完全垄断厂商也不可能成为唯一的供给者。

(4) 完全垄断厂商能够控制整个行业的价格,成为市场价格的制定者(price maker)。所谓价格制定者(price maker)是指厂商面对一条倾斜的需求曲线,不能决定需求但可以决定供给，从而决定了市场价格。因此，完全垄断厂商被称为价格制定者。正是由于完全垄断厂商控制了行业的供给，厂商可以有两个决策变量：以较高价格出售较少数量的产品，或以较低价格出售较多数量的产品。

在现实生活中，绝大多数产品都具有不同程度的替代性，完全垄断是一种极其罕见的市场结构。由于市场地理范围、产品专用性、大宗物资的运输等因素的作用，厂商能够在特定市场形成完全垄断。比如，一个煤炭生产企业凭借拥有的特有铁路专用线，能够对建立在其附近的一座大型火力发电厂在煤炭供应上形成垄断，其他煤炭企业由于运输限制则无法参与该电力企业市场的竞争。有的垄断厂商可能默默生产，等客上门，比如各城市的殡仪馆；有的垄断厂商可能大张旗鼓进行广告宣传，扩大市场销售，比如垄断全球芯片行业的微软公司。完全垄断市场的主要特征不在于厂商是否做广告，而在于垄断行业厂商是否唯一，产品是否不可替代，行业进入是否受到限制等。

2. 完全垄断市场形成的原因

市场形成完全垄断的原因有：专利权制度、市场特许权、自然垄断和厂商对资源的控制等。

(1) 专利权制度。法律保护一个企业在特定时期内拥有生产某种产品特殊技术的排他性权利，限制其他企业仿制。从法律上排除了其他厂商参与竞争，从而形成了垄断。

(2) 市场特许权。政府综合社会福利和经济效率等因素，对于社会供电、供水、供气、公共交通等公用事业，特许一家厂商垄断经营。

(3) 自然垄断。某些产品的生产具有十分显著的规模经济性，随着厂商规模扩大，生产成本呈现递减趋势。一个厂商能够实现大规模、低成本的生产，满足整个市场需求。行业内由单个厂商组织生产比由两家或两家以上厂商组织生产的成本低，为了避免资源浪费，行业内仅有一个厂商生产与销售，从而形成了垄断。这种主要由于规模经济能带来低成本生产而导致的垄断被称为"自然垄断"(natural monopoly)。比如，一个城市的自来水、电力供应都具有明显的规模经济，这类行业都属于自然垄断行业。

(4) 厂商对资源的控制。如果一个厂商控制了某种产品生产所必需的特殊资源，从要素供应上排除了其他厂商进行产品生产的可能性，从而导致厂商对于该产品的生产与销售形成垄断。例如，从19世纪末到20世纪40年代，美国制铝公司一直控制着全部铝钒土的矿产资源，从而成为美国制铝行业的垄断者。再如，近年来，国内煤炭企业不断通过并购资源储备，增强企业对于区域煤炭市场的控制能力。这些都是资源型企业通过控制资源，提高市场控制能力的实例。另外公共特许权，即法律赋予某企业供给货物和劳务的排他性权利(如中国的邮政业曾经就因为这种排他性权力而形成垄断)、许可证制度、高昂的进入成本、企业的某些生产技术或工艺上的优势都有可能形成垄断。

8.1.2 完全垄断市场的需求曲线和收益曲线

1. 需求曲线

由于在垄断市场上厂商就是行业,因此垄断厂商的需求曲线就是市场需求曲线。垄断厂商面对的是一条负斜率的需求曲线,需求曲线具有有限弹性(如图 8.1 所示)。垄断厂商具有对市场供给量和市场价格的充分控制力。

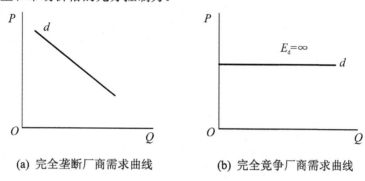

(a) 完全垄断厂商需求曲线　　(b) 完全竞争厂商需求曲线

图 8.1　完全垄断厂商与完全竞争厂商需求曲线对比

假定垄断厂商的销售量等于市场需求量,那么需求曲线就是垄断厂商决定产量与价格,实现利润最大化的外部约束。若垄断厂商选择一个高的价格水平,按照市场需求必然有一个较小的需求量(产量)相对应;反之,若垄断厂商选择一个高的产量,按照市场需求必然有一个较低的市场价格相对应。

2. 收益曲线

厂商的需求状况决定了厂商的收益状况,厂商的收益曲线决定了厂商的需求曲线。垄断厂商需求曲线向右下方倾斜的特征,决定了垄断厂商的平均收益曲线、边际收益曲线与总收益曲线,如图 8.2 所示的特征:

(1) 垄断厂商的平均收益曲线 AR 与其需求曲线 D 重合,二线合一。垄断厂商的平均收益 AR 等于其产品价格 P,$AR=P$。

(2) 垄断厂商边际收益 MR 曲线向右下方倾斜,且位于其平均收益曲线 AR 与需求曲线 D 的下方。

(3) 总收益曲线 TR 表现为先上升后下降。当 $MR>0$ 时,总收益曲线 TR 的切线斜率为正,总收益随产量递增;当 $MR=0$ 时,总收益曲线 TR 切线斜率为 0,总收益达到最大值;当 $MR<0$ 时,总收益曲线 TR 的切线斜率为负,总收益随产量递减。

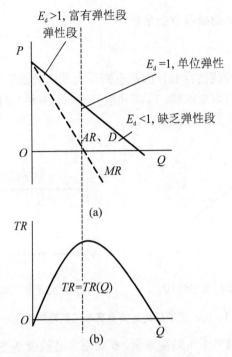

图 8.2 垄断厂商的 TR、MR、P 曲线特征及其与 E_d 关系

垄断厂商的边际收益 MR、价格 P 和需求价格弹性 E_d 三者之间具有如下的关系

$$TR(Q) = P \cdot Q \tag{8.1}$$

$$AR = \frac{TR(Q)}{Q} = \frac{P \cdot Q}{Q} = P \tag{8.2}$$

$$MR = \frac{dTR}{dQ} = \frac{d[P \cdot Q]}{dQ} = P + Q\frac{dP}{dQ} \tag{8.3}$$

根据价格弹性计算公式

$$E_d = -\frac{dQ}{dP} \cdot \frac{P}{Q} \tag{8.4}$$

$$\frac{P}{E_d} = -\frac{dP}{dQ} \cdot Q \tag{8.5}$$

$$MR = P\left(1 - \frac{1}{E_d}\right) \tag{8.6}$$

由式(8.6)可知:当 $|E_d|>1$ 时,垄断厂商需求曲线处于富有弹性段,MR>0;当 $|E_d|<1$ 时,垄断厂商需求曲线处于缺乏弹性段,MR<0;当 $|E_d|=1$ 时,垄断厂商需求曲线处于单位弹性点,MR=0。

【例 8.1】 假设线性需求函数为:$AR = P = a - bQ$,式中 a、b 为常数,且 a、$b > 0$。则总收益函数为 $TR(Q) = PQ = aQ - bQ^2$

边际收益函数为 $MR(Q) = a - 2bQ$

需求曲线与边际收益曲线斜率分别为:$-b$ 和 $-2b$。

由此可得,当垄断厂商的需求曲线为直线时,AR 和 MR 具有相同的纵轴截距,但是 MR 的斜率绝对值是 AR 的 2 倍,即需求曲线与坐标轴形成了一个三角形,边际收益曲线就是该三角形底边的中线。

8.1.3 完全垄断市场的短期均衡

1. 垄断厂商的价格、产量与利润

垄断厂商决定价格与产量的目标仍然是追求最大利润。$MR=MC$ 定理仍然是垄断厂商选择产量、价格和实现最大利润的条件。为了直观的分析垄断厂商选择产量与价格的逻辑关系,将垄断厂商的总收益曲线 TR、总成本曲线 TC 绘在一起,如图 8.3(a)所示,将垄断厂商的平均成本曲线 AC、边际成本曲线 MC、需求曲线 D 与边际收益曲线 MR 绘在一起,如图 8.3(b)所示。垄断厂商的总利润 AB 就等于总收益 AQ_e 减去总成本 BQ_e,垄断厂商的最优产量 Q_e 位于边际成本曲线 MC 与边际收益曲线 MR 的交点 G,表示 $MR=MC$。过 G 点作垂直于横轴的垂线 EG,分别与横轴交于 Q_e 点,与平均成本曲线 AC 交于 F 点,与需求曲线 D 交于 E 点,Q_e 就是垄断厂商的短期均衡的最优产量。E 点坐标(Q_e, P_e)代表市场均衡的价格与数量。价格 P_e 是短期内垄断市场的均衡价格,也是垄断厂商获取最大利润的价格。F 点坐标代表垄断厂商的产量 Q_e 和平均成本 FQ_e。总成本等于平均成本乘以产量,总收益等于平均价格乘以产量。垄断厂商的总利润为总收益与总成本的差额,即图中矩形 $CFEP_e$ 面积。

尽管垄断厂商对市场价格具有控制力,但在短期内垄断厂商并不是总能获得利润。在 $MR=MC$ 的短期均衡点上,垄断厂商可能获得最大利润,也可能获得最小亏损。短期内垄断厂商亏损的原因,主要是平均成本曲线高于平均收益曲线(需求曲线)。一方面,垄断厂商在既定生产规模下,平均成本过高;另一方面,产品市场需求过小,垄断厂商的平均收益低。图 8.4 表示了在垄断厂商需求曲线低于平均成本曲线时,垄断厂商存在亏损的情况,亏损额为矩形 $CFEP_e$ 面积。显然,垄断厂商追求最大利润或最小亏损的选择所决定的产量,都在需求曲线的富有弹性区。

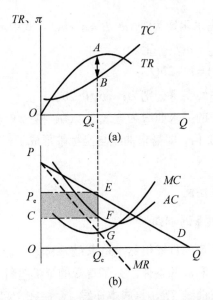

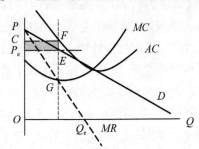

图 8.3 垄断厂商的价格、产量与利润确定

图 8.4 垄断厂商的价格、产量与亏损

【例 8.2】 设某完全垄断市场需求函数和完全垄断厂商总成本函数分别为：$q=800-P$，$TC=1200+80q-4q^2+0.1q^3$。求完全垄断厂商均衡数量、均衡价格以及最大利润。

解：由需求函数可得

$$P=800-q \quad TR=Pq=800q-q^2 \quad MR=800-2q$$

由总成本函数可得

$$MC=80-8q+0.3q^2$$

根据 $MR=MC$ 定理，有

$$800-2q=80-8q+0.3q^2$$
$$0.3q^2-6q-720=0$$
$$q_1=-40(舍去)，q_2=60$$

取 $q=60$,代入需求函数可得 $P=740$, $\pi = TR - TC = 31200$

2. 短期供给曲线

通过对垄断厂商价格和产量确定的分析,可以得出价格与产量的基本关系为:由 $MR=MC$ 确定出厂商的最优产量 Q,再由产量 Q 与需求曲线确定价格 P。在完全垄断市场上,垄断厂商的产量不仅取决于边际成本曲线,而且还取决于需求曲线(即平均收益曲线和边际收益)。如果需求曲线发生变动,边际收益曲线也会发生变动,均衡点也相应发生变动。厂商的价格和产量之间不再必然存在一一对应关系,而是有可能出现一个价格水平对应于不同产量水平,或一个产量水平对应几个不同价格水平的情形。

图 8.5(a)所示,假定需求曲线 D_1 变动到 D_2,边际收益曲线由 MR_1 变动到 MR_2。价格 P_1 上升到 P_2,企业供给量由 Q_1 减少到 Q_2。

图 8.5(b)所示,假定需求曲线 D_1 变动到 D_2,边际收益曲线由 MR_1 变动到 MR_2。价格 $P_1=P_2$ 的情况下,企业供给量由 Q_1 减少到 Q_2。

从表面上看,这种价格与供给量不能同方向变动违背了供给法则,实际上,这是垄断厂商需求变动的结果。

同样的道理,垄断竞争市场和寡头垄断市场都不存在确定的短期供给曲线。

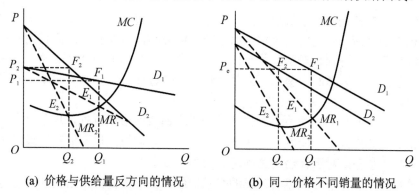

(a) 价格与供给量反方向的情况　　　(b) 同一价格不同销量的情况

图 8.5　垄断厂商的价格、产量对应关系

8.1.4　完全垄断市场的长期均衡

在长期均衡过程中,完全竞争行业利润能够激励新厂商进入以及市场供给的增加,供给增加导致市场价格下降,市场价格下降导致利润消失。这就是完全竞争市场的利润消除机制。因此,完全竞争厂商在长期均衡中经济利润为 0。但是,完全垄断市场中存在阻止新厂商进入的壁垒,垄断厂商获取超额利润时,其他厂商无法进入,缺乏垄断利润消除机制。因此,垄断厂商长期中总是能够获取超额利润。

长期中,垄断厂商可以调整生产规模以实现利润最大化,这种调整包括:若垄断厂商在短期内获得利润,在长期中可以通过调整生产规模以获得更大的利润;若垄断厂商在短期内亏损,长期中则可以通过对生产规模的选择由亏转盈;图 8.6 反映了垄断厂商在不退出行业情况下,在短期内利用既定的生产规模 SAC_1 获得了利润,在长期中,通过对生产规模的调整,在 SAC_2 的规模下获得更大利润的情况,即 $IP_2FG > HP_1AB$。垄断厂商实现长期均衡的条件为 $MR=LMC=SMC$。

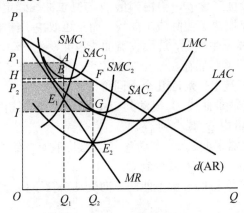

图 8.6 垄断厂商的长期均衡

若垄断厂商在长期内存在长期亏损时,则有两种情况供厂商选择。第一,如果垄断是政府特许权式的垄断,政府可能会决定给垄断厂商补贴,改变垄断厂商长期亏损状况,使其继续维持经营——特别是对那些关系民生的行业,比如邮电和公共交通、供水、供电。第二,如果垄断是私人垄断,垄断厂商就会退出这个行业。因此私人垄断厂商在长期内是不会亏损的。

完全垄断厂商的长期均衡不会发生在短期成本曲线的最低点处,也不会发生在厂商长期成本曲线的最低点处。厂商既不能实现最优生产效率规模,也不能实现最优生产效率的产出。因此,完全垄断对于社会资源利用缺乏生产效率。

由于垄断厂商的需求曲线就是市场的需求曲线,垄断厂商的供给量就是全行业的供给量。因此本节所分析的垄断厂商短期和长期均衡价格和均衡产量的决定,就是垄断市场短期和长期均衡价格及均衡产量的决定。

8.1.5 价格歧视

以上所讲述垄断厂商在单一价格下追求最大利润的产量均衡,只是垄断厂商实现价格与产量均衡的一种情况。在现实中,垄断厂商往往为了获取更多的利润而采取价格歧视,获取更大利润。

价格歧视(price discrimination),是指就销售相同成本的商品而言,厂商对于不同的客户索取不同价格的定价行为。比如,某旅游景点对本地居民(以身份证为准)采取半价优惠,对外地居民采取全额定价。

价格歧视不同于差别定价。差别定价是不同成本的相似产品按不同价格出售，比如，电力公司所采取的不同时间段的用电定价——对高峰时期的用电收取高价——因为此时边际成本递增，相同产品具有不同成本，这种定价不能作为价格歧视。而电力公司对居民用电和企业用电的不同用电定价，就是价格歧视。价格歧视，就相同成本的产品，厂商向不同消费者索取不同价格，仅仅是因为消费者对该产品的需求强度差异。

1. 实行价格歧视的前提条件

垄断厂商实行价格歧视必须具备如下条件。

(1) 垄断厂商可以将具有不同需求弹性的消费群区别开来。市场中的消费者具有不同的偏好强度，偏好强度可以区分。比如，本地居民与外地居民对旅游景点的旅游目的不同，旅游的需求强度也不同，可以将其划分为本地游客和外地游客、国内游客与国际游客。这等同于把市场分割为若干个子市场，各个子市场的需求弹性互不相同。

(2) 不同消费群体或不同消费市场是相互隔离、相互独立的。在同一市场上，商品不可能或不容易被他人转卖。若商品容易被转卖，市场就会存在套利行为，低价买入，高价售出，获取价差，垄断厂商就丧失了对市场价格的控制力。比如，某旅游景点对本地居民以居民身份证为准分割游客市场，游客凭证件购买门票，凭门票与证件旅游消费，这就限制了门票的转卖。

2. 价格歧视的分类

依据垄断厂商采取价格歧视的程度，价格歧视被分为：一级价格歧视、二级价格歧视和三级价格歧视。

1) 一级价格歧视(first-degree price discrimination)

一级价格歧视也称为完全价格歧视，就是指垄断厂商按照消费者需求价格而实行的定价。即垄断厂商按照不同消费者购买不同数量产品愿意支付的最高价格分别定价。从理论上讲，垄断厂商采取一级价格歧视，就能够占有全部消费者剩余。

如图 8.7 所示，第一单位商品消费者愿意支付的最高价格为 P_1，厂商就按 P_1 价格出售，第二单位商品，消费者愿意支付的最高价格为 P_2，厂商就按 P_2 的价格出售，依此类推，直至厂商销售完全部的商品。这是一种理想的极端情况。假定厂商生产的平均成本为 P_m，则此时厂商的利润为 P_mAB，而通常情况下，厂商按单一价格 P_m 销售，利润为零。可见实行一级价格定价后，厂商的利润增加了三角形 P_mAB 的面积。由消费者理论知，这部分面积正好是消费者剩余，因

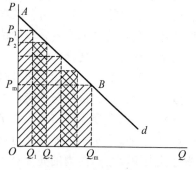

图 8.7　一级价格歧视

此，实行一级价格歧视的厂商实际上是将所有消费者剩余榨光，转化为了生产者的垄断利润。

虽然垄断厂商实行一级价格歧视对于社会资源配置是有效率的，但在现实中一级价格歧视是很少见的。实行一级价格歧视的难点在于，垄断厂商必须了解每一个消费者所愿意支付的最高价格，否则厂商就无法实行一级价格歧视。比较近似一级价格歧视的情况是艺术品的拍卖市场，通过消费者之间的相互竞价，消费者自己报出自己愿意支付的最高价格，每件艺术品就可能按其最高的价格出售。

垄断厂商实行一级价格歧视的现实做法，只能是垄断厂商对消费者的保留价格进行估计，然后根据这个估计来近似地实行一级价格歧视。比如，医生、律师、会计师、建筑师等专业人员，对自己的客户比较了解，能够估计客户意愿支付的价格，因而能够因人而异地确定价格或收费标准。医生可能对那些收入较低或低医疗保险的病人降低收费标准，而向那些高收入或高医疗保险的病人收取较高费用。

2) 二级价格歧视(second-degree price discrimination)

二级价格歧视又称为非线性定价，是指垄断厂商按购买量的多少决定单位产品的价格，对不同购买数量采取不同的价格，但购买数量相同的人支付相同的价格。比如，零售与批发，零售价高于批发价。

图 8.8 是垄断厂商对消费者的递减价格歧视的模型。当购买量为 $0 \sim Q_1$ 时，价格为 P_1；当购买量为 $Q_1 \sim Q_2$ 时，价格为 P_2；当购买量为 $Q_2 \sim Q_3$ 时，价格为 P_3。实行二级价格歧视获取的利润比一级价格歧视少，但是比单一价格定价的利润多。图 8.8 阴影部分为消费者剩余。

当然，二级价格歧视有时采取相反的定价方式，即对消费量多的客户收取较高的价格，对消费量少的客户收取较低的价格。比如，由于供水、供电紧张，一些城市规定在基本消费范围内采取低价供应，而对基本消费量之上的部分收取高价。

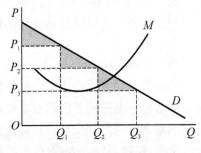

图 8.8 二级价格歧视

在一定意义上，二级价格歧视可视为对自然垄断行业进行规制的一种措施。若垄断厂商按单一价格确定价格与产量，如果价格过高，需求量过少，垄断厂商的生产能力得不到充分利用。若垄断厂商实行二级价格歧视确定价格与产量，需求量大大增加，垄断厂商的产量可达到较高水平，能够充分利用生产能力，降低平均生产成本。一方面，对于自然垄断行业来说，生产能力的充分利用也就意味着其生产成本的大幅度降低，有利于资源的有效配置；另一方面，通过二级价格歧视将可能获得一定的超额利润。

一般来说，对那些消费数量较易测定的商品，如自来水、煤气、电力等行业，采用二级价格歧视是较为可行的。

3) 三级价格歧视(third-degree price discrimination)

三级价格歧视又称为局部价格歧视,是指垄断厂商对不同类型的消费者或对不同市场的消费者制定不同价格。

图 8.9 是完全垄断厂商对消费者市场实行价格歧视的模型。假定垄断厂商把市场划分为两个子市场,需求曲线分别为 D_1 和 D_2,相应可得两个子市场的边际收益曲线 MR_1 和 MR_2,垄断厂商的边际成本为一个常数 MC。垄断厂商实行局部价格歧视,仍然依据 $MR=MC$ 定理,使得各市场的边际收益 $MR_1=MR_2=MC$,分别确定各市场的价格与供给量。垄断厂商的总利润等于两个市场的利润之和。

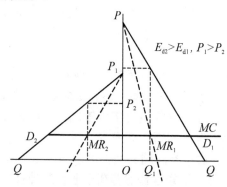

图 8.9 三级价格歧视定价模型

垄断厂商边际收益与各子市场需求弹性的关系,是垄断厂商价格歧视的重要依据。垄断厂商对各市场的边际收益分别为:

$$MR_1 = P_1(1-\frac{1}{E_{d1}}) \tag{8.7}$$

$$MR_2 = P_2(1-\frac{1}{E_{d2}}) \tag{8.8}$$

$$MR_1 = MR_2 = MC \tag{8.9}$$

$$\frac{P_1}{P_2} = \frac{1-\frac{1}{E_{d2}}}{1-\frac{1}{E_{d1}}} \tag{8.10}$$

式(8.10)表明垄断厂商分别对于需求弹性大的市场定低价,对于需求弹性小的市场定高价。

不仅完全垄断厂商实行价格歧视,现实中垄断竞争厂商和寡头厂商也同样实行价格歧视。

8.1.6 对垄断市场的公共政策

与竞争市场相比,垄断者没有有效地配置资源。垄断者生产的产量小于社会合理的产量,而且收取的价格高于边际成本。政府决策者将采取:管制、公有制和无所作为等三种方式对垄断问题做出反应。

(1) 管制。政府解决垄断问题的一个方法是管制垄断者的行为。在自然垄断情况下(例如自来水和电力公司中),这种解决方式是常见的。政府机构不允许自然垄断公司按照自己的意愿确定产品价格,被管制的厂商失去了通过 $MR=MC$ 确定价格的基本条件。政府应该为自然垄断者确定多高的价格呢?一些人的结论是:价格应该等于垄断者的边际成本($P=MC$)。这样,消费者就可购买使总剩余最大化的垄断者产量,而且资源配置将是有效率的。

但是,边际成本定价作为一种管制制度有一个现实问题:自然垄断是平均总成本递减,当平均总成本递减时,边际成本小于平均总成本;如果管制者要确定等于边际成本的价格,价格就将低于厂商的平均总成本。这样进行定价管制,厂商将亏损,就会离开该行业。若以平均成本定价,政府又难以确定垄断厂商成本。

(2) 公有制。政府用来解决垄断问题的另一种政策是公有制。政府不是管制由私人厂商经营的自然垄断企业,而是自己经营自然垄断企业。这种解决方法在欧洲国家最常见,在这些国家政府拥有并经营公用事业,如电话、供水和电力公司。

经济学家通常喜欢把公有制的自然垄断私有化。关键问题是厂商的所有权如何影响生产成本。只要私人所有者能以高利润的形式得到部分利益,他们就有成本最小化的激励。如果企业管理者在压低成本上不成功,企业所有者就会解雇管理者。与此相比,如果经营垄断的政府官僚做不好工作,损失者是顾客和纳税人,他们只有求助于政治制度。官僚有可能成为一个特殊的利益集团,并企图阻止降低成本的改革。简而言之,作为一种保证厂商良好经营的方法,投票机制不如利润动机可靠。

(3) 无所作为。以上每一项旨在减少垄断问题的政策都有缺点。因此,一些经济学家认为,政府通常最好不要设法解决垄断定价的无效率。

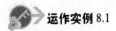运作实例 8.1

百事可乐与可口可乐的较量

可口可乐公司创建于 1886 年,百事可乐公司创建于 1898 年。近百年来,可口可乐以其独特的品质称霸世界软饮料市场。在与可口可乐的无数竞争者中,唯有百事可乐经过近半个世纪的不懈努力,自 1977 年以来,在美国软饮料市场的销售量开始赶上可口可乐。称霸近百年的可口可乐是怎样被百事可乐夺去市

第8章 市场结构理论(二)

场的半壁江山？其中奥妙耐人回味。

早在20世纪30年代，百事饮料便在世界上首次通过广播宣布，将当时最高价为10美分的百事饮料降价一半，从而拉开了软饮料工业中争夺战的第一幕。第二次世界大战期间，可口可乐公司的经营目标转向开拓国外市场，可口可乐随着战争行销世界。到第二次世界大战结束，国外可口可乐瓶装厂增加到64家。百事可乐利用这一机会，以其低廉的价格抢走可口可乐在国内的部分市场。然而好景不长，战后可口可乐杀回马枪，使百事可乐销量猛跌，可口可乐的销路也以5:1的优势领先于百事可乐。为扭转局势，百事可乐不断改进包装和味道，采取在局部市场与可口可乐竞争的策略，经过一番奋战，使可口可乐与百事可乐的市场差距缩小为5:2。

20世纪60年代是两家饮料公司在美国市场竞争的关键时期。1963年，百事可乐声称其成功地掀起了一场称之为百事新一代的市场营销运动。该公司决定将重点放在考虑用户的需求上，做出了长期占领市场的战略决策。决定将产品打入当时尚未完全依赖于可口可乐的新一代消费者市场。公司认为，与其说艰难地吸引可口饮料的忠实客户，让他们变换口味改百事饮料，不如努力赢得尚未养成习惯的目标市场。大约25年后，百事可乐仍然依赖它的这种"世代"策略进行销售。1983年，百事可乐将销售方针修正为"新一代的选择"，并一直持续到90年代。百事以它富有独创性的强有力的广告攻势，包括邀请著名演员等出面大做电视商业广告，来吸引新的一代人。1985年，百事花在广告上的费用估计有4.6亿美元。

各种报道表明，"百事挑战"运动从70年代中期开始掀起时就困扰着可口可乐的董事们。1985年可口可乐公司突然宣布改变沿用99年之久的老配方，采用刚研制成功的新配方，并声称要以新配方再创可口可乐在世界饮料行业中的新记录。但推出以来，却遭到许多人的反对，还有人举行示威，反对使用新配方。这可乐坏了其对手百事可乐公司。

正当百事可乐公司乐不可支时，可口可乐公司突然宣布，为了尊重老顾客的意见，公司决定恢复老配方的可口可乐生产，同时，考虑消费者的新需要，新配方的可口可乐也同时继续生产。

引人注目的是，几十年来竞争的双方都各有千秋，很难分出胜负。

资料来源：http://em.xidian.edu.cn:8080/emweb/course/gljjx/word/anl17.doc

思考题：你认为可口可乐与百事可乐的这种竞争对资源的最优配置是否有利？是否有利于消费者？

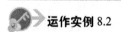运作实例8.2

美国民航业的歧视定价

其实歧视定价不仅垄断企业可以用，在寡头甚至垄断竞争行业中，只要具备我们所说的两个条件都可以用。美国民航业不是垄断行业，但也广泛采用了歧视定价的方法。

民航服务实行实名凭证件乘坐飞机，机票不可转让，这就符合歧视定价的一个条件。但是就民航而言这个条件并不重要。民航乘客对民航的需求弹性不同。公务乘客根据工作需要决定是否乘坐飞机，费用由公司承担，因此，很少考虑价格因素，或者说，需求缺乏弹性。私人乘客根据价格及其他因素，在民航、铁路、公路或自己驾车之间做出选择，而且自己承担费用，这样，需求富有弹性。民航乘客的需求弹性不同，使民航实行歧视定价有了可能。

但关键是要找出一种办法客观地把具有不同需求弹性的乘客区分开。民航公司采用了不同方法。第一种方法是对两个城市之间的往返乘客,周六在对方城市过夜的实行折扣价,周六不在对方城市过夜的实行全价。因为他们发现,一般来说,公务乘客周六不在对方城市过夜,即使价格高他们也要在周末回去与家人团聚。但民用乘客在有折扣时愿意选择周六在对方城市过夜。第二,根据订票时间差异,制定不同票价。一般来说,私人乘客出行有一个计划,可以提前订票,而公务乘客临时决定外出的购票者多。这样就可以根据订票时间不同而实行价格歧视了。如提前2周订票打7折或更多,临时登机前购票者是全价。第三,对不同收入者的歧视定价。机票价格在高收入者的支出中占的比例很低,需求就缺乏弹性,而对低收入者来说,机票价格占支出的比例可能就高,需求富有弹性。因此,根据不同的服务对象确定不同的票价。例如,高价的票无任何限制,随时可以乘机,高收入者不在乎多花钱,方便得很。低价的票有种种限制(周末不能乘机,提前2周定票,航班由航空公司指定等),低收入者也愿意接受。这些办法都有效地区分了不同需求弹性的乘客,可以有效地实行歧视定价。

歧视定价原理告诉我们,价格竞争不只是提价或降价,还可以灵活地运用多种价格形式。歧视定价就是一种重要的定价方式。

资料来源:http://olclass.shtvu.org.cn/wskt_resource/200301/kecheng/JR0307/8title6200352815142/alfx6.htm

8.2 垄断竞争市场上厂商的产量与价格决定

完全竞争与完全垄断是两种极端的市场组织。在现实经济生活中,大多数市场主要是介于完全竞争市场与完全垄断市场之间的市场:垄断竞争和寡头垄断。

8.2.1 垄断竞争市场的条件

垄断竞争市场是指有许多厂商生产并销售相近而非同质产品的市场组织。垄断竞争市场的条件主要有以下三点。

(1) 生产集团中的厂商规模较小、数目很多。没有一家企业能有效地影响其他企业的行为。每个厂商都认为自己的行为对其他厂商影响很小,不会引起竞争对手的注意和反应。每个厂商自以为可以独立行动,也可以忽视其他厂商对自身利益的影响。

(2) 在生产集团中的大量企业生产有差别的同种产品。一方面,这些产品是基本相同的、非常接近,产品之间存在着较强的替代性。产品的替代性,导致生产集团厂商之间的竞争性。另一方面,大量同类产品又有所区别。产品差别不仅指同种产品在质量、包装、品牌、商标、销售条件等商品本身存在的差别,还包括广告和以消费者的主观想象为基础的差别。产品差别的目的就在于引起消费者对个别产品的重视,降低产品的替代性,形成厂商一定程度上对市场的垄断。厂商对产品的垄断程度与产品的差别程度呈同方向变动。产品的差别程度愈大,厂商对产品的垄断程度就愈高;反之,产品的差别程度愈小,厂商对产品的垄断程度就愈低。

(3) 进入或退出市场比较容易。在完全竞争和完全垄断市场条件下，行业是生产同一种无差别产品的厂商总和。在一定意义上，行业常常被用来表示"市场"。而垄断竞争市场中，厂商产品的差别使得该类型市场厂商的集合不能称为行业。在垄断竞争理论中，把市场上大量生产相近而非同质产品的厂商的总和称作生产集团。比如汽车生产集团、快餐食品集团等。

根据垄断竞争市场的以上三个基本条件，可以得出简单结论：垄断竞争厂商是市场价格的影响者，也就是说，对价格具有某种影响力。产品差异的存在使得垄断竞争厂商在市场上对自己的产品具有一定的垄断性，从而有一定的价格控制能力，个别厂商不再是市场价格的接受者。同时，产品之间很高的替代性又使各厂商不能充分控制市场价格，个别厂商也不可能是市场价格的制定者。

在现实生活中，垄断竞争市场组织普遍存在于零售业、日用品行业和服务业。因此，研究垄断竞争具有重要的现实意义。

严格地讲，由于垄断竞争市场厂商产品的差异，使得各个厂商的成本曲线和需求曲线并不相同。在垄断竞争市场模型中，为了分析方便，一般假定生产集团内所有厂商都有相同的需求曲线和成本曲线，并以某个代表性厂商进行分析。

8.2.2 垄断竞争市场的需求曲线

由于垄断竞争厂商可以在一定程度上控制自己产品的价格，即通过改变自己所生产的有差别的产品的销售量来影响商品价格，所以，如同垄断厂商一样，垄断竞争厂商所面临的需求曲线也是向右下方倾斜的。与完全垄断厂商不同的是，完全垄断厂商的需求曲线比较陡峭，而垄断竞争厂商的需求曲线比较平坦。由于各垄断竞争厂商的产品相互之间具有很强的替代性，市场中的竞争因素又使得垄断竞争厂商所面临的需求曲线具有较大的弹性。因此，垄断竞争厂商向右下方倾斜的需求曲线是比较平坦的，相对地比较接近完全竞争厂商的水平形状需求曲线。

垄断竞争厂商的需求曲线有两种：主观需求曲线 d 和客观需求曲线 $D(\frac{1}{N})$。下面用图 8.10 分别说明这两种需求曲线。

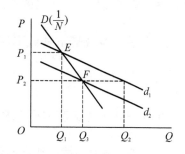

图 8.10 主观需求曲线与客观需求曲线

(1) 主观需求曲线 d。主观需求曲线 d，是指当在垄断竞争生产集团中某个代表性厂商调整产品价格，而其他厂商的产品价格都保持不变时，代表性厂商的产品价格和销售量之间的关系。在图 8.10 中，d_1 是一条弹性较大的主观需求曲线。在价格为 P_1 时，代表性厂商的销售量为 Q_1；在价格降到 P_2 时，销售量增加到 Q_2。由于这个代表性厂商自以为可以独立行为，其他厂商不会做出反应；即代表性厂商降低产品价格后,其他厂商没有采取相应降价行为。随着产品价格下降,代表性厂商产品销售的增加量包括了两个部分:一部分是对该厂商原有消费者销售量的增加,另一部分是对其他厂商产品消费者销售量的增加。反之,若该垄断竞争厂商相信在其他厂商价格不变时,其产品容易被其他厂商的产品所替代,则其预期自己产品的销售量会大幅度地下降。因此,该代表性厂商的主观需求曲线 d 比较平坦。

(2) 客观需求曲线 $D(\frac{1}{N})$。客观需求曲线,是指当在垄断竞争生产集团中某个代表性厂商调整产品价格,其他厂商也采取相应价格变化时,代表性厂商的产品价格和销售量之间的关系。因此,客观需求曲线是一条垄断竞争生产集团中所有厂商价格同时变动的需求曲线。在图8.10中,$D(\frac{1}{N})$ 是一条弹性较小的客观需求曲线。在价格为 P_1 时,代表性厂商的销售量为 Q_1;在价格降到 P_2 时,销售量增加到 Q_3,Q_3 小于该价格下预期需求量 Q_2。代表性厂商降低价格使自己销售量沿着客观需求曲线 $D(\frac{1}{N})$ 由 E 点运动到 F 点。同时,d_1 需求曲线也相应地沿着客观需求曲线 $D(\frac{1}{N})$ 由 E 点平移到 F 点,即 d_2 主观需求曲线。在代表性厂商价格变动、伴随集团内其他所有厂商做同样变动的情况下,价格的变动不会改变生产集团内原有消费者在各厂商之间的分配。随着产品降低价格,代表性厂商销售的增加量,仅仅是对自己原消费者销售的增加量;反之,若代表性厂商与其他厂商同样提高价格时,代表性厂商销售的减少量仅是对自己原有消费者销售的减少量,因此代表性厂商的销售量不会大幅度地下降。在垄断竞争的生产集团内,每个厂商所占有的市场份额不会改变。因此,客观需求曲线 $D(\frac{1}{N})$ 也被称为"实际市场份额"需求曲线。如果生产集团内有 N 个垄断竞争厂商,客观需求曲线 $D(\frac{1}{N})$ 总是表示每个厂商的实际销售份额为市场总销售量的 $\frac{1}{N}$。

主观需求曲线 d 和客观需求曲线 $D(\frac{1}{N})$ 的一般关系:第一,当垄断竞争生产集团内的所有厂商都以同样方式改变产品价格时,单个厂商主观需求曲线 d 沿着客观需求曲线 $D(\frac{1}{N})$ 发生平移;第二,客观需求曲线 $D(\frac{1}{N})$ 与主观需求曲线 d 的交点表示单个厂商同时实现了主观需求和市场客观需求,垄断竞争市场处于供求均衡状态。第三,客观需求曲线 $D(\frac{1}{N})$ 比

主观需求曲线 d 陡峭，即厂商的客观需求曲线 $D(\frac{1}{N})$ 弹性较小。

8.2.3 垄断竞争市场的短期均衡

在短期内，某代表性垄断竞争厂商是在现有的生产规模下通过对产量和价格的同时调整，来实现 $MR=SMC$ 的均衡条件，现用图 8.11 来分析垄断竞争厂商的短期均衡以及价格、产量、利润的决定过程。

在图 8.11(a)中，短期成本曲线 SAC 和边际成本曲线 MC 表示代表性厂商的现有生产规模，d 曲线和 D 曲线分别表示代表性厂商的客观需求曲线与主观需求曲线，MR_1 曲线是相对于需求曲线 d_1 的边际收益曲线，MR_2 曲线是相对于需求曲线 d_2 的边际收益曲线。假定代表性厂商最初在主观需求曲线 d_1 和客观需求曲线 D 的交点 A 处进行生产，但 A 点并不是均衡点。按照最大利润原则 $MR_1=SMC$，厂商均衡点 E_1 决定厂商的产量 Q_1，并由 Q_1 和主观需求曲线 d_1 决定价格，厂商将选择点 B 所决定的价格 P_1 和产量 Q_2。

然而，在垄断竞争条件下，代表性厂商有利可图的某种变动，总是伴随集团内所有厂商的同等变动。既然代表性厂商为实现利润最大化，把价格确定为 P_1，集团内所有厂商也会把价格确定为 P_1，产量定位为 Q_1。于是，当整个市场的价格下降为 P_1，此时，代表性厂商的需求曲线 d_1 也就向下平行移动到 d_2 的位置，即由 A 点沿着客观需求曲线 D 移动到 C 点，每个企业的产量都是 Q_2，而不是 Q_1。相应地，每个企业的 d_1 曲线也都沿着 D 曲线移到 d_2 的位置。因此，首次降价的结果是代表性厂商的经营位置由 A 点沿着 D 曲线移到 C 点上。

在 C 点上，d_2 曲线所对应的边际收益曲线为 MR_2。显然，C 点所对应的价格 P_1 和产量 Q_2，仍然不符合 $MR_2=SMC$ 的均衡点 E_2 点上的价格 P_2 和产量 Q_3 的要求。因此，该厂商又会再一次降价，与第一次降价相同，厂商将沿着 D 曲线由 C 移动到 G 点。相应地，d_2 曲线再一次向下平移至 G 点。依此类推，代表性厂商为实现利润最大化，会继续降低价格，主观需求曲线 d 会沿着客观需求曲线 D 不断向下平移，并在每一个新的市场价格水平与需求曲线 D 相交。

上述的过程一直要持续到代表性厂商没有理由再继续降价为止，即一直要持续到厂商所追求的 $MR=SMC$ 的均衡条件实现为止。如图 8.11(b)所示，代表性厂商连续降价的行为的最终结果将使得 d 曲线和 D 曲线相交点 H 上的产量和价格，恰好是 $MR=SMC$ 时的均衡点 E 所要求的产量 Q_e 和价格 P_e，此时，厂商便实现了短期均衡，并获得了最大利润，利润量相当于图中阴影部分的面积。

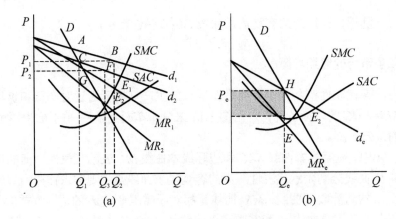

图 8.11 垄断竞争市场代表性厂商的短期均衡

当然，垄断竞争厂商在短期均衡点上并非一定能获得最大的利润，也可能是最小的亏损。这取决于均衡价格是大于还是小于 SAC。在企业亏损时，只要均衡价格大于 AVC，企业在短期内总是继续生产的；只要均衡价格小于 AVC，企业在短期内就会停产。

垄断竞争厂商短期均衡的条件是

$$MR = SMC \qquad (8.11)$$
$$d = D \qquad (8.12)$$

垄断竞争厂商短期均衡的实现条件"$MR=SMC, D=d$"的基本含义为：就厂商的决定产量而言，边际收益 MR 取决于厂商的主观需求曲线 d；就厂商的实际利润而言，边际收益 MR 取决于厂商的客观需求曲线 D。垄断竞争厂商均衡产量，必须使两种边际收益一致，即主观需求曲线和客观需求曲线交点决定的边际收益。此时，实现两种需求曲线的需求量与价格统一。

在短期均衡的产量 Q 上，必定存在一个主观需求曲线 d 和客观需求曲线 D 的交点，它意味着市场上的供求是相等的。此时，垄断竞争厂商实现了利润最大化，可能利润为 0，也可能蒙受最小亏损。

8.2.4 垄断竞争市场的长期均衡

在长期内，垄断竞争厂商不仅可以调整生产规模，还可以加入或退出生产集团。这就意味着，垄断竞争厂商在长期均量时的利润必定为零，即在垄断竞争厂商的长期均衡点上，需求曲线 d 必定与 LAC 曲线相切。简单地看，这些情况与完全竞争厂商是相似的。但由于垄断竞争厂商所面临的是两条向右下方倾斜的需求曲线，因此，垄断竞争厂商的长期均衡的实现过程及其状态具有自身的特点。

垄断竞争厂商的长期均衡的形成过程可以用图 8.12 说明。

在图 8.12(a)中，d 和 D 分别表示垄断竞争厂商的两条需求曲线，它们相交于 I 点，市场供求均等。假设代表性厂商开始在 I 点上经营。在 I 点所对应的均衡价格和产销量分别为 P_1 和 Q_1，最优生产规模由 SAC_1 曲线和 SMC_1 曲线所代表；厂商的边际收益 MR 曲线、长期边际成本 LMC 曲线和短期边际成本 SMC 曲线相交于 E_1 点，E_1 点是垄断竞争厂商的短期均衡点。由于均衡价格高于平均成本，厂商可以获得经济利润，利润量相当于图中阴影部分的面积。

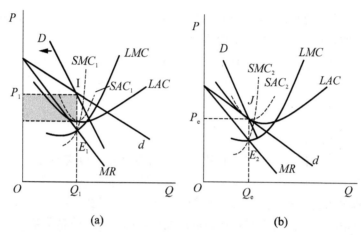

图 8.12 垄断竞争市场代表性厂商的长期均衡

由于生产集团内存在着利润，新的厂商就会被吸引进来。随着生产集团内企业数量的增加，在市场需求规模不变的条件下，每一个厂商所面临的市场份额就会减少。相应地，代表性厂商的客观需求曲线 D 便向左下方平移。随着生产集团内厂商数目的增多，市场价格将不断下降，主观需求曲线 d 就会不断向下方平移。这种主观需求曲线和客观需求曲线的移动过程，一直移动到每一个厂商经济利润为 0，新厂商不愿意进入为止。在图 8.12(b) 中，代表性厂商的两条需求曲线分别移动到 d 和 D 的位置。这时，边际收益等于长期边际成本，也等于短期边际成本，即 $MR=SMC=LMC$。长期平均成本曲线 LAC 与短期平均成本曲线在 d 与 D 的交点 J 处相切，切点所对应的价格为 P_e 和产量 Q_e。垄断竞争厂商长期均衡时的价格与数量组合，等于厂商的平均成本与产量的组合；销售总额等于总成本，生产集团的经济利润为零。反之，若市场价格低于厂商的平均成本，长期内有些厂商就会退出该生产集团，生产集团内厂商的市场份额相应增加，市场价格就会上升，每一个市场价格下又产生了新的主观需求曲线。这种主观需求曲线和客观需求曲线的移动过程，一直移动到每一个厂商经济利润为 0，没有厂商不愿意退出为止。

总之，垄断竞争厂商的长期均衡条件为

$$MR = SMC = LMC \tag{8.13}$$

$$P = AR = LAC = SAC \tag{8.14}$$
$$d = D \tag{8.15}$$

垄断竞争厂商长期均衡的实现条件"$MR=SMC=LMC$,$P=AR=LAC=SAC$,$D=d$"的含义为：垄断竞争厂商的长期均衡点只存在长期平均成本曲线和短期平均成本曲线的切点与主观需求曲线和客观需求曲线的交点重合的情况下。长期均衡必然存在短期均衡，短期均衡未必长期均衡。

与完全竞争市场长期均衡条件不同的是，垄断竞争厂商达到长期均衡时，平均收益、平均成本、边际收益和边际成本并不都相等。

在垄断竞争市场上，厂商所面临的需求曲线向下方倾斜，厂商的产量和价格之间不存在一一对应关系，因此，尽管存在短期均衡和长期均衡，但是并不存在一条具有规律性的供给曲线。

8.2.5 非价格竞争

一个垄断竞争厂商可以通过改变价格，从而改变产量，以实现利润最大化。在垄断竞争市场上，厂商还可以通过改变产品品质、营销广告等非价格竞争手段的方式来影响销售量，以实现利润最大化，所以垄断竞争厂商有两种改变销量的方式：价格竞争与非价格竞争。在垄断竞争市场上，厂商之间既存在价格竞争，也存在非价格竞争。就价格竞争而言，它虽然能使一部分厂商得到好处，但从长期看，价格竞争会导致产品价格持续下降，最终使厂商的利润消失。因此，非价格竞争便成为垄断竞争厂商普遍采取的另一种竞争方式。

在垄断竞争市场上，由于每一个厂商生产的产品都是有差别的，所以，垄断竞争厂商往往通过改进产品品质、精心设计商标和包装、改善售后服务以及广告宣传等手段，来扩大自己产品的市场销售份额，这就是非价格竞争。非价格竞争包括：品质竞争和销售竞争。

厂商进行非价格竞争是需要花费成本的。例如，改进产品性能会增加生产成本，增设售后服务网点需要增加投入，广告宣传的费用也相当可观。厂商进行非价格竞争所花费的总成本必须小于由此所得到的总收益，否则，厂商就不可能进行非价格竞争。边际收益等于边际成本的利润最大化原则，对于非价格竞争仍然是适用的。

有的经济学家认为，非价格竞争作为厂商之间相互竞争的一种形式，它强化了市场的竞争程度，并且非价格竞争的一些具体做法客观上迎合了消费者的某些需要。也有一部分经济学家认为，非价格竞争增加了消费者对某些产品的依赖程度，从而使得厂商加强了对自己产品的垄断程度。

尤其关于广告作用的问题，更是引起经济学家的广泛关注。一般来说，经济学家认为，将广告分为信息性广告和劝说性广告这两类，是有助于问题分析的。就信息性广告而言，它提供了关于商品比较充分的信息，有利于消费者做出最佳的购买决策，且节约了消费者的信息搜寻成本。信息性广告之间的相互竞争，有利于经济资源的合理配置。相反，劝说性广告却很少能提供对消费者来说真正有用的信息，尽管劝说性广告也会增加厂商的销售量，但被诱导的消费者往往并不能够购买到自己实际上需要且真正满意的商品。在现实生活中，每一个广告宣传往往既带有提供信息的成分，同时又带有劝说的成分。正因为如此，评价广告的作用，就要进行具体分析。

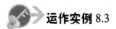
运作实例8.3

经济学教科书的特色化经营

在国外，大学用的经济学教科书多如牛毛，由于每一种教科书都突出了自己的特色，即有自己的产品差别，因此每一种教科书都有自己的市场。

经济学教科书市场是一个垄断竞争市场。不同的教科书内容基本相同，但在作者、写作风格、内容侧重点、表述方式，甚至包装印刷等方面又有自己的特色。产品特色使它们可以在一部分消费者中形成垄断地位，内容大同小异又使它们相互有替代性，形成竞争。这正是一个典型的垄断竞争市场。

在这个市场上，每一种有特色的教科书都可以获得成功。例如，萨缪尔森的《经济学》以作者知名度高和历史悠久而占有一部分市场。萨缪尔森被称为20世纪经济学的"掌门人"，获得过诺贝尔经济学奖。作者的这种名声与学术地位本身就成为这本书的特色。而且，这本《经济学》是现代经济体系的第一本教科书，这又是其他同类教科书无法比拟的产品差别。斯蒂格里茨的《经济学》教科书历史要短得多，但作者不仅理论造诣深，曾获得2001年诺贝尔经济学奖，而且曾担任克林顿总统经济顾问委员会主席和世界银行副行长，对现实经济相当了解。他的这本书理论与实际的结合，就成为重要特色。曼昆是经济学界的后起之秀，名气还不如前两位，但他的《经济学原理》以通俗、生动、活泼的风格赢得了市场。迈克尔·帕金并不是知名经济学家，但他的《经济学》理论有一定深度，又通俗易懂，最适于作为入门教科书，同样有自己的市场。每一本经济学教科书都以自己的特色分享一部分市场，它们之间的竞争又使这种教科书越写越好。没有特色的教科书就没有市场。

尽管现在的经济学教科书已经很多了，但仍然有新的教科书在出现，每出一本新的必然有与其他教科书的不同之处。在这个市场上，创造产品差别的活动是无限的。这正是教科书越写越好，市场有活力的原因。

资料来源：http://www.cdrtvu.com/media_file/2006/11/10/dd091c47—9917—407d—a185—84a4e2414026/001.html

8.3 寡头垄断市场的均衡

寡头垄断与垄断竞争一样是介于完全竞争和垄断这两种极端情况之间的一种市场结构。但寡头垄断和垄断竞争是完全不同的。寡头垄断不同于垄断竞争的状态，因为这个市场上只有几个卖者。卖者数量少，使得激烈的竞争不大可能，而且更使企业之间的战略相关性显得极为重要。

8.3.1 寡头垄断市场的基本特征

寡头垄断市场又称寡头市场，是指少数厂商垄断了整个市场产品生产和销售的一种市场组织。寡头市场是一种较为普遍的市场组织，比如，汽车业、石化行业、钢铁行业等。

寡头垄断市场具有以下几个特征：①厂商数目极少，进入或退出不易。市场上只有少数几个地位举足轻重的厂商，每个厂商对产品的价格具有相当的影响力，新的厂商很难介入并与之抗衡；②产品同质或异质。生产完全相同产品的几家厂商称为纯粹寡头，如石油、钢铁行业的寡头；生产有差别产品的几家厂商称为差别寡头，如汽车、香烟等行业的寡头；③厂商相互依存。在寡头垄断市场上，由于只有少数几个厂商，厂商之间存在相互依存的关系，每个厂商的收益和利润不仅取决于自己的价格和产量，而且受到其他厂商行为的影响；④厂商行为不确定。厂商对价格具有一定的影响力，但不能决定价格，是价格的寻求者。

形成寡头垄断市场的主要原因有：某些产品的生产必须在相当大的生产规模上运行才能达到最好的经济效益；行业中只有几家厂商控制着对生产所需的基本生产资源的供给；政府的扶植与支持等。

以上特征决定了寡头垄断市场价格与产量的决定具有以下特征：①价格与产量的决定具有不确定性；②价格与产量一旦确定，就有相对的稳定性。由于难以摸清竞争对手的行为，一般不会轻易变动原有均衡；③相互依存性使他们容易形成某种形式的勾结。

寡头垄断厂商的价格和产量决定是一个复杂的问题。其主要原因在于：由于厂商之间相互依存，因而厂商不能独立决策。任何一个厂商做出决策，其结果自己不能左右，而取决于竞争对手的反应，而这种反应是无法确定的，因此厂商行为的不确定，致使寡头垄断厂商的均衡价格和产量难以有一确定的解。

8.3.2 勾结的寡头

寡头垄断市场厂商数目很少，并且相互依存，厂商意识到如果展开竞争，势必两败俱伤，因此厂商之间会选择相互勾结，在价格、市场份额、广告支出等方面达成协议，以减少未来收益的不确定性，增加行业的总利润。寡头的勾结通常有两种形式：公开的勾结和隐蔽的勾结。

1. 公开的勾结——卡特尔

卡特尔(cartel)就是寡头垄断厂商用公开或正式的方式进行勾结的一种形式。它是一个行业的独立厂商之间通过在价格、产量和市场划分等方面达成明确的协议而建立的垄断组织。卡特尔的主要任务有两个：一是为各成员厂商的产品规定统一的价格；二是在各成员厂商之间分配总产量。

第 8 章
市场结构理论(二)

卡特尔制定统一价格的原则是使整个卡特尔的利润最大化。如果所有成员厂商的行动能够使得他们像一个厂商一样,卡特尔就可以像一个完全垄断厂商那样决定价格和产量,实现行业的利润最大化,如图 8.13 所示。

在图 8.13 中,卡特尔的需求曲线和边际收益曲线分别为 D,卡特尔的长期平均成本和边际成本为 $LAC=MC$。由利润最大化条件:行业的边际收益等于行业的边际成本($MR=MC$)决定的使得行业利润最大的产量 Q_1,市场统一价格为 P_1,也是卡特尔的全部市场份额。卡特尔的所有成员瓜分这个市场份额,其产量之和等于 Q_1,以支持行业统一价格。如果某个成员的产量突破自己的份额,则会破坏行业均衡,其结果要么导致市场价格下降(低于 P_1),要么有一部分产品卖不出去。若按照完全竞争 $P=MC$ 条件定价,则市场的产量与价格分别为 Q_2 和 P_2。显然,卡特尔通过降低行业的产量,提高了市场价格。

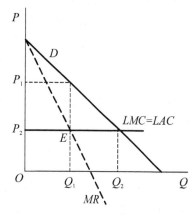

图 8.13 卡特尔的价格与产量的确定

卡特尔能否有效地控制价格与产量,有两个重要的条件:①卡特尔必须在其成员对价格及产量达成一致的基础上形成,并要求成员共同遵守协定。若卡特尔不能有效制裁其成员的"越轨"行为,甚至竞相效仿,则整个卡特尔就会瓦解。②卡特尔的存在取决于其市场垄断势力的大小。卡特尔的垄断势力越大,需求曲线越缺乏弹性,则控制市场越有效。

卡特尔分配产量定额的原则是使各个厂商的边际成本相等,并且与卡特尔均衡产量水平的边际成本相等。这种产量分配方式往往被认为是一种理想的分配方式,现实中很难实现。因为卡特尔内部成员之间的产量分配受到厂商的地位、厂商已有的生产能力和销售规模以及地区划分的影响。同时卡特尔的各成员厂商不仅可以通过广告、信用、服务等非价格竞争手段拓宽销路,增加产量,还可能采取欺骗其他成员的手段,私下违背卡特尔的市场份额和价格协议。此外,行业利润会激励新的厂商进入。因此卡特尔是不稳定的,而且公开勾结是法律禁止的。

2. 隐蔽的勾结——价格领导

由于公开的勾结和协议往往被认为是非法的,因此寡头垄断厂商更多的是采取暗中勾结的方式。价格领导(price leadership)是主要的形式之一。价格领导是指行业中的一个或极少数几个大厂商开始变动价格,其他厂商随之变动。处于价格领导地位的厂商一般是依据自身实力或市场行情来确定价格的变动,其他厂商随之采取相应的行动。根据价格领导厂商的具体情况,价格领导可分为两种类型:晴雨表型价格领导、支配型价格领导。

(1) 晴雨表型价格领导,是指晴雨表型厂商依据市场行情首先确定能够合理、准确反映整个行业成本和需求情况变化的价格,其他厂商按这一价格对自己的价格进行调整。晴雨表型厂商是具有较强行业代表性的厂商,而不一定是行业中规模最大、效率最高的厂商,能代表行业厂商的意愿和行业的平均利润水平,其他厂商愿意默认其市场定价。

在现实市场竞争中,晴雨表型的价格领导者一般是在区域市场处于边际地位($P=MC$)的小份额厂商,其他边际内的寡头垄断的厂商($P>MC$)在同一区域市场常常默认前者的市场定价,利用低成本优势而获取超额利润。比如,在某一发电厂同时有4家煤矿企业为其供应煤炭,各供应商的市场份额分别为40%、40%、10%和10%,煤炭市场价格为245元/吨,市场份额为40%的供应商为垄断寡头,市场份额为10%以下的供应商为完全竞争供应商——晴雨表型供应商,各供应商的运输成本为:垄断寡头的运输成本为30元/吨,晴雨表型供应商的运输成本为150元/吨和120元/吨。运输成本最高的供应商就是晴雨表型价格领导者,它能够直接反映煤炭供应的成本。假定各煤炭供应商生产成本基本相等,则市场均衡的结果为:在各供应商接受相同市场价格(一般市场份额大的供应商会采取稍低的价格)的情况下,垄断寡头供应商制造一定的市场紧缺,默认晴雨表型厂商进入市场并形成市场均衡价格(如图8.14所示),垄断寡头以此价格为基准,确定自己的价格,从而获取超额利润(运输成本节约90~120元/吨)。保持晴雨表型供应商的存在,就是为了给区域市场树立价格信号。若市场份额大的供应商降低价格,则销售量增加不多,总收入会减少。若市场份额大的供应商提高价格,由于市场价格处于无限弹性阶段,则市场份额会大幅下降,总收入也下降。因此,各厂商均衡的结果是寡头供应商垄断产量不垄断价格,市场份额小的供应商是市场价格的发现者和领导者。

支配型的价格领导者,也可以通过市场交易结构设计,分隔不同交易市场,自己设计市场价格的晴雨表。比如,大型企业对企业的小型用户采取竞标交易,从而发现市场价格;对企业的大型用户采取合同交易,其价格随竞标交易价格变动(注意不是相同价格)。企业的竞标交易就是市场的价格与供求晴雨表的设计。

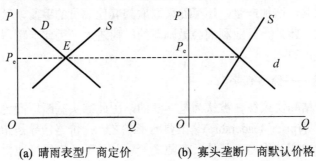

(a) 晴雨表型厂商定价　　(b) 寡头垄断厂商默认价格

图8.14　晴雨表型价格领导模型

(2) 支配型的价格领导,是指市场销售份额较大、地位稳固、具有支配能力的大厂商,根据自己利润最大化的需要和其他厂商希望销售的全部产量来确定和变动价格,其他中小厂商则以这一价格为准绳,按照边际成本等于价格的原则确定均衡产量。在这种情况下,中小厂商可以出售其所能提供的全部产量,市场需求量与小厂商产量的差额完全由支配型厂商提供。

阅读材料 8.1

卡特尔——石油输出国组织 OPEC[①]

1960 年 9 月,由伊朗、伊拉克、科威特、沙特阿拉伯和委内瑞拉的代表在巴格达开会,决定联合起来共同对付西方石油公司,维护石油收入,14 日,五国宣告成立石油输出国组织 (Organization of Petroleum Exporting Countries, OPEC),简称"欧佩克"。随着成员的增加,欧佩克发展成为亚洲、非洲和拉丁美洲一些主要石油生产国的国际性石油组织。欧佩克总部设在维也纳。目前,欧佩克成员包括沙特阿拉伯、伊朗、委内瑞拉、利比亚、印度尼西亚、阿拉伯联合酋长国、阿尔及利亚、尼日利亚、厄瓜多尔、加蓬、伊拉克、科威特和卡塔尔。沙特阿拉伯和科威特包括他们共同开发地带(即从前的中立区)。安哥拉在 2006 年 11 月也加入到了 OPEC。

石油输出国组织的宗旨是,协调和统一各成员国的石油政策,并确定以最适宜的手段来维护它们各自和共同的利益。欧佩克组织条例要求该组织致力于石油市场的稳定与繁荣,因此,为使石油生产者与消费者的利益都得到保证,欧佩克实行石油生产配额制。如果石油需求上升,或者某些产油国减少了石油产量,欧佩克将增加其石油产量,以阻止石油价格的飚升。为阻止石油价格下滑,欧佩克也有可能依据市场形势减少石油的产量。例如,1990 年海湾危机期间,欧佩克大幅度增加了石油产量,以弥补伊拉克遭经济制裁后石油市场上出现的每天 300 万桶的缺口。

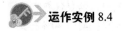运作实例 8.4

万亿石油美元流向何方[②]

石油美元(petro-dollar),最初是指 20 世纪 70 年代中期石油输出国由于石油价格大幅提高后增加的石油收入,在扣除用于发展本国经济和国内其他支出后的盈余资金。由于目前美元是国际石油市场的主要计价和结算货币,2001 年以来,在供求关系、地缘政治形势以及市场投机、自然灾害等多种因素的作用下,国际油价持续大幅上涨,这使得产油国再次积累了大量石油美元。目前的石油美元估计有 8000 亿到 1 万亿美元,已成为国际资本市场上一支令人瞩目的巨大力量。

---

① 资料来源:http://www.opec.org
② 资料来源:http://www.sina.com.cn,2007 年 01 月 04 日,第一财经日报(有删减)。

产生和规模

值得注意的是,石油美元形成的主要原因是石油价格的上涨,而不是产油国给全球经济注入了更多的石油。因此近年来石油美元规模的膨胀,仅仅意味着产油国从全球产出中分得了更大的一块蛋糕,但产油国对做大全球产出几乎毫无贡献。

从20世纪80年代之后,国际油价走上了不断攀升的轨道,但是全球原油产出也在同步增加吗?情况并非如此。根据OPEC 2005年的年度统计公告,从1983年开始,OPEC各国降低了石油产量,1987年石油产量是1973年第一次石油危机以来的最低点,大约只有1973年石油产量的50%。1987年以后石油产量每年都在平稳地增加,此后一直保持日产3 000万桶左右的水平。

尽管OPEC日均石油产量不断提升,但世界日均石油产量并未超过20世纪70年代的水准。从1999年起,OPEC国家的石油出口收入随着油价攀升再次呈现强烈的增势,到2005年,OPEC国家的年石油收入突破了5 000亿美元。因此,坦率地说,目前国际资本市场上近万亿石油美元的规模,仅仅意味着时隔30年后,石油净出口国深刻地改变了全球产出的分配格局,它们分到了更大的一块蛋糕,仅此而已,这块蛋糕意味着石油净进口国向出口国的利益转移。

根据国际货币基金组织(IMF)的估计,石油出口国的真实石油收入在2005年就接近8 000亿美元,大大高于2002年的3 300亿美元,根据国际清算银行的估计,1998年至2005年,OPEC国家因油价上涨带来的额外的石油出口收益超过13 000亿美元。考虑到OPEC国家的边际进口倾向仅有40%左右,本国金融系统又欠发达,再加上非OPEC产油国的石油美元盈余,国际资本市场上由此增加近万亿美元的资金是完全可能的。

流向引人注目

石油出口国对石油美元的使用可以划分为两大渠道。经常项目渠道:产油国进口更多的商品和服务。从经常项目途径上来看,以OPEC国家为例,以往每一次石油收入的增长必然伴随着其进口的大幅增长,但1983年开始OPEC国家的边际进口倾向显著下降,增长趋势明显下降。

我们倾向于认为,石油美元并没有像OPEC声称的那样,把石油出口国获得的石油出口收入大部分都用于商品和服务进口,而是用于投资。根据OPEC的官方统计,2002~2004年间,OPEC的进口值占石油出口收入之比高达近90%,事实上OPEC的进口倾向可能大大低于这个水平。当使用"商品和服务进口增量/石油出口收入增量"指标时,可以得到完全不同的结论:2002~2005年间,石油出口国仅仅把它们增量石油出口收入中的52%用于增量的商品和服务进口上,远远低于第一和第二次石油危机期间90%左右的比例。

资本项目渠道:产油国对外投资规模猛增。1998年之前,各石油输出国通过资本项目渠道的大规模投资,主要是在1974—1976年和1979—1981年。当时各石油输出国对高油价导致的财富猛增缺少准备,它们把大部分石油美元投入了美国国债市场以及屈指可数的几家国际银行。这些银行又把资金借给了拉美国家。最终,拉美国家无力还债,由此造成的债务危机震撼了全球金融体系。

这一次,石油美元在投资方式上有了重大改变,石油美元在全球金融市场的投资趋于多样化,从原来单一的存款于国际商业银行,再由商业银行进行再投资转变为直接投资、组合投资、以外汇储备的方式持有外汇资产等方式。

石油美元在其投资地区有很大的改变,各产油国纷纷加大了对亚太地区的投资力度,特别是近年来对中国、韩国等国的投资数额逐年上升。1999年第一季度至2005年第一季度OPEC各国在世界范围内的投资总额超过8 000亿美元,其中美国2770亿美元,日本1 860亿美元,中国和其他亚洲国家2 450亿美元,欧盟 760 亿美元。其中中国和亚洲是 OPEC 国家投资增量最大的地方，OPEC 各成员国越来越多地认识到亚太地区在新一轮的世界经济增长中扮演着重要的角色，投资于这个新兴的领域也将为其带来丰厚的利益。

8.3.3 非勾结的寡头

1. 古诺模型

最早出现的寡头垄断模型，是法国数理经济学家古诺(A Cournot)在 1838 年以天然矿泉水为例创立的，古诺模型通常被称为寡头理论分析的出发点。古诺模型是一个只有两个寡头厂商的简单模型，也被称为"双头模型"。其特点是：以假定推测产量；双方假定对方不会改变原有的产量，以求自己的最大利润。

(1) 古诺模型的假定。

第一，市场上只有两个相同的厂商，彼此之间并不存在正式或非正式勾结；

第二，两个厂商生产同质产品，并以追求利润最大化为目标；

第三，每个厂商都视对方的产出水平既定不变，并据此确定自己的产量；

第四，需求曲线为线性，边际成本为常数。

双垄断寡头厂商古诺模型产量决定的基本思路：根据以上假定，双垄断寡头厂商必须同时做出产量决策，并且各厂商在做出产量决策时能够推测出其竞争对手正在进行的产量决策，按照市场需求曲线和推测的竞争对手的产量，可以测算出厂商的市场需求曲线，由厂商的需求曲线可以求出厂商的边际收益曲线，由 $MC=MR$ 原则可以确定厂商的最优产量。

(2) 古诺模型的产量确定。考察厂商 1 的产量决策过程。首先，假设厂商 1 预期厂商 2 的产量为 0。此时，厂商 1 的需求曲线实际上代表了市场需求曲线 $D(0)$，与 $D(0)$ 相对应的厂商 1 的边际收益曲线为 $MR(0)$。如图 8.15 所示，假定厂商的边际成本为常数，厂商 1 按照 $MR(0)=MC$ 原则确定的最优产量是 50 单位。现在，假设厂商 1 预期厂商 2 将生产 50 单位的产量，那么厂商 1 的需求曲线左移 50 单位，图中 $D(50)$，与 $D(50)$ 相对应，厂商 1 的边际收益曲线移至 $MR(50)$。按照此 $MR=MC$ 原则厂商 1 的最优产量为 25 单位。假设厂商 1 预期厂商 2 将生产 75 单位的产量，厂商的需求曲线就是将市场需求曲线向左移动 75 单位，为图中 $D(75)$；相应地，边际收益曲线为 $MR(75)$。按照 $MR=MC$ 原则，厂商 1 的最优产量为 12.5。假设厂商 1 预期厂商 2 将生产 100 单位产量或更多，厂商 1 将出现亏损，因此厂商 1 的产量应该为 0。

(3) 反应函数与古诺均衡。由此可见，厂商 1 的利润

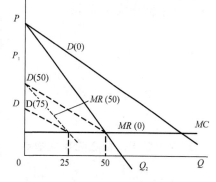

图 8.15 古诺双寡头垄断的产量决定

最大化产量是其推测厂商 2 的产量的减函数。厂商 2 多生产,厂商 1 就少生产。这种关系称为厂商 1 对厂商 2 的反应函数或反应曲线,记作

$$q_1^*(q_2) = f(q_2) \tag{8.16}$$

利用相同的方法,我们可以对厂商 2 的产量选择做出同样的考察,同样可以导出厂商 2 的反应函数或反应曲线,记作

$$q_2^*(q_1) = f(q_1) \tag{8.17}$$

式(8.17)表示对于厂商 1 的既定预期产量 q_1,厂商 2 的最优产量选择为 q_2^*。一般来说,如果厂商 2 的边际成本与厂商 1 的边际成本不相等,那么厂商 2 的最优产量 q_2 和厂商 1 预期的产量 q_1 并不相等;厂商 2 的反应曲线也就不同于厂商 1 的反应曲线。

在图 8.16 中,在两条反应曲线的交点 E 处,厂商 1 和厂商 2 的产量分别为 q_1^* 和 q_2^*,由于 E 点在厂商 1 的反应曲线 $q_1^*(q_2) = f(q_2)$ 上,所以 q_1^* 是厂商 1 对 q_2^* 的最优决策。同样,E 点也在厂商 2 的反应曲线 $q_2^*(q_1) = f(q_1)$ 上,q_2^* 是厂商 2 对 q_1^* 的最优对策。所以 E 点是一种稳定状态,称均衡点 (q_1^*, q_2^*) 为古诺均衡。偏离了古诺均衡,两个企业便不可能同时达到均衡,至多一个厂商实现利润最大化。

(4) 反应函数与古诺均衡解的推导。假定已知市场需求函数为:$P = a - bQ = a - b(q_1 + q_2)$,边际成本 $MC_1 = MC_2 = 0$。

确定厂商 1 的反应曲线:

厂商 1 的总收益:$R_1 = Pq_1 = aq_1 - b(q_1 + q_2)q_1$

边际收益:

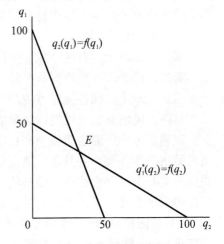

图 8.16 古诺双寡头均衡模型

$$MR_1 = a - 2bq_1 - bq_2$$

由利润最大化条件:

$$MR_1 = MC$$

得:

$$a - 2bq_1 - bq_2 = 0$$

解得到厂商 1 的反应函数:

$$q_1^*(q_2) = \frac{a}{2b} - \frac{q_2}{2}$$

同理可推导出厂商 2 的反应函数:

$$q_2^*(q_1) = \frac{a}{2b} - \frac{q_1}{2}$$

古诺均衡就在两曲线的交点,在此处各厂商在给定对方的产量时实现利润最大化,解

反应函数联立的方程组，可得古诺均衡解为：

$$q_1^* = q_2^* = \frac{a}{3b}, \quad Q = \frac{2a}{3b}$$

2. 斯威齐模型

斯威齐模型是美国经济学家保罗·斯威齐于 1939 年提出的用以说明寡头垄断市场价格刚性的寡头垄断模型。寡头厂商的价格相当长时期不变称为价格的刚性(rigidity)。价格刚性表明当需求或成本发生适度变动时，或两者都发生适度变动时，价格却保持不变。对此，斯威齐从一个价格已经确定的寡头垄断市场出发，用拐折的需求曲线模型(kinked demand curve model)加以说明。

斯威齐断言，寡头垄断厂商推测其他厂商对自己价格的态度是：跟跌不跟涨。在市场均衡一个价格 P_0 时，寡头垄断厂商的价格与产量变动有两种情况。若厂商降价($P<P_0$)，其他厂商也会采取同样的降价行为，以保持稳定的市场份额，该厂商在 P_0 以下的区段需求价格弹性小，需求曲线比较陡峭；若厂商涨价($P>P_0$)，其他厂商却不跟着涨价，以夺取市场份额，该厂商在 P_0 以上的需求价格弹性大，需求曲线相对平缓。因此寡头垄断厂商的需求曲线是折线需求曲线(如图 8.17 所示)。P_0 是已经确定的价格，Q_0 是与之对应的产量，D 为折线需求曲线，它由两条不同斜率的需求曲线组成。折点 E 以上部分曲线平缓，需求的价格弹性大；折点 E 以下部分曲线陡峭，需求的价格弹性小。与弯折的需求曲线相对应的边际收益 MR 也分为两部分，并出现了断开。为了实现利润最大化，厂商决定产量的原则仍然是边际收益等于边际成本($MR=MC$)。然而，在产量为 Q_0 时，边际成本曲线穿过边际收益的间断区间 ($E_1 \sim E_2$ 之间)。若厂商的边际成本曲线在 $E_1 \sim E_2$ 之间穿过，即边际成本由 MC_1 波动到 MC_2，那么，厂商不会改变其产量 Q_0 与价格 P_0。在这一范围内的厂商可保持价格不变，因而价格是具有刚性的。只有当边际成本的波动超过了 $E_1 \sim E_2$ 之间时，厂商才会改变其产量与价格。

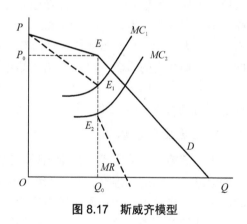

图 8.17 斯威齐模型

8.4 寡头市场中的博弈

8.4.1 简单博弈与博弈均衡

寡头垄断厂商为了达到垄断的目的，就需要合作，但合作往往是难以维持的。由于寡头垄断市场上厂商数量很少，每家厂商都必须按战略行事。厂商都知道，它的利润不仅取决于它生产多少,而且还取决于其他厂商生产多少。在做出生产决策时,寡头垄断市场上的每个厂商都必须考虑到它的决策会如何影响所有其他厂商的生产决策。经济学家用博弈论(game theory)来研究相互依存的厂商的决策行为。

博弈论:又称对策论,它是研究理性决策主体之间发生冲突时的一种战略行为分析方法,也是研究理性决策者之间冲突和合作的理论。博弈问题有三个基本要素:参与者(player)、策略集合(strategy)、得益(payoff)。

参与者:是指参与对策的直接当事人,是策略的制定者和决策主体。

策略集合:是指参与者可能采取的全部策略的集合,策略是参与者进行对策的手段和工具,每一个策略集合至少应该有两种不同的策略。

得益:是指参与者确定策略后,各自会得到相应的收益。

博弈论与传统微观经济学的对策理论,都是在给定约束的条件下追求效用或利润的最大化,但约束条件却有很大区别。在传统理论中,经济主体做出决策时并不考虑自己的选择对别人的影响,也不会考虑别人的决策对自己的影响。比如,消费者行为的家庭决策,是在给定的价格和收入的条件下,使其效用最大化。家庭的最优选择是收入和价格的函数,而不是其他人选择的函数,因此,不需要考虑自己决策对他人的影响,也不需要考虑他人决策对自己的影响。博弈论研究的情况则不同,个人最优决策不仅依赖于自己的选择,而且依赖于他人的选择,个人选择是他人选择的函数。博弈论是在 1937 年由美国数学家约翰·冯·诺依曼提出,1944 年约翰·冯·诺依曼与奥斯卡·摩根斯坦合做出版了《对策论与经济行为》一书,成为现代经济博弈论研究的开端。经济学家纳什(J.F.Nash)提出了著名的"纳什均衡"的概念,奠定了现代博弈论的基石。自 20 世纪 80 年代以来,博弈论在经济学中得到广泛的运用,它对寡头理论、信息经济学等方面的发展做出了重要贡献。博弈论的应用被认为是微观经济学的重要发展。

1. 占优策略均衡

占优策略,又称上策,是指无论其他参与者采取何种策略,参与者的最优选择总是不变的策略。占优策略排除了不可能选择的策略。比如图 8.18 所示,博弈的基本要素分别为参与者——企业甲、企业乙,策略集合——做广告、不做广告,参与者的得益就是矩阵中每一企业的利润值。首先,分析企业乙的占优策略情况。企业甲做广告时,企业乙做广告的收益 5 大于不做广告的收益 0,"做广告"是企业乙的最优策略;企业甲不做广告时,企业乙做广告的收益 8 大于不做广告的收益 2,"做广告"仍是企业乙的最优策略。因此,无论企业甲做广告或不做广告,企业乙存在不变的最优策略——占优策略"做广告"。再分析企业甲的占优策略情况。企业乙做广告时,企业甲不做广告的收益 10 大于做广告的收益 6,"不做广告"是企业甲的最优策略;企业乙不做广告时,企业甲不做广告的收益 20 大于做广告的收益 15,"不做广告"是企业甲的最优策略。因此,无论企业乙做广告或不做广告,企业甲存在不变的最优策略——占优策略"不做广告"。

博弈均衡指博弈中的所有参与者都不想改变自己策略的相对静止状态。在广告对策模型中,(不做广告,做广告)这一对策略组合(前者表示企业甲的策略,后者表示企业乙的策略)下的博弈状态,就是一种均衡状态。由于均衡时企业甲、企业乙双方选择的都是自己的占优策略,所以,该博弈均衡又称为占优策略均衡。

企业乙

	做广告	不做广告
做广告	6,5	15,0
不做广告	<u>10,8</u>	20,2

企业甲

图 8.18　广告对策模型

2. 纳什均衡

占优策略均衡:由博弈中所有参与者的占优策略组合所构成的均衡,就是占优策略均衡或上策均衡。换言之,无论对手采取何种策略,每一个参与者总是采取最优策略,这样的策略组合称为占优策略均衡。

纳什均衡:在博弈均衡的策略组合中,在对手策略一定的情况下,每一个参与者的策略都是最优策略,这样的策略组合称为纳什均衡。

在一个博弈中,只要每一个参与者都具有占优策略,该博弈就一定存在占优策略均衡。但是,在有的博弈中,参与者并不总存在占优策略,仍然可以达到博弈均衡。

若对图 8.18 的广告对策模型修正,得到博弈矩阵如图 8.19 所示。

企业乙

	做广告	不做广告
做广告	<u>10,2</u>	15,0
不做广告	6,5	<u>20,8</u>

企业甲

图 8.19　广告对策模型

对于乙的策略选择而言，甲做广告时，乙做广告的收益 2 大于不做广告的收益 0，"做广告"是乙的最优策略；甲不做广告时，乙不做广告的收益 8 大于做广告的收益 5，"不做广告"是乙的最优策略。因此，乙不存在占优策略，乙的最优策略随甲的策略变化而变化。对于甲的策略选择而言，乙做广告时，甲做广告的收益 10 大于不做广告的收益 6，"做广告"是甲的最优策略；乙不做广告时，甲不做广告的收益 20 大于做广告的收益 15，"不做广告"是甲的最优策略。因此，甲不存在占优策略，甲的最优策略随乙的策略变化而变化。在甲乙双方不能实现占优策略均衡的情况下，双方会选择在对方策略一定时己方的最优策略，这样仍能够实现博弈均衡。图 8.18 存在两组这样的策略组合(做广告，做广告)和(不做广告，不做广告)，即只要甲选择"做广告"，乙就会选择"做广告"；反之，若甲选择"不做广告"，乙就会选择"不做广告"。同样，只要乙选择"做广告"，甲就会选择"做广告"；反之，若乙选择"不做广告"，甲就会选择"不做广告"。由此，在博弈均衡的策略组合中，在对手策略一定的情况下，每一个参与者的策略都是最优策略，这样的策略组合称为纳什均衡。

根据纳什均衡的定义，图 8.19 中(不做广告，做广告)和(做广告，不做广告)这两组策略组合都是纳什均衡。因为，就(不做广告，做广告)的策略组合而言，当甲选择"不做广告"时，"做广告"不是乙的最优策略，乙选择的是"不做广告"而不是"做广告"。

显然，占优策略均衡是纳什均衡的一个特例，占优策略均衡一定是纳什均衡(如图 8.16 所示)。反过来，纳什均衡不一定是占优策略均衡(如图 8.18 所示)。前面所讲的古诺均衡是纳什均衡的一个例子。根据纳什均衡规则：各厂商的行为是给定其他竞争者行为时，厂商做得最好的行为。在古诺均衡中，各寡头生产的产量是给定其竞争者的产量时，实现自己最大利润的产量。因此，古诺模型也称为古诺—纳什均衡。

3. 囚徒困境

"囚徒困境"(prisoner's dilemma)是著名的博弈论案例。囚徒困境博弈模型的假设条件是：设想有两名嫌疑同案犯 A、B 被警察抓获，警方对他们犯罪的证据并不充分，分别关押进行审讯，双方无法互通信息。警方向两嫌疑犯量刑的原则是：若一方坦白，另一方不坦白，则坦白者从宽处理，判刑 1 年；不坦白者量刑从重，判刑 8 年。若双方都坦白，则每人判刑 5 年。若双方都不坦白，则无犯罪实证，只能对每人各判刑 2 年。支付矩阵如图 8.20 所示，负数表示判刑的年限。

假设该对策是一次性的。在该模型的均衡过程中，对于囚徒 A 而言，不管囚徒 B 选择坦白还是不坦白，"坦白"是囚徒 A 的占优策略。比如，当 B 选择坦白时，A 选择坦白的收益-5 大于不坦白的收益-8；当囚徒 B 选择不坦白时，囚徒 A 选择坦白的收益-1 大于不坦白的收益-2。同样，对于囚徒 B 而言，不管囚徒 A 选择坦白还是不坦白，"坦白"是囚徒 B 的占优策略。

	B	
	坦白	不坦白
A 坦白	-5, -5	-1, -8
A 不坦白	-8, -1	-2, -2

图 8.20　囚徒困境模型

于是，囚徒困境模型的结论是：博弈双方都有一个占优策略，(坦白，坦白)是囚徒困境博弈的占优策略均衡。在博弈模型实现占优策略均衡时，若双方采取(不坦白，不坦白)策略组合时，获得的收益(-2，-2)要比占优策略均衡的收益(-5，-5)好。从个体理性出发的占优策略均衡，却是整体利益的最差结局。显然，囚徒困境模型反映了一个现实问题：个体理性与集体理性的冲突。

囚徒困境在经济学上有着广泛的应用，例如，两个寡头企业选择产量的博弈。如果两企业联合起来形成卡特尔，选择垄断利润最大化的产量，每个企业都可以得到更多的利润。但卡特尔协定不是一个纳什均衡，因为给定对方遵守协议的情况下，每个企业都想增加生产。竞争的结果是，每个企业都只得到纳什均衡产量的利润。它小于卡特尔产量下的利润。由于卡特尔的非法性和寡头厂商的个体理性与集体理性的冲突，造成寡头厂商合谋不稳定的特征。个体理性与集体理性的矛盾，形成了对传统的微观经济学的"看不见的手"原理的挑战。这种挑战丰富和发展了现代经济学理论。

8.4.2　重复博弈与序列博弈

1. 重复博弈

(1) 重复博弈的策略原则："以牙还牙"、"善有善报，恶有恶报"、"无论善恶，立即得报"。(引自《西方经济学》，中国人民大学出版社)

(2) 获胜的条件：博弈是无限次重复的，即对局者都预期这一博弈将永远持续下去而不会停止。

在价格竞争中，这一策略意味着什么呢？第一次对局中，企业应选择高价策略。然后，如果对方第一次选择低价竞争，你就在第二次也削价竞争；如果对方在第一次选择高价，你也就维持高价策略。只要对方在某一次降价竞争，你就马上选择降价作为报复；反之，如果对方保持"合作"的态度，你也就一直合作下去。

对有限次博弈，假定对局的次数为 N，如果从第 N 次对局开始：

对厂商 A，若他是理性的，他会做出如下推理："厂商 B 采取的是以牙还牙的策略，但现在是最后一次对局,即使我采取低价竞争的策略,他无法报复,因此,厂商 A 将在第 N 次选择低价竞争的策略。

对于厂商 B,也会做出同样的决定。

因此,它们都将得到同样的结果,即(低价,低价)。

2. 序列博弈

序列博弈:指对局者选择策略有时间先后的顺序,某些对局者可能率先采取行动。因此,率先采取行动就具有一定的先行者优势,即在序列博弈中,先行者可能占据一定的有利地位。

【例 8.3】 市场进入博弈如表 8-1 所示。

表 8-1 市场进入的博弈

		厂商 B	
		进入	不进入
厂商 A	进入	−20,−20	50,0
	不进入	0,50	0,0

例 8.3 的博弈扩展形式如图 8.21 所示,该图表示的是厂商 A 的选择,厂商 B 的选择也与之类似。

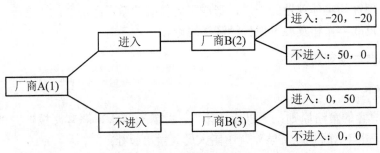

图 8.21 市场进入博弈的扩展形式

博弈扩展形式的求解从右端开始。厂商 A 判断:

在节点 2,厂商 B 会在比较两种结局之后选择不进入的策略;

在节点 3,厂商 B 会选择进入的策略。然后厂商 A 再比较这两种结局,即(进入,不进入)和(不进入,进入);

前者对 A 最有利,此时厂商 A 获利 50 万元,厂商 B 无任何利润。

因此,厂商 A 的最佳选择是进入这个市场,厂商 B 的理性反应则是不进入。

8.4.3 威胁与承诺

1. 阻止市场进入的威胁

威胁与承诺是博弈论中的一个重要论题,它可以用来分析竞争中的一种重要现象。空头威胁就是指垄断者通过声明并不能达到阻止其他竞争者进入市场的威胁。在一般情况中,一个市场不一定只能容纳一家厂商。此时市场进入的博弈有所不同。

【例 8.4】 阻止市场进入的威胁博弈。

假定在一个市场中已有一个垄断经营者,现有另一家厂商作为潜在的竞争者试图进入这个市场。

在这个博弈中:第一,对潜在竞争者,有两种策略可选择,进入或不进入;第二,对垄断者,也有两种策略,与进入者打一场商战或默许他进入。

在此博弈中,策略选择是有确定顺序的:潜在进入者做出选择→垄断者决定选择。但是,潜在进入者在做出决策的时候必须考虑垄断者的反应。

这个博弈的报酬矩阵如表 8-2 所示。

表 8-2 阻止市场进入的博弈

		垄 断 者	
		商 战	默 许
潜在进入者	进 入	−200,600	900,1 100
	不进入	0,3 000	0,3 000

假定潜在进入者进入市场需要花费进入成本 200 万元。

(1) 对进入者,若其选择进入市场的策略:①当垄断者默许时,他可获利 900 万元;②当垄断者决定与他进行一场商战时,垄断者仍可获利 600 万元,而进入者将亏损 200 万元。

(2) 当潜在进入者选择不进入市场时,出现的结局只有一种:①垄断者在节点 2 可能采用默许的对策,因为此时垄断者的获利会比其选择商战利润多;②潜在进入者在节点 1 将选择进入策略;③这个博弈最可能的结局是(进入,默许)。

市场进入的扩展形式如图 8.22 所示。

注:对于垄断者来说,"默许"是一个上策,对潜在进入者却没上策,因而,这不是一个上策均衡,而是一个纳什均衡。

(3) 对于垄断者,他的反应就是试图阻止其进入:①一种方式是垄断者通过信息渠道用商战的信息威胁潜在进入者;②若垄断者面临的是如表 8-2 的报酬矩阵,垄断者的威胁是不可信的。

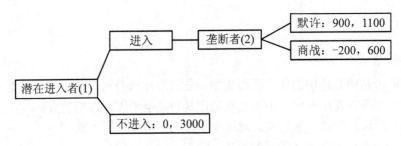

图 8.22 阻止市场进入博弈的扩展形式

2. 承诺与可信性

在空头威胁无效时,垄断者可通过"承诺"的方法达到其阻止潜在进入者进入的目的。所谓承诺,指对局者在不实行这种威胁会遭受更大损失的时候,采取的某种行动,这种行动使其威胁成为一种令人可信的威胁。

垄断者阻止进入的一种重要承诺就是通过投资来形成一部分剩余的生产能力。这部分生产能力在没有其他企业进入市场的时候是多余的,但在进入发生时则成为其低价竞争的有力武器。空头威胁不用任何成本,而承诺是需要成本的。

【例 8.5】 实施承诺后的阻止市场进入博弈。

假定垄断者需要投资 800 万元来实施这个承诺。报酬矩阵如表 8-3 所示。

表 8-3 实施承诺后的阻止市场进入的博弈

		垄 断 者	
		商 战	默 许
潜在进入者	进入	−200, 600	900, 300
	不进入	0, 2 200	0, 2 200

在实施承诺以后,假定潜在进入者不进入市场,或者潜在进入者进入市场而垄断者选择默许策略时,垄断者的多余生产能力不能得到利用,他的上策不再是默许,而成了商战。因为垄断者采取商战策略的时候,生产能力得到了充分利用,反而仍可获得 600 万利润。

其博弈的扩展形式如图 8.23 所示。

在图 8.23 中,节点 2 之后就是图 8.22 所展示的扩展形。

在节点 3,垄断者应选择商战策略,在节点 2,潜在进入者将在(进入,商战)与不进入中权衡,0 利润比亏损好,所以潜在进入者选择不进入;

在节点 1 的结局是(进入,默许),此时垄断者将获利 1 100 万元,而节点 2 现在的结局是不进入,垄断者将获利 2 200 万元;

第8章 市场结构理论(二)

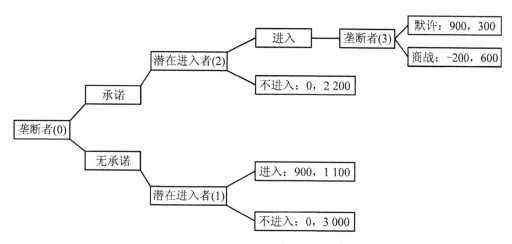

图 8.23 承诺对阻止市场进入的有效性

显然,垄断者采取的承诺行动将有效阻止进入。尽管垄断者投资了 800 万元,导致利润减少为 1 400 万元,但比 1 100 万元要多,因此,其将采取商战策略。

承诺能够阻止市场进入的关键在于其可信性,但承诺同时也给厂商自身的行为带来一定的限制。

8.4.4 几种相关的策略

1. "保证最低价格"的策略

"保证最低价格"策略:顾客在本商店购买产品在规定时间内,如果发现其他任何商店以更低的价格出售同样的商品,本店将退还差价并给予顾客一定的补偿。保证最低价格条款使消费者至少在规定的时间内不会因为商品降价而后悔,它是厂商之间竞争的一种手段;保证最低价格条款是一种承诺,由于法律的限制,它是绝对可信的。

【例 8.6】 "保证最低价格"的博弈。

假定推行保证最低价格条款的商店为商店 A,其竞争对手为商店 B。当商店 A 把尼康相机的价格定位为 5 000 元并推行保证最低价格条款。

对于商店 B:

若商店 B 的定价高于 5 000 元,顾客就会去商店 A 购买尼康相机;

若商店 B 的定价低于 5 000 元,他不会争取到更多的顾客,因为,商店 A 已经有了保证最低价格的条款。

因此,对商店 B,他的最优定价策略就是与商店 A 制定同样的价格。

对于商店 A(假若市场上只有这两家商店):

若他预期商店 B 将与其定制同样的价格的话,它可将尼康相机的价格定在"卡特尔"

的利润最大化水平上，即 5 000 元将是一个垄断价格。

尽管两家商店没达成任何协议，但商店 A 可以设想这两家商店构成一个"卡特尔"，并按垄断定价法则来制定价格。

2. 研究与开发(R&D)策略

新产品的研究与开发是厂商在市场竞争中保持其有利地位的非常重要的手段。在垄断竞争市场中，为了不断获得短期的超额利润，厂商可能抱有研究与开发的强烈动机。在寡占市场中，有些经济学家认为，由于厂商具有相当强的垄断势力，他们可能不愿意在研究开发活动中投入较多的资金，从而将不利于发明与创新，不利于长期的经济发展，这种说法未必符合实际情况；在不少行业中，产品的改进和创新可能是寡占者之间竞争的主要手段，因而，研究与开发活动策略就成为他们的关键策略。

【例 8.7】 研究与开发(R&D)的博弈。

在美国一次性尿布市场中，宝洁公司(P&G)约占 50%～60%，金伯利——克拉克公司约占 30%。这是一个巨大的市场，每年的销售额可达约 40 亿美元，但其他公司仍然很难进入这个市场。

主要原因在于一次性尿布的生产成本，成本的降低主要依靠不断的进行研究与开发，微小的技术改造或成本微小的降低都可能成为有利的竞争优势。

这两家公司之间研究与开发竞争的报酬矩阵如表 8-4 所示。

表 8-4 研究与开发活动的博弈

		金伯利——克拉克	
		R&D	无 R&D
宝洁公司(P&G)	R&D	2 000, 1 000	4 000, −1 000
	无 R&D	−1 000, 3 000	3 000, 2 000

第一，对于这两家公司，R&D 都是上策。这个博弈是一个上策均衡，同时，这又是一个"囚徒的困境"。

第二，对于进入者，要想在这个市场中夺得较大的市场份额，就必须从一开始就开展研究与开发活动，并在进入市场之后继续不断的投入。

在寡头市场上，每家企业都要尽量扩大自己的产量，以加强实力降低成本，这样，从整个市场来看就会形成供给能力大于需求的格局。这是许多寡头市场的共同特点。例如，在汽车这个世界性寡头市场上，生产能力高达 8 000 万辆，而需求仅为 6 000 万辆。在这种供大于求的格局之下竞争就是难免的。而且，我们还用博弈论的分析说明了，尽管寡头之间形成勾结，提高价格，限制产量对各方都是有利的，但实际上这种勾结难以形成。

第8章 市场结构理论(二)

因此,价格战就成为必然结果。这种价格战的结局是寡头市场成为一个微利企业。世界汽车市场的利润率仅为3%~6%,正是这种价格竞争的结果。所以,即使在寡头市场形成之后,价格战也会发生,有时还会相当激烈。中国的空调行业在实现寡头市场之后,也必然是这种状况。

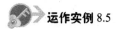
运作实例8.5

市场进入博弈——沃尔玛的成功之道

在大型连锁折扣店中,沃尔玛是一个相当著名的、经营成功的公司。沃尔玛创立于1969年,到1976年它已拥有153家分店,1986年发展到1 009家,而1993年又进一步发展到1 800家分店;其经营利润1986年达4.5亿美元,1993年则已超过15亿美元。沃尔玛的成功固然有各方面的因素,但关键在于其采取了成功的市场进入策略。沃尔玛的创业者山姆·华尔顿在这方面有着独到的见解。大多数的经营者都认为,大型折扣店依靠较低的价格、较低的装修与库存成本经营,要赚钱就必须要有足够大的市场容量,因此,这类商店无法在一个10万人口以下的城镇上经营并获得利润。但山姆·华尔顿并不相信这种说法,他从美国西南部的小镇上开始他的实践,到1970年就开出了30家"小镇上的折扣店",并获得了巨大的成功。一个10万人口以下的小镇所具有的市场容量并不太大,但却足够容纳一个大型折扣店,并能让它获得一定的利润。到20世纪70年代中期,当其他连锁店的经营者认识到这一点时,沃尔玛已经大量占领了这样的市场。特别是,对这样的小镇来说,开出一家连锁折扣店可以盈利,因为这家折扣店可以成为小镇市场上的垄断者;但如果开出两家来,市场容量就不够大,这两家折扣店就必然要亏损。因此,对小镇市场来说,连锁折扣店的竞争就面临一种市场进入的博弈。

资料来源:《海南日报》2001年8月22日(整理)

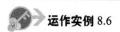
运作实例8.6

空调行业价格战的意义

空调行业中规模经济十分重要,应该是一个寡头市场。在这种市场上,无论企业的主观愿望如何,价格战,即激烈的价格竞争,既是不可避免的,也是有积极意义的。

寡头市场是规模经济至关重要的行业,只有当这个市场仅有几家大企业,每家企业规模都十分大时,整个行业才有效率。但这种寡头并不是一开始就形成的,而是在竞争中形成的。这个行业的特点是最早存在暴利,暴利吸引了企业进入,大大小小企业在这个行业中都可以生存下来。但由于企业大量进入,供给增加;企业之间必然爆发价格战,用降价来占领市场。谁的规模大、成本低,谁就能在价格战中生存下来。在这种价格战中,规模不够大,从而成本降不下来的中小企业被淘汰或被兼并,最后生存下来的企业只能是大企业,这是一个行业结构优化的过程,最后的结果是形成几家控制市场的大企业,成为寡头市场。

我国空调行业正在经历这一过程。空调的普及是近几年的事情。在开始时，由于需求迅速增加，空调行业利润高。据报道，目前空调行业平均毛利润率至少有25%～30%，高的甚至达到50%。这种高利润，吸引企业进入，现在全国空调企业已达300多家，其中70%以上是近一、二年中新建的厂。这么多企业的出现使空调机的供给大幅度增加，而需求的增加并没有这么快。许多企业争夺有限的市场，价格战就不可避免。这也是"树欲静而风不止"。可以预见，这种竞争的结果一定是大量空调企业破产或被兼并，全国形成几家大空调企业。

资料来源：http://olclass.shtvu.org.cn/wskt_resource/200301/kecheng/JB0307/stitle62003528151057/ alfx5.htm

8.5 不同市场经济效率的比较

经济效率是指利用经济资源的有效性。高的经济效率表示对资源的充分利用或能以最有效的生产方式进行生产；低的经济效率表示对资源的利用不充分或没有以最有效的方式进行生产。

不同市场结构下的经济效率是不相同的。西方经济学家通过对不同市场条件下厂商的长期均衡状态的分析得出结论：完全竞争市场的经济效率最高。垄断竞争市场较高，寡头垄断市场较低，完全垄断市场最低。可见，市场的竞争程度越高，则经济效率越高；反之，市场的垄断程度越高，则经济效率越低。其具体分析如下。

8.5.1 需求曲线和供给曲线

厂商的供给曲线和厂商所面临的需求曲线是厂商决策的基本依据，也是其市场的一个最基本特征。完全竞争厂商只能被动地接受市场价格，因而其需求曲线是水平的，也就是具有完全弹性，在不同的市场价格下，厂商决定自己的产量从而实现自己利润最大化，因而其供给曲线也是可以推导的，其短期供给曲线和 SMC 曲线重合。而对不完全竞争厂商来讲，不仅可以通过调整产量来追求利润最大化，也可以通过调整价格来追求利润最大化，因而不完全竞争厂商无法推导出厂商的供给曲线。不完全竞争厂商都能够在一定程度上影响市场价格(比如垄断厂商本身就是市场价格的制定者，而寡头厂商则能够操纵市场价格，是市场价格的搜寻者，而垄断竞争厂商则是市场价格的影响者)，因而其需求曲线都是向右方下倾斜的，但斜率各不相同。一般来说，垄断程度越高，需求曲线的斜率(绝对值)就越大，以垄断厂商的需求曲线最为陡峭，寡头垄断厂商次之，垄断竞争厂商更为平缓。注意：寡头垄断厂商由于厂商之间的相互制约与依赖关系，一般是不能推导出需求曲线的，但在特殊的假定前提下，比如厂商之间组成卡特尔、价格领先制或如斯威齐模型所假定的前提下，则可以导出其需求曲线。

8.5.2 经济效率

有人把经济学理解为研究资源有效配置的学科。一个经济社会,其资源是否实现了有效配置则要看它在现有资源条件的约束下能否以最小的成本实现其最大的收益,这实际就是经济效率的问题。那么,如何判断经济效率呢?一般来讲,有两个标准,一是看平均成本的高低,二是看价格是否等于长期边际成本。

我们知道完全竞争厂商实现长期均衡时价格 P 与 LAC 的最低点相等,这时平均成本最低,不妨记做 $P=\min(LMC)$,并且均衡价格最低,均衡产量最高。垄断竞争厂商长期均衡时,和完全竞争一样经济利润为 0,但均衡点却位于 LAC 曲线最低点的左边,因而产量更低,平均成本更高;寡头垄断和垄断的情况,产量要更低,价格高出 LAC 的最低点更多,且 LAC 也更高。所以垄断程度越高,厂商的长期平均成本以及产品价格都更高,但产量却更低。平均成本高、产量低,说明厂商的生产是无效率的,价格高说明消费者要为此付出更高的代价。因而从全社会的角度看,垄断程度越高,效率越低。

判断经济效率的第二个标准是看在长期均衡时,价格 P 是否等于边际成本 LMC。商品的价格 P 可以看作是商品的边际社会价值,LMC 可以看作是商品的边际社会成本。因此,$P=LMC$ 时,说明资源得到了充分利用,所得到的净社会价值即社会福利是最高的。$P>LMC$,意味着厂商如果增加产量,净社会价值将增加,说明此时社会资源没有得到有效配置,是无效率的。依据这个标准,完全竞争的效率最高,垄断的效率最低。

既然微观经济学得出的一般结论是垄断无效率,那么是否就是说垄断就一无是处呢?在经济学界,这是有争论的。主要表现在如下几个方面。

(1) 垄断与技术进步的关系:一般认为,垄断厂商由于可以通过对市场的垄断而获取超额垄断利润,因而缺乏进行技术创新的动力。不但如此,垄断厂商还会想尽各种办法来阻止其他企业利用新技术、新工艺、新产品来威胁自己的垄断地位,千方百计地压制技术进步。这种看法有一定的事实依据,比如一些大的垄断企业看到有新技术威胁到自己时,便会采用兼并、收购等公开和非公开手段,将新技术据为己有却使新技术闲置或者干脆挤垮对方。但相反的例子似乎更多。即使像微软公司这样垄断了操作系统市场 80%以上份额的企业也时时感受到竞争的压力,不断地寻求技术进步,花费大量人力物力进行技术创新。所以,有的经济学家认为,垄断是有利于技术进步的,其理由有三:一是垄断企业由于能得到超额垄断利润,因而最有条件来搞技术创新,寻求不断地降低生产成本;二是垄断企业并非没有技术进步的动力,因为它时时会感到他人对自己这一充满了利润空间的市场的觊觎,技术上的一点漏洞都可能成为别人乘虚而入的切入点,技术上的一刻落后也可能导致满盘皆输的结局;三是由于存在制度上的障碍,事实上没有哪家企业能够靠挤垮对手等手段来维持自己的地位,而只有靠不断的技术创新才有可能长期将潜在的竞争对手排斥在自己的市场之外。

(2) 垄断与规模经济：完全竞争和垄断竞争行业都是小的厂商，因而缺乏规模经济，成本较高。寡头垄断厂商和垄断厂商往往是一些大企业，可以进行大规模的生产，因而能够获得规模经济，因此可以大大地降低成本和价格。在很多行业如钢铁、冶金、汽车、石油化工等都是如此，而在有的行业，引入竞争机制反而会造成社会资源的浪费或损害消费者的利益，比如城市居民的取暖、邮政等。

(3) 垄断与商品差异：完全竞争厂商生产的都是同质的、无差异的产品，无法满足消费者对消费品的各种不同偏好。而显然消费者的偏好是不同的，丰富多彩的产品满足了他们的不同偏好，因而能使他们的福利水平提高。显然完全竞争尽管可以以较低的价格提供我们较大量的产品，但并不是我们的理想选择。垄断竞争和寡头垄断行业，生产的产品是多样化的，这些多样化的产品满足了消费者的不同偏好。因而有的经济学家认为，垄断竞争所带来的一点效率上的损失可以看作是经济社会为了产品的多样性所付出的必然代价。

(4) 关于广告支出：完全竞争市场由于产品是无差别的，因而也无需做广告；而垄断竞争市场和差别寡头市场的厂商则为了避免激烈的价格竞争，更多地采用非价格竞争的形式，广告竞争就是其中一种最常用的方式。马歇尔将广告分为两类：建设性广告和竞争性广告。建设性广告传播有用的信息，它提供了消费者选择时所必须知道的价格、质量以及产品特色等信息，也使企业的新产品为更多消费者所知晓，因而能够扩大企业的市场规模，增加了产品的总需求量，是有益的。另外广告也为新企业的产品进入市场提供了可能性，减少了进入障碍，可能对产业结构产生有益的竞争性影响；竞争性广告是指一个固定的市场上不同厂家为了市场份额而进行广告竞争。由于有的企业做了竞争性广告，其他企业也会被迫卷入这种竞争。这种竞争性广告仅仅是对消费者的视觉和听觉的"轰炸"，其作用不过是加深其产品在消费者头脑中的印象，自己市场份额的扩大就是别的厂商市场份额的缩小，所以如果所有企业都全面减少这种广告，对总需求不会有影响，但如果某一个企业从广告战中撤出，就会遭受损失。所以从全社会的角度看，这种广告只是提高了企业的营运成本，从而提高了价格，所以对消费者是不利的。如果减少这种广告，节省出来的资源可以被用于生产其他产品，从而提高全社会的经济效率。

本 章 小 结

本章阐述了完全垄断市场、垄断竞争市场和寡头垄断市场的基本概念，分析说明了这三类市场结构下厂商的需求、收益的特点以及短期均衡和长期均衡的条件。在此基础上，进一步介绍了寡头市场的博弈，最后，对不同市场的经济效率进行了比较。

本章重点是不完全竞争市场的均衡条件和需求曲线。

本章难点是不完全竞争市场上需求曲线的确定，尤其是对垄断竞争厂商的两条需求曲线的理解，以及寡头垄断市场上古诺模型和斯威齐模型及博弈论等价格确定模型。

第 8 章 市场结构理论(二)

中英文关键词语

(1) 完全垄断：complete monopoly
(2) 价格制定者：price maker
(3) 价格歧视：price discrimination
(4) 一级价格歧视：first-degree price discrimination
(5) 二级价格歧视：second-degree price discrimination
(6) 三级价格歧视：third-degree price discrimination
(7) 博弈论：game theory
(8) 囚徒困境：prisoner's dilemma
(9) 奥古斯汀·古诺：Augustin Cournot
(10) 卡特尔：cartel
(11) 占优策略：dominated strategy
(12) 纳什均衡：nash equilibrium
(13) 纳什：J.F.Nash

习 题

1. 填空题

(1) 为了使垄断产生，就应该( )。
   A. 某个行业的产品只有一个供给者　B. 这种物品没有相近的替代品
   C. 限制其他企业进入　　　　　　　D. 以上全对

(2) 以下都是完全竞争的特征，其中哪一种不是垄断竞争的特征( )。
   A. 有许多企业　　　　　　　　　　B. 企业生产无差别产品
   C. 企业利润最大化为目标　　　　　D. 自由进入

(3) 在长期中要维持卡特尔是困难的、最重要的原因是( )。
   A. 每个企业都有违约的刺激
   B. 其他企业将进入该行业
   C. 卡特尔中的企业都想退出，并不再勾结
   D. 消费者最终会决定不买卡特尔的物品

(4) 在短期中，企业所能出现的最大经济亏损是( )。
   A. 零　　　B. 其总成本　　　C. 其可变总成本　　　D. 其固定总成本

(5) 下面都是垄断竞争的特征，其中哪一种不是寡头的特征( )。
   A. 每个企业面临着向右下方倾斜的需求曲线
   B. 企业以利润最大化为目标
   C. 一个企业的销售量对其他企业没有什么影响
   D. 在该行业中不止一家企业

(6) 下列哪一种情况最不可能是自然垄断？（ ）
    A. 地方地铁服务　　　　　　　　B. 地方电力服务
    C. 地方自来水服务　　　　　　　D. 地方出租车服务

(7) 下列哪一种情况可能对新企业进入一个行业形成自然限制(　　)。
    A. 发放营业许可证　　　　　　　B. 规模经济
    C. 实行专利制　　　　　　　　　D. 政府特许

(8) 几个企业组成了一个以利润最大化为目的的卡特尔。如果一家企业通过降价和增加产量而违约，其他企业最好的反映是(　　)。
    A. 把违约企业开除出卡特尔　　　B. 继续按协定的价格出售产品
    C. 提高自己的价格来补偿失去的利润　　D. 也降低自己的价格

(9) 如果一个价格歧视垄断者对学生收取低价格，那么，他就相信(　　)。
    A. 学生的需求是富有弹性的　　　B. 学生的需求是缺乏弹性的
    C. 想使学生的需求曲线移动　　　D. 关心学生的福利对经营有利

2. 问答题

(1) 完全垄断的条件是什么？
(2) 寡头垄断市场上的产量是如何决定的？
(3) 如果整个卡特尔已经实现了利润最大化，为什么有的企业还要违约？
(4) 寡头垄断市场上的价格是如何决定的？

3. 计算题

(1) 假定一个垄断厂商面临的需求曲线为 $P=10-3Q$，成本函数为 $TC=Q^2+2Q$。如果政府企图对该垄断厂商采取限价措施迫使其达到完全竞争行业所能达到的产量水平，则限价应为多少？

(2) 已知一垄断厂商的成本函数为：$TC=5Q^2+20Q+10$，产品的需求函数为：$Q=140-P$。试求该厂商利润最大化的产量、价格和利润。

(3) 假定垄断厂商面临的需求函数和成本函数分别为：
$$P=100+4A-3Q$$
$$TC=4Q^2+10Q+A$$
式中，A 是厂商的广告支出。试求该厂商利润最大化的 A、Q 和 P 各为多少？

(4) 垄断厂商的总收益函数为 $TR=100Q-Q^2$，总成本函数为 $TC=10+6Q$，求厂商利润最大化的产量和价格。

(5) 假设厂商面临的需求曲线为 $D_1:P=4-0.05Q$，厂商的边际成本保持在 1 的水平上。假定支付 10 元的广告费，使需求曲线移动 $D_2:P=6-0.1Q$。问该厂商做广告是否合算？

第9章 分配理论

教学目标

通过本章的学习，理解并能推导出生产要素的需求、供给曲线，学会运用供求曲线分析要素价格的决定，培养运用所学的要素分配理论解释现实分配问题的能力。

教学要求

了解生产要素需求的内涵与特点、生产要素供给的概念与影响生产要素供给的因素；学会分析劳动市场工资的决定、资本市场利息的决定、土地市场中地租的决定以及利润的决定；了解洛伦兹曲线与基尼系数的概念。

引例

1. 有人认为"是土地价格的上涨导致房屋价格的上涨",有人认为"是房屋价格的上涨导致了土地价格的上涨",你的观点如何?

2. 对出租车实行执照控制的城市,出租车司机即使使用自己的汽车运营,须向他人购买执照,或须向执照拥有者支付一定的租金(北京称"车份钱")。那么,是什么因素决定执照费(或租金)?执照控制会使谁获益,谁蒙受损失?

3. 劳动的供给者在工资达到一定的水平后,为什么随着工资的提高劳动的供给量反而减少?

以上问题都隐含在我们本章的学习内容中。

前面讨论了产品市场上产品的价格与产量的决定,但在论及消费者的需求曲线时,假定消费者的收入是既定的;在论及厂商的供给曲线时,我们假定厂商的生产成本是既定的,也就是说,我们实际上隐含地假定了生产要素的价格是既定的。在这一章中,我们要对生产要素市场进行分析,讨论生产要素的价格与使用量的决定。

19世纪的西方经济学家们习惯于把生产要素分为三类,即土地、劳动和资本。这三类生产要素的价格,则被分别称为地租、工资和利息。因此,那时的生产要素价格理论就是土地所有者、工资收入者和资本家这三个主要社会经济阶层之间的收入分配理论。到19世纪末,第四种生产要素——企业家才能被"发现"。于是,利润被看成是企业家才能的收益。在社会上,各类能提供生产要素的人都是生产要素的所有者,生产要素的价格就是他们的收入。因此,生产要素价格如何决定的问题也就是国民收入如何分配的问题,这就是微观经济学所要回答的为谁生产的问题。生产要素价格决定是分配论的一个主要部分,但并不构成分配论的全部内容。除了生产要素的价格决定之外,分配论还包括收入分配的不平等程度以及收入之间差异的原因等。

9.1 生产要素均衡价格的决定

生产要素价格决定的主要理论基础是所谓的边际生产率分配论。边际生产率分配论最先由美国经济学家 J.B. 克拉克提出。他认为,在其他条件不变和边际生产力递减的前提下,一种生产要素的价格取决于其边际生产力。后来的西方经济学家对克拉克的理论作了改进。他们认为,生产要素的价格不仅取决于其边际生产力,也取决于一些其他因素。边际生产力只是决定要素需求的一个方面。除此之外,厂商在决定要素需求时还要考虑要素的边际成本。只有当使用要素的边际成本和边际收益(边际生产力)相等时,厂商才在要素使用上达到了利润最大化。此外,要素的供给也是决定其价格的一个重要方面。总之,要素的市场价格与其他商品一样,也由其需求和供给两个方面共同决定。但是同产品的需求和供给相比,生产要素的需求和供给又具有不同的性质。

在产品市场上，产品的供给者是厂商，需求者是消费者。而在生产要素市场上，生产要素的供给者是消费者(或厂商)，需求者是厂商。厂商对生产要素的需求取决于其生产、出售产品的收益，消费者对生产要素的供给取决于其效用最大化，因此生产要素价格的决定不仅与产品市场的类型有关，同时也与要素市场的类型有关。这就要求首先要区分不同的要素市场类型。

9.1.1 完全竞争要素市场的特点与完全竞争厂商的含义

像商品定价可以分为完全竞争和不完全竞争两种市场情况进行讨论一样，生产要素价格的决定也可以分为不同的市场类型进行讨论。在不同类型的要素市场上，单个要素需求者的需求曲线和单个要素所有者的供给曲线是不同的，从而要素市场总的供给和需求曲线也是不同的。为了简化起见，在生产要素定价理论中，我们重点讨论完全竞争情况下生产要素均衡价格的决定。

1. 完全竞争要素市场的特点

以前分析产品市场时，曾经给完全竞争市场下过一个定义。完全竞争产品市场被描述为具有如下特点，大量的具有完全信息的买者和卖者买卖完全相同的产品。和完全竞争产品市场一样，完全竞争要素市场的基本性质可以描述为：①要素的供求双方人数都很多；②要素没有任何区别；③要素供求双方都具有完全的信息；④要素可以充分自由地流动，等等。显然，完全满足这些要求的要素市场在现实生活中也是不存在的。

2. 完全竞争厂商的含义

在分析产品市场时我们定义的完全竞争厂商实际上只是"产品市场上的完全竞争厂商"。一旦从产品市场的分析扩展到要素市场，则仅仅是产品市场完全竞争还不足以说明厂商的完全竞争性，还必须要求要素市场也是完全竞争的。

我们把同时处于完全竞争产品市场和完全竞争要素市场中的厂商称为完全竞争厂商。不完全竞争厂商包括如下三种情况：①在产品市场上完全竞争，但在要素市场上不完全竞争；②在要素市场上完全竞争，但在产品市场上不完全竞争；③在产品市场和要素市场上都不完全竞争。

9.1.2 生产要素的需求

生产要素的需求就是指厂商在一定的时期，在一定的价格水平下，愿意而且能够购买的生产要素数量。它像消费者对商品的需求一样也是购买欲望和支付能力的统一，两者缺一不可。这一章对生产要素需求的分析，主要就是界定当产品市场和生产要素市场都为完全竞争时，一家企业(即完全竞争厂商)对一种生产要素的需求。

1. 生产要素需求的特点及影响因素

生产要素的需求具有两大特点：派生性与联合性。

生产要素需求的派生性是指由于对产品的需求而引起了对生产要素的需求。生产要素的需求来自于厂商，厂商之所以需要生产要素就是为了用这些生产要素生产各种可供消费的物品来满足消费者的需要。如果消费者不需要各种可供消费的物品，厂商就不需要生产要素了。因此，对生产要素的需求是由于对消费品的需求派生出来的。

生产要素的需求也是一种联合的需求或相互依存的需求。需求的联合性是指任何一种产品都不是单独一种生产要素所能生产出来的，都需要多种生产要素互相补充，共同合作。这就是说，任何生产行为所需要的都不是一种生产要素，而是多种生产要素，各种生产要素之间是互补的。

由以上特点可以看出，影响生产要素需求的主要有这样一些因素：

(1) 市场对产品的需求及产品的价格。这两个因素影响产品的生产与厂商的利润，从而也就影响生产要素的需求。

(2) 生产技术状况。生产的技术决定了对某种生产要素需求量的多少。如果技术是资本密集型的，则对资本的需求大；如果技术是劳动密集型的，则对劳动的需求大。

(3) 生产要素的价格。各种生产要素之间有一定程度的替代性，如何进行替代在一定范围内取决于各种生产要素本身的价格。企业一般要用价格低的生产要素替代价格高的生产要素，从而生产要素的价格本身对其需求就有重要的影响。

生产要素需求的派生性和联合性使得它的需求比产品的需求要复杂得多，在分析生产要素需求时要注意以下这些问题：①产品市场结构的类型是完全竞争还是不完全竞争；②生产要素需求的层次，即一家企业对生产要素的需求与整个行业对生产要素的需求的联系与区别；③是一种生产要素变动还是多种生产要素变动；④生产要素市场本身的结构是完全竞争的还是不完全竞争的。

利润最大化要求任何经济活动的"边际收益"和"边际成本"必须相等。这一点不仅适用于产品生产数量的决定，而且也适用于生产要素需求量的决定。下面分别讨论生产要素需求的"边际收益"和"边际成本"。

2. 生产要素需求的"边际收益"

这里假定，完全竞争厂商只使用一种生产要素、生产单一产品、追求最大限度的利润。

1) 生产要素的边际收益

在完全竞争产品市场理论中，曾遇到过一种厂商的收益函数，它等于产品产量与产品价格的乘积，用公式可表示为

第 9 章 分配理论

$$R(Q) = Q \cdot P \tag{9.1}$$

式中，R(或 TR)、Q 和 P 分别为厂商的总收益、产量和产品价格。其中，产品价格 P 是既定常数。这是因为，在完全竞争条件下，产品买卖双方数目很多且产品毫无差别，任何一家厂商单独增加或减少其产量都不会影响产品价格。换句话说，产品价格与单个厂商的产量多少没有关系。由于产品价格固定不变，厂商的收益便可以看成为决定于另一个因素，即产量。因此，总收益 R 被看成是产量 Q 的函数。由收益函数求收益对产量的一阶导数即得所谓边际收益。边际收益表示厂商增加一单位产量所增加的收益。

在产品市场分析中，收益只被看成是产量的函数而与生产要素无关。现在把讨论从产品市场向要素市场方面再深入一步。一旦转入要素市场，则应进一步看到，产量本身又是生产要素使用量的函数。设完全竞争厂商使用的生产要素为劳动，其数量用 L 表达，则使用一定量的劳动要素将创造出一定的产量。要素使用量与产量之间的这种数量关系，我们知道就是所谓生产函数

$$Q = Q(L) \tag{9.2}$$

若将式(9.2)代入式(9.1)，则可以将收益看成生产要素使用量的(复合)函数

$$R(L) = Q(L) \cdot P \tag{9.3}$$

下面考虑收益函数的一阶导数。在产品市场理论中，收益是产量的函数。因此，收益可以对产量求导数。收益对产量的导数我们知道就是所谓产品的边际收益 MR。而在完全竞争条件下，这个边际收益等于产品的价格，即 $MR = P$。现在研究的是生产要素的使用问题。在要素市场理论中，收益成了要素使用量的(复合)函数。因此，为了求得要素的边际收益，必须以要素使用量为自变量求取导数。求得的导数是什么呢？根据式(9.3)可知，这个导数为 $MP \cdot P$。

其中，第一个因子 MP 就是要素的边际产品(边际产量)，它表示增加使用一个单位要素所增加的产量，即

$$MP = \frac{dQ(L)}{dL} \tag{9.4}$$

要素的边际产品 MP 与产品的边际收益 $P(P = MR)$ 的乘积 $MP \cdot P$ 显然就表示增加使用一单位要素所增加的收益。它表示在完全竞争条件下，厂商增加使用一个单位要素所增加的收益。这就是完全竞争厂商使用生产要素的"边际收益"。通常把完全竞争条件下使用要素的"边际收益"叫做边际产品价值，并用 VMP 表示。于是有：

$$VMP = MP \cdot P \tag{9.5}$$

而如果厂商是不完全竞争厂商，则其使用要素的"边际收益"就又有所不同。例如，如果厂商是卖方垄断厂商，即厂商在产品市场上是垄断者，但在要素市场上是完全竞争者，那么产品的边际收益 MR 不再等于市场价格 P，则要素的边际收益可表示为：

$MRP = MR \cdot MP$，这个乘积通常被称为边际收益产品。

这是因为 $R = R(Q)$，$Q = Q(L)$，则 $R(L) = R[Q(L)]$，对复合函数求导

$$\frac{dR}{dL} = \frac{dR}{dQ} \cdot \frac{dQ}{dL}$$

即得

$$MRP = MR \cdot MP \tag{9.6}$$

这里再次强调，应特别注意要素的边际产品价值 VMP（或边际收益产品 MRP）与产品的边际收益 MR 的区别：产品的边际收益是对产量而言的；边际产品价值则是对要素而言的，是要素的边际收益。在其他条件不变的情况下，增加一单位某种生产要素所增加的产量或这种产量所带来的收益就是该生产要素的边际生产力。如果以实物来表示要素的边际生产力，则称为边际产品（MP）；如果以货币来表示要素的边际生产力，则称为边际产品价值（VMP）或边际收益产品（MRP）。其中，MRP 是要素边际收益的一般形式，在完全竞争条件下，它简化为 VMP。

2) 生产要素的边际产品价值曲线

由于要素的边际产品 MP 是产量对要素使用量的导数，故它也是要素使用量的函数。为了表示这层意思，有时也把它写成 $MP(L)$。根据"边际生产力递减规律"，该函数曲线向右下方倾斜，即：随着要素使用量的增加，其边际产品将不断下降。更进一步，要素的边际产品价值 VMP 也是要素的函数，也可以写成 $VMP(L)$，并且，由于产品价格 P 为正的常数，边际产品价值曲线显然也与边际产品曲线一样向右下方倾斜。

表 9-1 给出某个只使用劳动要素的厂商的边际产品价值的部分数据。图 9.1 则是根据表 9-1 中这部分数据而绘制的。图 9.1 中，横轴表示劳动要素的数量 L。纵轴表示边际产品 MP 和边际产品价值 VMP。由图可见，边际产品价值曲线与边际产品曲线一样均向右下方倾斜，但二者位置不同。一般来说，边际产品价值曲线的位置高低取决于两个因素，即要素的边际产品函数 $MP(L)$ 和产品价格 P。随着价格水平的上升或要素的边际产品函数上升，边际产品价值曲线将向右上方移动；反之则相反。边际产品价值函数与边际产品函数的相对位置关系则取决于产品价格是大于 1 还是小于或等于 1。如果产品价格大于 1，则对于给定的某个要素数量，边际产品价值大于边际产品，因而整个边际产品价值曲线高于边际产品曲线。如果产品价格小于 1，则情况恰好相反，边际产品价值曲线将位于边际产品曲线的下方。特别是，产品价格恰好等于 1 时，边际产品价值转化为边际产品，两条曲线完全重合。

要素的边际收益产品（MRP）曲线的位置，则取决于要素的边际产品和产品的边际收益这两个因素。和完全竞争厂商的边际产品价值曲线一样，卖方垄断厂商的边际收益产品曲线也向右下方倾斜。不过，在这两个场合，两条曲线下降的原因并不完全一致。在完全竞争条件下，要素的边际产品价值曲线由于要素的边际产品曲线下降而下降；而在卖方垄断条件下，边际收益产品曲线除了由于要素的边际产品原因之外，还由于产品的边际收益递减而下降。因此，一般而言，边际收益产品曲线要比边际产品价值曲线更加陡峭一些。

表 9-1 某厂商的边际产品和边际产品价值

要素数量 L	边际产品 MP	产品价格 P	边际产品价值 VMP=MP×P
1	10	2	20
2	9	2	18
3	8	2	16
4	7	2	14
5	6	2	12
6	5	2	10
7	4	2	8
8	3	2	6
9	2	2	4
10	1	2	2

3. 要素需求的"边际成本"——要素价格

在生产厂商理论中,曾讨论过厂商的成本函数。不过在那里,成本函数是表示厂商的成本与产量水平之间的关系,简言之,成本仅被看成是产量的函数:$C=C(Q)$。但是,由于产量本身又取决于所使用的生产要素的数量,故成本也可以直接表示为生产要素使用量的函数。

假设所使用的要素(劳动)的价格为 W,则使用要素的成本就可表示为:$C=W \cdot L$。即成本等于要素价格和要素数量的乘积。

由于使用要素的成本被看成是要素数量的函数,所以它对要素数量的导数即使用要素的边际成本亦是要素数量的函数。

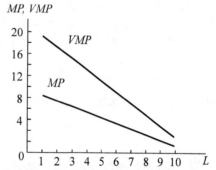

图 9.1 某厂商的边际产品曲线和边际产品价值曲线

对于完全竞争厂商来说,他所面临的要素市场是完全竞争市场,故要素的供给价格不变。这是因为,在完全竞争条件下,要素买卖双方数量很多且要素毫无区别,任何一家厂商单独增加或减少其要素购买量都不会影响要素价格。换句话说,要素价格与单个厂商的要素使用量没有关系。

由于要素价格为既定常数,使用要素的"边际成本",即成本函数对要素数量的导数恰好就等于劳动价格:$\dfrac{dC(L)}{dL}=W$,它表示完全竞争厂商增加使用一单位生产要素所增加的成本。例如,设劳动价格为固定的每小时 20 元,则厂商每增加使用一小时劳动就需要且仅需要付出 20 元的成本。于是他所使用的要素的"边际成本"为 20 元。

假定劳动价格为 W_0 从而使用劳动的边际成本也为 W_0，则 W_0 不随劳动使用量 L 的变化而变化。因此，这个函数采取了最为简单的形式：它实际上是一个常数。该函数曲线在图形上表现为一条水平直线。如图 9.2 所示，图中横轴为要素数量，纵轴为使用要素的边际成本。

而对于不完全竞争厂商来说，要素边际成本的表示也有所不同。例如，如果厂商是买方垄断厂商，即厂商在要素市场上是垄断者，但在产品市场上是完全竞争者，那么产品的边际收益 MR 就等于市场价格 P，从而其使用要素的边际收益就等于要素的边际产品价值，则要素的边际收益可表示为：$VMP = MP \cdot P$。但是，要素的价格不再是固定不变的常数，从而其使用要素的边际成本亦不再等于要素价格。

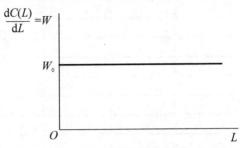

图9.2 完全竞争厂商使用要素的边际成本

我们用 ΔL 表示要素使用量的增量，而由此引起的成本增加量用 ΔC 表示，则成本对要素的导数 $\dfrac{dC}{dL}$，通常被叫做边际要素成本，并用符号 MFC 表示。换句话说，边际要素成本是增加一单位要素使用所增加的成本。

对买方垄断厂商来说，要素价格通常是其要素需求数量的函数，假设该买方垄断厂商所面临的要素价格为 $W(L)$，则成本函数为 $L \cdot W(L)$，于是边际要素成本：

$$MFC = [L \cdot W(L)]' = W(L) + L \cdot \dfrac{dW(L)}{dL} \qquad (9.7)$$

边际要素成本概念还可以用另一种方式给出：

$$MFC = \dfrac{dC}{dL} = \dfrac{dC}{dQ} \cdot \dfrac{dQ}{dL} = MC \cdot MP \qquad (9.8)$$

式中，$\dfrac{dC}{dQ}$ 是产品的边际成本，$\dfrac{dQ}{dL}$ 是要素的边际产品。在完全竞争要素市场中，MFC 简化为要素价格 W。

与边际产品价值的情况一样，这里应特别注意的是，本章使用的成本和边际成本概念不同于第 6 章的相应概念。关键的区别在于，在论述产品市场的第 6 章中，成本是作为产量的函数，而在论述要素市场的本章中，成本是作为要素使用量的函数。正是由于这一不同，才引起边际成本在两种情况下的不同表现形式：在第 6 章中，边际成本是指增加一单位产品所增加的成本，是所谓产品的边际成本；而在本章中，它指增加一单位要素所增加的成本，是所谓要素需求的边际成本。

4. 完全竞争厂商使用要素的原则

厂商使用要素的原则是利润最大化这个一般原则在要素使用问题上的具体化，它可以简单地表述为：使用要素的"边际成本"和相应的"边际收益"相等。

根据上面的讨论,在完全竞争条件下,厂商使用要素的边际成本等于要素价格 W,而使用要素的边际收益是所谓边际产品价值 VMP,因此,完全竞争厂商使用要素的原则可以表示为:$VMP = W$,即边际产品价值等于该要素的市场价格。卖方垄断厂商使用要素的原则可表示为 $MRP = W$,买方垄断厂商使用要素的原则可表示为 $VMP = MFC$。

为什么对完全竞争厂商来说 $MP \cdot P = W$ 时,使用的要素数量为最优要素数量呢?可以通过两种推导方式来加以说明。

第一种方式,理论推导。

当上述原则或条件被满足时,完全竞争厂商达到了利润最大化,此时使用的要素数量为最优要素数量。为了更好地理解这个原则,不妨先来考察 $VMP \neq W$ 时的情况。

如果 $VMP > W$,则增加使用一单位生产要素所带来的收益就会大于所引起的成本,于是厂商将决定增加要素的使用以提高利润。随着要素使用量的增加,要素的价格不变,而要素边际产品递减导致边际产品价值将下降,从而最终使 $VMP = W$。

如果 $VMP < W$,则减少使用一单位要素所损失的收益就会小于所节省的成本,因而厂商将决定减少要素的使用以提高利润。随着要素使用量的减少,要素的边际产品递减导致边际产品价值将上升,最终也将达到 $VMP = W$。

总起来说,不论是 VMP 大还是 W 大,只要二者不相等,厂商都未达到利润最大化,现有要素使用量都不是最优数量,厂商都将改变(增加或减少)要素使用量。只有当 $VMP = W$,即边际产品价值恰好等于要素价格时,厂商的要素使用量才使利润达到了最大。

第二种方式,数学方法推导。

可以用数学方法推导上述要素使用原则。假设 π 代表完全竞争厂商的利润,它是要素 L 的函数,则由利润的定义可有

$$\pi(L) = P \cdot Q(L) - W \cdot L \tag{9.9}$$

为了达到利润最大化,必须使

$$\frac{d\pi(L)}{dL} = P\left[\frac{dQ(L)}{dL}\right] - W = 0 \tag{9.10}$$

即

$$P\left[\frac{dQ(L)}{dL}\right] = W \tag{9.11}$$

而这便是

$$VMP = W \tag{9.12}$$

下面通过例题来运用这一要素需求的原则。

【例 9.1】 假设一生产厂商在产品市场和要素市场上均为完全竞争者,其生产函数为 $Q = 24L^{0.5}K^{0.5}$,其中 Q 表示产品的年产量,L 表示厂商所雇佣的工人人数,K 表示厂商所运用的资本数。并且我们假设该厂商产品的市场价为每单位 25 元,工人的工资为 1200 元,

每单位资本的利息为 40 元。在短期内，资本假设为 1600 单位并且作为固定要素。请计算：

(1) 该厂商劳动需求曲线；(2) 该厂商最优工人雇佣量。

解：

(1) 由该厂商的生产函数：$Q = 24L^{0.5}K^{0.5}$ 可得劳动的边际产品 $MP_L = dQ/dL = 12L^{-0.5} \cdot K^{0.5}$

将 $K=1600$ 代入可得：$MP_L = 480L^{-0.5}$

又因为该厂商为完全竞争者，所以其要素使用原则为：$W_L = VMP_L = P \cdot MP_L$，

将 $P=25$ 代入可得：$W_L = P \cdot MP_L = 25 \times 480L^{-0.5} = 12000L^{-0.5}$

通过数学运算，可得厂商劳动需求曲线

$$L = 12000^2 W^{-2} = 1.44 \times 10^8 W^{-2}$$

(2) 将该厂商在利润最大化时的工人工资代入前面的厂商劳动需求曲线可得

$$L = 12000^2 W^{-2} = (1200 \times 10)^2 W^{-2} = (1200 \times 10)^2 \times 1200^{-2} = 100$$

总之，利润最大化要求任何经济活动的"边际收益"和"边际成本"必须相等。这一点不仅适用于产品生产数量的决定，而且也适用于要素使用量的决定。只不过在这两种决定中，它们的"边际收益"和"边际成本"的含义有所不同。产品的边际收益指的是厂商每增加一单位产品的生产所获得的收益，而要素的边际收益指的是厂商每增加一单位某种生产要素的投入所带来的产品的价值。产品的边际成本指的是增加一单位产品的生产所增加投入的要素的价值，而要素的边际成本指的是每增加投入一个单位某种生产要素所增加的成本。而由于不同的含义，"边际收益"和"边际成本"又有不同的名称。为了与产品的边际收益和边际成本概念相区别，通常把生产要素的"边际收益"叫做边际产品价值或边际收益产品，用 VMP 或 MPR 来表示；把生产要素的"边际成本"叫做边际要素成本，用 MFC 来表示。

9.1.3 生产要素供给

1. 生产要素所有者及其供给问题

从上面的分析可知，讨论生产要素需求，就是从要素使用者即生产者或厂商的利润最大化行为出发，来研究其对要素的需求量是如何随要素价格的变化而变化的。与此相仿，对要素供给问题的研究，就是从要素所有者的最大化行为出发来分析其对要素的供给量是如何随要素价格的变化而变化的。因此，首先要问的问题是：谁是要素的供给者？什么是要素供给者的最大化行为？

1) 生产要素所有者

要素所有者既可以是生产者，也可以是消费者。生产者生产许多将要再次投入于生产过程的"中间产品"或"中间生产要素"，因而是中间要素的所有者；消费者则向市场提供诸如劳动等"原始生产要素"，因而是原始要素的所有者。

第 9 章 分配理论

由于要素所有者的身份不同,因而他们的行为目的也不相同。按照西方学者的假定,生产者和消费者的行为目的分别是利润最大化和效用最大化。要素所有者及其行为目标的不一致,自然会影响到对要素供给的分析。最重要的影响,便是要素供给原则肯定不会再像要素需求原则那样一致,因为不同的行为目标,将导出不同的行为原则,进而影响诸如分析的方法、形式甚至某些结论等。因此,从理论上来说,要素供给理论须分成两个并列的部分分别加以讨论:

(1) 根据生产者的利润最大化行为讨论其对中间要素的供给。
(2) 根据消费者的效用最大化行为讨论其对原始要素的供给。

但是,在上述两个部分中的第一部分即中间要素的供给与一般产品的供给并无任何区别,因为中间要素,即中间产品本身就是一般的产品,而关于一般产品的供给理论,在产品市场,特别是在完全竞争产品市场的分析(参见第 7 章)中已经详细讨论过,因此本章关于要素供给的讨论可以完全局限于要素所有者为消费者、其行为目的为效用最大化这一范围之内,即是从消费者的效用最大化行为出发来建立其要素供给量与要素价格之间关系的理论。

2) 生产要素供给的原则

一旦局限于消费者范围之内,要素供给问题便有一个明显的特点:消费者拥有的要素数量(简称为资源)在一定时期内总是既定不变的。例如,消费者拥有的时间一天只有 24 小时,其可能的劳动供给不可能超过这个数。又例如,消费者拥有的土地也是固定的,比如说为 2 公顷,则他可能的土地供给也只有这么多。再例如,消费者拥有的收入每月为 3000 元,则他不可能储蓄(供给资本)比这更多等。

由于资源是既定的,消费者只能将其拥有的全部既定资源的一部分(当然,这部分可以小到 0,也可能大到等于其资源总量)作为生产要素来提供给市场。全部既定资源中除去供给市场的生产要素外,剩下的部分可称为"保留自用"(或简称为"自用")的资源。所谓要素供给问题可以看成是:消费者在一定的要素价格水平下,将其全部既定资源在"要素供给"和"保留自用"两种用途上进行分配以获得最大效用。

如果要素供给的边际效用小于保留自用的边际效用,则可以将原来用于要素供给的资源不断转移一单位到保留自用上去,从而增大总的效用。反之,如果要素供给的边际效用大于保留自用的边际效用,则可以反过来,将原来用于保留自用的资源不断转移一单位到要素供给上去。根据边际效用递减规律,这样改变的结果将使总的效用增大。最后,上述调整过程可以最终达到均衡状态,即要素供给的边际效用和保留自用的边际效用相等。

所以,要素供给的原则为:作为"要素供给"的资源的边际效用与作为"保留自用"的资源的边际效用相等。

2. 要素供给的边际效用

接下来的问题是:什么是要素供给的效用(边际效用)? 什么是自用资源的效用(边际效

用)？显然，把资源作为生产要素供给市场本身，对消费者来说并无任何效用。消费者之所以供给生产要素是为了获得收入。正是这种要素带来的收入具有效用，因此，要素供给的效用是所谓"间接效用"：要素供给通过收入而与效用相联系。

假设要素供给增量(例如劳动供给增量)为 ΔL，由此引起的收入增量为 ΔY，而由收入增量所引起的效用增量为 ΔU，则

$$\frac{\Delta U}{\Delta L} = \frac{\Delta U}{\Delta Y} \cdot \frac{\Delta Y}{\Delta L} \tag{9.13}$$

取极限即得

$$\frac{dU}{dL} = \frac{dU}{dY} \cdot \frac{dY}{dL} \tag{9.14}$$

式中，dU/dL 即为要素供给的边际效用，它表示要素供给量增加一单位所带来的消费者效用增量；dU/dY 和 dY/dL 则分别为收入的边际效用和要素供给的边际收入。

因此，式(9.14)表示：要素供给的边际效用等于收入的边际效用与要素供给的边际收入的乘积。

一般来说，单个消费者不过是要素市场上众多要素所有者之一，即他是要素市场上的完全竞争者。他多提供或少提供一点要素供给量并不影响要素的市场价格。或者说，他所面临的要素需求曲线是一条水平线。在这种情况下，要素的边际收入显然就等于要素的价格。

即有

$$\frac{dY}{dL} = W$$

于是式(9.14)简化为

$$\frac{dU}{dL} = W \cdot \frac{dU}{dY} \tag{9.15}$$

这便是完全竞争条件下消费者要素供给的边际效用公式。如果消费者不是要素市场上的完全竞争者，则要素供给的边际效用表达式就应当仍然采用一般的形式，即式(9.14)。

3. 自用资源的边际效用

与要素供给提供间接效用相比，自用资源的情况稍稍复杂一些：它既可带来间接效用，亦可带来直接效用，而且更为重要的是带来直接效用。例如，拿消费者拥有的时间资源来说，如果不把时间用于劳动(不作为劳动要素去供给市场)，则可以将它用来做家务、看电影或干脆休息。显然，自用时间在这里是通过不同的途径产生效用的。在第一种情况下，它节省了本来需要请别人来帮忙做家务的昂贵开支，因而和要素供给一样，可以说是间接地带来了效用，即通过节约开支相对增加收入从而间接增加效用；在后两种情况下，它则直接地增加了消费者的效用，因为它直接地满足了消费者的娱乐和健康的需要。

为了分析的简单方便起见，以后假定自用资源的效用都是直接的，即不考虑类似于上述时间可以用来干家务这类现象。若用 L 表示自用资源数量，则自用资源的边际效用就是效用增量与自用资源增量之比的极限值 dU/dL，它表示增加一单位自用资源所带来的效用增量。

4. 生产要素供给者效用最大化的条件

借助于上面指出的要素供给的间接效用和自用资源的直接效用概念，可以将效用最大化条件表示为

$$\frac{dU}{dL} = \frac{dU}{dY} \cdot W \qquad (9.16)$$

如果考虑有所谓"收入的价格" W_y，则显然有 $W_y = 1$。于是可以将式(9.16)写成：

$$\frac{dU/dL}{dU/dY} = \frac{W}{W_y} \qquad (9.17)$$

式(9.17)左边为资源与收入的边际效用之比；右边则为资源和收入的价格之比。这个公式与产品市场分析中的效用最大化公式是完全一致的。

上述要素供给原则可以推导如下：

设消费者拥有的单一既定资源总量为 $\bar{L}$，资源价格(亦即要素价格)为 W，在该要素价格下，消费者的自用资源量为 L，从而其要素供给量为 $\bar{L} - L$，从要素供给中得到的收入为 $Y = W(\bar{L} - L)$。消费者的效用来自两个方面，即自用资源和要素供给的收入，故效用函数可写为 $U = U(Y, L)$。消费者在既定资源数量条件下决定资源在要素供给和保留自用两种用途之间进行分配，故约束条件(即预算线)为 $(\bar{L} - L) + L = \bar{L}$，或者，改写成收入与要素供给量的关系即得：$Y + W \cdot L = W \cdot \bar{L}$。于是消费者的要素供给问题可以表述为：在约束条件 $Y + W \cdot L = W \cdot \bar{L}$ 下使效用函数 $U = U(Y, L)$ 达到最大。

对该问题求解即得利润最大化条件，亦即要素供给原则式(9.17)。

9.1.4　生产要素均衡价格的决定

同产品的价格和产销数量是由产品的供给和需求共同决定的一样，生产要素的价格和使用量也是由生产要素的需求和供给共同决定的。产品的供求关系与要素的供求关系在逻辑上是完全对称的，只要掌握了前面分析产品的问题时的各个概念和推理，对于生产要素的供求问题的理解，应该是并不困难的。

由这一节的分析可知：

完全竞争厂商需求生产要素的原则是 $VMP=W$。由于生产要素的边际生产力是递减的，因此对于单个的完全竞争厂商来说，使用生产要素的边际产品价值曲线是一条向右下方倾斜的曲线，这决定了生产要素的需求曲线也是向右下方倾斜的。对于整个行业的生产要素

需求来说,整个行业的要素需求是各个企业需求之和,也是一条向右下方倾斜的曲线。只不过,整个行业的需求曲线并非所有单个厂商需求曲线的简单加总。因为随着要素价格相应地变化,在所有厂商的需求都发生变化之后,将导致产品市场的供求关系改变,最终使产品市场上产品的价格变化,进而使单个厂商的需求脱离原有的 VMP 曲线构成新的需求,所以在由单个厂商的要素需求曲线推导整个行业的要素需求曲线时要注意避免"合成谬误",应该是在行业调整之后所有单个厂商新需求水平的加总。同时,对不完全竞争厂商来说,生产要素需求曲线也仍然是一条向右下方倾斜的线,不过斜率会有所不同。

消费者供给生产要素的原则是 $\frac{dU}{dL} = \frac{dU}{dY} \cdot W$。要素供给(收入)的边际效用与要素的价格成反方向变动,而边际效用又是递减的,所以可以推知,要素供给与要素价格是同方向变动的。所以说,在一般情况下,生产要素的供给曲线是向右上方倾斜的。

生产要素的需求曲线与供给曲线相交决定着生产要素的价格,这与产品均衡价格和数量的决定是完全一样的。但由于要素的供求和产品的供求存在着如上所说的相互依存和相互制约的关系,所以对要素的供求分析要比对产品的供求分析复杂一些,在概念的理解方面有时容易混淆不清,这是初学者必须注意的一点。同时我们知道,产品价格的决定因市场的结构不同而不同,因此,对要素供求进行分析时还必须区分更加复杂的各种不同情况。

阅读材料 9.1

需要明确的几个概念[①]

在正式讨论生产要素的价格及其决定之前,有几个概念需要首先明确。

1. **生产服务源泉和生产服务**

生产服务的源泉不同于生产服务本身。例如,劳动服务的源泉是人类或劳动者,但劳动服务却是"人一时"(或代表劳动者在某个特定时期工作的其他单位);同样,土地是生产服务的源泉,但该生产服务本身却是用"亩一年"(使用 1 亩土地 1 年)的单位来衡量的。类似的区别也适用于资本,比如,建筑物和机器作为源泉也不同于它们所提供的服务。

2. **源泉的供给(需求)和服务的供给(需求)**

源泉的供求是指卖和买生产服务的"载体";服务的供求则是指卖和买生产服务本身而非其"载体"。有些生产要素的源泉及其服务都可以在市场中交易,例如,土地和资本;有些生产要素则不能,例如劳动。劳动服务可以被买卖,但劳动服务的源泉(人类自身)却不能被买卖——至少现在的文明社会是这样的。

3. **源泉的价格和服务的价格**

如果源泉和服务均可在市场上交易,则就有两个价格,即源泉价格和服务价格。例如,就土地而言,有一个"1 亩土地(源泉)的价格",还有一个"使用 1 亩土地 1 年(服务)的价格"。再如建筑物和机器,

---

[①] 资料来源:中国地质大学网络教学学院网页,网址:http://course.cug.edu.cn/micro_economic/chap8/note4.htm

它们本身有一个市场价格(源泉价格),还有一个使用它们一定时间的价格(服务价格)。这两个价格显然不同,因而有加以区别的必要。

生产要素的源泉价格,特别是资本物品(如机器)的价格,系由市场的供求曲线所决定,其过程与上面已经论述过的商品价格的决定大致相同。在分配论中不再重复。因此,分配论中所论述的是生产要素服务价格的决定。劳动是一个例外。由于只有劳动服务能够买卖,因此,只有一个价格,即劳动服务的价格。

4. 提示

为明确起见,假定下面讨论的土地、土地供给及土地价格(资本、资本供给及资本价格)均是指土地的服务、土地服务的供给以及土地服务的价格(资本服务、资本服务的供给及资本服务的价格)。其中,土地服务的价格称为地租,资本服务的价格称为利率。由于劳动是一个例外,只有劳动服务能够买卖,只存在劳动服务的价格即工资。在谈到劳动供给和劳动价格时,它必定是指劳动服务的供给和劳动服务的价格,不会引起任何误解。

运作实例 9.1

NBA劳资双方签下6年新合同　停摆警报今晨解除

记者刘毅报道:NBA不用停摆了!NBA劳资双方谈判达成一致,双方签下了一份为期6年的新劳资合同,这就意味着新赛季NBA停摆危机烟消云散。NBA总裁斯特恩和球员工会主席亨特今晨一起飞往圣安东尼奥,在第六场总决赛开始之前共同宣布了这一消息。

斯特恩如释重负地说:"能够避免停摆,我们大家都感到欣慰。此次协议的达成为联盟和球员之间创造了一个强大的伙伴关系,这对整个联盟的健康发展非常关键。"NBA联盟同球员工会签署的上期合同将于当年6月30日到期。从2月底开始,双方关于新合同的谈判一直在紧锣密鼓地进行,但由于在某些细节上存在较为严重的分歧,谈判一度面临破裂,使下赛季的NBA面临像1999年那样停摆的威胁。劳资双方最近经历了连续四天的艰苦谈判之后,终于就困扰双方已久的分歧问题达成一致,全世界的NBA球迷们不用再担心下赛季"缩水"了。

在最敏感的选秀球员最低年龄问题上,新协议规定如下:美国球员在高中毕业后必须再等一年才有资格参加选秀,国际球员必须年满19周岁之后才有资格参加选秀。美国高中生不能直接选秀,这就意味着麦克格雷迪、科比、加内特、詹姆斯和斯塔德迈尔等天才高中生成为NBA的绝唱。

兴奋剂问题此前一直困扰着劳资双方,新协议如今做出明确规定:NBA球员每年将接受四次随机药检,对于服用类固醇类药物的球员,初犯者将停赛5到10场,第二次发现将停赛25场,如果第三次发现将停赛整个赛季,第四次发现将终生禁赛。

新协议的内容还包括:球队工资总额占全联盟上赛季总收入的份额由48.04%上升到51%;每队对最大牌球星的最高工资限额得到一定程度的增加;每队可以上场的球员(也就是伤病名单之外的球员)由12个增加到15个;如果某个球员受到停赛12场或以上的处罚,可以名正言顺地申请法庭仲裁。

资料来源:羊城晚报——金羊网,2005年6月22日

9.2 劳动服务的价格——工资的决定

9.2.1 工资的含义与种类

工资是劳动力所提供劳务的报酬,也是劳动这种生产要素的价格。劳动者提供劳动,获得作为收入的工资。

根据划分角度的不同,工资可分为不同的种类:

(1) 根据计算方式不同可分为计时工资(wage by the time)和计件工资(wage by the piece)。前者是按劳动时间计算的,后者是按劳动成果计算的。

(2) 根据支付手段不同可分为货币工资(currency wage)和实物工资(physical wage)。前者是以货币形式支付的,后者是以实物形式支付的。

(3) 根据购买力的不同:可分为名义工资(nominal wage)和实际工资(real wage)。前者是按货币单位衡量的,后者是按货币的实际购买力来衡量的。

在工资理论中,主要分析货币工资的决定与变动。

9.2.2 完全竞争市场上工资水平的决定

在完全竞争的劳动市场上,工资水平是由劳动的供需关系共同决定的。

1. 劳动的需求

企业对劳动的需求取决于多种因素,主要有市场对产品的需求、劳动的价格、劳动在生产中的重要性等。在实际经济活动中,对劳动的需求主要取决于劳动的边际生产力。劳动的边际生产力是指在其他条件不变的情况下,增加一单位劳动时间所增加的产量。劳动的边际生产力是递减的,生产经营者在购买劳动时要使劳动的边际成本(工资)等于劳动的边际产品。如果劳动的边际产品大于工资,劳动的需求就会增加;如果劳动的边际产品小于工资,劳动的需求就会减少。因此,劳动的需求曲线是一条向右下方倾斜的曲线,表明劳动的需求量与工资成反方向变动。

我们可以通过表9-2和图9.3的资料来说明这一点。图9.3中横轴L代表劳动的需求量,纵轴W代表工资水平,D为劳动的需求曲线。

表9-2 某地劳动力市场需求表

工资(元/小时)	劳动需求量/小时
3	2 200
4	2 000
5	1 800
7	1 600
9	1 400
12	1 200

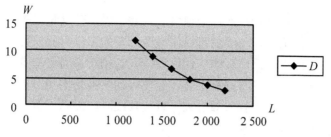

图9.3 某地劳动力市场需求曲线图

2. 劳动的供给

劳动的供给主要取决于劳动的生产成本,即工人维持自己和家庭生活支出的费用,以及工人培养和教育的费用,此外劳动者对工作和闲暇的偏好程度也是影响劳动供给的重要因素。就一个国家或一个地区而言,劳动的供给曲线是一条向后弯曲的曲线,一般来讲,当工资水平较低时,工资增加,劳动的供给也会增加;但当工资增加到一定程度后,如果再继续增加,劳动供给不但不会增加,反而会减少。因此,劳动的供给曲线被称为"向后弯曲的供给曲线"。

我们可以表9-3和图9.4中资料来介绍劳动供给的特点。

表9-3 某地劳动力市场供给表

工资(元/小时)	劳动供给量/小时
3	1 500
4	2 000
5	2 500
7	2 500
9	2 100
12	1 500

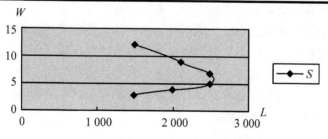

图9.4 某地劳动力市场供给曲线图

从表9-3和图9.4中可以看出当工资水平低于每小时7元时,劳动供给随工资的提高而增加;但当超过9元时劳动供给反而随着工资提高而减少。之所以如此,是因为劳动供给不仅是工资率的函数,而且同时也是闲暇的函数,这样就使得工资率提高对劳动供给产生两种效应:替代效应和收入效应。替代效应是指当工资率上涨时,单位时间所获得的收入增加，劳动者为获得更多的收入，宁愿牺牲闲暇，增加劳动量以多获得工资收入。收入效应是指随着工资率的提高，劳动者可以用减少一定的工作时间获得同样的收入，因此当工资率提高时劳动者的供给反而减少。这两种效应的相对强弱就决定了劳动供给曲线的形状。当替代效应大于收入效应时提高工资率会使劳动供给量增加，供给曲线上各点切线的斜率为正，向右上方延伸，当收入效应大于替代效应时，提高工资率反而会使劳动供给减少，所以劳动的供给曲线向后弯曲。

3. 完全竞争市场上工资的决定

劳动的需求与供给共同决定了完全竞争市场上的工资水平，可以通过图 9.5 来说明这一点。在图 9.5 中劳动的需求曲线 D 与劳动的供给曲线 S 相交于 E，这就决定了工资水平为 W。这一工资水平等于劳动边际生产力。这时劳动的需求量与供给量都是 2000 小时，工资水平为每小时 4 元。

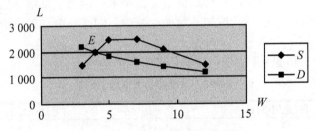

图 9.5 某地劳动力市场均衡示意图

9.2.3 不完全竞争市场上工资的决定

劳动市场上的不完全竞争是指劳务市场上存在着不同程度的垄断。劳动市场上的垄断有两种情况，一种是劳动者对劳动的垄断，即劳动者组成工会，垄断了劳动的供给。另一种是厂商对劳动购买的垄断。当然，这两种情况的结合就是双边垄断，即卖方与买方都有一定的垄断。在现代市场经济中，劳务市场上的双边垄断现象是大量存在的，主要表现就是工会的存在和雇主之间的勾结。另外，对于一些高风险的特殊工种，需要政府干预，给予补偿性的差别工资以鼓励劳动者对这些行业的劳动供给。在不完全竞争的市场上，工资可能高于或低于劳动的边际生产力。

1. 工会对工资的影响

工会影响工资的方式主要有以下三种。

1) 增加对劳动的需求

在劳动供给不变的条件下，通过增加对劳动的需求的方法来提高工资，不但会使工资增加，而且可以增加就业。这种方法对工资与就业的影响可用图 9.6 来说明：工会增加厂商对劳动需求的方法主要是增加市场对产品的需求,基本措施有增加出口和限制进口,实行保护贸易政策等。在这一点上工会与企业的目标是共同的,很容易达成协议。

2) 减少劳动的供给

在劳动需求不变的条件下,通过减少劳动供给同样也可以提高工资,但会使就业减少,这种方法对工资与就业的影响可以用图 9.7 来说明:工会减少劳动供给的方法主要有:限制非工会会员受雇,迫使政府通过强制退休,禁止使用童工,限制移民,实行减少工作时间的法律等。

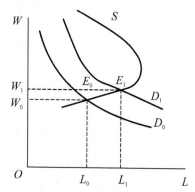

图 9.6　增加劳动需求对工资的影响

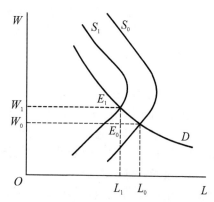

图 9.7　减少劳动供给对工资的影响

3) 实行最低工资法

工会迫使国会通过立法规定最低工资,这样,在劳动的供给大于需求时,也可使工资维持在一定的水平上。这种方法对工资与就业的影响可以用图 9.8 来说明。在图 9.8 中,劳动供给曲线与劳动需求曲线相交于 E 点,这时的工资水平为 W_E,劳动均衡数量为 L_E。工会强制国会通过工资法,维持该行业比较高的一个工资水平为 W_F,这时的劳动供给量为 L_F,但在这一工资水平上的劳动需求量却只有 L_G,可能形成的失业人数为 $L_G L_F$,将会成为政府非常棘手的社会难题。最低工资也可以说是政府对劳动这种生产要素实行的一种支持价格,实行价格管制必然采取数量管制,否则就会影响社会稳定。

工会对工资决定的影响在一般情况下也要受到一定的限制。从劳动的需求来看,这种限制因素主要有产品的需求弹性,劳动在总成本中所占的比例和劳动的可替代性这三个因素。从劳动的供给来看,限制因素主要有,工会所控制的工人的多少,工人流动性

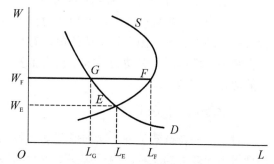

图 9.8　国会实行工资法对工资的影响

大小及工会基金多少等。这些因素中，产品的需求弹性是工会能否发挥作用的重要条件，产品需求弹性比较大，增加工资会引起成本上升，产品价格稍有上升就会引起销售量大量下跌，实行最低工资法难度就比较大。政府对农产品实行支持价格政策，也可以看作对农民的一种变相的工资补贴，类似于实行最低工资法，因为农产品是居民生活必需品，价格发生变化，对需求量变动一般影响不大。

2. 厂商对工资的垄断

当然，对工资水平的影响，除了工会形成的劳务市场卖方垄断这一影响因素外，在劳务市场上还存在着厂商形成的买方垄断等影响因素。厂商对工资的垄断主要包括就业准入制度、各种就业歧视性措施和雇主之间的勾结三种情况。

1) 就业准入制度

就业准入制度的核心内容是厂商在招聘某些技术工种的从业人员时，从取得相应职业资格证书的人员中录用。对于这些行业或工种，厂商坚持要求员工只有经过专业技术培训，取得了职业资格证书才能被聘用，对于用人实施严格的就业准入控制。实行就业准入制度的厂商和国家相关劳动法律制度要求相结合，往往具有比较强的社会控制力，比如我国实行的高等学校教师法，对于高等学校的教师选聘就规定了比较严格的用人标准，必须取得高校教师资格证才能就职。再比如我国开始实行的农民绿色证书制度，对未来农民的从业资格做出了明确的规定，像对果树工、园艺工等工种就提出了相应的从业资格条件，有些地方已经明确规定这些工种的员工必须持证上岗，否则就不具备相应的法定从业资格。

2) 各种就业歧视性措施

在这方面，劳动市场上的买方垄断往往带有很强烈的主观色彩，其表现主要有提出员工受教育程度的限定标准、各种歧视性用人选择等。受教育程度的限定标准在各国劳务市场上都不同程度的存在，比如在某些工种用人方面明确规定只招收录用具有本科生或研究生学历以上的人员等。各种歧视性用人选择常见的有种族歧视、性别歧视、年龄歧视、地域性歧视等。

3) 雇主之间的暗中串通或单独行动

当厂商的垄断程度高时，就会竭力把工资压低到劳动的边际生产力之下。应该说，尽管劳动市场上的垄断因素对工资的决定有相当大的影响，但从长期来看，还是劳动供求状况在起决定性作用。劳动的供求是决定工资的关键因素。决定工资水平高低主要还是劳动力的边际生产能力。

3. 工资的补偿性差别

对于一些特殊的工种，比如像劳动风险比较大，对劳动技能要求比较高，或对劳动者心理压力比较大的工种，由于这些工种劳动供给量相对较少，需要在工资水平上给予特殊的补偿。这些被给予补偿性差别工资的工作有：

1) 不愉快的或有危险的工作条件

蓝领工人与白领工人相比，由于社会地位和名望上的差别，对于劳动者在心理上产生的影响也不同。因为在劳动供给上，劳动者不但要求在工资水平决定上能够取得个人和家庭各项费用开支所需要的各种实际成本补偿，同时还要补偿在就业偏好选择方面的心理成本损失。为了补偿个人在就业选择方面名誉上的损失，对于一些在个人名誉上有心理压力的工种要求单位劳动时间工资率就要相对较高，同时超额劳动要有额外的补贴。有危险的工作如登高作业、高温下作业要付给相应的报酬补贴等。

2) 高度紧张的体力或脑力劳动

如长期从事繁重的体力劳动的炼钢、搬运工人，从事科研活动的科学家、学者、教授等，由于这些劳动种类的特殊性，往往有比较高的工资收入。脑力劳动者的工资要相对高于体力劳动者，是由于从事的工作对社会发展贡献率不同造成的。

3) 就业不稳定的工种

如建筑性行业和其他季节性劳动的行业，为了补偿季节性劳动的经济损失，就要在劳动季节中取得比较高的工资率。

4) 失败的风险

对于一些风险性较大的行业，为了补偿失败可能造成的损失，就要有较高的风险报酬，如电影摄影中的特技演员拍摄危险的特技动作，进行珍贵的珠宝首饰加工等，这类劳动失败的风险性较大，因此相应的报酬也比较丰厚。

5) 特殊的社会影响和贡献

如对社会做出突出贡献的科学家、在重大的国际比赛中取得优异成绩的体育运动员等。这些人员由于所做的工作对于社会的特殊贡献，往往有比较高的工资报酬率。

阅读材料 9.2

现代工资决定理论的新发展[①]

工资决定理论一直是经济学研究的热点问题。马克思主义经济学以劳动价值论为基础，设计出了以按劳分配为主体的工资分配制度；古典经济学派则提出了威廉配第的最低生活维持费工资理论、重农学派的"最低限度工资"理论、亚当·斯密的工资理论、大卫·李嘉图的工资理论和约翰·穆勒的工资基金理论。现代西方经济学的工资理论集中在边际生产力工资理论、均衡价格工资理论和集体谈判工资理论等方面。随着经济发展格局的转变，劳动者在收益分配中的地位不断提高，出现了利益分享工资论、人力资本工资论、博弈工资论和知识资本工资论等新型的工资决定理论。

---

① 摘自：彭壁玉《现代工资决定理论的新发展》，原文发表于《南方经济》2000 年 06 期。

微观经济学

运作实例 9.2

民工工资政府干预的经济学根据[①]

2003 年以来，沿海地区出现了民工荒，据媒体报道，2006 年春节过后仅广州、深圳、东莞就缺民工 100 多万。根据我国人口统计数据和劳动力市场情况可知，我国民工劳动力的供给远远大于市场需求；事实也是中国农村存在大量富余劳动力，为什么却出现民工荒？本文仅从经济学角度对民工工资做一分析。

一、西方经济学的工资理论分析

在西方经济学中，劳动力都是被作为一种生产要素，和其他生产要素一样也是商品。经典的西方经济学理论认为，商品的价值由均衡价格决定，劳动力作为一种生产要素，他的价值表现为均衡价格。根据均衡价格理论，在竞争市场条件下，在愿意供给的数量等于愿意购买的数量水平上形成均衡价格，表现为供给曲线和需求曲线的交点。在均衡价格水平上，市场上不存在短缺或过剩，表现为企业不缺工，劳动力也不过剩。劳动力价格的经济学抽象是工资，实际的情况应是劳动力价格包括工资以及与工资相关的条件，如劳动时间、劳动强度、劳动保护、劳动环境、不拖欠克扣工资、社会保险等。

在当今中国的劳动力市场，农村剩余劳动力有 1.5 亿，而且每年新增劳动力 600 多万人。农村劳动力向城市转移是社会发展的规律，这使得城市民工劳动力供给远远大于需求。需求方就会尽可能地压低民工的工资。但压低民工工资超过一定界限就会出现需求无法满足。

从供给来看，成本是一个重要的界限，一般商品，价格低于成本就不会有供给；但劳动力商品不同，劳动力存在的前提是人必须生存，劳动力为了生存，不管售价是高于成本还是低于成本都得售出。因而，劳动力成本已经不是劳动力供给方供给与否的界限，劳动力供给曲线已经不是由成本决定。农民工是理性的经济人，是否进城打工，取决于打工收益和务农收益的比较。农民工在农村务农的收益成为农民工外出打工的机会成本。各地农民条件不同，因而机会成本也不同，机会成本决定了民工劳动力供给曲线。只有机会成本低于打工工资的民工才会进城打工，而机会成本高于打工工资的民工则不会选择进城打工。民工荒的主要原因就是政府取消农业税等惠农措施提高了农民进城打工的机会成本。

如图，民工荒发生前工资水平为 W_0，需求量为 L_0，供给量也为 L_0，供求平衡。现在，劳动力供给的机会成本提高，供给曲线 S_0 左移到 S_1；如果工资水平仍为 W_0，则供给量为 L_1，满足不了需求量 L_0，出现民工荒。要满足需求量 L_0，解决民工荒，工资水平必须提高到 W_1；工资水平提高到 W_1，需求曲线 D_0 右移到 D_1；在 W_1 的工资水平上，供给量为 L_0，与需求量 L_0 相等，供给和需求在 E_1 点达到新的均衡。

[①] 作者：刘志锁，文章来源：中国农村研究网，对原文作了删节。作者简介：刘志锁为中国民航大学社科系教授。 本文为国家哲学社会科学基金项目"中国城市化进程中城市移民的犯罪问题研究"阶段性成果之一。

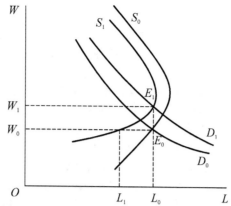

从实际情况来看,民工工资每月六、七百元,除了维持自己在城里的生存所剩无几。由于工资低,民工在城里打工却不能在城里维持正常的劳动力简单再生产(老人和孩子只能留在生活费用和教育费用低的农村,如果不是夫妇共同打工,一般配偶也无奈留在农村),而现在是民工劳动力再生产投入最少的时期。(由于五六十年代的多生育和七十年代末开始实行计划生育,造成我国人口年龄结构的非自然状态,现在是我国劳动力最丰富而劳动力平均赡养和抚养人口最少的时期。)中华全国总工会在对广东企业进行调查后的结论是:造成目前"招工难"最直接的原因是"工资缺乏吸引力和用工条件差所致"。劳动和社会保障部2004年9月7日向社会公布的《关于民工短缺的调查报告》同样表明:"民工短缺在局部地区客观存在,普通劳动力特别是年轻女工相对短缺。工资待遇低、工作环境差、劳动强度大的企业缺工尤为严重。"理论分析和实际情况都表明,民工荒作为一个经济现象,其原因就是民工工资偏低。

二、民工低工资的不良后果

低工资扭曲资源配置抑制产业升级。如果劳动力过于廉价,生产厂家就会选择通过降低生产体系中的技术含量来追求效益,容易陷入"低技术陷阱"。波士顿一家咨询公司的研究表明,在中国制造业中,降低技术投入、依赖廉价劳工可以带来更大的盈利,这就形成了一个使中国的企业缺乏技术创新的动力。低工资阻碍劳动生产率的提高,低劳动生产率又只能压低工人工资,陷入恶性循环。沿海地区很多小型加工企业已经陷入"低工资、低教育、低技术、低劳动生产率、高劳工淘汰率"的困境。由于民工工资太低,承担不起高昂的培训费用,他们就难以通过培训提高自身素质和技术水平,难以由民工转化为真正的产业工人,这有背城市化的社会发展规律;工资太低也必然制约着民工对下一代的教育投资,会造成"民工的孩子还是民工"。民工低工资扭曲了资源配置,阻碍产业升级,无法适应全球性的竞争,最终必然会制约社会经济的发展。

低工资抑制了消费,难以拉动我国的经济发展。以2002年为例,居民工资总额大约为1.2万亿元,占当年10万亿元GDP的12%。工资收入占GDP比重过低就会抑制消费,背离了提高人民生活水平的社会发展目标。统计表明,2002—2005年间,消费性支出增幅呈现持续下降的趋势。由于收入持续增长的机制没有完全形成,居民消费基本上采取保守态度。劳动者的工资收入太低就会造成有效需求不足,有效需求不足成为长期制约我国经济增长的瓶颈。而依赖外需已经使中国经济外贸依存度畸高。

低工资影响国家形象。我国工人的平均工资只有美国的五十分之一,欧盟的四十分之一,日本、韩国的三十五分之一。2005年12月9日,国际自由工会联盟发布一份报告称中国正成为世界的"血汗工厂"。近年来,美欧为主的大部分发达国家,以"劳工倾销"为名,对来自低劳工标准国家的产品采取单边贸易壁垒措施，中国的一些企业由于低工资及缺乏劳动保障，产品售价极低，经常遇到这种麻烦。SA8000是近年来国际市场上新兴起的一种"社会责任标准"，它所关注的是企业所应承担的社会责任，尤其是在保护劳工权益方面。企业如果达不到标准，就会得不到订单。低工资不仅损害工人利益，也影响中国经济大国的国际形象。

低工资会带来社会问题。民工往往承担劳动条件最差、最艰苦的工作，但绝大多数民工的收入，却仅相当于正式职工的一半甚至更少。据调查，上海外来工的劳动生产率比城里工通常高出50％以上，加上企业需要为本地合同工负担的各项保障费用，总的算来，本地劳动力与外来劳动力的用工成本相比为5：1以上，在南京的这一比例为1.8：1，同工不能同酬。民工在就业、住房、医保、养老等很多方面，还享受不到和城市市民相同的国民待遇。民工工资低，同工不同酬，与城里人收入差距悬殊，享受不到国民待遇，这损害了社会公平，会使民工产生一种相对剥夺感，进而刺激一些民工滋生强烈的不满、反抗情绪，而"这种反抗心情的最早、最原始和最没有效果的形式就是犯罪。"民工工资太低也会带来其他社会问题。

三、民工工资低问题的解决

凯恩斯认为，市场经济需要国家干预。现在，市场经济国家都有一定程度的政府对经济的干预。工资仅靠看不见的手来决定会出现工资偏低。劳动力和其他生产要素、其他商品不同，劳动力是人，工资是劳动力在社会中生存生活的基础，工资问题不单纯是个经济问题，也不仅仅是劳资双方的事，工资太低会带来社会问题。而民工处于劳动力层次的最底层，工资最低也最容易出现问题，政府不能不高度重视。发展经济，建设和谐社会，政府必须干预民工工资。

重视工会作用。在发达市场经济国家，劳动力长期过剩，他们解决工资问题的一个重要途径是由工会代表工人与资方进行工资谈判。工人通过工会谈判和有组织的斗争提高工资已是不争的事实。工会谈判斗争提高工人工资成为平衡劳动力因长期供过于求而低于劳动力价值的因素。单个民工的弱势地位是无法与老板进行平等的工资博弈的。政府应支持民工成立工会，发挥工会集体工资谈判作用。

提高最低工资。目前我国的最低工资是由各地方政府自己制定的。各地最低工资普遍太低，有违马克思的工资理论，也有违西方经济学的理论，也没有达到最低工资为现行平均工资40％～60％的国际标准，有的甚至只有平均工资的24％。政府应当直接干预民工最低工资标准的制定与执行，提高工资、福利待遇，向国际标准靠拢，通过立法和执法保证民工就业和获取报酬的基本权利。在劳动保障、权益保障、养老、医疗等各方面给予民工和城市市民一样的国民待遇，提高农民收入。反哺农业，继续减轻农民负担，加大对农业的投入，加快农村经济发展，增加农民收入，提高民工劳动力市场供给的价格底线。

9.3 资本服务的价格——利率的决定

9.3.1 资本和利息的概念

1. 资本

所谓资本是指由经济制度本身生产出来并被用做投入要素以便进一步生产更多的商品和劳务的物品。资本品主要有三类：建筑(如工厂和住宅)、设备(耐用消费品，如汽车；耐用生产设备，如机器工具及计算机)以及投入和产出的存货(如经销商推销过程中的汽车)。资本的特点有以下三点：

(1) 它的数量是可以改变的，即它可以通过人们的经济活动生产出来。
(2) 它被生产出来的目的是为了以此获得更多的商品和劳务。
(3) 它是作为投入要素，即通过用于生产过程来得到更多的商品和劳务。

2. 利息与利率

利息是资本这种生产要素的报酬。资本家提供资本，得到了利息，所以说，利息是资本家提供资本这种生产要素所得到的报酬和收入。利息本身有数量上的限制。贷款人放弃了能够增值的货币资本(或货币资金)，因而必须要获得报酬，这样利息就不能为零，更不能是负数。借款人借用货币资本(货币资金)的目的是为了获得利润，因而不可能将其收入的全部以利息的形式交给贷款人，因此，贷款人的利息和企业的利润二者之间有着相同的上、下限，即资本(或资金)的平均利润＞利息＞零。利息通常分为年息、月息、日息三种，包括存款利息、贷款利息和各种债券发生的利息。

利息率是每一单位时间内(例如一年内)的利息收入在货币资本中所占的比率，简称为利率。利率的多少受平均利润率、市场竞争、借贷资本(或借贷资金)供求情况、借贷风险的大小、借贷时间的长短、商品价格水平、银行费用开支、社会习惯、国家利率水平、国家经济政策与货币政策等因素的影响。

9.3.2 利息存在的合理性

经济学家在解释利息收入的合理性时从两个方面来阐述。

(1) 为什么对资本应该支付利息呢？他们认为，人们具有一种时间偏好，即在未来消费与现期消费中，人们是偏好现期消费的。之所以有这种情况，是因为未来是难以预期的，人们对物品未来效用的评价总要小于现在的效用。人们总是喜爱现期消费，因此，放弃现期消费把货币作为资本就应该得到利息作为报酬。

(2) 为什么资本能带来利息呢？经济学家用迂回生产理论来解释这一点。迂回生产就是先生产生产资料(或称资本品)，然后用这些生产资料去生产消费品。迂回生产提高了生产效率，而且迂回生产的过程越长，生产效率越高。现代生产的特点就在于迂回生产，但迂回生产的实现就必须有资本。所以说，资本使迂回生产成为可能，从而就提高了生产效率。这种由于资本而提高的生产效率就是资本的净生产力。资本具有净生产力是资本能带来利息的根源。

9.3.3 资本的供给

1. 单个消费者的资本供给

由于资本所有者拥有的资本数量是可变的，因此要讨论资本的供给问题，就要先确定最优的资本拥有量。一个资本拥有者要么进行当前消费，要么进行储蓄以增加资本拥有量，以便于将来进行更多的消费。因此，资本最优配置问题可以看成是消费者的长期消费决策问题。下面用无差异曲线来分析消费者的均衡位置。

如图 9.9 所示，假定只有今年、明年两个时期，资本(收入)可以借入、借出。横轴 C^0 代表今年消费的资本量；纵轴 C^1 代表明年消费的资本量，A 点(C_0^0，C_0^1)为初始状态，是预算线上一点。

下面来确定一下消费者的预算线：假定消费者所面临的市场利率为 r，如果消费者把所有收入都放到明年消费，那么今年的收入存到明年，本息总共有：$C_0^0(1+r)$。再加上明年收入，总共可以消费：$C_0^0(1+r)+C_0^1$ 这就是 W' 点。相反，如果消费者把明年收入全部预支到今年消费，为了保证他明年的收入足以还本付息，他最多只能借：即 $C_0^1/(1+r)$，再加上今年收入 C_0^0，他在今年总共可以消费：$C_0^0+C_0^1/(1+r)$，这就是 W。连接点 W 和点 W'，即得到预算线 WW'。其斜率为：$-\dfrac{OW'}{OW}=-(1+r)$

因为假定消费者所面临的市场利率为 r，则他减少一单位商品的今年消费就可以增加(1+r)个单位商品的明年消费。换句话说，预算线的斜率必为-(1+r)。

现在便可以确定消费者的均衡位置。假设预算线与无差异曲线 U_2 相切于切点 B，长期最优消费决策是：今年消费 C_1^0，明年消费 C_1^1。从上面分析知：给定一个市场利率 r，消费者今年有一个最优的储蓄量从而有一个最优贷出量。令利率变化(提高或降低)，则预算线将绕 A 顺时针或逆时针旋转，与另一条无差异曲线相切，得到相应的均衡点。将不同利率水平下消费者的最优储蓄量画出，就得到一条储蓄或贷款供给曲线。

如图 9.10 所示。随着利率的上升，会增加人们的储蓄，曲线向右上方倾斜。当利率处于很高水平上时，贷款曲线可能出现向后弯曲的现象。其原因与劳动供给曲线相同。

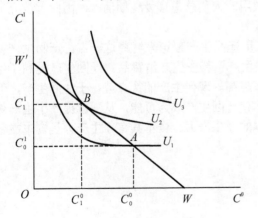

图9.9　单个消费者的消费预算线

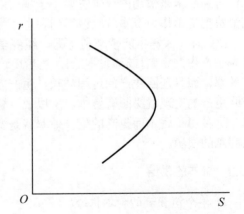

图9.10　单个消费者的储蓄曲线

2. 资本供给曲线

储蓄是资本供给的源泉，但资本供给曲线并不等于储蓄曲线。就一个社会、一定时期而言，资本形成取决于过去已形成的储蓄量，同时假定资本的自用价值为 0，因此在短期里，资本供给曲线为一条垂直于横轴的直线。但在长期里，随着利率的上升，储蓄量的增加，资本供给曲线则被不断推向右方，如图 9.11 所示。

注意，对于资本供给曲线的形状，不同经济学家有不同的观点。有的书认为，资本供给曲线为向右上方倾斜的曲线，如宋承先的《现代西方经济学》、厉以宁的《现代西方经济学概论》、胡寄窗的《当代西方基本经济理论》；有的认为是垂直线，如萨缪尔森的《经济学》；也有认为既垂直，又向右上方倾斜，如唐布什《经济学》等。

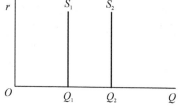

图 9.11 资本短期供给曲线

将单个消费者的资本供给曲线水平加总就可以得到市场供给曲线，但市场供给曲线是正常的向右上方倾斜的曲线，没有出现向后弯曲的现象。原因在于，虽然利率很高时，就单个消费者来讲有可能出现收入效应大于替代效应的情况，但就整个经济来讲，替代效应仍大于收入效应，储蓄仍是增加的。在现实经济中，我们并没有发现资本供给曲线向后弯曲的例子，就是这个原因。

9.3.4 资本的需求

从整个社会来看，对资本的需求主要来自于厂商。前面已经提到，厂商的投资行为形成了对于资本的需求。那么影响厂商投资决策的因素是什么呢？在厂商进行投资决策时，它追求的是利润最大化，它所考虑的主要方面是预期利润率和利息率，另外还要考虑到投资风险。这一点与土地、劳动等要素是不同的，当土地所有者和劳动者提供要素时，无论厂商是盈利还是亏损，土地所有者和劳动者都能根据合同获取相应的报酬；而对于资本的投资则不是这样，因为投资总是伴随着风险。厂商一旦进行投资，其所花费的大部分成本就变为沉淀成本，并且一项投资往往持续的时间很长，所需资金庞大，所以厂商的投资决策实际上是风险决策，它牵涉到一系列影响因素，这里略过不谈。我们主要讨论利息率对厂商投资需求的影响。

厂商在进行投资决策的时候，由于利息构成了厂商的成本，所以如果一个投资项目的预期利润率大于市场的利息率，那么就意味着厂商预期的资本收益大于成本，厂商投资该项目就可以获得利润；如果一个投资项目的预期利润率小于市场的利息率，那么厂商的预期资本收益小于成本，厂商就会亏损，所以厂商会放弃该项目或转而去寻求其他合适的项目。注意，如果厂商的投资所用资金是自有资金，利息可被看成是机会成本，上述分析依然有效。如果厂商的各个投资项目的预期利润率不变，而市场利率提高，就会有许多的投资项目被否定，从而厂商的投资意愿降低，投资就会下降，从而对可贷资本的需求下降；如果利息率降低，厂商的成本降低，就会使一些原本不合算的项目变得有利可图，厂商的投资意愿上升，投资增加，对可贷资本的需求就会上升。因此资本的需求曲线也是向右下方倾斜的曲线。

9.3.5 利息率的决定

关于利息率的决定，经济学家中有两种不同的观点，即：以经济学家克拉克为代表的用边际生产力论为基础的利息理论和以经济学家马歇尔为代表的用均衡价格论为基础的利息理论。边际生产力论的利息理论认为：对于厂商来说，利息首先是一种成本，利率水平的确定过程，与工资相类似，取决于资本的边际生产力。均衡价格利息理论认为：正如工资是由劳动生产要素的均衡价格决定的一样，利息率也是由资本这个生产要素的均衡价格决定的。即：利息率是由资本的需求和供给的均衡状态决定的。

以上分析了资本市场的供给和需求的决定，下面来看资本市场的均衡问题。资本的供给曲线和需求曲线的交点表示了资本市场的均衡点。可用图 9.12 来说明利息率的决定。在图中，横轴 OK 代表资本量，纵轴 Or 代表利息率，D 代表资本的需求曲线，S 代表资本的供给曲线，这两条曲线相交于 E，决定了利息率水平为 r_0，资本量为 K_0。

资本市场均衡的变动如图 9.13 所示。假定资本数量在短期中为既定，同时假定资本的自用价值为零，故资本的短期供给曲线是一条垂线。在短期里资本供给曲线 S_1 与需求曲线相交，形成短期均衡利率 r_1 和均衡资本量 Q_1。较高的利率会促使储蓄进一步增加，从而资本供给曲线向右移动，S_2 与需求曲线在较低的利率水平上相交，形成均衡利率 r_2 和均衡资本量 Q_2。在 r_2 上，利率降到储蓄量与投资量恰好和资本存量相等，于是资本存量稳定在 Q_2 水平上，资本市场达到了长期均衡，除非资本的需求曲线上移或者人们对未来消费偏好增强。利率较低时，资本供给曲线向左移动，和上述变化方向相反。

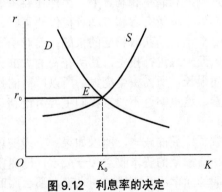

图 9.12　利息率的决定　　　　图 9.13　资本市场均衡的变动

9.3.6 利息的作用

利息在经济生活中具有十分重要的作用。体现在以下方面：①利息的存在可以鼓励少消费，多储蓄；②利息的存在可以使资本得到最有效的利用；③利息的存在可以使企业更节约、更有效地利用资本；④利息可以作为调节宏观经济的手段。

第9章 分配理论

对于利率的调整是现代政府实施宏观政策的一种重要手段。当社会经济中出现了通货膨胀时,提高利息率可以压抑对可贷资金的需求,刺激可贷资金的供给,从而制止通货膨胀。而当社会经济萧条时,企业纷纷倒闭、失业急剧增加时,降低利息率,可以刺激消费和投资,扩大需求,使经济转向繁荣;正因为利息有这样的作用,所以,利用利息率来调节经济是非常重要的手段。关于利息的这种作用,我们在宏观经济学的宏观经济政策等章节的内容中会进一步研究。

阅读材料 9.3

谁说"利率是资本的价格"?[①]

传统的经济学中有一句大家都熟悉的话,即对利率的定义性描述,叫做"利率是资本的价格"。但是,这句话中隐藏的浅显得不能再浅显的错误却莫名其妙地让人们熟视无睹视而不见。

为何说利率是资本的价格是错误的?

利率这个措词本身没有错,不仅仅没有错误,而且还相当地精妙准确。顾名思义,"利",就是单位资本所获取的利润。因为是对单位资本而言的,故又曰"率"。合而谓之"利率"。如此,我们就清晰地看出其错误所在了。因为,无论是何种价格理论,即便是按照传统经济学错误的价格决定理论来说,都不会将"价格"和"利润"等同起来混为一谈。通常认为,价格和利润之间数量上有一个"成本"差额:价格-成本=利润。也就是说,你从他人那里购买生产要素时,要素的价格中包含他人的"利"在其中,也就是说,是他人的要素价格构成你的成本,而不仅仅是他人的"利"构成了你的成本。何来资本的价格就是资本的利润?

你借来 1 元钱,借期利率为 10%的话,到期你就要归还 1.1 元。这一元钱,是供你使用的资本投入即成本,而 1.1 元就是这 1 元资本的使用价格,而 1 元的 10%,即 0.1 元是资方的利润。换句话说,你用 1.1 元的价格购买了 1 元的资本来使用。当然,对于你的进一步产品来说,进入成本的就是 1.1 元,而不是按照利率是资本的价格来计算的 0.1 元。

正因为如此,《西方经济学的终结》中说"在成本算式 $C = wL + rK$ 中,K 只能是资本品数量而不可以当作货币资本,r 也是资本品的价格而不是利率"(中国经济出版社,2005,P189)。对于价格保持常数的情况来说,假如执意要用 r 代表利率的话,则两要素收益的计算方法应该是 $C = wL + (1+r)K$。之所以是 $1+r$ 而不是 r,就是因为"还本付息"是公认的道理,是借贷市场不可颠覆的法律。

这种辨析,有没有过于吹毛求疵的感觉?我不觉得苛刻了经济学。作为经济学尤其是理论经济学,不能够满口雌黄信口开河,要有一点学术的严谨性。"利率是资本的价格",简简单单几个字,就暴露出传统经济学在"利润"、"成本"、"价格"、"利润率"等几个基本概念上的含混和逻辑不一致。

假如你借贷了 K 量的资本,利率为 r,同时雇佣了 L 的劳动,其工价为 w,你按照微观经济学给出的 $C = wL + rK$ 计算你的成本的话,你可能就要亏得血本无归了,不要说赚钱,连借来的本钱可能都没的还了。

[①] 作者:钱皮(笔名),文章来源:http://ecoblogger.blogchina.com,发表于 2005 年 10 月 5 日。

经济学中也有从"租金"的概念来理解对资本的借贷问题的。按照"租"的概念，租用者仅仅具有被租物品的使用权利，而没有对被租物品的所有权。在租用期间，被租物的所有权依然属于出租者。比如，你租了一间房子，你可以按照约定使用它，但是不等于你是房子的主人，即你不是房东。到了期限，你不仅仅要支付使用房子的房租，而且要将房子还给房东。或者说，你用房租买不到这座房子。同样道理，你用资本的利率是买不到资本的。用一个比较新颖的词汇来看，"商品"和"商品的服务"是两个概念。借此，房子的所有权和房子的使用权、劳动和劳动的服务、资本和资本的服务等等，都不是同一个概念。如果以此来看，r 也仅仅是"资本服务"的价格而非"资本的价格"。

那么退一步，如上所述，将 r 叫做"资本品的价格"不就可以了吗？当然可以了。但是，资本品的价格就是资本品的价格，价格不是利率。不要滥用了利率这个概念。

你说说，西方经济学连这种最简单的东西都无法搞清楚，说它百无一用冤枉它吗？当然，说不定哪一天当你借贷的时候也可以碰上一个遵从"利率是资本价格"信条的高利贷者。他可能说："你只还息就是了，本金就免还了！""那太谢谢你啦"你一定会乐不可支地问："请问，利率是多少呢？""110%"他吃人不吐骨头地铿锵回答。

9.4 土地服务的价格——地租的决定

9.4.1 土地与地租的概念

土地是经济活动最基本的生产要素。地租是使用土地(包括地面、矿藏、水域等)而支付的报酬。在微观经济学的研究中，土地可以泛指生产中使用的自然资源，其特点被描述为"原始的和不可毁灭的"。说它是原始的，因为它不能被生产出来；说它是不可毁灭的，因为它在数量上不会减少。土地数量既不能增加也不能减少，因而是固定不变的。或者也可以说，土地的"自然供给"是固定不变的，它不会随着土地价格的变化而变化。这些特点与资本和劳动不同，因此，地租的决定就有自己的特点。

地主提供了土地，得到地租。地租产生于两个原因：首先在于土地本身具有生产力，其次，土地作为一种自然资源具有数量有限、位置不变，以及不能再生的特点。地租的产生与归属是两个不同的问题。这就是说，无论在什么社会里，实际上都存在地租。但不同社会里，地租的归属不同。在私有制社会里，地租归土地的所有者所有。在国有制社会里，地租归国家所有。在社会团体所有制的社会里，地租归某一拥有土地的社会团体所有。

9.4.2 地租的决定

地租由土地的需求与供给决定。土地的需求取决于土地的边际生产力，土地的边际生产力也是递减的。所以，土地的需求曲线是一条向右下方倾斜的曲线。

土地的供给是固定的，因为在每个地区，可以利用的土地总有一定的限度。土地所有者在分配土地的使用时也面临着效用达到最大的问题。土地资源同样具有保留自用和供给市场两处用途。但一般认为：土地的消费性使用只占土地的一个很微小的部分，因此在分析土地资源时一般假定土地所有者自用土地的效用为 0。因此，土地效用只取决于土地收入。为了获得最大效用就必须使土地收入达到最大。也就是说要尽可能多地供给土地。因此，无论土地价格是多少，土地供给曲线将在其土地总量的位置上垂直。将所有单个土地所有者的土地供给曲线水平相加，即得到整个市场的土地供给曲线。

将向右下方倾斜的土地的市场需求曲线与土地供给曲线结合起来，即可决定使用土地的均衡价格，如图 9.14 所示。

需要注意的是，土地的供给曲线是垂直线的前提是假定土地没有自用价值。由此可以推广：任意一种资源，如果它在某种用途上的机会成本等于 0，则它对该种用途的供给曲线就垂直，不受价格的影响。

需求曲线 D 与供求曲线 S 的交点是土地市场的均衡点。该均衡点决定了土地服务的均衡价格 R_0，土地的均衡供给量为 Q_0，即土地的所有量。

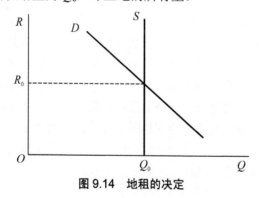

图 9.14　地租的决定

9.4.3　地租产生的原因

当土地供给曲线垂直时，它与土地需求曲线的交点所决定的土地服务价格具有特殊意义：它通常被称为"地租"。由于此时土地的供给曲线垂直且固定不变，故地租完全由土地的需求曲线决定，而与土地的供给曲线无关：它随着需求曲线的上升而上升，随着需求曲线的下降而下降。如果需求曲线下降到 D'，则地租将消失，即等于 0，如图 9.15 所示。

根据上述地租决定理论，可以给出一个关于地租产生的解释。假设一开始时，土地供给量固定不变为 Q_0，对土地的需求曲线为 D'，从而地租为 0；现在由于技术进步使土地的边际生产力提高，或由于人口增加使粮食需求增加，从而地租开始出现。因此，可以这样来说明地租产生的原因：地租产生的根本原因在于土地的稀少，供给不能增加；如果给定了不变的土地供给，则地租产生的直接原因就是土地需求曲线向右移动，如图 9.15 所示。

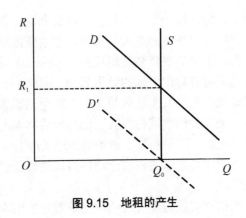

图 9.15 地租的产生

9.4.4 级差地租、准租金和经济租金

从对地租的分析中还引申出了三个重要的经济概念：级差地租、准地租与经济租金。

1. 级差地租

级差地租是由于土地的肥沃程度、地理位置、气候交通等方面的差别而形成的地租。土地有肥瘠之分，矿藏亦有贫富之别；加之其地理位置、气候等条件的差别，可以把土地分为不同等级。对土地的利用，要根据土地上产品需求的多少，由优至劣依次进行。产品的价格不低于使用劣等土地生产所用的平均成本，使生产者收支相抵，否则就没有人去使用劣等土地从事生产。由于劣等土地产品的市场价格等于平均成本，生产者所获收入仅够支付成本，没有剩余，这种土地就称为"边际土地"。相比"边际土地"，那些肥沃程度高、气候适宜、交通便利的土地，其产品生产成本低于边际土地的平均成本，即低于边际土地产品市场价格。所余的这个差额，叫做级差地租。

2. 准租金

从对地租的分析中还引申出了两个重要的经济概念：准地租与经济租金。准地租又称准租金或准租，准租金指对任何供给量暂时固定的(短期内相对固定)生产要素的支付，简言之，指固定投入在短期内所得到的收入。除土地外，任何一种在短期内供给量相对固定的生产要素的使用都须支付一定的价格。因其性质类似地租，而被马歇尔称为准地租。在短期内，固定投入是不变的，与土地的供给相似。不论这种固定投入是否取得收入，都不会影响其供给。只要产品的销售价格能够补偿平均可变成本，就可以利用这些固定投入进行生产。在这种情况下，产品价格超过其平均可变成本的余额，代表固定投入的收入。这种收入是由于产品价格超过其平均可变成本的余额而产生的，其性质类似地租。可用图 9.16 来说明准地租。

图 9.16 是准租金的一个示意图。该图表示了一个完全竞争厂商的短期决策情况。在价格为 P_0 时，按照厂商利润最大化的原则 $MR=MC$，厂商的均衡点为 C，均衡产量为 Q_0，因此厂商的总收益为 OP_0CQ_0 的面积。由于 $OGBQ_0$ 可以看作是对可变要素支付的成本，因而固定要素的总收益就可以表示为 P_0CBG 的面积，如图中的阴影部分所示，这一部分的收入就是固定要素所获的准租金。可以看出，准租金等于不变成本与经济利润之和。如果准租金大于不变成本，表示厂商盈利，利润为准租金减去不变成本的差；如果准租金小于不变成本，表示厂商亏损，亏损额也等于准租金与不变成本的差。

这里要注意的是，准地租只在短期内存在。在长期内固定资产也是可变的，固定资产的收入就是折旧费及其利息收入。这样，也就不存在准地租了。

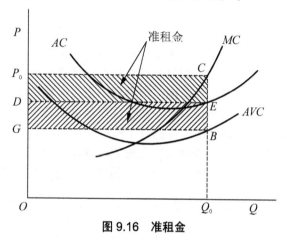

图 9.16　准租金

3. 经济租金

经济租金可以定义为生产要素所得到的收入超过其在其他场所可能得到的收入部分。可以理解为要素的当前收入超过其机会成本的部分，简言之，经济租金等于要素收入减去机会成本。换言之，如果生产要素的所有者所得到的实际收入高于他们所希望得到的收入，则超过的这部分收入就被称为经济租金或经济租。这种经济租类似生产者剩余。如图 9.17 所示。

从经济租金的分析可以看出，他的特点在于要素价格的变化不会影响到租金的供给。有一部分要素收入类似于租金，即从要素收入中减去该部分并不会影响要素的供给。把要素的这一部分收入称为经济租金。也就是说，经济租金并不是吸引该要素用于当前使用所必须的。

图 9.17 是要素的供给曲线和需求曲线，均衡时，要素的价格是 R_0，要素的使用量是 Q_0。供给曲线告诉了我们要素所有者提供要素所要求的最低价格或者说是要素所有者在某一价格下愿意提供的要素的数量，所以要素所有者为提供 Q_0 的要素所能够接受的最低总价

格相当于 $OAEQ_0$ 的面积，也就是供给曲线以下、均衡供给 Q_0 左面的区域。假定所研究的是劳动市场，在完全竞争的劳动市场上，所有工人得到的工资率都是 R_0，这一工资率是用来使最后一个"边际"工人提供其劳动的，但是所有其他"边际内"工人都获得了同样的工资，他们得到的工资大于使他们工作所需要的工资。要素所有者所获得的总收益相当于 OR_0EQ_0 的面积，因此图中供给曲线以上价格线以下部分，即图中阴影部分的面积就是要素所有者所得到的收益超过其提供要素所要求的最低收入的部分，即经济租金。

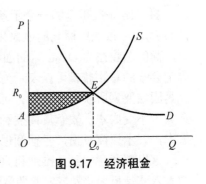

图 9.17　经济租金

从图 9.17 可以看出，如果需求增加，即需求曲线向右移动，要素的价格会提高从而经济租金提高。在需求不变的条件下，如果要素供给具有完全弹性，即供给曲线水平，经济租金为 0；当要素的供给弹性降低，即供给曲线变陡，经济租金就会增大；当要素的供给完全无弹性，即曲线变得垂直时，所有向生产要素的支付金额都是经济租金，因为这时无论要素价格多高或者多低，要素的供给都不变，这时经济租金变得最大，这时的经济租金就是租金。可以看出，租金只是经济租金的一个特例。

准地租与经济租是不一样的，准地租仅在短期内存在，而经济租在长期中也存在。经济租实质是价格差，由此引出有关寻租行为分析的理论。经济租金现象存在于许多方面，如球星年薪问题等。

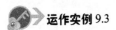运作实例 9.3

黑死病灾难带来的富裕[①]

14 世纪的欧洲，鼠疫的流行在短短几年内夺去了大约三分之一人口的生命。这个被称为黑死病的事件为检验刚刚提出的要素市场理论提供了一个可怕的自然试验。首先，黑死病使人口锐减，从而劳动力的数量大规模减少，劳动力的供给十分紧张。在黑死病发生以前，大约每公顷土地平均由 2 个人耕种，但黑死病发生以后，平均 1 公顷土地 1 个人还不足。同时，以前土地供应紧张，要不断地开垦新的土地，但是在黑死病发生以后，不仅不再需要开垦新的土地，相反，已经开垦的土地，有很多质量较差的又重新被废弃，即使是那些好地还缺人耕种，土地的租金大幅度下滑。据统计资料表明，在这一时期，劳动者的工资将近翻了一番，而土地租金减少了 50%，甚至更多。黑死病给农民阶级带来了经济繁荣，而减少了有土地阶级的收入。

由于农民收入的上升，逐渐地又产生了一种现象，越来越多的人倾向于减少劳动时间，耕种更少的土地，这使得劳动的供给量进一步减少了。

---

① 资料来源：摘自曼昆著《经济学原理》。

第 9 章 分配理论

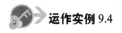
运作实例 9.4

房地产的价格[①]

从各种报刊杂志以及派送广告中我们不难看到，大城市的房价远远高于中小城市。在我国西北部地区中小城市中平均房价是每平方米 800 元，而最贵的地段也不过是 1500 元左右；形成鲜明对比的是，在某中心城市，其地价平均为每平方米 7000 元左右，最贵的地段的豪华写字间可以达到每平方米 18000 元左右。在一个叫做普坊的小城，大街上有许多小商店和一个商店区，其中一些商店是空的，有一部分似乎已经空了很长一段时间了。

相反，在中心城市中，到处是高楼林立，几乎看不见低矮的小商店，一般日常用品主要是在超市中销售，有很多出售昂贵的、高品质的商品，其价格都高得惊人，并且看起来生意很好，顾客不断。

类似地，如果你能在北京的海淀高校区拥有一套住房，利用出租得到的租金足以应付在不太远的地区购买更大面积住房的付费。

阅读材料 9.4

利润理论[②]

利润是企业家才能这种生产要素的报酬。企业家不仅从事企业生产经营中的管理工作，而且要进行创新和承担风险。一般把利润分为正常利润与超额利润。

正常利润是企业家才能的价格，也是企业家才能这种生产要素所得到的收入。它包括在成本之中，其性质与工资相类似，也是由企业家才能的需求与供给所决定的。

我们知道，企业对企业家才能的需求是很大的，因为企业家才能是生产好坏的关键。使劳动、资本与土地结合在一起生产出更多产品的决定性因素是企业家才能。而企业家才能的供给又是很少的。培养企业家才能所耗费的成本也是很高的。企业家才能的需求与供给的特点，决定了企业家才能的收入——正常利润——必然是很高的。可以说，正常利润是一种特殊的工资，其特殊性就在于其数额远远高于一般劳动所得到的工资。

超额利润是指超过正常利润的那部分利润，又称为纯粹利润或经济利润。在完全竞争的条件下，在静态社会里，不会有这种利润产生。只有在动态的社会中和不完全竞争条件下，才会产生这种利润。动态的社会涉及创新和风险。不完全竞争就是存在着垄断。

创新是指企业家对生产要素实行新的组合。它包括 5 种情况：第一，引入一种新产品；第二，采用一种新的生产方法；第三，开辟一个新市场；第四，获得一种原料的新来源；第五，采用一种新的企业组织形式。这 5 种形式的创新都可以产生超额利润。 创新是社会进步的动力，因此，由创新所获得的超额利润是合理的，是社会进步必须付出的代价，也是社会对创新者的奖励。

---

① 资料来源：北京电大密云分校校友录。网址：www.my.btvu.org/xyl—showthread.asp?boardid=56&RootID=9136

② 参考梁小民编《西方经济学教程》，中国统计出版社，2000 年第 1 版，有删节。

风险是从事某项事业时失败的可能性。由于未来具有不确定性,人们对未来的预测有可能发生错误,风险的存在就是普遍的。在生产中,由于供求关系发生难以预料的变动,由于自然灾害、政治动乱以及其他偶然事件的影响,也存在着风险,而且并不是所有的风险都可以用保险的方法加以弥补。这样,从事具有风险的生产就应该以超额利润的形式得到补偿。

由垄断而产生的超额利润,又称为垄断利润。垄断的形式可以分为两种:卖方垄断与买方垄断。卖方垄断也称垄断或专卖,指对某种产品出售权的垄断。垄断者可以抬高销售价格以损害消费者的利益而获得超额利润。在厂商理论中分析的垄断竞争的短期均衡、完全垄断的短期与长期均衡,以及寡头垄断下的超额利润,就是这种情况。买方垄断也称专买,指对某种产品或生产要素购买权的垄断。在这种情况下,垄断者可以压低收购价格,以损害生产者或生产要素供给者的利益而获得超额利润。

利润是社会进步的动力。这是因为:第一,正常利润作为企业家才能的报酬,能鼓励企业家更好地管理企业,提高经济效益,促进经济繁荣,加快社会发展,增进社会福利;第二,由创新而产生的超额利润鼓励企业家大胆创新。这种创新能大力促进科技繁荣,有利于社会的进步。第三,由风险而产生的超额利润能鼓励企业家勇于承担风险,从事有利于社会前进、经济发展的风险事业。第四,追求利润的目的使企业按社会的需要进行生产,努力降低成本,有效地利用资源,从而在整体上符合社会的利益。第五,整个社会以利润来引导投资,使投资与资源的配置符合社会的需要。

9.5 洛伦兹曲线与基尼系数

在市场经济中,按生产要素在生产中所做出的贡献大小,由市场决定的收入分配是第一次分配或初始分配。由于每个人拥有的生产要素数量与质量不同,市场经济中的分配必然引起收入不平等,甚至两极分化。下面就来学习两种衡量社会收入分配状态的标准:洛伦兹曲线与基尼系数。

1. 洛伦兹曲线

洛伦兹曲线是用来衡量社会收入分配(或财产分配)平均程度的曲线,它是美国统计学家洛伦兹提出的。它先将一国人口按收入由低到高排队,然后考虑收入最低的任意百分比人口所得到的收入百分比。例如,收入最低的 20% 人口、40% 人口等所得到的收入比例分别为 3%、7.5% 等,如表 9-4 所示,最后,将这样得到的人口累计百分比和收入累计百分比的对应关系描绘在图形上,即得到洛伦兹曲线。参见图 9.18,ODL 为该图的洛伦兹曲线。

表 9-4 收入分配资料

人口累积/%	收入累积/%
0	0
20	3
40	7.5
60	29
80	49
100	100

显而易见，洛伦兹曲线的弯曲程度具有重要意义。一般来说，它反映了收入分配的不平等程度。弯曲程度越大，收入分配越不平等；弯曲程度越小，收入分配越趋于平等。特别是，如果所有收入都集中在某一个人手中，而其余人口均一无所有，收入分配达到完全不平等，洛伦兹曲线成为折线 OHL；另一方面，如果任一人口百分比等于其收入百分比，从而人口累计百分比等于收入累计百分比，则收入分配就是完全平等的，洛伦兹曲线成为通过原点的 $45°$ 线 OL。

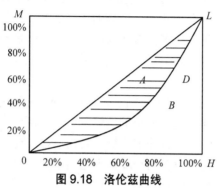

图 9.18 洛伦兹曲线

2. 基尼系数

一般来说，一个国家的收入分配，既不是完全不平等，也不是完全平等，而是介于两者之间；相应的洛伦兹曲线，既不是折线 OHL，也不是 $45°$ 线 OL，而是像 ODL 那样向横轴凸出，尽管凸出的程度有所不同。收入分配越不平等，洛伦兹曲线就越是向横轴凸出，从而它与完全平等线 OL 之间的面积越大。

因此，可以将洛伦兹曲线与 $45°$ 线之间的部分 A 叫做"不平等面积"；当收入分配达到完全不平等时，洛伦兹曲线成为折线 OHL，OHL 与 $45°$ 线之间的面积 $A+B$ 就是"完全不平等面积"。不平等面积与完全不平等面积之比，称为基尼系数，是衡量国家、居民贫富差距的标准。设 G 为基尼系数，则

$$G = \frac{A}{A+B} (0 \leq G \leq 1)。$$

$A=0$，$G=0$，收入分配绝对平等；

$B=0$，$G=1$，收入分配绝对不平等。

基尼系数被西方经济学家普遍公认为一种反映收入分配平等程度的方法。也被现代国际组织(如联合国)作为衡量各国收入分配的一个尺度。按国际上通用的标准：

基尼系数小于 0.2 表示绝对平均；

0.2～0.3 表示比较平均；

0.3～0.4 表示相对合理；

0.4～0.5 表示差距较大；

0.5 以上表示收入差距悬殊。

3. 洛伦兹曲线与基尼系数的应用

运用洛伦兹曲线与基尼系数可以对各国和各地区从空间上收入分配的平均程度进行对比，也可以对各种政策的收入效应进行比较。作为一种分析工具，洛伦兹曲线与基尼系数是非常有用的。基尼系数简练地概括了洛伦兹曲线所描述的居民收入分配状况，从而使其在应用上更加方便，但是这种概括也使得基尼系数丢掉了洛伦兹曲线所表示的一些信息。

提到基尼系数，人们通常会把它和洛伦兹曲线联系起来。认为基尼系数就是把洛伦兹曲线所标示的收入差距数量化，这多少有些误解：基尼系数和洛伦兹曲线之间并不存在严格的一一对应。从基尼系数无法知道各个收入阶层的收入结构，即两条不同的洛伦兹曲线可能对应同一个基尼系数。

如图 9.19 所示，图中有两条不同的洛伦兹曲线对应着相同的基尼系数。如果利用基尼系数比较两种分配结构的差异程度，得出的结论是两种分配结构居民收入差异程度相同，这显然是不尽合理的。事实上，通过仔细分析，我们可以发现，线 1 对应的分配结构更值得重视，因为此时低收入群体相对贫困程度要远远高于线 2 所对应的分配结构。有理由认为，从扩大内需和保证社会稳定的角度出发，对于线 1 所描述的情形采取调整收入结构的政策措施，从而增加低收入阶层的收入水平更为迫切。但由于基尼系数所反映的结果是两种收入分配结构相同，因而政策制定者也就无法依据基尼系数做出最为合理的决策。

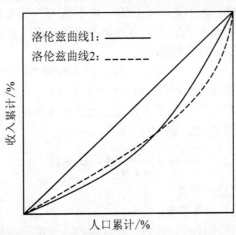

图 9.19 有相同基尼系数的两条洛伦兹曲线

对此问题，经济学家 Wilson 曾经作过比较深入的研究。他通过对美国有关资料研究后发现，由于在黑人与白人间收入差异进一步扩大的同时，黑人家庭之间收入水平出现了趋同，实际计算的基尼系数却是缩小的，此时的基尼系数可能低估了美国居民的贫富差异程度。他进一步指出之所以出现这种结果，正是由于与基尼系数所对应的洛伦兹曲线的非唯一性，因而，用基尼系数反映贫富差距不够准确，至少是不够全面的。Wilson 的分析主要是描述性的,对于基尼系数究竟在多大程度上不能准确地反映贫富差距,他并没有从理论上展开讨论,也没有提出如何对基尼系数进行调整或者改进的方法。这引起了国内外学者的进一步研究。例如,在国内的研究曾指出,考虑到基尼系数与洛伦兹曲线的非一一对应性,应采用满意偏差度来弥补基尼系数在反映收入分配结构上的不足。

除了洛伦兹曲线和基尼系数之外,衡量社会收入分配状况的指数还有库兹涅茨指数、阿鲁瓦利亚指数和收入不良指数。库兹涅茨指数是最富有的 20%的人口在收入中所占的份额,这一指数最低值为 0.2,指数越大,收入差别越大。阿鲁瓦利亚指数是最穷的 40%的人口在收入中所占的份额,这一指数最高值为 0.4,指数越低,收入差别越大。收入不良指数为最高收入的 20%人口与最低收入的 20%人口在收入分配中份额之比,这一指数最低值为 1,指数越高,收入差别越大。这些指数衡量的结果与基尼系数表示相同的趋势。

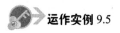
运作实例 9.5

如何看待个人收入差距——且看吴敬琏大战厉以宁[①]

我国两位著名经济学家吴敬琏与厉以宁在有关"如何看待个人收入差距"问题上又有明显分歧,引起了各界人士的重视。现将两人主要观点摘抄如下,供坛友讨论。

厉以宁:收入差距有利于创业投资。

我国创业投资事业在发展中存在着亟待解决的思想障碍,首先是认识收入差距的问题。现在大家心里为什么感到不平衡呢?最主要的一点就是,从前跟自己在一个"大锅炉"里吃饭的人,同是一条街道的人、一个学校的人、一个村庄的人,过去的收入都差不多,现在收入差距悬殊了。因此感到不平衡的心态很容易回潮,这就阻碍了整个中国经济的发展与改革,也阻碍着中国创业投资事业的发展。我们搞创业投资、搞知识产权入股、搞股票期权,本身是得到了一定的好处,但是最大的受益者是谁?是我们的国家,我们的社会,我们的高科技上去了,我们的经济搞起来了,我们的国外留学生回国创业了。总的来说,收入差距有利于创业投资,有利于经济的发展。

吴敬琏:收入差距主要源于机会不平等,不一定有利于经济发展。

平等分机会的平等与结果的平等两种,机会的平等又称起点的平等。机会不平等为不正常收入、腐败收入提供了来源,如腐败过程中的寻租活动,就是利用权力创造收入,最突出的表现在许可证、调拨物资、上市指标等审批制度方面。在国有资产重组界定的过程当中,利用机会不平等,掌权者也可以方便地蚕食、侵吞公共财产。结果的不平等也使收入差距拉大。知识经济时代,没有受过高等教育的人在竞争中肯定处于劣势,这就需要国家在改革税制的同时,还应加强教育系统社会保障系统等建设。收入差距产生的原因可能是灰色的,并不一定有利于经济发展,在提供效率的同时,要重视公平。改革的推进工作不会进一步拉大收入差距,反而会促使差距逐步缩小。

[①] 作者:大宅门,文章来源:人民网 BBS 论坛之地方论坛。

分析讨论：收入差距有利于社会发展还是不利于社会发展，你如何看待？说说你的理由。

本 章 小 结

本章首先从生产要素需求入手，然后分析生产要素的供给及生产要素价格的决定，进而转入收入分配理论：即劳动市场上工资的决定、资本市场上利息的决定、土地市场上地租的决定和企业家市场上利润的决定；最后是社会收入平等程度的衡量，介绍洛伦兹曲线、基尼系数的概念及其运用。

本章的重点是运用价格理论研究生产要素所有者的收入，即劳动投入者得到的工资，土地投入者得到的地租，资本投入者得到的利息，企业家才能投入者得到的利润。难点是生产要素需求、供给及生产要素价格决定的理论分析。

中英文关键词语

(1) 边际产品价值：value of marginal product　　(2) 边际要素成本：marginal-factor cost
(3) 边际收益产品：marginal revenue product　　(4) 洛伦兹曲线：lorentz curve
(5) 基尼系数：Gini index

习　　题

1. 解释概念

(1) 准租金

(2) 经济租金

(3) 洛伦兹曲线

(4) 基尼系数

2. 判断

(1) 当某完全竞争厂商使用劳动要素达一定量时 VMP=500 元，而 w=450 元，该厂商应减少劳动的使用量。　　　　　　　　　　　　　　　　　　　　　　　　　　（　　）
(2) 厂商对生产要素的需求是一种引致的、共同的需求。　　　　　　　　　　（　　）
(3) 完全竞争厂商的要素需求曲线和 MP 曲线重合。　　　　　　　　　　　　（　　）
(4) 由消费者对产品的直接需求派生出来的厂商对生产要素的需求叫引致需求。（　　）
(5) 只要厂商购买要素的数量使得 VMP=w，那么资源配置就是有效率的。　（　　）
(6) 劳动的市场供给曲线是一条向右上方倾斜的曲线。　　　　　　　　　　　（　　）
(7) 随着工资的提高，单个劳动者提供的劳动越来越多。　　　　　　　　　　（　　）

(8) 土地的供给曲线中,有一段"向后弯曲"。 ( )
(9) 经济租金等于要素收入与机会成本之和。 ( )
(10) 所谓准租金就是对供给量暂时固定的生产要素的支付,即固定生产要素的收益。
( )
(11) 土地的供给曲线是一条垂直于横轴的直线,这是因为土地供给是不变的。( )
(12) 基尼系数越大,表明收入分配越不平等。 ( )

3. 选择题

(1) 完全竞争厂商对单一要素的需求曲线( )。
  A. 向右下方倾斜   B. 与其 VMP 曲线重合
  C. 为水平线   D. 高于 VMP 曲线
(2) 完全竞争条件下,厂商使用要素的边际收益是指( )。
  A. 边际产品价值   B. 边际产量
  C. 产品价格   D. 要素价格
(3) 使地租不断上升的原因是( )。
  A. 土地的供给、需求共同增加
  B. 土地供给不断减少,而需求不变
  C. 土地的需求日益增加,而供给不变
  D. 以上全不对
(4) 土地的供给曲线是一条( )。
  A. 平行于横轴的直线   B. 垂直于横轴的直线
  C. 向右上方倾斜的线   D. 向右下方倾斜的线
(5) 厂商的总利润与准租金相比( )。
  A. 总利润大于准租金   B. 总利润等于准租金
  C. 总利润小于准租金   D. 上述情况均可发生
(6) 洛伦兹曲线越是向横轴凸出( )。
  A. 基尼系数就越大,收入就越不平等
  B. 基尼系数就越大,收入就越平等
  C. 基尼系数就越小,收入就越不平等
  D. 基尼系数就越小,收入就越平等

4. 计算题

(1) 已知生产函数 $Q=20L+50K-6L^2-2K^2$,$P_L=15$ 元,$P_K=30$ 元,$TC=660$ 元,其中:Q 为产量,L 与 K 分别为不同的生产要素投入,P_L 与 P_K 分别是 L 和 K 的投入价格,TC 为生产总成本,试求最优的生产要素组合。

(2) 近年来，我国政府逐步推行最低工资制度，本题旨在分析推行这一制度的效果。假设劳动力供给为 $L^S=10W$，其中 L^S 为劳动力数量(以千万人/年计)，W 为工资率(以元/小时计)，劳动力需求为 $L^D=60-10W$，

① 计算不存在政府干预时的工资率与就业水平；

② 假定政府规定最低工资为 4 元/小时，就业人数会发生什么变化？

③ 假定政府不规定最低工资，改为向每个就业者支付 1 元补贴，这时的就业水平是多少？均衡工资率又会发生什么变化？

(3) 某完全竞争厂商的可变要素为劳动，企业雇佣劳动的小时数与产量关系如下：

劳动/小时	产量
0	0
1	8
2	15
3	21
4	26
5	30

假设 1 个劳动小时为 5 元，产品价格为 1 元，问企业应雇佣多少小时的劳动？

(4) 一厂商生产某产品，其单价为 10 元，月产量为 100 单位，每单位产品的平均可变成本为 5 元，平均不变成本为 4 元，试求其准租金和经济利润。两者相等吗？

5. 论述题

(1) 改革开放以来大批农民工进城打工，增加了劳动力的供给，假定在一个实行开放政策的城市，职工有较大的可流动性，劳动的边际产品价值曲线是一条斜率为负的直线，

① 试作图分析农民工进城打工对该城市职工工资水平和职工工资总额的影响。

② 根据所作的图分析农民工进城打工对该城市雇用劳动力的厂商的收入的影响。

③ 根据您对本题前两问的回答，分析农民工进城打工对该城市的综合影响。

(2) 简述产品市场理论与要素市场理论的异同(在微观经济学研究的范围内)。

第10章　一般均衡与福利理论

教学目标

通过本章的学习，熟练掌握一般均衡分析和局部均衡分析的区别与联系；掌握生产、交换、生产与交换的帕累托最优条件；理解社会福利函数的涵义和阿罗不可能性定理。

教学要求

掌握局部均衡与一般均衡的涵义，理解埃奇沃思盒状图和生产的可能性曲线，准确把握帕累托标准、帕累托改进和帕累托最优标准的概念。

引例

目前从老百姓到专家学者,从一般政府官员到中央高层都密切关注以下经济现象:
(1) 近几年,房价持续上涨,政府采取财政、货币等各种政策加以平抑;
(2) 2007 年以猪肉为主的食品类价格快速上涨带动整个 CPI 上涨;
(3) 物价有可能从局部结构性上涨到全面性上涨;
(4) 政府给离退休职工涨工资,对困难职工由物价上涨带来的生活困难加以补贴。

那么房价、猪肉价格上涨为什么会引起如此大的关注?引起这轮物价上涨的真正原因是什么?为什么政府对退休职工和生活困难职工进行补贴?这就涉及一般均衡分析和福利经济学。通过本章一般均衡分析和福利经济学的学习你就会明白其中原因。

到目前为止,所讨论的全部理论均属于局部均衡分析(partial equilibrium analysis)的范畴。局部均衡分析研究的是单个(产品或要素)市场;其方法是把所考虑的某个市场从相互联系的构成整个经济体系的市场全体中"取出"来单独加以研究。在这种研究中,该市场商品的需求和供给仅仅被看成是其本身价格的函数,其他商品的价格则被假定为不变,而这些不变价格的高低只影响所研究商品的供求曲线的位置;所得到的结论是,该市场的需求和供给曲线共同决定了市场的均衡价格和均衡数量。马歇尔(A. Marshall)是局部均衡理论的代表人物。

现在要进一步将局部均衡分析发展为一般均衡分析(general equilibrium analysis),即要将所有相互联系的各个市场看成一个整体加以研究。在一般均衡分析中,每一商品的需求和供给不仅取决于该商品本身的价格,而且也取决于所有其他商品(如替代品和补充品)的价格。每一商品的价格都不能单独地决定,而必须和其他商品的价格联合着决定。当整个经济的价格体系恰好使所有的商品都供求相等时,市场就达到了一般均衡。瓦尔拉斯(M. E. L. Walras)是一般均衡理论的代表人物。由此可见,与局部均衡分析方法相比,一般均衡分析方法更符合经济现实,同时,其分析难度更大一些。

本章主要讨论的问题是:在市场经济体系中,一般均衡是否存在?如果存在,其经济效率如何?前者是一般均衡理论的对象,后者则属于福利经济学的内容。

10.1 一般均衡和帕累托最优状态

10.1.1 一般均衡

1. 从局部均衡到一般均衡

为了更好地理解整个经济体系中各个不同市场的相互作用过程,这里考察一个简化的市场经济案例加以说明。

假定该经济中只包括两个要素市场:石油市场与煤市场;两个商品市场:汽油市场与汽车市场。在这里,石油与煤互为替代品,汽车与汽油为互补品。

现在假定,所有市场在刚开始的时候均处于均衡状态,如图10.1所示。此图由(a)、(b)、(c)、(d)四个子图构成,每一个子图中,初始状态的供求曲线均为 S_0 和 D_0,相应的均衡价格和均衡产量均用 P_0 和 Q_0 来表示;当然,由于不同市场中的 P_0 和 Q_0 表示不同的产品或要素,其具体数据与计量单位都不相同。

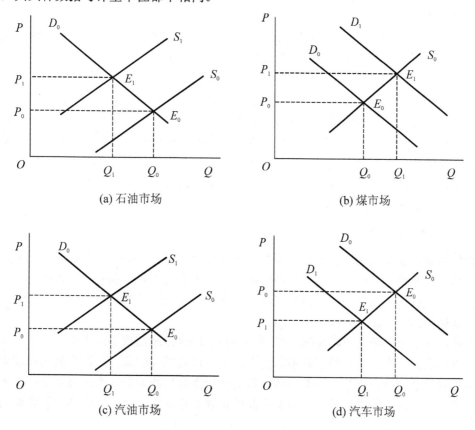

图 10.1 市场之间的相互影响

图10.1(a)为石油市场。假定由于非价格因素作用,石油供给减少,即供给曲线由 S_0 左移至 S_1,均衡价格上升至 P_1,均衡产量减少为 Q_1,这是局部均衡分析的结论。但按一般均衡,需要进一步分析市场的相互影响。

图10.1(b)为煤市场,由于石油和煤互为替代品,石油价格提高,导致对煤的需求增加,从而其需求曲线向右移至 D_1,其均衡价格上升为 P_1,均衡数量增加到 Q_1。

图 10.1(c)为汽油市场，由于石油价格上升，汽油的生产成本必然提高，对汽油的供给会减少，供给曲线向左移至 S_1，从而汽油价格上升为 P_1，均衡数量减少为 Q_1。

图 10.1(d)为汽车市场，由于汽车和汽油是一对互补品，汽油价格提高后，对汽车的需求会减少，即汽车的需求曲线左移至 D_1，从而汽车的均衡价格下降为 P_1，均衡数量减少为 Q_1。

上述分析表明，起因于石油市场供给减少，从而石油价格上升对其他三个市场产生了如下影响：汽油价格上升，煤的价格上升，汽车价格下降。这三个市场价格的变化又会反过来影响石油市场。

(1) 汽油价格上升将增加石油的需求，而汽油需求量减少，又会减少对石油的需求。这样，石油需求是增加还是减少就是不确定的，其需求曲线便会左移或右移。

(2) 汽车数量减少会使石油需求减少，其曲线左移。

(3) 煤价格上升及产量增加会增加对石油的需求，从而石油的需求曲线右移。

上述几个因素作用的结果，对石油的需求可能增加，也可能减少，甚至不变。如果对石油的需求增加或减少，那么石油的需求曲线就会向右移或向左移，这样石油的均衡价格和均衡产量就会发生变化，进而又会影响到其他的三个市场。三个市场中均衡价格和均衡产量的变化，反过来又影响到石油市场，这一过程一直进行下去，直到最后所有市场又都重新达到均衡状态——新的一般均衡状态。

2. 一般均衡的存在性

我们知道，在局部均衡分析中，某种商品(产品或劳务)的供给和需求被假定为只取决于该商品本身的价格，而与其他商品的价格无关。该商品的供求曲线的交点决定了它们的均衡价格，或者换个说法，在该商品市场上，存在一个均衡价格，在该价格上，该商品的供求恰好相等。

但是，由上一部分的讨论可知，任何一种商品的供给和需求实际上不仅取决于该商品本身的价格高低，而且还取决于许多其他商品的价格高低。因此，每种商品的供求均可以看成是所有价格即所谓价格体系的函数。与局部均衡分析相似的一个问题便是：是否存在一组均衡价格，在该价格体系上，所有商品的供求均相等呢？这就是所谓一般均衡的存在性问题。

法国经济学家里昂·瓦尔拉斯在经济学说史上最先充分地认识到一般均衡问题的重要性。他第一个提出了一般均衡的数学模型并试图解决一般均衡的存在性问题。除此之外，他还对一般均衡的唯一性、稳定性及最优性等问题做过探索。瓦尔拉斯的一般均衡体系是按照从简单到复杂的路线一步步建立起来的。他首先撇开生产、资本积累和货币流通等复杂因素，集中考察所谓交换的一般均衡。在解决了交换的一般均衡之后，他加入更加现实一些的假定——商品是生产出来的，从而讨论了生产(以及交换)的一般均衡。但是，生产的一般均衡仍然不够"一般",它只考虑了消费品的生产而忽略了资本品的生产和再生产。因此,瓦尔拉斯进一步提出其关于"资本积累"的第三个一般均衡模型。他的最后一个模型是"货币和流通理论",考虑了货币交换和货币储藏的作用,从而把一般均衡理论从实物经济推广到了货币经济。

瓦尔拉斯最先认识到一般均衡问题的重要性,但他关于一般均衡存在性的证明却是错误的。按照瓦尔拉斯的看法,由于在所有市场的供给和需求都相等的均衡条件中,独立的方程数目与变量数目相等,故一般均衡的存在是有保证的。

尽管瓦尔拉斯并没能给出一般均衡存在的有力证明,但是他的一般均衡理论具有重大的历史意义,后人为了证明一般均衡的存在进行了不懈的努力。直到20世纪中期,数学天才约翰·冯·纽曼及经济学家德布鲁和诺贝尔经济学奖得主阿罗,利用集合论、拓扑学等现代数学工具终于完整地证明了:在极为严格的假定条件下,完全竞争的一般均衡是存在的。不仅如此,当人类进入计算机时代之时,哈伯特·斯卡夫还发展了第一个实际计算一般均衡的方法——这产生了经济中的一个新领域:可以计量的一般经济均衡模型。

10.1.2 帕累托标准

一般均衡理论用一般均衡分析方法研究一般均衡状态的价格和供求问题。瓦尔拉斯是一般均衡理论的奠基人。随着数学的发展,一般均衡理论体系用到更多的数学知识,得到更加严密的分析。阿罗(K.J.Arrow)和德布鲁(G.Debru)在这方面有着较大的贡献;后来,里昂惕夫(Wassily W.Leontief)又创立了投入产出分析法来分析一般均衡问题。

一般均衡的目标是经济效率最优,即经济福利的最大化。西方福利经济学在20世纪30年代有较大的发展,形成了新福利经济学(New Welfare Economics)。在评价经济效率时,新福利经济学采用的是帕累托最优标准。这个标准是意大利经济学家帕累托(V.Pareto)在其1906年出版的著作《政治经济学指南》一书中提出的新福利经济学命题,即帕累托最优化命题。

假定一个社会有两种可能的资源配置状态 A 和 B。从理论上讲,社会中的人对这两种不同的资源配置状态有三种不同的看法:A 优于 B;A 无差异于 B;A 劣于 B。如果至少有一人认为 A 优于 B,而没有人认为 A 劣于 B,则认为从社会的角度看,有 A 优于 B,这就是帕累托最优状态标准,简称帕累托标准(Pareto criterion)。

利用帕累托标准,可以对资源配置状态的任意变化做出"好"与"坏"的判断:如果既定的资源状态的改变使得至少有一个人的状况变好,而没有使任何人的状况变坏,则认为这种资源配置状态的变化是"好"的,这就是帕累托改进(Pareto improvement)。否则,认为是"坏"的。更进一步,可以利用帕累托标准和帕累托改进来定义"最优"资源配置,即:如果对于某种既定的资源状态,所有的帕累托改进均不存在,即在该状态上,任意改变都不可能使至少一个人的状况变好而不使任何人的状况变坏,则称这种资源配置状态为帕累托最优状态(Pareto optimum)。当一个社会中的资源达到了帕累托最优状态时，表示这时的资源配置是有效率的，或者称为帕累托效率(Pareto efficiency)。

为了分析的简便，讨论两人(作为消费者用 A 和 B 表示，作为生产者用 C 和 D 表示)利用两种生产要素(劳动与资本，分别用 L 和 K 表示)生产两种产品(X 和 Y，A 生产 X 产品，B 生产 Y 产品)的经济(或社会)。在此基础上，很容易把这一简单的经济模型推广到多人、多要素投入、多商品生产的经济中去。根据帕累托标准，以下我们将分别探讨交换的帕累托最优条件(或交易的帕累托最优条件，或消费的帕累托最优条件)、生产的帕累托最优条件、交换与生产的帕累托最优条件 (或交易与生产的帕累托最优条件，或消费与生产的帕累托最优条件)。

10.2 交换的帕累托最优条件

10.2.1 交换的帕累托最优条件

交换的帕累托最优状态或交换的一般均衡(general equilibrium of exchange)，是指当社会生产与人们偏好既定的条件下，通过产品在消费者之间进行交换，使得交换者达到效用最大化的均衡状态。

不难证明，要达到交换的一般均衡，必须满足的条件是，两种商品 X 和 Y 的边际替代率对于每一个参加交换的人来说都相等，用无差异曲线和埃奇沃思盒状图或方框图(edgeworth box diagram)来说明。埃奇沃思盒状图因经济学家埃奇沃思(F.X.Edgeworth)于19世纪末建立而得名。如图 10.2 所示。

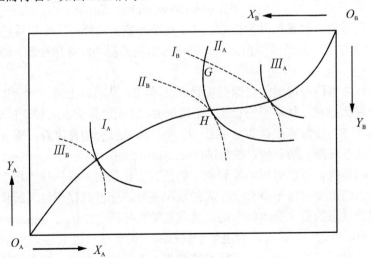

图 10.2 交换的帕累托最优

在图 10.2 中，横坐标代表 X 商品的数量、纵坐标代表 Y 商品的数量。该图是将 A、B 两人的无差异曲线合并到一起而得到的结果。这里的无差异曲线，与前面效用理论中所讲到的无差异曲线是相同的。需要注意的是，O_A、O_B 分别代表 A、B 两人无差异曲线所在坐标系的原点。图中的箭头方向代表着两个直角坐标系的横轴正向与纵轴正向。盒子的水平长度表示 X 商品的数量 X_0，整个盒子的垂直高度表示产品 Y 的数量 Y_0。图中代表 A 的无差异曲线用实线(画出的三条离原点 O_A 由近到远的曲线分别为 I_A、II_A、III_A)表示，代表 B 的无差异曲线用虚线(画出的三条离原点 O_B 由近到远的曲线分别为 I_B、II_B、III_B)表示。这样，对于 A、B 两人的消费组合 (X_A, Y_A) 和 (X_B, Y_B)，必然同时满足下面两式(或两人的消费约束条件)：

$$X_A + X_B = X_0 \tag{10.1}$$
$$Y_A + Y_B = Y_0 \tag{10.2}$$

在盒子(包括边界)中，每一个点(或其坐标)都代表两个消费者对两种商品的所有可能的分配情况(消费情况)。下面要分析在埃奇沃思盒状图中，哪些分配情况达到了帕累托最优状态。在图中，对于个人 A 来说，I_A、II_A 和 III_A 代表的效用水平是逐步提高的；对于 B 来说，I_B、II_B 和 III_B 代表的效用水平也是逐步提高的，与第 4 章介绍的无差异曲线的特点是相符的；即在同一组无差异曲线中，远离原点的无差异曲线所代表的效用水平较高。在图中的 G 点，代表 A、B 两个人的效用水平分别为 II_A 和 I_B，很显然，与两条无差异曲线 II_A 和 II_B 相切的切点 H 点处两个人得到的效用水平相比，G 点处两人得到效用并没有达到帕累托最优状态。在这里，G 点与 H 点同在无差异曲线 II_A 上，但 II_A 代表的效用水平要高于 I_B 代表的效用水平，即 H 点和 G 点相比，个人 A 的效用水平不变，但个人 B 的效用水平提高了，因此，H 点代表的两个人的效用水平与 G 点代表的两个人的效用水平相比，是一种明显的帕累托改进。如果考察一下其他代表两个人效用水平的无差异曲线的交点的情况，那么会发现类似于 G 点存在着帕累托改进的余地。而在 H 点，很明显是一种帕累托最优状态。因为要提高一个人的效用水平，必须以降低另一个人的效用水平为代价，否则就不能做到这一点。

在埃奇沃思盒状图中，像 H 点这种代表两个人无差异曲线的切点不止一个，由于无差异曲线具有密集性这一特点，这样的切点应该有无数个。把所有这些切点连接起来形成的曲线，便是交换的契约曲线(exchange contract curve，或交换的效率曲线，如图 10.2 中 O_AO_B 曲线)，表示两种产品在两个消费者之间的所有最优分配(即帕累托最优状态，是经过交换最后达到的)集合。很显然，在交换的契约曲线上，靠近 O_A 点，表示 A 的效用水平较低，而 B 的效用水平较高；靠近 O_B 点则正好相反。或者说，在交换的契约曲线上，两个人的效用水平是此消彼长的。

从交换的帕累托最优状态可以得出交换的帕累托最优条件。通过上面的分析已经知道，交换的帕累托最优状态是无差异曲线的切点，而在无差异曲线的切点，代表两个人偏好的两条无差异曲线的切线的斜率相等。在第 4 章有关理论中，已经知道，无差异切线的斜率的绝对值又叫做两种商品的边际替代率(更准确地说，是商品 X 替代商品 Y 的边际替代率)。因此，交换的帕累托最优状态的条件用边际替代率来表示即为：要使两种商品 X 和 Y 在两个消费者 A 和 B 之间的分配达到帕累托最优状态，对于这两个消费者来说，这两种商品的边际替代率必须相等。如果对于消费者 A 和 B 而言，X 代替 Y 的边际替代率分别用 MRS_{XY}^A 和 MRS_{XY}^B 来表示，那么交换的帕累托最优状态就是：

$$MRS_{XY}^A = MRS_{XY}^B \tag{10.3}$$

若这两个消费者 Y 代替 X 的边际替代率分别用 MRS_{YX}^A 和 MRS_{YX}^B 表示，则有：

$$MRS_{YX}^A = MRS_{YX}^B \tag{10.4}$$

为了说明上面的条件，举一个例子加以说明。

【例 10.1】 假定在初始的分配中，$MRS_{XY}^A = 2$，$MRS_{XY}^B = 4$，这意味着在这种情况下，对于消费者 A 而言，1 单位的 X 商品与 2 单位的 Y 商品的效用是相同的，对于消费者 B 而言，1 单位的 X 商品与 4 单位的 Y 的效用是相同的，如果这两个消费者存在交换关系，显然只有两个人的效用水平都能提高(至少有一个人的效用不降低)的情况下，交换才能发生。很显然 1 单位 X 交换 Y 的数量应在 2～4(含 2、4)之间，并且是消费者 A 用 1 单位 X 与消费者 B 交换 Y 的数量。下面分三种情况进行分析：

(1) 如果交换比率为 2，消费者 A 用 1 单位 X 与消费者 B 交换 2 单位 Y，那么，交换前后消费者 A 的效用水平未变；而消费者 B 减少了 2 单位 Y，增加了 1 单位 X。显然，所增加的 X 商品的效用大于所减少的 Y 商品的效用，故消费者 B 的总效用水平较以前提高了。

(2) 如果交换比率为 4，消费者 A 用 1 单位的 X 与 B 交换 4 单位 Y，那么消费者 A 的效用提高了(增加了 Y 商品所带来的效用大于减少的 X 商品所损失的效用)，而消费者 B 的效用水平未变。

(3) 如果交换比率大于 2 但小于 4，不妨设为 3，消费者 A 用 1 单位 X 与消费者 B 交换 3 单位 Y，这样，消费者 A 所得到的效用就是在交换前的效用基础上加上 1 单位 Y 带来的效用(减少 1 单位 X，增加 3 单位 Y，其中增加的 2 单位 Y 与减少的 1 单位的 X 的效用相同，增加的效用即是增加的 1 单位 Y 带来的效用)，消费者 B 得到的效用也是在交换前的基础上加上 1 单位的 Y 商品带来的效用(减少了 3 单位 Y，增加了 1 单位 X，增加的 1 单位 X 的效用与减少的 4 单位 Y 的效用相同，相当于总效用仅增加了新增 1 单位 Y 带来的效用)。

在上述的三种情况下，通过交换，消费者 A 和消费者 B 作为一个社会整体的效用是一种明显的帕累托改进。这也说明了当消费者的边际替代率不相等时，产品的分配没有达到帕累托最优状态。

10.2.2 效用可能性曲线

效用可能性曲线或效用可能性边界(utility possibility frontier,UPF)，是指其他条件不变的情况下，消费者可能达到的最大满足程度。

根据前面讲到的交换的契约曲线，可以推导出效用可能性曲线，如图 10.3 所示，由于两个消费者的效用是此消彼长的关系，而且不可能在不改变一个人效用水平的基础上提高另一个人的效用水平，或者不可能同时提高两个人的效用水平，这主要是受到边际效用递减规律的作用，在消费者 A 的效用较大时，表明消费者 A 所得到的两种商品较多，每种商品带给他的边际效用是较小的；相反，消费者 B 这时所得到的两种商品的数量较少，如果增加两种商品的消费量，其边际效用较大。或者说，随着消费者 A 的效用的增加，消费者 A 每增加(或减少)1 单位效用，消费者 B 所减少(或增加)的效用是逐步增加的，即效用可能性曲线的切线斜率绝对值是逐步增加的。在图 10.3 中，达到 K 点所代表的效用水平是不能的，效用可能性曲线的切线斜率与横轴、纵横围成的几何图形是两个消费者的效用可能性集(对应于交换的埃奇沃思盒状图中的点)，在其内部的任何一点(如 J 点)，不是帕累托最优状态，因为可以在保持一人效用不变的情况下增加另一个的效用，或者同时增加两人的效用，只有在 M 点才是帕累托最优状态，因为在这条曲线上，要增加一个消费者的效用水平必须以降低另一个的效用水平为代价。要同时提高两个人的效用水平，必须使社会的总产出增加(X_0、Y_0 中一个不变，另一个增加，或者两个同时增加)，这样，效用可能性边界就会向外移动。

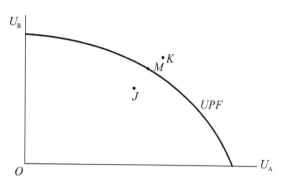

图 10.3　效用可能性曲线

10.3　生产的帕累托最优条件

10.3.1　生产的帕累托最优条件

生产的帕累托最优条件或生产的一般均衡(general equilibrium of production)，是指在技术与社会生产资源总量既定的条件下，通过要素在生产者之间的分配，使得生产量最大化的状态。可以用等产量线和埃奇沃思盒状图来具体说明生产的帕累托最优状态。

在图 10.4 中，点 O_C 与点 O_D 分别代表生产者 C 和 D 两种要素投入量的原点，或两个生产者等产量线的原点。横轴、纵轴正像图中所示，横轴代表两个生产者的劳动投入量 L_C 和 L_D，纵轴代表两个生产者的资本投入量 K_C 和 K_D，水平长度代表总的劳动投入量 L_0，垂直长度代表总的资本投入量 K_0。很明显，存在以下两个约束条件

$$L_C + L_D = L_0 \tag{10.5}$$
$$K_C + K_D = K_0 \tag{10.6}$$

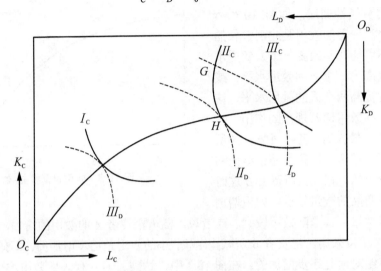

图 10.4 生产的帕累托最优

在图 10.4 中，分别给出了生产者 C 的三条等产量线，距离原点 O_C 由近到远分别为 I_C、II_C 和 III_C；生产者 D 的三条等产量线，距离原点 O_D 由近到远分别为 I_D、II_D 和 III_D。其中，生产者 C 的等产量线代表商品 X 的产量水平；生产者 D 的等产量线代表商品 Y 的产量水平。下面进一步说明生产者的帕累托最优状态的条件。

在盒状图（含边框）中的任意一点（或点的坐标），都代表着两个生产者使用的两种资源的数量以及两个生产者的产量水平。图中的 G 点，是等产量线 I_D 与 II_C 的交点，图中的 H 点，是等产量线 II_C 与 II_D 的切点。把 G 点与 H 点做一个比较，所代表的两种投入在两个生产者之间的使用情况不同，对于生产者 C 而言，其产量是不变的（因为 G 点和 H 点同在等产量线 II_C 上）；对于生产者 D 而言，这时的产量水平由等产量线 II_D 来表示，显然 II_D 代表的产量水平要高于 I_D 所代表的产量水平（等产量线 II_D 比等产量线 I_D 离原点 O_D 远些）。这就是说，当资源配置由 G 点变动到 H 点时，生产者 C 的产量不变，但生产者 D 的产量增加，这就表明，以产量来衡量，生产者 C 的状况没有发生变化，但生产者 D 的状况变好了。很显然，这是一种帕累托改进。

在 H 点，很显然不能通过资源配置的变动来使一个生产者的产量增加而使另一个生产者的产量不变，或者使两个生产者的产量都增加；只能做到的是，一个生产者的产量增加

必须以另一个生产者的产量减少为代价。即在 H 点,没有资源配置的变动会导致帕累托改进,或者说,在 H 点,两个生产者构成的生产的资源配置达到了帕累托最优状态。在盒子中,可以找到很多像 H 点这样两个生产者等产量线的切点,把这些切点连接起来,得到一条曲线(图中 $O_C O_D$ 曲线),这就是生产的契约曲线(production contract curve),又叫做生产的效率曲线。从产量的角度看,沿着 $O_C O_D$ 曲线,离 O_C 点越远(或距 O_D 点越近),则表明生产者 C 的产量越多(X 的产量越多),而生产者 D 的产量越少(Y 的产量越少);反之,情况亦相反。

与交换的帕累托最优条件相类似,从生产的帕累托状态可以得到生产帕累托最优条件。生产的帕累托状态是等产量线的切点,这一点上,两个生产者的两条等产量线的切线的斜率相等。在前面生产理论这一部分,我们已经知道,等产量线切线斜率的绝对值就是两种要素的边际技术替代率。因此,生产的帕累托最优条件可以用边际替代率来表示;要使两种要素 L 和 K 在两个生产者 C 和 D 之间的分配达到帕累托最优状态,则对生产者 C 和 D 来说,L 代替 K 的边际技术替代率分别用 $MRTS_{LK}^{C}$ 和 $MRTS_{LK}^{D}$ 来表示(相应地 K 代替 L 的边际技术替代率分别用 $MRTS_{KL}^{C}$ 和 $MRTS_{KL}^{D}$ 表示),那么生产帕累托最优条件就是:

$$MRTS_{LK}^{C} = MRTS_{LK}^{D} \tag{10.7}$$

或者

$$MRTS_{KL}^{C} = MRTS_{KL}^{D} \tag{10.8}$$

为了加深对上述条件的理解,下面用具体的例子来加以说明。

【例 10.2】 假定初始状况为:$MRTS_{LK}^{C} = 2$,$MRTS_{LK}^{D} = 4$。这就表明,对于生产者 C 而言,在这种资源配置情况下,1 单位 L 与 2 单位 K 对产量的贡献是相同的;对于生产者 D 而言,这时 1 单位 L 与 4 单位 K 对产量的贡献是相同的。如果在两个生产者之间可以对资源配置进行变动,那么两个生产者都接受的变动前提是,一个生产者的产量不变,另一个生产者的产量增加;或者两个生产者的产量都增加。很显然,按 1 单位替代 K 的数量来表示,其比率应为 2~4(含 2 和 4)之间,并且是生产者 C 用 1 单位 L 去与生产者 D 交换 K 的数量。下面分别按不同情况进行说明。

(1) 如果交换比率为 2,生产者 C 用 1 单位 L 与生产者 D 交换 2 单位 K,那么,交换前后生产者 C 的产量水平未变,而生产者 D 减少了 2 单位 K,增加了 1 单位 L,显然所增加的 L 的产量大于所减少的 K 所减少的产量(或者说对于生产者 D 而言,相当于净增加 2 单位 K,它的产量即是所增加的产量),故生产者 D 的产量较以前提高了。

(2) 如果交换比率为 4,生产者 C 用 1 单位 L 与生产者 D 交换 4 单位 K,那么生产者 C 的产量增加了(所增加的产量相当于所净增加的 2 单位 K 的产量),而生产者 D 的产量水平未变(分析与上述情况类似,但结果正好相反)。

(3) 如果交换比率大于 2 但小于 4,不妨设为 3,生产者 C 用 1 单位 L 与生产者 D 交换 3 单位 K,这样,生产者 C 所得到的产量就是交换前的产量基础上加上 1 单位 K 的边际产量(减少 1 单位 L，增加 3 单位 K，其中增加的 2 单位 K 与减少的 1 单位 L 的产量相同，增加的产量即是净增加的 1 单位 K 的边际产量)，生产者 D 得到的产量就是在交换前的产量基础上加上 1 个单位 K 生产的边际产量(减少了 3 单位 K，增加了 1 单位 L，增加的 1 单位的产量与减少 4 单位 K 所减少的产量相同)，相当于总产量仅增加了净增 1 单位 K 所增加的边际产量。

在上述的三种情况下，通过交换要素，生产者 C 和生产者 D 作为一个社会整体的产出(产量)是一种明显的帕累托改进；通过要素调整，一个生产者的产量增加，另一个生产者的产量不变；或者，两个生产者的产量都增加了。这也说明了当生产者的边际技术替代率不相等时，生产资源的配置或生产没有达到帕累托最优状态。

10.3.2 生产的可能性曲线

生产的可能性曲线(production possibility frontier，PPF)，也称生产的可能性边界或产品转换曲线，是指在一定的技术条件和资源约束条件下，所生产的两种商品或服务的最大组合。

生产的可能性曲线可以从生产契约曲线推导出来，或者说，生产的可能性曲线上的每一点都表示生产达到了帕累托最优状态。如图 10.5 所示，PPF 代表生产的可能性曲线，横轴、纵轴分别表示两种商品的数量。PPF 与横轴和纵横的交点分别为 T 和 T_1，分别表示生产的产品只有 X 商品和 Y 商品，与前面生产契约曲线中的 O_D 点和 O_C 点相对应，即分别表示所有的要素都由生产者 C 支配用于生产 X 商品，所有的要素都由生产者 D 支配用于生产 Y 商品。

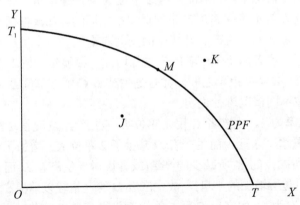

图 10.5　生产可能性曲线

生产的可能性曲线具有两个明显的特点：其一，它向右下方倾斜；其二，它向右上方凸出。关于第一个特点，从生产的契约曲线很容易得到解释，因为生产契约曲线上的每点都是两个生产者等产量线的切点，要使一种产品的产量增加，必须以另一种产品的产量减少为代价,或者达到了生产的帕累托最优状态,因此,两种产品的产量必须是此消彼长的,反映在二维空间上,就是代表这两种产量组合的曲线是向下倾斜的,或者生产的可能性曲线的切线斜率是负的。关于第二个特点,从几何直观或数学的角度看,就是沿着横轴的正向或随着 X 产品的产量增加,其生产的可能性曲线的切线变得越来越陡峭。或者说,其切线的斜率的绝对值越来越大。这一绝对值,实际就是每增加生产 1 单位 X 商品所必须减少的 Y 商品的产量。或者说生产的可能性曲线体现出两种商品生产数量之间的"转换"关系,所以生产的可能性曲线又叫转换曲线。在经济学上,把这一绝对值称为 X 商品对 Y 商品的边际转换率(marginal rate of transformation, MRT_{XY})。用数学式子表示即为

$$MRT_{XY} = \lim_{\Delta X \to 0} \left|\frac{\Delta Y}{\Delta X}\right| = \left|\frac{dY}{dX}\right| \tag{10.9}$$

生产的可能性曲线向右上方凸出,即表示随着 X 商品产量的增加,边际转换率是增加的。可以用边际报酬递减规律来解释,当 X 商品产量不断增加时,表示用 X 商品生产上的要素数量也是在不断增加的,同时用于 Y 商品生产的要素数量是不断减少的(两种要素的问题是一定的),在这种情况下,减少 1 单位 X 商品的生产把其要素用于 Y 商品的生产,显然由于边际报酬递减规律的作用,这时生产的 Y 商品的产量是较大的,并且随着 X 商品的产量越来越大,因放弃 1 单位 X 商品所生产的 Y 商品的产量也越来越大。

由于边际转换率表示在 X 商品的某一产量水平上,每增加 1 单位的 X 商品生产所必须放弃的 Y 商品的产量,或者减少 1 单位的 X 商品生产所增加的 Y 商品的产量,所以边际转换率实际上是用 Y 商品的数量来表示生产 1 单位 X 商品的机会成本。

在图 10.5 中,生产的可能性曲线上的任何一点都是有效率的(如图中 M 点,因为达到了帕累托最优状态)。生产的可能性曲线与横轴、纵轴围成的封闭区域除生产的可能性曲线外的任何一点(如 J 点),都表示可能达到的产量水平,但是属于生产的无效率区域(对应于生产的埃奇沃思盒状图中生产契约曲线外的其他点),因为这一区域生产要素的适当调整能够实现帕累托改进。在生产的可能性曲线外的一点(如 K 点),表示在现有的技术条件与资源约束条件下达不到这么高的产量水平(对应于生产的埃奇沃思盒状图中的其他点)。但是,由于资源数量的增加(L 增加,K 增加,或者二者同时增加)以及技术的进步,都会导致生产的可能性曲线向外移动。从一个国家或一个社会的角度来看,生产的可能性曲线的外移正是经济增长的体现。

10.4 交换与生产的帕累托最优条件

交换与生产的帕累托最优状态,是指生产和交换同时达到帕累托最优条件,即同时达成了生产要素在商品生产者之间的最优配置和商品在消费者之间的最优配置。前面已经说明,交换的帕累托最优条件仅说明了最有效率的消费,生产的帕累托最优条件也仅说明了

最有效率的生产。交换与生产同时实现帕累托最优,则说明交换与消费都是最优的,其满足的条件也应更严格一些。

下面将生产与交换这两个方面综合在一起,来说明交换与生产的帕累托最优条件,如图 10.6 所示。其中,PPF 代表生产的可能性曲线。前面的分析已经知道,PPF 上的任意一点都代表生产是最优的,不妨任取一点 M,M 点的坐标(X_M, Y_M)表示两种商品 X 与 Y 的产量,也是由两个人组成的社会的最大消费量。这时,图中的矩形 $Y_M O X_M M$ 便是埃奇沃思盒子,以 O 点代表消费者 A 的消费组合原点,以 M 点代表消费者 B 的消费组合原点。与前面讲到的交换的埃奇沃思盒状图类似,可以画出两个消费者无差异曲线的很多切点及其相应的契约曲线。进一步,画出 PPF 上过 M 点的切线 MN。

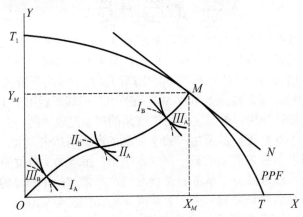

图 10.6 生产和交换的帕累托最优

不难说明,交换与生产的帕累托最优状态的条件是:两个消费者相切的无差异曲线的共同切线(图 10.6 中 II_A 与 II_B 的共同切线)与 MN 平行,或者说,边际转换率等于边际替代率,即

$$MRT_{XY} = MRS_{XY} \tag{10.10}$$

下面举例说明这一最优条件存在的原因。

不妨假定 $MRT_{XY} = 2$,$MRS_{XY} = 1$,即边际转换率大于边际替代率。边际替代率等于 2 意味着生产者的产量减少 1 单位 X 的生产可以增加 2 单位 Y;边际替代率等于 1,意味着对消费者而言,1 单位 X 与 1 单位 Y 带来的效用是相同的。在这种情况下,减少 1 单位 X,从而少给消费者(可理解为消费者 A 或消费者 B,或者二者构成的社会)1 单位 X;而却可以多得到 2 单位 Y,其中 1 单位 Y 正好弥补减少 1 单位 X 所减少的效用,消费者与原来相比,其总效用增加了多出 1 单位 Y 带来的效用。也就是说,在这种情况下,通过调整生产,消费者的效用水平增加了,即是一种帕累托改进,表明以前的交换与生产没有达到帕累托最优状态。同样,假定边际转换率小于边际替代率,$MRT_{XY} = 1$,$MRS_{XY} = 2$,减少 1 单位 Y

的生产，从而多给消费者 1 单位 X；从效用水平的角度来看，从多增加的 1 单位 X 中拿出半个单位的 X，即可维持效用水平不变，或者说减少 1 单位 Y 带来的效用损失只需 0.5(或半个)X 就可弥补，很显然，通过调整生产，消费者的效用水平增加了，即是一种帕累托改进，表明以前的交换与生产没有达到帕累托最优状态。当边际转换率等于边际替代率时，不存在帕累托改进的余地，表明已经达到交换与生产的帕累托最优状态。

10.5 社会福利函数

10.5.1 社会福利函数的涵义

在帕累托最优条件的基础上，由美国经济学家柏格森(Abram Bergson)于 1938 年在《福利经济学一些方面的重新表述》一文中最先提出"社会福利函数"(social welfare function)理论，后由美国经济学家保罗·萨缪尔森(Paul Samuelson)加以发展。他们认为分析帕累托最优状态时，没有考虑国民收入分配问题，帕累托最优条件只解决了社会的经济效率问题而没有解决收入合理分配问题。效率是社会经济福利最大化的充分条件，但社会福利是否最大化还要取决于国民收入在社会成员之间进行分配的状态。国民收入在社会成员之间有众多的不同的分配状态，对应于每一种收入分配状态都有一个社会福利的极大值，在众多的极大值中哪一个是最优的极大值？社会福利函数理论的核心就是要确定众多的极大值中哪一个是最优的极大值，从而进一步确定众多的收入分配状态中哪一种是最优的收入分配。所以，"社会福利函数"作为一种检验社会福利大小的标准，实际上就是把庇古提出的作为检验社会福利的标准的国民收入数量及其在国民之间的分配状况这两个因素综合在一个理论模型中进行研究。

那么，什么是社会福利或社会福利函数？柏格森提出："社会福利函数的数值，取决于所有影响社会福利的变量：所有每一家庭所消费的所有每一种货物数量和所从事的所有每一种劳动数量，所有每一种资本投入的数量等。"在他看来，社会福利函数是社会所有个人的效用水平的函数。萨缪尔森认为，社会福利是个人福利的总和，因此，社会福利可看作是所有影响个人福利的因素的函数，或者说是社会所有个人的效用水平的总和的函数。注意，这里的"总和"，并不是算术相加。因为柏格森、萨缪尔森等都是新福利经济学的代表人物，他们的福利经济学理论是建立在序数效用论基础之上的。

社会福利函数的表达式为：

$$W = f(U_1, U_2, U_3, \cdots, U_n) \tag{10.11}$$

式中，W 代表社会福利；$U_i (i = 1, 2, \cdots, n)$ 表示社会中每个人的福利函数或效用函数。在以后的分析中，我们假定效用函数是连续的。特殊地，假定只有两个社会成员，则社会福利函数可写成：

$$W = f(U_A, U_B) \tag{10.12}$$

若用横轴表示消费者 A 得到的效用量(即其个人的福利)U_A,用纵轴表示消费者 B 得到的效用量 U_B,社会福利函数 W 就可以用一条无差异曲线来表示。我们称之为社会无差异曲线(social indifference curve),如图 10.7 所示。

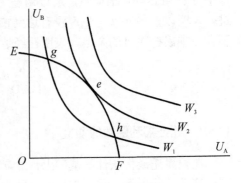

图 10.7 社会无差异曲线

其中,每一条无差异曲线,如 W_1,W_2,W_3…,都表示一定数量的社会福利水平,即社会福利函数 W 的一个确定值。曲线上的每一点表示在社会福利确定值下的消费者 A、B 的效用组合。沿着每一条社会无差异曲线,消费者 A 的福利或获得的效用增加,必然意味着另一消费者的福利的减少。例如,从 W_1 上的点 g 移动到点 h,A 的福利增加,B 的福利减少,但社会总福利 W_1 仍为不变。只有改变 A 和 B 的 W 福利组合,即从较低的社会无差异曲线向更高的社会无差异曲线移动时,如从 W_1 移动到 W_2、W_3,社会福利才会增加。EF 曲线代表效用可能性曲线,其中 W_2 曲线与效用可能性曲线相切于 e 点,这时两个人的效用能够保证社会福利的最大化。在 W_3 曲线,效用可能性曲线不支持这么高的社会福利水平;而在 W_1 曲线,显然社会福利水平是较低的。社会无差异曲线与效用可能性曲线的切点,是实现社会福利最大化的充分必要条件。

由上可见,解决资源问题的关键在于社会福利函数。社会福利函数究竟存不存在?换句话说,能不能根据不同个人的偏好合理地形成所谓的社会偏好呢?遗憾的是,阿罗在 1951 年证明这是不可能的。这便是著名的"阿罗不可能性定理"(Arrow's impossibility theorem)。

10.5.2 阿罗不可能性定理

阿罗不可能性定理是指在一般情况下,或者说非独裁情况下,要从已知的各种个人偏好顺序中推导出统一的社会偏好顺序是不可能的。对于定理的证明,可以参考著名的"投票悖论"(paradox of voting)。

【例 10.3】 假设一个由 A、B 和 C 三个人组成的社会,对 a、b 和 c 三种方案进行投票选择,社会的偏好顺序按"大多数原则"从个人投票中得出。如果他们对三种方案的偏好顺序分别为:

A: a b c
B: b c a
C: c a b

如果对 a、b 两种方案进行投票,则认为 a 方案优于 b 方案的有 A、C 两个人,故社会偏好为 a 方案优于 b 方案;同样,如果对 b、c 两种方案进行投票,则社会偏好为 b 方案优于 c 方案(A、B 两个人投赞成票);如果对 c、a 两种方案进行投票,则社会偏好为 c 方案优于 a 方案(B、C 两个人投赞成票)。显然,分别投票得到的任何两种方案的优劣比较呈现出循环的偏好顺序。按照第 4 章序数效用论部分讲的偏好的传递性假设,根据前面两个社会偏好,即 a 方案优于 b 方案,b 方案优于 c 方案,可以得出 a 方案优于 c 方案;显然,这一结论与第三个社会偏好,即 c 方案优于 a 方案是矛盾的。这就是所谓的投票悖论。

上面的分析表明,将个人偏好进行加总,继而建立一个具有传递性的福利函数,从而使社会福利最大化是不可能的。

10.5.3 几种有代表性的社会福利函数

下面介绍几种有代表性的社会福利函数。

1. 平均主义者社会福利函数

平均主义者(equalitarian)认为,只有将所有的社会产品在社会成员之间平均分配,才有利于全社会利益,才能实现社会福利最大化。其社会福利函数如下:

$$W(U_1, U_2, \cdots, U_n) = W[U_1(X), U_2(X), \cdots, U_n(X)] \tag{10.13}$$

式中,X 是每一个人获得的商品集,$X = (\dfrac{X_1}{n}, \dfrac{X_2}{n}, \cdots, \dfrac{X_m}{n})$;$X_1, X_2, \cdots, X_m$ 分别表示社会中第 1 种、第 2 种以至第 m 种产品的数量,n 为社会成员的数目。

2. 功利主义社会福利函数

这种福利函数的奠基者是功利主义(utilitarian)哲学家边沁(J.Bentham),故又称为边沁福利函数。他把社会福利函数定义为个人效用函数的总和:

$$W(U_1, U_2, \cdots, U_n) = \sum_{i=1}^{n} a_i U_i \tag{10.14}$$

式中,a_i 表示某一社会成员的效用在整个社会福利中重要性的权数。如果 $a_i = 1$,表示每个社会成员的权数相等,则社会福利是每个社会成员福利的简单加总。

3. 最大最小社会福利函数

这种社会福利函数是伦理哲学家罗尔斯(J.Rawls)提出的,故又称为罗尔斯社会福利函数。其基本观点是,社会福利最大化标准应该是使境况最差的社会成员的效用最大化。所以,罗尔斯社会福利的标准又称为最大最小标准。罗尔斯社会福利函数如下:

$$W(U_1, U_2, \cdots, U_n) = \max \min(U_1, U_2, \cdots, U_n) \tag{10.15}$$

10.5.4 社会福利、效率与平等

比较上述几种典型的福利函数,可以发现,社会福利不仅涉及效率(efficiency)问题,也涉及平等(equality)问题。社会福利函数所面临的另一个问题是社会公平问题。对公平的

不同理解必然会导致不同的社会福利函数。而恰是在这一点上，经济学界的分歧最大。归纳一下，至少有四种主要的观点。

(1) 平均主义的公平观：这种观点认为应该将社会所有的产品在社会全体成员之间做绝对平均的分配，每个社会的成员得到相同的产品。但是由于消费者并不具有相同的偏好，所以这种平均的分配并不是帕累托有效率的。

(2) 罗尔斯主义的公平观：罗尔斯认为，最公平的配置是使一个社会里境况最糟的人的效用最大化。罗尔斯主义并不意味着平均主义，因为对生产力较高的人比对生产力较低的人给予更高的奖励，就能使最有生产力的人更努力地工作，从而生产出更多的产品和劳务，其中一些可以通过再分配使社会中最穷的人的境况变好。

(3) 功利主义的公平观：在经济学中经常用个人效用的加权求和来反映从社会来看什么是理想的。功利主义的社会福利函数给每个人的效用以相同的权数，随之将社会成员的效用最大化。所以功利主义的社会福利函数就是：社会成员的总效用最大化。

(4) 市场主导的公平观：这种观点认为市场竞争的结果总是公平的，因为它奖励那些最有能力的和工作最努力的人。按照这种观点，可能会导致产品分配的极大不均。

以上四种观点是按照从平均主义到不平均主义的顺序排列的。多数经济学家是反对平均主义和市场主导这两种极端的观点的。萨缪尔森认为，收入取决于继承权的随意方式、不幸、努力工作和要素价格。如果一个国家花费在宠物食品上的支出高于它花费在给穷人以高等教育上的支出，那么，这是收入分配的缺陷，而不是市场的过错。可以知道，市场竞争结果是有效率的，但有效率并不必然带来公平，因此，社会就必须在某种程度上依靠政府对收入进行再分配以实现公平的目标。政府可用的调节手段很多，比如个人收入的累进税、遗产税、强制医疗保险、低收入子女的免费教育和培训、社会保障计划、失业救济等。遗憾的是，效率和公平经常是矛盾的，政府的收入再分配计划会给经济效率带来某种程度的损害，厂商为了避税所采取的一些措施可能导致产量的减少。因此，政府要做的常常是在公平与效率之间做出某种权衡。

在资源配置与收入分配上，平等与效率是一个两难的选择。如果片面地强调平等而忽视效率，就会产生平均主义从而阻碍经济增长，甚至导致普遍贫穷；如果片面地强调效率而忽视平等，就会因分配不公影响社会安定，也会影响经济的持续增长。从发展经济和社会稳定角度来看，最好能够选择一种兼顾效率与公平的分配。这样，就需要政府进行收入的再分配以实现公平的目标。

早期的福利经济学家庇古认为资源的最优配置和收入的最优分配都是社会福利的主要构成部分，也就是把效率和公平问题都置于重要地位。后来的帕累托、卡尔多等人则把收入的分配问题排除在外，主要讨论的是效率问题。而柏格森、萨缪尔森等人又认为只有同时解决了公平与效率问题，才谈得上社会福利的最大化问题，因为公平与效率都会影响社会福利。

第 10 章 一般均衡与福利理论

长期以来,不少经济学家致力于研究公平与效率的替代关系,因为在他们看来,要实现公平就必须牺牲效率,而要实现效率就必须牺牲公平,即鱼与熊掌不可兼得。缺乏公平的效率提高和缺乏效率的公平增进都不是社会所需要的。但两者在某一点可能达到较为理想的状态,但这样的理想状态在实际上是很难确定的。公平与效率问题仍是福利经济学的难题之一。

解决效率与公平之间的矛盾,较为普遍的一个思路是"效率优先、兼顾公平"。

1. 效率优先

所谓效率优先,就是在决定收入分配的问题上首先考虑效率,把效率当作决定收入分配第一位的因素。经济效率高,所得到的收入也高;反之,经济效率低,所得到的收入也低。只是在保证效率的基础上,再考虑兼顾公平的问题。那么,怎样才能做到效率优先呢?那就是要让市场机制在收入分配领域充分地发挥作用,就是要让市场的供求关系去决定各种生产要素的价格,去决定收入的分配,也就是要承认个人的天赋能力的差别,承认后天努力的差别,承认不同的努力结果(这些结果可能包含了纯粹运气的作用)的差别。总之,承认一切合法和合理的差别,并把这些差别与它们的结果即收入联系起来。在这里,所谓"合理"的和"合法"的差别就是指上述由于个人的"天赋"、"努力"或"运气"之类因素造成的差别,而不包括利用各种非法手段造成的差别。

2. 兼顾公平

效率优先不是不要平等。在坚持效率优先的条件下,还必须兼顾公平。为了做到效率优先、兼顾公平,需要做好以下几方面的工作。

1) 减少和消除不合理的收入

首先是要减少和消除那些不合乎市场经济要求的不合理的甚至是不合法的收入。这些不合理和不合法的收入分配,并不是实行市场经济的结果,恰恰是市场经济不健全的表现,是对市场经济正常运行的破坏,是导致收入分配差距过大的一个原因。特别值得注意的是,这些不合理、不合法的收入不仅严重恶化了收入分配,而且还会引起群众的不满,导致社会的不稳定,影响经济效率的提高。此外,减少和消除这些不合理和不合法的收入,既可以改善收入的分配,也可以起到提高经济效率的作用。

2) 促进机会均等

机会的均等意味着公平的竞争,机会的不均等表明竞赛本身就是不公平的。在现实生活中,一个机会比较均等的社会常常意味着其收入的分配也比较平等。反之,机会的不均等则常常扩大收入不平等的程度。实际上,在很多情况下,收入的不平等主要反映的是机会的不均等。这样,消除机会的不均等就成了改善收入分配的一条重要途径。不仅如此,很多的机会不均等也是影响经济效率的重要障碍。例如,贫穷家庭中的子女常常不能得到基本的教育，这对整个社会来说就是一种人力资源的损失，它导致了整个经济的低效率。争取就业平等、教育平等，向广大人民群众特别是贫穷人口和贫穷地区提供最广泛的就业、教育、科技和市场等方面的信息，也是改善收入分配的一条重要途径。

3) 限制某些行业、某些个人的垄断性收入

由于政府的特许或者其他原因，如规模报酬递增等，在经济中常常会出现许多垄断企业，这些企业无论是在生产上，还是在分配上，都有其内在的"缺陷"。一方面，根据西方理论，垄断意味着低效率。与竞争性厂商相比，垄断厂商的价格过高、产量过低，消费者花费了更多的收入却只能购买到更少的商品，整个社会的福利无疑受到了损害。此外，垄断厂商生产的成本较高，不像竞争性厂商那样位于平均成本曲线的最低点。另一方面，垄断又意味着不公平。垄断厂商凭借其垄断的地位，通过限制其他厂商"进入"同一行业进而限制了竞争，从而能够获得巨额的垄断利润。某些行业的个人收入增长过快、收入水平偏高的现象有相当一部分就是由于垄断。垄断既缺乏效率又缺乏公平，因此政府有必要对它进行干预。

4) 实现生存权利和消灭贫穷

贫穷是收入分配中的一个特殊问题。贫穷的存在不仅大大影响了收入分配状况的改善，而且它本身就是一个严重的经济和社会问题。一个健全和理智的社会是不能坐视它的一部分成员陷于困境而不闻不问的。此外，由于贫穷，许多人得不到适当的保健和教育，更不用说为长远利益来考虑储蓄和投资，这就在很大程度上影响了整个经济效率的提高。

实际上，就改善收入分配而言，提高那些处于最底层的人的收入是最重要的，也是最有效的方法；通过向贫穷人口提供更多和更好的保健、教育等，提高了他们的生产效率，进而提高了整个经济的效率。

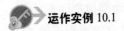
运作实例 10.1

一只猪搅乱 CPI[①]

2007年第二季度以来，特别是6月份以来，以前只有经济学家和政府官员关注的 CPI 指数骤然变成大小报纸，电视广播的头条焦点。上到专家学者、政府官员，下到寻常百姓、家庭主妇无不都在谈论物价。这几个月下来，物价俨然和房市、股市并列成为中国各界关注的三大焦点。一般情况下，食品类 CPI 指数影响整个 CPI 指数比重不至于如此严重，但实际上这轮价格上涨正是由于以猪肉为主的食品价格上涨引起的。有人很形象而又讽刺地说"一只猪搅了大局"。

---

① 资料来源：www.pinggu.org/bbs/Archive_view-48-237094.html 有所改编。

第 10 章 一般均衡与福利理论

那么猪肉价格上涨为什么会引起如此大的关注？引起这轮 CPI 高涨的真正原因是什么？为什么"一头猪就能搅乱 CPI"？

我们现在对此问题进行分析：如果只用局部均衡分析方法，我们会假定其他条件不变，只有猪肉市场的供给和需求在变。在供给不变的情况下，如果需求减少，需求曲线左移，其均衡价格下降；反之，需求增加，需求曲线右移，均衡价格上升。在需求不变的情况下，如果供给减少，均衡价格上升；反之，供给增加，均衡价格下降。无论在什么情况下，只要在均衡价格上，市场就会出清：在这个价格上，想买猪肉的消费者买到了猪肉，想卖猪肉的厂商也卖出了猪肉。这似乎并不用经济学家和政府官员引来如此关注，乃至于政府大动干戈来平抑猪肉市场价格。

实际上是从 2007 年 3 月的整体 CPI 指数已经超过了国家预期的 3%的警戒线，人们开始关注物价话题。其中食品项下的六个子项全面高启，食品类 CPI 指数高达 107.7%，再加上房屋居住这一项连续 3 个月都在 3%以上，为 CPI 火上加油。这只猪终于渐渐地进入了人们的视野。

当到了 5 月份，总体 CPI 依然超出警戒线。并且食品类的 CPI 居然高到 108.3%，其中肉禽和蛋类分别达到了 126.5%和 133.4%。这头"不出名誓不罢休的猪"终于成功出位。它不仅搅乱了普通民众的生活，更惊动了高高在上的政府官员和专家学者。一时间，各种关于这头猪的评论铺天盖地而来。同时，政府也纷纷使出 18 般武艺来整治这头"闹事的猪"。

究其本轮物价上涨的原因主要有几个方面的原因社会已有普遍的认同：

1. 国际粮食价格的上涨传导到我国。国际上原油价格上涨，那么就导致新能源开发，这个速度的加快特别是食用能源的开发，从而导致粮食特别是玉米需求量增加，那么导致玉米价格上涨又导致饲料价格上涨，从而又导致生猪的养殖成本增加。

2. 随着人们收入的增加，人们对肉食品的需求量在增加，我们再看另外一方面，养猪的人在减少，我们国家的养猪 60%是靠农民散养，现在我们有上亿农民进城务工，所以农村的散养户这几年数量减少的幅度比较大，这几年我们农村散养户减少了 60%，六六三十六，所以我们等于减少了 36%的生猪生产能力，所以我们现在看到吃肉的人多了，养猪的人少了。

3. 猪的生长周期。猪从仔猪到出栏需要 6 个月，整个生猪的繁育需要 18 个月，所以它有一个自然的生长周期，那么这个周期就决定了 CPI 也不可能在短时期有个大幅度的回落。

4. 随着城市化的进程，大量的农民进城务工使得农村的劳动力成本提高。

固然，猪肉价格上涨供需、成本原因很重要，但部分地区除了供需原因外还存在哄抬物价，囤积货源等不法行为，严重扰乱了正常的市场经济，引起了一系列商品物价上涨。

那么猪肉价格上涨到底会造成什么影响呢？

猪肉的涨价直接影响是一部分低收入家庭生活水平的降低，增加了社会的不稳定因素。

问题的关键还不在于此，以猪肉为主的食品涨价，带来的是食品类 CPI 指数严重影响整个 CPI 指数。更为严重的是 CPI 指数的上涨有可能对我国目前局部结构性物价上涨火上浇油，起到推波助澜的作用，有可能引起全面的通货膨胀。难怪政府采取严厉政策：严厉打击市场商贩串通哄抬物价，给予猪农补贴，提高养猪的积极性，控制饲料价格，以及涉及从猪养殖到运输到销售全过程中的一系列措施来保证猪肉的供应。还出台了一个听起来有点回到 20 世纪 60 年代的"米袋子省长负责制"和"菜篮子市长负责制"这样的政策。同时，中央银行也在为这只猪担忧，其之后的几次加息也和"这只猪"脱不了干系。

由此我们可以理解，政府为什么如此慎重对待"这只猪"了。我们也可以看出在对经济现象分析时，不仅仅只采用局部均衡分析，一般均衡分析更为重要。

阅读材料 10.1

福利经济学的产生与发展[①]

福利经济学(welfare economics)是这样一种经济学说，它是对经济体系的运行进行评价，即评价某一经济状况下的社会福利高于还是低于另一经济状况下的社会福利。因此它是一门规范经济学，又称经济伦理学。它研究的主要内容和主要目标，是如何使一个经济社会的资源在各个部门或个体之间或在各个用途之间进行配置，以达到最优状态。

福利经济学作为经济学理论的一个重要分支体系，在20世纪初形成于英国。最早对福利问题探讨的是英国经济学家和改良主义者霍布森(1858～1940)，而庇古1920年的《福利经济学》一书的出版是福利经济学产生的标志。庇古以边沁(J.Bentham)的资产阶级功利主义为思想基础，认为"福利"是指个人的效用和满足个人福利的总和构成社会福利。庇古认为检验社会福利有两个标准：一是国民收入的总量；二是国民收入的分配。总量越大，福利越大；收入分配越公平，福利越大，因此，他认为福利经济学主要研究资源的最优配置问题，并以此增进社会福利。

在福利经济学历史上，意大利经济学家帕累托(Vilfredo Pareto)也对其发展做出了重要的贡献。正是在庇古与帕累托的资源"最适度"配置的理论基础上，20世纪30年代末期，以伯格森、萨缪尔森、霍特林等为代表的"新福利经济学"应运而生。新旧福利经济学都是以效用理论、边际分析方法为基础，但是二者的区别是旧福利经济学建立在基数效用论基础上，而新福利经济学建立在序数效用论基础上。近年来，西方经济学家着重对福利经济学中的外部经济理论、次优理论、相对福利学说、公平和效率交替学说、宏观福利理论等领域进行了讨论。

阅读材料 10.2

世界银行：从崇尚效率到关注公平[②]

2005年9月20日，世界银行出版了《2006年世界发展报告：公平与发展》。该报告指出：公平性应成为任何发展中国家成功的减贫战略不可或缺的组成部分。报告将公平性的基本定义表述为人人机会均等，即：在追求自己所选择的生活方面，个人应享有均等机会，而且最终不应出现极端贫困的结果。

这份以公平与发展为主题的报告是由一个10人小组编写的，为首的是哈佛大学教授迈克尔·沃尔顿(Michael Walton)和世界银行经济发展部首席经济学家弗朗西斯科·费雷拉(Francisco Ferreira)，二者都是世界银行的资深经济学家。世界银行首席经济学家、高级副行长弗朗索瓦·布吉尼翁(François Bourguignon)指导了报告编写工作。

报告超越了西方经济学界关于公平与效率彼此割裂、不可兼得的经典思维，提出了公平与效率相辅相

---

① 资料来源：肖殿荒，何穗. 微观经济学. 北京：中国经济出版社，2006，有所改编。
② 史寒冰. 价值中国网，www.chinavalue.net/Article/Archive.2005-12-01

成的基本论点,并对公平因素在经济增长中的地位和作用做了精辟的论证。报告作者宣称:"本报告认可公平的内在价值",并"主要关注公平对长期发展的重要性"。报告批评道:"政策制定者在评估各种政策的优劣时,所使用的成本效益计算模式往往会忽视增进公平所带来的长期效益",而增进公平"意味着经济运行的效率更高,减少冲突,增加信任,制度更合理,同时对投资和发展方面具有动态的效益"。报告强调对经济政策设计进行评估时"必须完全以公平因素作为核心"。

报告显示,在国家内部和国与国之间,财富和机会不平等的巨大鸿沟是怎样造成了极度贫困的持续存在,并往往影响到很大一部分人。这种现象既浪费了人的潜力,而且在很多情况下会减缓持续经济增长的速度。这种政治、社会、文化和经济上盘根错节的不平等现象,会扼杀阶层间的流动性。边缘化和被压迫群体则往往会将这种不平等内部化,从而导致穷人难以找到摆脱贫困的道路。因此,不平等陷阱可能相当的稳定,往往代代相传,长期存在。

报告证明,公平和追求长期富足是相辅相成的。促进公平竞争环境的制度和政策有益于促进可持续增长和发展。增加公平,能够对总体的长期发展发挥潜在的有利作用,并且为任何社会的较贫困群体提供更多的机会,从而有助于减少贫困。关于公平性与经济增长关系,报告证明,公平性不仅本身是目的,而且由于它往往能够刺激更多和更具成效的投资,从而导致更快的经济增长。这一结论传达出这样一个理念——公平性既是经济政策和经济增长的目的,又是经济增长的必要条件。

报告指出,当市场不完美时,权力和财富的不平等转化为机会的不平等,导致生产潜力遭到浪费,资源分配丧失效率。宏观经济个案分析表明,资源在不同生产选择之间的分配效率低下,往往与财富或地位的差别有关。当市场缺失或市场不完美时,最理想的解决办法是纠正市场失效;如果无法纠正,或纠正的成本太高,某些形式的再分配可以提高经济效率。

报告从公平角度出发,在发展政策制定方面提供了三个新的(也是往往被忽视的)视角:第一,最好的减贫政策应涉及对主导群体的影响力、特权或补贴进行再分配。第二,这种提高公平程度的(权力、政府开支受益权和市场准入权)再分配往往能够提高效率,但是在政策设计上也需要评估各种可能的取舍方案。第三,将增长政策和具体旨在实现公平的政策割裂开来是错误的。

报告作者得出结论认为,有利于公平性的政策可以弥补"不平等陷阱"的鸿沟,宣称:我们的目标不是追求结果的平等,而是扩大对贫困人口的医疗、教育、就业和资金通道,保障他们的土地权益;重要的是,公平性要求提高获得政治自由和政治权力的平等性,这也意味着打破角色定位和歧视,改善利用司法制度和基础设施的通道。为了在发展中国家提高公平性,报告特别呼吁采取政策"纠正长期存在的机会不平等现象,通过创造公平的经济和政治竞争环境达到此目的",认为"许多此类政策也会提高经济效率,纠正市场失灵"。

本 章 小 结

本章首先介绍了一般均衡分析方法。一般均衡分析方法是把所有相互联系的市场看成一个整体进行研究,当整个经济的价格体系恰好使所有的商品或服务供求都相等时,市场就达到了一般均衡。一般均衡的目标是经济效率最优,即经济福利的最大化。新福利经济学家采用的评价经济效率最优的标准,是帕累托最优状态或帕累托标准。接着在设想的简单的经济模型中,得出了交换的帕累托最优条件、生产的帕累托最优条件、交换和生产的帕累托最优条件。最后介绍了社会福利函数、阿罗不可能性定理，明确了效率与公平之间的关系。

本章的重点是帕累托最优标准、生产的帕累托最优条件、交换的帕累托最优条件。

本章的难点是帕累托最优标准，生产和交换同时实现帕累托最优的条件，埃奇沃斯盒状图。

中英文关键词语

(1) 局部均衡分析：partial equilibrium analysis
(2) 一般均衡分析：general equilibrium analysis
(3) 福利经济学：welfare economics
(4) 帕累托标准：pareto criterion
(5) 帕累托最优状态：pareto optimum
(6) 交换的一般均衡：general equilibrium of exchange
(7) 交换的契约曲线：exchange contract curve
(8) 效用可能性边界：utility possibility frontier, UPF
(9) 生产的一般均衡：general equilibrium of production
(10) 生产的契约曲线：production contract curve
(11) 生产的可能性曲线：production possibility curve, PPC
(12) 边际转换率：marginal rate of transformation, MRT
(13) 阿罗不可能性定理：Arrow's impossibility theorem
(14) 效率：efficiency
(15) 平等：equity

习　题

1. 名词解释

(1) 一般均衡分析
(2) 帕累托最优状态
(3) 交换的契约曲线
(4) 生产的契约曲线
(5) 效用可能性曲线
(6) 生产可能性曲线
(7) 阿罗不可能性定理

2. 选择题

(1) 帕累托最优的必要条件是(　　)。
　　A．所有消费者对任意两种商品的边际替代率都相等
　　B．厂商使用两种生产要素的边际技术替代率都相等
　　C．厂商生产两种产品的边际转换率与消费者消费这两种商品的边际替代率相等
　　D．以上都是

(2) 研究市场之间的相互作用的分析被称为(　　)。
　　A．局部均衡分析
　　B．一般均衡分析
　　C．静态分析
　　D．边际分析

(3) 生产契约曲线上的点表示生产者( )。
　　A．获得了最大利润　　　　　　　B．支出了最小成本
　　C．通过生产要素的重新配置提高了总产量　　D．以上均正确
(4) 导出下列哪条曲线时需做出道德或价值判断?( )
　　A．转换曲线　　　　　　　　　　B．生产可能性曲线
　　C．消费契约线　　　　　　　　　D．社会福利曲线

3. 问答与论述

(1) 什么是一般均衡？一般均衡分析与局部均衡分析的区别是什么？
(2) 交换的帕累托最优条件是什么？请画图说明。
(3) 生产的帕累托最优条件是什么？请画图说明。
(4) 交换与生产的帕累托最优条件是什么？请画图说明。
(5) 由两个消费者 A 和 B 构成的社会，对甲而言，以商品 X 替代商品 Y 的边际替代率等于 3；对乙而言，以商品 X 替代 Y 商品的边际替代率等于 2。那么，该社会的消费是否有效率？如果没有效率，那么应如何改进？
(6) 福利经济学的社会目标有哪些？谈谈你对公平与效率的认识。

第 11 章　市场失灵与微观经济政策

教学目标

通过本章学习,使学生了解市场存在着失灵现象,并能够运用相关知识去分析经济现象中存在的失灵现象;了解政府在解决市场失灵中的作用。

教学要求

熟练掌握市场失灵的概念,市场失灵的种类有哪些;理解把握垄断与市场失灵的效率分析、外部性、信息不对称和公共物品的概念;了解与市场失灵有关的微观经济政策。

第11章 市场失灵与微观经济政策

引例

新华网报道，2007年5月以来，面对再次飙升的房价，南京市首开地方政府动用行政手段调控房价先河，对商品住宅实施以"政府指导价"为核心的价格监管制度：核准基准价、限定利润率、规定最高涨幅5%。

面对央行数次加息、各部委颁发国八条、国六条等，这种种措施似乎对顽固的房价起不到半点作用，说一点作用也没有有点言过其实，但毕竟到现在百姓看到的调控后的房价效果并不明显，至少现在还没有能够稳定住房价的迹象，连开发商领军人物王石都说如今的房价泡沫严重，即将面临破灭的危险。其实房价上涨的原因除了真正需求增加以外，还存在其他诸多因素，比如人民币升值导致外资热钱流入、投机炒房等因素，还有一个非常重要的原因就是房地产开发商利用信息不对称囤积空房，制造无房可售的紧张局面，以便抬高物价牟取暴利。

可见，如今的房价问题绝不是简单的市场行为所能解决得了的，更不像某些开发商所说市场就要由市场解决，如果当各种经济手段无效的时候，就必须行政干预。那么什么是市场失灵？解决市场失灵有哪些办法？通过本章学习你会有一个清晰的认识。

在前面各章的分析中，我们都在从各个方面证明自由市场经济的高效率，也就是"看不见的手"的原理。然而，只有在完全竞争的条件下，"看不见的手"才能充分起作用，即价格机制通过调节产品和要素的供求，使整个经济达到一般均衡，实现帕累托最优状态。但是，在现实经济资源的配置过程中，价格机制在某些领域是不起作用或不能起有效作用的，这种情况被称为市场失灵。换言之，市场失灵就是在不满足完全竞争市场的条件下，仅靠市场机制对资源进行配置并不能达到最有效率。

本章主要介绍了几种市场失灵的情况，包括垄断、外部性、公共物品和信息不对称，并且分析了相应的微观经济政策。

11.1 垄　　断

11.1.1 垄断

由第8章的内容得知，垄断厂商的突出特点是对价格有控制能力，它们会在边际成本等于边际收益所决定的产量上进行生产，但索要的价格往往高于边际收益，这意味着垄断厂商以较高的价格出售了较少的产量。为了简单起见，假设垄断厂商的边际成本(MC)等于平均成本(AC)且固定不变，需求曲线为D，边际收益曲线为MR，如图11.1所示。如果厂商根据自身利润最大化条件$MC=MR$进行生产，其产量将调整为Q_m，在该产量上索要的价格为P_m，该价格高于商品的边际成本，并不满足生产与交换的帕累托最优条件，所以不能实现经济效率,应该存在着帕累托改进的余地。

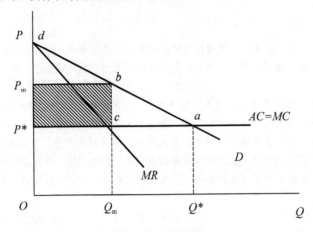

图 11.1　垄断与低效率

下面来寻找一种帕累托改进方式。

在目前的垄断厂商均衡的状态下,厂商利润为图 11.1 中阴影部分 $(P_m-P^*) \cdot Q_m$ 表示的矩形面积 $P_m bcP^*$,消费者剩余为 bdP_m 所示的三角形面积。如果垄断厂商按照完全竞争厂商的生产原则,在价格等于边际成本上进行生产,则价格降低到 P^*,产量增加为 Q^*,这时厂商的利润降为零。此时,消费者剩余为 adP^* 所示的三角形面积,它在原有的三角形面积 bdP_m 的基础上,不仅将垄断厂商的利润的阴影部分转成了消费者剩余,还增加了三角形 abc 的面积。但是,这一改变并不是帕累托改进,因为这一改变在增加消费者剩余的同时,减少了厂商的利润。

如果消费者之间达成一项协议,共同给予垄断厂商至少等于其原有利润(阴影部分)的一揽子支付。此时,垄断厂商的利润比降价前没有减少,而消费者的剩余可以净增加 abc 面积。这就是帕累托改进的一种方式。

三角形 abc 的面积是当价格从垄断价格 P_m 下降到理想价格 P^*,产量从垄断产量 Q_m 到理想产量 Q^* 时,所增加的全部收益。如果将这个收益在垄断厂商和消费者之间进行适当的分配,可以使双方都得到好处,也能达到帕累托改进的目的。但是,如果不进行降价增产,abc 面积就是垄断造成的社会福利净损失。

此处的分析不仅适用于垄断情况,对垄断竞争和寡头垄断等非完全竞争的情况同样适用。因为只要市场不是完全竞争的,厂商所面对的需求曲线就不是一条水平直线,其边际收益线就会低于需求曲线,当厂商按边际成本等于边际收益的原则生产时,其价格就会高于边际成本,而不是等于边际成本,无法满足交换和生产的帕累托最优条件。因此,垄断会导致资源配置低效。

那么，在实际中，这种低效真的可以像前面提到的——如果消费者之间达成一项协议，共同给予垄断厂商至少等于其原有利润(阴影部分)的一揽子支付，就可以使垄断厂商增加产量、降低价格，从而进行帕累托改进吗？回答并不是肯定的。因为：首先，消费者与厂商之间对由于降低价格、增加产量后所增加的全部收益(图 11.1 中三角形 abc 面积)的分成问题就可能产生分歧；其次，对于消费者群体，由于无法防止搭便车行为，谁又能使消费者之间达成一项支付协议呢？为了解决这一问题，各国政府都采取了相应的公共政策，旨在纠正垄断导致的市场失灵。

11.1.2 垄断与寻租

上面讨论的只是垄断造成低效的一个方面，它是指垄断形成后其运行结果导致的低效，而忽略了另一方面，这就是形成垄断的过程。

第 8 章的知识告诉我们，形成垄断的原因主要有 4 种：独家厂商控制了生产某种商品的全部资源或基本资源的供给；独家厂商拥有生产某种商品的专利权；政府的特许；自然垄断。其中从第三条可以清楚地看到政府的影子，是因为政府对某些行业和某些企业的特许使这些行业或企业具有了垄断地位。既然垄断可以获得垄断利润，当一个企业没有独占资源、没有专利，也没有形成自然垄断的实力时，它可能会想尽办法通过获得政府的特许而获得垄断地位，最终获取垄断利润；当一个企业已经具有垄断地位，也可以通过游说政府等活动继续保持垄断地位。经济学上将那些为了获得和维持垄断地位从而得到垄断利润的活动称为"寻租"，寻租(rent seeking)是利益集团促使政府通过能够使自己获得垄断利益的决策的活动过程。利益集团寻租的领域和范围是广泛的，如通过政府采购寻租、通过政府承包工程寻租、通过政府制定贸易政策过程寻租、通过政府规制寻租等。寻租不仅导致社会的纯经济损失，而且也是产生腐败的土壤。

寻租活动的经济损失有多大？以贸易配额为例加以说明。①寻租损失。A 厂商如果拥有一定数量的贸易配额就拥有了经营该种商品的一定的垄断权利，假定该企业为获得贸易配额而进行寻租活动的投入资金为 X 万元，这 X 万元只是为了获取配额，并没有用到该商品的生产经营中，产品的产量并没有增加，社会并没有因这 X 万元的投入而享用更多的产品。那么，这 X 万元就是在寻租过程中的净损失。②垄断损失。如果寻租成功，A 厂商便拥有了一定贸易额的垄断经营权，垄断经营将损失如图 11.1 所示的 abc 的面积。因此，社会因 A 企业寻租所导致的社会总损失就为寻租损失与垄断经营损失之和($X + abc$ 的面积)。社会中寻租者不止一个时，整个社会的损失还会更大。

企业用来寻租的支付不会超过垄断经营时的利润所得，即 X 不超过图 11.1 中阴影部分 $P_m bc P^*$，否则企业寻租就没有意义。

总之，当存在垄断力量时，竞争压力便不能有效地发挥作用，厂商会根据自己对市场控制力量将价格提高到竞争水平以上并维持相当长时间。这种超常的市场力量限制了产量，扭曲了市场价格，导致社会福利损失。为了解决这一问题，政府就会采取一定的手段或步骤对垄断市场进行干预。

11.1.3 限制垄断的公共政策

正像前面所讲到的，虽然从理论上可以找到一种帕累托改进的途径，但这一途径并不容易实现，很多情况下需要政府对垄断进行管制，但政府怎样才能既限制垄断又保证私有企业与对手竞争的自由呢？这个问题已经被证明是一个很大的两难困境。在此，只介绍几种对垄断进行限制的公共政策。

对垄断进行管制，首先要区分垄断类型。垄断分为自然垄断、经济性垄断和行政性垄断。一般来说，自然垄断和经济性垄断只要不对市场公平性构成威胁，就能为国家和社会所认可；只有当垄断妨碍竞争、损害其他企业和消费者的利益时，才有必要进行规制。再者，效率与公平常常是此长彼消的关系，因此，对垄断进行管制还要确定管制目的是效率还是公平。

1. 政府管制

因为垄断厂商一般会采用降低产量、提高价格的形式进行经济活动。如果管制的目的是为了提高经济效率，一般应采用最高限价(ceiling price)的方式进行管制。

(1) 垄断厂商具有递增成本时，如图11.2所示。

垄断厂商遵循 $MR = MC$ 的利润最大化原则，确定均衡点 e，在该点上垄断厂商将产量和价格分别调整到 Q_m 和 P_m 的水平，在产量 Q_m 上平均成本为 d，这时垄断厂商获得了超额垄断利润 $(P_m - d) \cdot Q_m$。但此时 P_m 大于其边际成本，不符合交换与生产的帕累托条件，因此，Q_m 不是帕累托最优产量。如果政府对垄断厂商进行最高限价，将价格限定在 P^*，此时的均衡产量增加到 Q^*。在该产量水平上，价格 P^* 等于其边际成本，符合帕累托最优条件，实现了经济效率。而且在价格 P^* 和均衡产量 Q^* 上，显然价格高于平均成本，厂商依然可以获得一部分经济利润 $(P^* - f) \cdot Q^*$。

应该注意的是，政府不能比照完全竞争的情况将价格限定在厂商利润为零的 c 点，因为在该点产品的价格低于其边际成本，不符合交换与生产的帕累托最优条件。因此，将价格限定在 P^*，不仅使厂商获得利润，也达到了经济效率。

(2) 当垄断厂商为自然垄断时，生产往往处在平均成本下降的阶段。如图11.3所示。

在平均成本下降的阶段，边际成本小于平均成本。在垄断厂商遵循 $MR = MC$ 的利润最大化原则确定均衡点 e 时，将把产量和价格分别调整到 Q_m 和 P_m 的水平。此时价格 $P_m = AR$ 大于平均成本，垄断厂商获得超额利润，价格 P_m 显然大于边际成本，不符合交换与生产的帕累托条件，没有实现帕累托最优。只有将价格限定在 P^*，产品价格才等于其边际成本，符合交换与生产的帕累托最优条件，实现了经济效率。但是在该点，价格低于平均成本，厂商出现亏损。因此，在这种情况下，如果政府为了追求效率，在限价的同时必须补贴垄断厂商的亏损。如果政府不能给予补贴，那么 P^* 只能是理想价格，而不能成为管制价格。当把价格限定在厂商利润为零的 $c(P_0 = AC)$ 点，虽然其价格 P_0 仍然高于边际成本，也不符合交换与生产的帕累托最优条件，但该价格更接近于理想价格（$P^* = MC$）。从经济上说，相对于无管制垄断，它已经代表了某种改善。因此，通常将平均成本作为管制价格，这也是价格管制的传统办法。

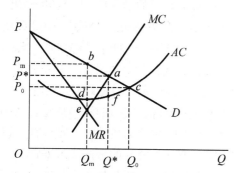

图 11.2　递增成本时的价格管制

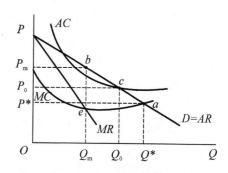

图 11.3　递减成本时的价格管制

例如，天然气、电话、供水等垄断行业，相对于竞争性行业来说，享有极大的成本优势和规模经济优势。而且这些行业产品的需求价格缺乏弹性，也就是说消费者在消费这些产品时，不论这些产品价格多高，他们都必须消费，没有多少选择余地。为了控制这些行业抬高价格获取垄断超额利润，政府往往对这些垄断行业实施平均成本定价管制。以城市供水系统为例，城市供水系统应取其全部成本（修建水库、地下水管铺设、供水设备等），并将这些成本分摊到所销售的产品（自来水）上，然后对每个消费者所使用的消费量按分摊平均成本进行收费。

自然垄断行业多是固定投入巨大的行业。为了弥补巨大的固定成本，企业可以收取一定数量的固定费用（如月租费），而用可变费用（据使用量而定的费用，如通话费）来支付边际成本。这种方法比平均成本定价法更能接近理想的边际成本定价。

虽然从理论上来说，通过价格管制可以使垄断厂商的生产实现经济效率，但是价格管制的前提是政府必须清楚地知道垄断厂商的生产成本情况，如果没有对企业的经营成本进行严格约束的法定依据，垄断企业将豪华装修、对员工的实物分配及高出社会平均报酬几倍的工资等都计入成本，那么这种价格管制的效率就值得怀疑。

因此，要对垄断厂商进行管制，政府必须设立专门机构，专职对垄断厂商的生产、成本和服务进行监督，以确定垄断企业的成本和定价管制。

另外，政府在进行"最高限价"管制的同时，还要防止垄断企业的大幅降价。因为一般垄断企业具有规模优势，可以通过大幅降低价格，阻止新企业进入，所以美国在实行"价格上限制"时，还给垄断企业制定了一个"价格下限"，价格下限的标准是有利于竞争的引入和竞争的开展。

2. 反垄断法

政府对于垄断的更加强烈的管理是制定反垄断法或反托拉斯法(Antitrust Law)，以法律的形式阻止市场形成垄断并对垄断企业进行拆分。

西方很多国家都不同程度地制定了反垄断法，其中，最为突出的是美国。从1898—1950年，美国国会通过了一系列法案，以反对垄断，其中包括《谢尔曼法》(1890)、《联邦贸易委员会法》(1914)、《克莱顿法》(1914)、《罗宾逊—帕特曼法》(1936)、《惠特—李法》(1938)和《谢勒尔—凯弗维尔法》(1950)，统称反托拉斯法。美国的这些反托拉斯法规定，限制贸易的协议或共谋、垄断或企图垄断市场、兼并、排它性规定、价格歧视、不正当的竞争或欺诈行为等，都是非法的。在其他西方国家中也先后出现了类似的法律规定。1890年的《谢尔曼法》是美国反托拉斯公共政策的基础，它有两个关键的条款：一是"任何以托拉斯或其他方式进行的兼并或共谋，任何限制州际贸易或对外贸易的合同均属非法"；二是"任何垄断者或企图垄断者，或与他人联合或共谋垄断州际间或与外国间的贸易或商业之任何一部分者，均被视为犯罪"。1914年的《联邦贸易委员会法》通过建立联邦委员会来防止企业在商业活动中采用不正当的竞争方法。该法中最主要的第5条经修改后变为："对于商业中各种不公平的竞争方法和不公正或欺骗性的行为或做法，均就此宣布为非法。"它对美国的反不正当竞争、反托拉斯行为具有一定的指导意义。《克莱顿法》在《联邦贸易委员会法》被批准后不久出台，在美国反托拉斯公共政策体系中占有十分重要的地位。《克莱顿法》指出了四种引起反托拉斯注意的商业做法：价格歧视、独家交易、合并和连锁董事会。1980年的《反托拉斯诉讼程序改进法》对该法第7条进行了修改，使独立核算的大型合伙企业和不具备法人资格的合营企业这样的厂商都要受该法的管辖。美国反托拉斯法的主要功能如下：

(1) 赋予政府阻止合并的权利。如果通用汽车公司和福特汽车公司想合并，那么，在实施之前肯定会受到美国联邦政府的严格审查，如果政府认为这两家公司的合并会使美国汽车市场的竞争性大大减弱，从而引起整个国家经济福利减少，政府将有权阻止它们合并。

(2) 允许政府分解企业。如果政府认为企业的规模太大，形成了垄断，并使经济效率和国家福利降低，政府就有权将企业分解。这里最有名的例子是1984年美国政府根据反托拉斯法将美国电话电报公司(AT&T)分解为8个较小的公司。

(3) 禁止企业之间以勾结和合谋形式减弱市场竞争。

在美国和欧洲的历史上使用反垄断法的例子很多。

第 11 章 市场失灵与微观经济政策

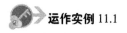 运作实例 11.1

美国和欧洲反垄断法应用案例[①]

1999 年 11 月 7 日，联邦法官托马斯•杰克逊在一项裁决书中宣布微软是垄断机构。有关裁决书中判定微软有垄断行为：操作系统独占很高份额的市场；其他企业很难进入市场；没有可以替代 Windows 的商业操作系统等。微软反垄断案是一个极其复杂的案例，并且现在仍然继续着。微软公司在美国本土以外，如欧盟也遭受多起反垄断官司。

再如，2000 年 6 月 7 日欧盟委员会宣布，经过 4 年的调查证实，美国 ADM 等 5 家公司从 1990 年 7 月至 1995 年 6 月，不仅操纵世界市场上的赖氨酸价格，而且通过互换信息、确定销售限额等方式，垄断了国际市场上的赖氨酸销售。美国 ADM 等 5 家公司合谋操纵世界食品添加剂市场价格，违反了欧盟有关自由竞争的法令，欧盟决定对其课以总额为 1.1 亿欧元的罚款。

就我国而言，2007 年 8 月 30 日，十届人大常委会表决通过反垄断法草案，2008 年 8 月 1 日，反垄断法正式实施。我国经济是从计划经济转向市场经济的一种混合经济，处于垄断地位的主要有电信、电力、金融邮政、铁路运输、自来水等行业，它们具有行政性垄断与地方保护的性质。很多专家认为，中国目前反垄断的主要工作应该是在这些行业中打破垄断，引进竞争，建议在《反垄断法》中加入反行政性垄断的内容。

垄断在不同的国家有不同的判定标准，判定标准比较复杂，但总体而言，主要基于以下几个方面：市场竞争是否均衡；市场竞争是否有效；当某一个企业独立拥有市场的同时，是否阻碍了技术进步等。

通过各国多年的司法实践，反垄断法取得了明显的收益：控制了垄断，促进了竞争，提高了经济效率。然而，反垄断法也有其代价或不足，例如，有时企业合并并没有减弱竞争，而是通过更有效率的联合使生产成本降低，这些合并的收益称为"协同效应"。因此，如果反垄断法的目的是为了增进社会福利，政府就必须能确定哪些合并是有效的，而哪些不是，然而要准确地进行这种分析非常困难，很多经济学家认为政府根本无法做到这一点，因此政府所作的决定有可能是错误的。

世界进入 21 世纪后，一方面由于国际间竞争的激烈化，另一方面随着知识经济的出现，某些大企业及某些高度集中的市场(微处理机、电信等)，他们在创新和生产率增长方面每有最佳业绩，由此引起了各个国家对反垄断态度的转变。就近期来看，对于反托拉斯政策是否继续执行下去不得而知，至少不会像美国早期反托拉斯那般狂热。

[①] 资料来源：丁娟娟，吴振信，郑春梅，郝凯. 微观经济学教程，北京：清华大学出版社，北京交通大学出版社，2007 年。

3. 公有化

政府还可通过由自己经营自然垄断行业来解决垄断问题,这种解决方法叫作公有化。这种情况在欧洲国家曾经很常见,如英国和法国就曾对各自国家的电力公司、电话公司、煤气公司和自来水公司等公共事业部门实行公有化。在美国,政府经营邮政服务,普通邮件投递常常被认为是自然垄断的。

然而,政府的经营效率通常不高。因此,经济学家们通常喜欢把公有制的自然垄断私有化,所以欧洲许多国家都先后实行了把政府企业变为私有企业的私有化运动,今天,在英国和法国等国家仍被政府经营的公共事业已为数不多了。

11.2 外部效应

11.2.1 外部影响及其分类

微观经济理论,特别是"看不见的手"的原理主要依赖于一个隐含的假定:单个消费者或生产者的经济行为对社会上其他人的福利没有影响,即不存在所谓"外部影响"(externality)。换句话说,单个经济单位从其经济行为中产生的私人成本和私人利益被看成等于该行为所造成的社会成本和社会利益。但是在实际经济中,这个假定往往并不能够成立。在很多时候,某个人(生产者或消费者)的一项经济活动会给社会上其他成员带来好处,但他自己却不能由此得到补偿。此时,这个人从其活动中得到的私人利益就小于该活动所带来的社会利益。这种性质的外部影响被称为"外部经济"(positive externalities)。根据经济活动的主体是生产者还是消费者,外部经济可以分类为"生产的外部经济"和"消费的外部经济"。另一方面,在很多时候,某个人(生产者或消费者)的一项经济活动会给社会上其他成员带来危害,但他自己却并不为此而支付足够抵偿这种危害的成本。此时,这个人为其活动所付出的私人成本就小于该活动所造成的社会成本。这种性质的外部影响被称为"外部不经济"(negative externalities)。外部不经济也可以视经济主体的不同而分为"生产的外部不经济"和"消费的外部不经济"。

1. 生产的外部经济

一个生产者采取的经济行动对他人产生了有利的影响,自己却不能从中得到报酬时,便产生了生产的外部经济。例如,养蜂人养蜜蜂的行为客观上使果农的水果产量增加。

2. 消费的外部经济

当一个消费者采取的行动对他人产生了有利的影响,而自己却不能从中得到补偿时,便产生了消费的外部经济。例如,当某个人请钟点工对自己的房屋和草坪进行保养时,隔壁邻居也从中得到了不用支付报酬的好处；某个人出门时精心打扮而使他人得到了愉悦的感觉；此外，一个人把自己的孩子送到学校进行教育，把他们培养成更值得信赖的公民，这显然也使其邻居甚至整个社会都得到了好处。

3. 生产的外部不经济

当一个生产者采取的行动使他人付出了代价而又未给他人以补偿时，便产生了生产的外部不经济。例如，一个企业可能因为排放污水而污染了河流，或者因为排放烟尘而污染了空气。这种行为使附近的人们和整个社会都遭到了损失。再如，因生产的扩大可能造成交通拥挤及对风景的破坏，建筑高层住房侵害了他人的采光权等。

4. 消费的外部不经济

当一个消费者采取的行动使他人付出了代价而又未给他人以补偿时，便产生了外部不经济。和生产者造成污染的情况类似，消费者也可能造成污染而损害他人。吸烟便是一个明显的例子，吸烟者的行为危害了被动吸烟者的身体健康，但并未为此支付任何东西。

11.2.2 外部性与效率损失

为了进一步分析外部经济和外部不经济，再引入两个概念：社会成本(social cost)和私人成本(private cost)。前面对成本概念进行讨论时，实际上一直假定私人成本与社会成本是一致的，其间没有差别。但现实经济社会中，不满足这一假设前提的现象并不少见。例如，造成附近河流污染的企业并未支付这一污染的成本——足够抵偿污染的费用。但污染却影响了人们的健康，增加了人们的医疗费用，而且社会为使河流变清澈需支付一定的费用。河流受污染本身就是社会的一种牺牲和代价。在这种场合，企业的生产成本(私人成本)小于社会成本。

某项活动的社会成本就是指社会为该活动付出的成本，它通常包括私人成本与社会其他个体为此项活动所支付的成本。私人成本是指个体进行某项活动所支付的成本，这里个体可以指个人、企业、事业单位与社会团体等。如果社会成本得不到完全补偿，个体受益甚至会使整个社会福利状况变差，典型的例子便是污染。由于严重的污染，社会所受的损害远远大于企业在生产中的受益。

与社会成本与私人成本相对应的是社会收益与私人收益之间的关系。存在外部经济的时候，社会收益大于个人收益；存在外部不经济的时候，社会成本大于个人成本。

各种形式的外部效应都将造成不利的后果，即市场机制不能充分发挥作用，资源配置偏离帕累托最优状态。因为，无论是正的外部效应还是负的外部效应，它们的存在都会引起私人成本(利益)与社会成本(利益)的差异，因而外部经济总是供给或消费不足，而外部不经济总是供给或消费过度。所以，一旦存在外部效应，价格体系就不能有效运转，经济运行结果也将不是最优的，资源配置效率受到损失，从而导致市场失灵。

首先来具体分析一下外部经济的情况。假定某个人采取某项行动的私人利益为R_P，该行为所产生的社会利益为R_S。由于存在外部经济，则$R_P<R_S$，如果这个人采取该行动所遭受的私人成本C_P大于私人利益R_P而小于社会利益R_S，即$R_P<C_P<R_S$，那么这个人根本不会采取这项行动，即使从社会角度来看，该行动十分有利。在这种情况下，帕累托最优状态没有得到实现，还存在帕累托改进的余地。如果这个人采取这项行动，则所受损失为(C_P-R_P)，社会上其他人由此而得到的好处为(R_S-R_P)，由于(R_S-R_P)大于(C_P-R_P)，可以从社会上其他人所得到的好处(R_S-R_P)中拿出一部分来补偿行动者的损失(C_P-R_P)。结果是社会上的某些人的状况变好而没有任何人的状况变坏。但是，在实际操作中，潜在的帕累托改进机会却不能得到实现，原因很多，如法律不完善、受益者与受害者之间能否达成协议等都会使资源仍不能处于最优配置。一般来说，在存在外部经济时，私人活动的水平常常要低于社会所要求的最优水平。如教育消费具有典型的外部经济，受过更高教育的人不仅会以较高的收入和更多的精神享受自己带来的利益，而且也会有利于民族素质的提高和通过社会交往给别人带来好处，但在现实中教育消费总是不足，其水平要低于社会所要求的最优水平。

再来考察外部不经济的情况。假定某个人采取某项活动的私人成本和社会成本分别为C_P和C_S。由于存在外部不经济，因此私人成本小于社会成本C_S，$C_P<C_S$。如果这个人采取该行动所得到的私人利益R_P大于其私人成本C_P小于社会成本C_S，即$C_P<R_P<C_S$，那么这个人就会采取行动，尽管从社会的角度看，该行动是不利的。因此，在这种情况下，帕累托最优状态也没有得到实现，仍存在改进的余地。如果这个人放弃该行动，其放弃的好处即损失为(R_P-C_P)，其他人由此而避免的损失为(C_S-C_P)(大于(R_P-C_P))，所以如果以某些方式重新分配损失的话，这样会使每个人的"福利"增大。但是，在实际操作中，潜在的帕累托改进机会仍然不能得到实现，原因同外部经济的情况相似，资源配置仍处于低效率状态。一般而言，在存在外部不经济的情况下，私人活动的水平常常要高于社会所要求的最优水平。图11.4具体说明了在完全竞争条件下，生产的外部不经济是如何造成社会资源配置失当的。

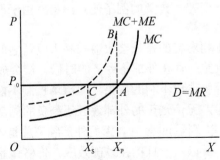

图11.4 生产的外部不经济与低效

图中水平线 $D=MR$ 表示某竞争厂商的需求曲线和边际收益曲线，MC 为其边际成本曲线。由于存在着生产上的外部不经济(如生产造成的污染等)，故社会的边际成本高于私人的边际成本，从而社会边际成本曲线位于私人边际成本曲线 MC 的上方，它由粗虚线 $MC+ME$ 表示，其中 AB 段为 ME，ME 为虚线 $MC+ME$ 与私人边际成本曲线 MC 的垂直距离，可以看成是边际外部不经济，即由于厂商增加一单位生产所引起的社会其他人所增加的成本。竞争厂商为追求利润最大化，其产量定在价格(亦即其边际收益)等于其边际成本处，即为 X_p；但使社会利益达到最大的产量应当使社会的边际收益(可以看成为价格)等于社会的边际成本，即应为 X_s。因此，生产的外部不经济造成产品生产过多，超过了帕累托效率所要求的水平而且造成的社会损失为图中的 ABC 所包围的部分。

为什么在存在外部效应的情况下，潜在的帕累托改进机会不能得到实现？以上述生产的外部不经济如污染问题为例，污染者和受害者可能在如何分配"重新安排生产计划"所得到的好处问题上不能达成协议；如果污染涉及面较大，即污染的受害者众多，则此时污染者和受害者以及受害者之间要达成协议就更加困难。特别地，很难避免这种情况下的"免费搭车者"。此外，在很多情况下，有关污染问题的法律也不好明确，例如，污染者是否有权污染，有权进行多大污染？受害者是否有权要求赔偿？等。最后，即使污染者与受害者有可能达成协议，但由于通常是一个污染者面对众多受害者，因而污染者在改变污染水平上的行为就像一个垄断者。这种情况也会破坏资源的最优配置。

既然外部效应的存在会导致资源配置失当即低效率，那么，如何对它进行控制以避免或降低这种低效率配置的发生呢？下面将着重以负外部效应为例来说明其主要的解决方法。

11.2.3 解决外部效应的方法

1. 政府干预

外部效应多种多样，解决外部效应问题的方法也有多种，比较传统的办法是政府干预法，特别是当外部效应影响了很多人的利益时，需要政府出面干预。

对于负的外部效应，政府干预的方法主要有两种：一种是颁布污染排放标准；另一种是对排放污染的企业征收清污费。对于颁布排污标准，需要考虑最优的污染程度问题。显然，应当在污染所造成的边际社会成本与降低污染所导致的边际社会收益相等时决定最优污染程度。政府可据此制定政策，超出这一标准可予以罚金。对于征收清污费，即对厂商排放的每单位污染物征收适当费用，使厂商自觉选择社会意义上的最佳排污水平。这种清污费被称作庇古税。庇古(Arthur C. Pigou)提出了这样一个法则：如果要使社会总福利达到极大化，必须使得任何经济活动的社会边际收益与社会边际成本相等。例如，对外部不经济的产生者征收相当于外部不经济性价值的消费税，这相当于增加了其成本，他的私人成本就会与社会成本相等。利润最大化原则就会迫使生产者将其产出水平限制在价格等于边际社会成本处，从而正好符合资源有效配置的条件。但是，由于政府所掌握的信息不完全，往往难以准确计算有关污染和控制污染的成本，以上措施都存在实际操作上的困难。较优的政策取决于不确定性的性质与成本曲线的形状。当边际社会成本曲线相对陡峭且减少污染的边际成本曲线相对平坦时，不减少排放的成本是高的，此时，标准法要优于排污费法。但是总的来说，收费法比标准法要优，原因之一是收费法能以较低的成本取得同样的排污减少量；原因之二是收费法能使一个企业产生安装新设备的强烈动力。

对于外部经济，政府可通过补贴使生产者或消费者的边际个人收益等于边际社会收益，从而克服其均衡产量过低的市场资源配置低效率，其分析与外部不经济情况下的政府征税分析类似。对于新技术研究等，政府可以采取专利制度的办法，或者对企业投入研究开发的资金免征所得税。另外，对于公有财产，如空气、河流、湖泊、海洋、公共土地等因为使用权为社会所共同持有，都是污染的对象。如果私人不能提供，且无法界定财产权，则必须通过法律或行政手段进行严格控制，才能使共有财产免遭滥用。

还有一种行政干预外部不经济的方法就是通过立法限制，即政府直接管制方法，它仅适用于产生外部成本的对象。这种方法要求违反法律的公司就其违法行为支付实际成本。如清洁空气法案对工厂排放的碳氧化物、粉尘及其他物质的水平施加了限制。还有清洁水法案和有毒废物法案等对于污染也作了相应的规定，违反这些法案就意味着罚款，在某些情况下，甚至可能会坐牢。但是直接控制不仅会增加干预成本，而且会影响到效率。

2. 企业合并法

企业合并是私人解决办法(包括道德和社会约束、订立契约)中的最常用的一种办法，它既可能是产生于外部效应制造者与外部效应影响者之间的资源交易，也可能是产生于政府的干预。它是解决外部效应问题而使资源配置符合帕累托效率的另一种办法。例如，一个企业的生产影响到另一个企业。如果影响是正的(外部经济)，则第一个企业的生产就会低于社会最优水平，反之，如果影响是负的(外部不经济)，则第一个企业的生产就会超过社会最优水平。但是如果把这两个企业合并为一个企业，则此时的外部效应就"消失了"，即被"内部化了"。合并后的单个企业为了自己的利益，将使自己的生产确定在其边际成本等于边际收益的水平上，即由于此时不存在外部效应，故合并企业的成本与收益等于社会的成本与收益。于是资源配置达到帕累托最优状态。

3. 产权界定与科斯定理

可以通过形式不同的政府管制来缓和外部效应带来的无效率。但是政府管制并不是唯一对付外部效应的方法，更不是在任何情况下都可行或者最佳的方法。在某些情况下，由外部效应所涉及的各方通过私下讨价还价、建立污染权市场等来消除外部效应带来的无效率，成本可能更低，效果可能更好。而私人的经济行为通常以产权为基础。

第11章 市场失灵与微观经济政策

产权是一种界定财产的所有权,以及它们可以如何利用这些财产的法律规定。例如,当一个人拥有某一片土地时,它可以将它用于种植或者开发房地产,其他人不得干涉。产权的存在是一切社会经济活动的基础。如果没有产权,人们将失去创造财富的内在激励。而且没有产权或产权得不到应有的保护将阻碍生产和交易的进行。产权界定明确才能保护交易的顺利进行,清晰的产权是私人讨价还价的前提。当外部效应涉及的相关者较少,并且产权界定成本较低时,可以在没有政府干预下实现资源配置的有效状态。科斯定理就说明了这一问题。

科斯在《社会成本问题》一文中提出了著名的"科斯定理",它打破了20世纪60年代之前西方经济理论界主流学派认为的在处理外部性问题过程中应该引入政府干预力量,外部性产生者或被课税或给予补贴,从而最终实现福利最大化的传统方法。科斯定理的要点是为了解决所谓外部性的问题。我们已经知道由政府通过庇古税的方法干预市场,可以解决外部性问题,但科斯不赞成庇古税这种外部性问题的解决方法。认为A对B造成外部损害时,不能只单纯地采取制止A的办法,而应当使当事人受到的损失都尽可能的小。科斯正是基于这种考虑而提出的科斯定理。科斯通过一些案例来阐述自己的理论。其中最典型的就是牧场主的牛损害附近农夫的谷物的例子。科斯一反这种传统,从自愿协商的角度,按照权利界定的原则,分析了两种不同产权界定情况下的资源配置效率问题。第一种产权界定:牧场主无权让牛吃农夫的谷物,此时,牧场主会向农夫进行补偿,以获得一定的让牛吃谷物的权利;第二种产权界定:牧场主有权利让牛吃农夫的谷物,此时,农夫会向牧场主"贿赂",以换取不让牧场主的牛吃谷物的权利。科斯通过这两种相反的产权界定分析,得到了一个相同的解决结果。因此科斯证明了:只要交易费用为零,无论初始产权如何界定,交易双方都可能通过市场交易(产权调整)来消除有害的外部经济而达到资源的最佳配置。

根据科斯定理,可以推导出解决外部性问题的重要办法,即界定产权。科斯定理说明:外部性问题从根本上来讲是因为产权界定不够明确或界定不恰当造成的。外部效应问题可以在产权明晰化的基础上通过市场交易,而无需政府干预就可以解决。在许多情况下,外部性之所以导致资源配置不当,是由于产权不明确。如果是产权完全明确并得到充分保障,则有些外部效应就可能不发生。例如,某条河流的下游用水受到损害。如果给予下游用水者拥有水源的产权,则上游的污染者将因把下游水质降到特定质量之下而必须受罚。此时,上游污染者便会同下游用水者协商,将这种权利从他们那里买过来,然后再让河流受到一定程度的污染。同时,遭到损害的下游用水者也会使用他出售污染权而得到的收入来治理河水。总之,由于污染者为其产生的负外部效应付出了代价,故其私人成本与社会成本之间不存在差别。这种界定产权的办法可以看成是更加一般化的所谓科斯定理的特例。

建立污染权(出售或拍卖污染权,以可交易排污许可证等形式出现)等外部性权利市场可以看作是科斯定理的一个运用。它是指由一个恰当的污染控制机构来确定某一地区每年可排放的污染物，确定使水源、空气等质量保持在某一可接受水平的污染排放量。买卖污染权的方法较直接管制等有许多优点，其中最重要的是它通过允许污染权的买卖降低了社会的成本。由于行政和政治上原因，政府一时难以完全用污染权市场取代现代的制定统一排放标准的直接控制方法。但是污染权市场现在确已出现，而且，污染权制度或"可交易排放许可"已成为治理燃煤所排放二氧化硫(酸雨的直接起因)计划的重要组成部分。在可交易排污许可证下，在可接受的排污总量限度内，只有拥有许可证才可排放。这种制度吸收了排放标准制度能够有效控制排放水平的优点，又吸收了排污收费制度减污成本低的优点，而且不用政府干预。

科斯定理进一步强调了"看不见的手"的作用。为什么产权的明确和可转让具有这样大的作用？按照西方学者的解释，其原因在于：将财产权明确赋予某人，并假定该权利可以自由买卖，则财产权对所有者来说就是一件有价值的特殊商品。特别是在生产污染的例子中，财产权(即污染权或不被污染权)就是一件有价值的特殊生产要素。这种要素与资本和劳动一样，无论是生产者从市场上买到的还是自身原来拥有的，都是生产成本的一部分。如果是从市场上买来的，毫无疑问便构成成本的一部分。如果是自身原来就拥有的，则可以出售以获得收益；如果不出售而自己用于生产，则遭受的是本可以出售中获益的机会成本。因此，在这种情况下，生产者生产产品时就存在两种成本：一种是生产产品本身的成本，与其相对的边际成本就是图11.4中的私人边际成本曲线 MC，可称之为生产的边际成本；另一种是使用财产权所遭受的成本或机会成本，以及相应的使用财产权的边际成本。生产者的总成本应当是这两种成本之和。如果将使用财产权的边际成本加到生产的边际成本上去，则总的私人边际成本曲线就要从 MC 向上移动，从而利润最大化产量就要从 X_p 向左边减少直到 X_s。在完全竞争条件下的理想均衡状态中，可以期望加入使用财产权的边际成本之后所得的总的私人边际成本与社会边际成本相一致，从而私人最优产量与社会最优产量相一致。甚至连税收和津贴之类的方法也可以看成是科斯定理的一个具体运用。

尽管科斯定理的逻辑无懈可击，但私人市场常常不能解决外部性问题。零交易成本的前提条件在现实经济生活中是不存在的。市场经济中交易费用十分普遍，完全没有交易费用的交易在实际生活中是不存在的。每一笔交易都需要负担交易成本，这种交易成本在当事人数目众多时，由于协调、组织、谈判等花费巨大而变得尤其高昂，高昂的费用有可能使他们放弃通过协议解决外部性的打算。

运用科斯定理解决外部效应问题在实际中并不一定真的有效，主要有以下几个难题：首先，资产的财产权是否总是能够明确地加以规定？有的资源，如空气，在历史上就是大家均可使用的共同财产，很难将其财产权具体分派给谁。有的资源的财产权即使在原则上可以明确，但由于不公平问题、法律程序的成本问题等也变得实际上不可行；其次，已经明确的财产权是否总是能够转让？这涉及信息充不充分以及买卖双方能不能达成一致意见等各种原因，例如谈判的人数太多、交易成本过高、谈判的双方都能使用策略性行为等；

最后，不同的产权分配方式将导致不同的收入分配结果。不公平的收入分配会引起社会动荡、生产下降等一系列社会问题。在社会动乱的情况下，就谈不上解决外部效应的问题了。

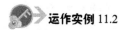 **运作实例** 11.2

科斯定理能解决什么问题？[①]

假定有一工厂排放的烟尘污染了周围 5 户居民晾晒的衣服，每户由此受损 75 元，5 户共损失 375 元。再假定有两个解决方法，一是花 150 元给工厂烟囱安装除尘器，二是给每一户买 1 台值 50 元的烘干机，5 户共需 250 元。不论把产权给工厂还是给居民，即如果听任市场机制发生作用，工厂或居民都会自动采取 150 元解决问题的方法，因为这样最节省。

分析：科斯定理认为，外部影响之所以导致资源配置失当是由于产权不明确。如果产权明确，且得到充分保障，有些外部影响就不会发生。在本例子中，只要产权归工厂或居民是明确的，则他们中任何一方都会想出用 150 元安装一个除尘器来消除污染，即解决外部影响问题。

科斯定理存在上述诸多方面的局限性，总的说来，它在主张利用明确的产权关系来提高经济效率，解决外部效应给资源配置造成的困难等方面具有不可低估的重要意义。它启发了一代经济学家，使外部性理论的研究有了长足的发展。它也启发我们：外部效应问题并不是一定要由政府来进行干预，相反，应尽量考虑用市场的方法(如产权)解决，只有在市场确实无法解决的时候政府才应出现。

 **阅读材料** 11.1

假如由别人来买单[②]

生活中人有高矮胖瘦俊丑各种各样，但经济分析中只承认两种人，消费者和生产者，而且每个人都既是消费者又是生产者。作为消费者，每个人通过物品的消费从中获得满意感，也就是效用。在正常情况下，你的满意程度只与你消费的物品和你自己的行为有关。但市场经济有时也会意外地使你的效用与别人消费的物品和别人的行为发生了联系，这就是消费的外部性。消费的正的外部性将使别人消费的物品和别人的行为提高你的满意程度。比如，邻居养在阳台上的鲜花，也同样给你带来了心旷神怡的美感，你既无须告知对方，更不需付费。而消费的负的外部性将使别人消费的物品和别人的行为降低你的满意程度。比如，你是一个不抽烟的人，却偏偏和一个嗜烟如命的家伙住在了一个房间，虽然你也没有说什么，但被动吸烟给你带来了极大的痛苦，为此你受害匪浅，却又无处诉说。

作为生产者，每个人都要与成本和收益打交道，这是在市场经济中没人能够例外的。而且市场机制正常运行结果必然是，每个人的成本都是他自己的行为必须付出的代价，每个人的收益也都是他自己行为的收获。但市场经济有时也会出现这样的情况：你的成本不光是你自己的行为引起的，还有别人的行为给你

[①] 资料来源：高鸿业主编. 西方经济学(第三版，微观部分). 北京：中国人民大学出版社，2006 年。

[②] 资料来源：李仁君. 假如由别人来买单. 海南日报，2004 年 6 月 2 日。

引起的成本；你的收益也不只是你自己的行为带来的，也还有别人的行为给你带来的收益。这种情况就是发生了生产的外部性。发生外部性以后，你的成本就包括了内部成本和外部成本，你的收益也包括内部收益和外部收益。

如果你作为一个生产者，你的成本等于内部成本加外部成本，这就说明发生了负的外部性。一个自来水厂通过对一条河的河水进行净化而向居民供水，其投入设备折旧和员工的工资构成了其成本，其向居民供水所得构成了其收益。这时其成本和收益都等于内部成本和内部收益，没有发生外部性。后来，在这条河的上游又开了一家造纸厂，造纸厂生意非常好，但自来水厂发现，造纸厂的生意越好，自己的效益就越差。原来造纸厂向河里排污给自来水厂对河水的净化带来额外的负担。自来水厂的成本除了来自自己的行为之外，还要承担来自造纸厂的行为引起的成本。也就是说，自来水厂无故地为造纸厂买了一部分单，这就是生产的负的外部性。对于这种负的外部性问题，起初经济学家认为应该对制造外部性的一方予以制裁，比如罚款或迁停关转等。后来经济学家则认为，制裁可能会造成更大的损害，而通过明确地界定产权，使市场机制自己解决这一问题，也许会更好。

正的外部性的情形正好相反，即你的收益等于内部收益加外部收益。正的外部性存在表示你免费搭了别人的便车。比如，一个苹果园主通过出售他的苹果而获得收益，他除了给果树施肥、除草和剪枝之外，只能靠老天的恩赐收获苹果了。可忽然来了一个养蜂人，结果由于一大群蜜蜂给苹果花充分授粉的缘故，那年苹果园主的苹果获得了大丰收。而这一切并没有花费苹果园主丝毫。这正是生产的正的外部性。在这个例子中，生产的正的外部性似乎是一个皆大欢喜的结果：苹果园主获得了丰收，养蜂人采到了蜜。但生产的正的外部性也并不总是这样尽如人意。在有些情况下，正的外部性导致的搭便车效应将极大地损伤生产的效率。比如，在我们传统国营企业中，由于体制的原因，虽然两个人能力和努力不同，因而对生产的贡献不同，但只要两个人资历相同，那么他们得到的报酬就基本相同，这样，干得差的就搭了干得好的便车，于是谁也不愿干了，国营企业的效率就必然江河日下。所以，现在我国国有企业的改革就是要建立一个能消除外部性而充分体现效率的企业制度和企业治理结构。

11.3　非对称信息

1996年，詹姆斯·莫里斯和威廉姆·维克瑞由于对非对称信息条件下激励选择的研究获得诺贝尔经济学奖。2001年10月10日，瑞典皇家科学院宣布，本年度诺贝尔经济学奖授予三位美国经济学家：乔治·阿克洛夫、迈克尔·斯宾塞、约瑟夫·斯蒂格利茨，以表彰他们在非对称信息理论上的突出贡献。正如诺贝尔经济学奖公告中所称，他们的研究成果"揭示了现代信息经济学的核心"。最近50年来，非对称信息理论已经成为经济学研究的前沿课题。

新古典微观经济理论是当今西方主流经济学的基本组成部分，它的一个基本假定是"完全信息"，即假定卖者与买者对市场销售的商品都有完全的信息，双方掌握的信息是对称的。根据这一假定以及"完全理性经济人"等其他基本假定，经济学家们利用严格的分析方法，得出了许多令人信服的结论和观点，建立起新古典微观经济理论体系。尽管在其内部也存在着争论，但大都是方法上或具体结论和细节上的分歧，在基本假定方面却是共同的，很少有人提出质疑。这种情况持续了很长时间，直至20世纪70年代才开始有了转变。信息经济学的兴起，对新古典经济学的基本假定——"完全信息"也提出挑战，信息经济学提出非对称信息假定。认为市场上买方与卖方所掌握的信息往往是不对称的，一方掌握的信息多一些，另一方掌握的信息少一些。有些市场卖方所掌握的信息多于买方。如二手车的出售者比买者更清楚地知道车的质量，照相机的卖者一般比买者更了解照相机的性能，劳动力的卖者比买者更了解劳动的生产力等。在另一些市场上，买方所掌握的信息多于卖方，如医疗保险的购买者显然比保险公司更了解自己的健康状况，信用卡的购买者当然比提供信用的金融机构更了解自己的信用状况。这种信息的非对称会给市场的有效运行带来很多问题。

11.3.1 信息不对称导致的低效率

信息不完全(incomplete information)是指在市场中每个市场参与者不能获得所需要的全部信息。信息不完全，或者是因为人的认识能力有限，或者是因为信息搜寻的成本太高(与掌握此信息能够带来的收益相比较)使得人们放弃搜寻信息。在信息不完全的市场中，市场价格不能灵敏地反映市场的供求状况，价格机制就难以充分发挥其协调供求关系、优化资源配置的功能。

信息不对称是信息不完全的一种情况。信息不对称(asymmetric information)是指在相互对应的经济个体之间的信息呈不均匀、不对称的分布状态，也就是说，有些人对于某些事情的信息比另外一些人掌握的更多一些。在劳动分工不明显、专业化程度不高的经济阶段，社会成员之间的信息差别并不十分明显，因而信息差别导致的经济利益上的差距也没有被人们认识和重视。随着社会劳动分工的发展和专业化程度的提高，各行业专业人员与非专业人员之间的信息差别越来越大，社会成员之间的信息分布越来越不对称，信息差别对社会生产和分配、对人们经济利益起了更加重要的影响，信息不对称的市场也就越来越被人们所重视。买卖双方都具有不完全信息，其中一方比另一方拥有更多信息的市场是最为常见的信息不对称市场。在这种市场形式中，根据信息不对称发生在交易契约签订之前还是之后，可分为信息事前不对称和信息事后不对称。信息事前不对称容易引发"逆向选择"，通过政府干预和市场信号传递可以缓解或解决这个问题；信息事后不对称带来的后果主要是"道德风险"和"委托—代理问题"，应对的办法是通过有效的机制设计。

图 11.5 显示了与信息不对称有关的潜在社会剩余损失。D_U 表示在某种商品的质量信息不完整时，不同价格下消费者愿意购买的数量。D_I 代表消费者知情需求曲线——消费者被完整告知商品质量时不同价格下的购买量。不知情的消费者实际购买量取决于 D_U 和供给曲线 S 的交点。不知情的消费量 Q_U 大于知情消费 Q_I，深阴影部分面积 abc 等于过量消费导致的消费者剩余的无谓损失。(每购买超出 D_I 数量的一个单位，消费者支付的价格要高于由知情需求曲线的高度估测出的边际价值)这种超额消费还产生了更高的均衡价格(P_U)，

它将面积为 P_UbaP_I 的消费者剩余转让给了商品的生产者。如果生产者本来能告知消费者商品的真实质量，且其成本小于消费者不知情时产生的消费剩余净损失，图 11.5 显示出此场合的信息不对称。一般说来，如果生产者不提供能令无谓损失减少量与提供信息的成本之间差距最大化的信息量时，就会出现因信息不对称而引起的市场失灵。

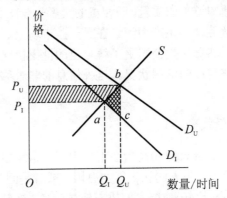

图 11.5 来自不知情需求的消费者剩余损失

11.3.2 信息不对称与逆向选择

信息不对称之下会产生逆向选择。逆向选择是指信息不对称的情况下，拥有信息少的一方做出不利于另一方的选择。例如，在市场上买方并不拥有商品内在品质的私人信息，但他们知道，卖方有利用信息欺骗他们的道德风险，因此，就会把所有卖者都作为骗子，把所有商品都作为伪劣商品。这时，市场上正直的卖者没法存在，优质商品也就无法存在。这就是逆向选择。这种逆向选择不利于卖方，也不会利于整个市场的交易活动。

1. 旧车市场的逆向选择

我们先以旧车市场的交易模型为例，说明当卖者和买者对交易商品的质量具有不同信息时，市场会出现什么问题。在旧车交易中总是次品(lemons)充斥市场，美国经济学家阿克洛夫最早对这种情况作了理论分析。

假设旧车市场上有 100 个人想要出售他们用过的二手车，在这 100 辆旧车中，质量较好的为 50 辆，质量较差的也是 50 辆，另外假设恰好有 100 个人想要购买二手汽车，他们愿意对质量较好的旧车支付 2400 元，愿意对质量较差的旧车支付 1200 元，假定质量较好车的卖者希望能卖 2000 元，质量较差车的卖者希望能卖 1000 元。如果汽车的质量容易估计，买卖双方对旧车的质量都具有充分的信息，那么这个市场达到供求相等的均衡是没有什么问题的，50 辆质量较好的旧车将按 2000～2400 元之间的某个价格成交，50 辆质量较差的旧车将按照 1000～1200 元之间的价格成交，市场既不存在过剩供给，也不存在过剩需求，买卖双方的意愿都得到满足。但是，买卖双方对旧车质量的信息是不对称的。卖方知道自己车的质量，买方则不知道所要购买车的质量，只能猜测。假定他只知道一辆旧车是好货或次货的概率各为 0.5，根据期望值原则，买者对所购旧车愿意支付的价格就是 1800 元(0.5×1200+0.5×2400)。然而，谁愿意按照这个价格出售他们的旧车呢，毫无疑问，只有那些拥有较差质量的旧车的人愿意按 1800 元的价格出售，而拥有较好质量旧车的人至少要 2000 元才出售。因此，在 1800 元的价格水平上，不会有一辆质量较好的旧车出售，只有次货可供出售。然而，如果购买者确定他将得到次货，就不会再愿意支付 1800 元，而是 1200 元。对这个价格来说，只有次货的所有者才出售汽车，旧车市场最终只能是 50 辆次货在 1000~1200 元之间的某个价格成交，次品充斥市场，最终的成交量(50 辆)低于供求双方所期望达到的成交量(100 辆)。旧车市场出现的次货将好货逐出市场的现象称为逆向选择。逆向选择是由于买卖双方的信息不对称而产生的，由于存在信息的搜寻成本，买者很难确切地区分质量较好的汽车与质量较差的汽车。而由于质量较差汽车的存在，使买者对市场上汽车的平均质量的估计降低，愿意支付的价格也随之降低，从而使试图出售质量较好汽车的卖者受到损害。正是由于这种非对称信息导致的外部性造成了市场的失灵。

2. 保险市场的逆向选择

因非对称信息而导致的逆向选择问题在其他市场上也存在，甚至可能十分严重，以至于完全摧毁市场。最典型的是保险市场。以老年人健康保险为例，任何一个国家，即使是市场经济最发达的国家，要想建立起老年人健康保险的私人市场都是困难的，原因在于保险买卖的双方所掌握的信息是不对称的，每一位欲购健康保险的老年人最了解自己的身体状况，而保险公司则不能确知每一位老年人的健康状况，而只知道他们的平均健康状况。因此，保险公司只能根据老年人的平均健康状况或平均患病率收取保险费，在此情况下，愿意购买保险的当然是那些身体不健康的老年人，而那些身体健康的老年人则不会购买。这将减少保险公司的收入而增加其支出，迫使保险公司提高保险费率，按照这些不健康老人的平均健康状况收取保险费。假定这些不健康老年人又可分为患病率较高者与患病率较低者，在保险公司提高保险费后，只有那些患病率较高的老年人才愿意购买健康保险，这将导致保险公司进一步提高保险费，按照潜在购买者的平均健康状况收取保险费，这又使购买保险者进一步减少，这一过程不断进行下去的结果是，最终只有那些身体最糟的老年人才购买保险，致使保险作为在众多人之间分散风险的职能无从发挥，保险公司无利可图。因此，从事老年人健康保险的私人市场(私人保险公司)难以建立。

实际上，在保险市场中，信息的不完全性不仅会"扭曲"保险市场中供给者即保险公司的行为，而且也会"扭曲"保险市场的需求者即投保人的行为。当保险公司很难了解到投保人具体情况的条件下，"保险"这种商品往往会诱发投保人的"败德"行为：在没有购买到保险以前，那些潜在的投保人总是小心翼翼地提防着风险，随时随地准备采取避免风险的行动，以尽量减少由于风险出现而可能导致的损失，因为在这种情况下，风险所造成的损失是完全由他自己"自负"的。然而，一旦购买到保险之后，这些投保人往往就变得"粗心大意"起来，不再像以前那样谨慎，因为此时出现风险的损失不再只由投保人自己来承担，而是要由保险公司承担一部分甚至全部。从保险公司的角度来看，投保人的这种"败德"行为，就是他们所面临的"道德危险"。在信息不完全的时候，投保人的"败德"行为或保险公司所面临的"道德危险"会进一步造成市场机制的困难。实际上容易看出，这不过是我们在前面分析的"外部影响"的又一个例证。

以上例子尽管简单，但给出了逆向选择的基本含义：第一，在信息不对称的情况下，市场的运行可能是无效率的，因为在上述模型中，买主愿出高价购买好车，市场"看不见的手"并没有实现将好车从卖主手里转移到需要的买主手中。市场调节下供给和需求使总能在一定价位上满足买卖双方的意愿的传统经济学的理论失灵了。第二，这种"市场失灵"具有"逆向选择"的特征，即市场上只剩下次品，也就是形成了人们通常所说的"劣币驱逐良币"效应。传统市场的竞争机制推导出的结论是——"良币驱逐劣币"或"优胜劣汰"。可是，信息不对称导出的是相反的结论——"劣币驱逐良币"或"劣胜优汰"。逆向选择理论深刻地改变了我们分析问题的角度，可以说给人们提供了逆向思维的路径，会加深市场复杂性的认识，由此能改变很多被认为"常识"结论，使市场有效性理念又一次遭受重创。

11.3.3　信息不对称与道德风险

在信息不对称的情况下产生的另一个问题就是会发生道德风险。道德风险(moral hazard)又称为败德行为，指交易双方在签订交易契约之后占据信息优势的一方在使自身利益最大化的同时损害了另一方的利益，却并不承担由此造成的后果的行为。道德风险的产生原因在于交易契约让交易双方建立起了一种关系，在这种关系中处于信息劣势的一方无法观察到占据信息优势的一方的行为，最多只观察到行为产生的不利后果，而且又无法确定这种不利后果的产生是否与占据信息优势的一方的行为不当有关，因此只能成为这种败德行为的受害者。

道德风险现象在日常生活中并不少见。比如说，某人把手机拿到修理店去修理，不久手机修好了，外表上看起来不错。但是，对于修理工有没有在手机修理过程中更换零件、修理费是不是收得太高等方面的信息，外行人是难以完全知道的。

道德风险的存在，不仅会使处于信息劣势的一方遭受损失，而且会带来其他一些不利影响，如使市场上的道德规则遭到践踏、破坏原有的市场均衡、导致社会资源配置的低效率等。

还是以汽车防盗保险为例。在汽车没有保险之前，汽车车主会采取一些预防行动尽力确保汽车的安全，因为他知道汽车被盗的全部损失只能由他自己承担。而一旦保险公司对他的汽车进行全额保险，他就很可能再没有动力采取预防行动来防止自己的汽车被盗了。于是汽车被盗案增多，信息不对称又使保险公司无法确认车主是否应承担责任，因此可能支付比原来更高的赔偿费用。

保险市场中存在的道德风险现象与保险公司提供的全额保险有关，保险公司如果改变让自身独自承担全部风险的做法，让投保人也来承担部分风险，即风险分担(risk sharing)，实施的做法是向投保人提供非全额保险，使投保人造成的损失只按照一定比例赔偿，赔偿额要小于不发生损失时的财产额，这样就能使车主约束自己的行动、减少道德风险现象的发生。

需要指出的是，风险分担机制虽然改善了保险的效率，但是并不能彻底消除道德风险现象。如果投保人虽然在努力减少风险的发生，但由于某种难以抗拒的原因发生了损失，他们却得不到充分的赔偿，他们的效用就受到了损害。因此，风险分担机制不是最优的，但是在信息不对称的情况下，难以找到比这更好的机制。

11.3.4 信息传递与信息甄别

斯宾塞(Spence)论文《劳动市场信号》(1973)和论著《市场信号：雇佣过程中的信息传递》(1974)都考察了教育水平作为"信号专递"的手段在劳动市场上的作用。同二手车市场一样，在劳动市场上也存在明显的信息不对称信息：求职者具备自己生产能力的完全信息，但雇主却不具有这些信息，如果雇主不能区分求职者生产率的高低，理性的雇主会按较低的生产率水平付给求职者较低的工资，这样，具备较高生产率的求职者会退出这个市场，逆向选择结果会使劳动市场变成为低生产率工人和低工资充斥的"柠檬市场"——次品市场。在斯宾塞的"信号传递"模型里，尽管雇主不能直接观察到求职者的生产能力，但求职者可以向雇主传递的准确的"信号"来说明自身能力，这种信号要有说服力，就必须是能够有效的区分求职者能力的强信号。斯宾塞指出，教育水平可以作为传递求职者能力的强信号，由于能力强的人接受同样教育，花费的成本要低于能力差的人，所以，能力差的人的会选择较低的教育水平，能力强的人会选择接受更高的教育。这样，通过教育水平的"信号传递"过程，雇主将求职者的生产能力区分开来：高生产率的人获得较高的工资，低生产率的人获得较低的工资，劳动市场实现了有效率的均衡。斯宾塞的"信号传递"模型可以较合理地解释劳动市场为什么会出现"文凭竞争"现象，它还被用来说明许多其他经济现象产生的原因。例如，赢利前景良好的上市公司，往往通过增加分配向投资者传递信号，提高投资者对公司的信心。在一些耐用品市场，消费者对各厂家产品的质量不具有充分的信息，厂商一般会通过提供质量保证书、加大广告投入等办法来传递产品质量的信号。

斯蒂格利茨和罗思切尔德合作关于逆向选择的经济论文《竞争性保险市场的均衡：完全信息经济学》(1976)中，提出了著名的"信息甄别"模型，他们提出均衡可以分为两种主要模型：混合均衡和分离均衡。在混合均衡中，所有人购买相同的保险合同，在分离均衡之中，则不同的人购买不同的保险合同。在保险市场上，保险公司可以通过准确地计算事故发生的概率，为大批面临同样风险的客户群提供保险，但正如买主不知道车的质量和雇主不知道求职者的能力一样，也不能察觉到投保人的风险程度，事实上是可能购买保险的客户往往是最容易发生事故的人群，这样的逆向选择使保险公司不得不提高保费，而当保费提高时，低风险客户会选择退出市场。只留下更高的客户，如此恶性循环下去，保险市场无疑最终也会成为"柠檬市场"。

斯蒂格利茨和罗思切尔德提出：为了避免上述现象的出现，保险公司可能通过两类不同保单将高风险客户和低风险客户甄别开来：低保险金和低赔付比例的保单；高险金和高赔付比例的保单。对于发生事故概率较高的客户而言，选择第一类保单是不划算的，他们会偏向于选择第二类保单；同样，对于发生事故概率较低的客户而言，选择第二类保单是不划算的，他们会偏向于选择购买第一类保单。这样，通过客户的自选过程，不同风险程度的投保人选择适合于自己的最优合同，保险公司就可以把客户的风险信息甄别开来，保险市场实现了有效率的"分离均衡"。

11.3.5 信息不对称与委托—代理理论

委托—代理理论的基本框架兴起于20世纪60年代末70年代初。其后，经济学家在该领域研究越来越多。委托、代理的概念来自于法律范畴。从信息学角度，不同利益目标的双方从有意愿签署合作协议开始就形成了委托—代理关系，我们称拥有私人信息优势的一方为"代理人"(agent)，另外一方为"委托人"(principal)，信息不对称是问题的核心。

委托—代理问题(principal-agent problem)是指由于信息不对称，处于信息劣势的委托人难以观察、知道代理人的全部和真实行为，代理人为了追求自己的利益而实施违背委托人利益的行为，实际上是一种道德风险现象。产生委托—代理问题的条件有三个：①委托人与代理人追求的目标不一致，这些不一致性常常可能导致代理人用个人目标代替委托人的目标，做出对自己有利但有损于委托人利益的事情来；②委托人与代理人之间信息不对称。这样，代理人利用这种信息优势来努力追求自己个人目标的实现；③代理人的业绩不仅取决于其活动和努力程度，还取决于其他不可预测、不可抗拒的因素。因此，代理人可以将自己的失职归咎于市场的变幻无常，委托人很难根据结果去认定代理人的责任。

由于委托人想监督代理人有关的一切行为是不可能的，经济中不确定性是客观存在的，这样委托人应该想办法使代理人的目标与自己的目标趋向一致或偏差不致太大，代理人才会把委托人的目标当作自己的目标去努力奋斗，不会做出违背或太违背委托人利益的事情来。从委托人与代理人目标趋于一致的角度去解决委托—代理问题，就涉及到有效的激励机制的设计。

1. 股东—经理模型

在现代公司制度中，所有权与经营权的分离是一种正常现象。所有者追求股东价值最大化，经理人追求自身效用最大化(如个人薪酬最大化、闲暇最大化、在职消费最大化等)现在的委托—代理问题是：如何确保公司经理人的行为符合公司所有者的利益？

股票期权制度就是一种有效激励经理人努力实现所有者利益的一种制度安排。所谓股票期权制，是指上市公司给予经理人在一定的期限内按照某个既定价格购买一定数量的本公司股票的权利。股票期权方案的设计较为复杂，由于各个国家对于股票市场的管理不同，股票期权方案的实施也不相同。在此只通过一简单的例子进行说明。

【例11.1】假定某上市公司2007年1月1日推出一种股票期权计划：允许本公司高级管理层在以后10年内的任何时候均可按2007年1月1日时的市场价格购买不超过10万股的本公司股票。那么，如果公司股票价格持续上升，经理人就可以在10年中的任何时间以2007年1月1日时的市场价格购买股票，并以当时的价格卖出，从中获取差额收益。例如，公司股票在2007年1月1日时的市场价格为10元。如果高层管理者努力工作、经营有方，使得股票在2010年的价格上升为每股30元，此时，高层管理者可以按每股10元的价格购买股票，并以30元的价格出售，从中获得收益为(30-10)×100000=2000000元；如果高层管理者工作懈怠，管理无方，公司业绩下滑，公司的股票也可能下降为每股5元，实现期权不仅不能获益，还将损失(10-5)×100000=500000元；此时，高层管理者只能放弃股权。就是股票期权的激励效应。

作为激励经营者的手段，股票期权是基于这样一个良性循环假设：股票期权提供激励—经理人更积极工作—公司业绩上升—公司股价上涨—股票期权提供激励。但是，公司股价的上涨可能源自经理人的努力程度，也可能源自市场整体变化的因素，亦可能源自经理人的不良行为。这是因为，当经理人的收入主要来源于股票期权收入时，拥有股票期权的经理人出于对自身利益的关心，对公司股价的变动会很敏感，他们往往过分关注股价的变动而忽略了提高公司的表现，在公司股票价格表现不能令经理人满意的情况下，他们在利益的驱使下，就会把推高股价作为工作的唯一目标，并不顾一切追求公司股价的上涨，甚至采用不道德的手段去操纵股价。在缺乏透明度和有效监督的前提下，如果公司的长远发展出现问题时，深知内情的公司管理层会被利益驱动，不惜通过做假账制造公司繁荣假象，从而推动公司股价上涨。据统计，1995—2001年间，美国共有772家公司承认会计数字有重大错报。这就是股票期权的制度缺陷。

另一方面，股票期权的"所有权激励"则是在经营者购买了股票之后发挥作用的。一旦经营者购买了公司的股票，则他们也就处于和普通股东同样的地位了：他们现在也成了企业的所有者。作为企业的所有者，他们的目的当然也是(或至少一部分是)为了利润的最大化，为了资产的保值增值，于是，股票期权计划又通过"所有权激励"机制保证了经营者的行为与所有者的利益相一致。

2. 雇主—雇工模型

公司的运营不仅需要高层管理者,还需要众多的员工。员工是否努力工作以实现高层管理者的目标?这就是另一个层面的委托—代理问题,此处称为雇主—雇工模型。

【例11.2】 假定李经理负责某电子产品生产,生产过程中不仅要用一台高精度机器,还要雇佣一位技工。李经理的生产目标是利润最大化,但结果如何,不仅要看技工的努力程度,还要看机器的运转情况。机器运转情况与多种因素有关,李经理并不具备关于这台机器的专门知识。他只知道:在机器运转好的情况下,技工努力工作可获得利润4万元,技工偷懒可获利润2万元;在机器运转不好的情况下,技工努力工作可获利润2万元,技工偷懒可获利润1万元;机器运转好与不好的概率相同,各为0.5,如表11-1所示。

表11-1 雇主利润

单位:元

	机器运转好	机器运转不好
偷懒	20000	10000
努力工作	40000	20000

从表11-1中可以看出,努力工作与利润有关系,但并没有必然关系。因为在努力工作的情况下,可能获利润4万,也可能获利润2万;在偷懒时,如果机器运转好也有获2万利润的可能。因此,当利润为2万时,李经理就无法判断是技工在机器运转不好的情况下努力工作所得,还是技工在机器运转好的情况下偷懒的结果。

当技工努力工作时,企业的期望利润为

$$0.5 \times 20000 + 0.5 \times 40000 = 30000(元)$$

当技工偷懒时,企业的期望利润为

$$0.5 \times 10000 + 0.5 \times 20000 = 15000(元)$$

技工并不关心工厂是否能获得利润最大化,他所关心的是在减去工作成本后,工作报酬是不是最大化。工作成本包括因为工作失去的闲暇、为了工作进行的必要学习及工作的单调和紧张疲劳等。为了简单起见,假定技工偷懒的成本为0,努力工作的成本为10 000。

李经理为了实现利润最大化,当然希望技工努力工作,但他不具备关于机器的专门知识,很难监控技工的工作情况,只能设计一种支付计划诱导技工努力工作。

1) 固定工资计划

假定李经理支付给技工一固定工资12 000,这时技工一定会偷懒。这是因为技工追求的是报酬最大化。

当技工偷懒时的净收入为:12000-0=12000(元);

当技工努力工作时的净收入为:12000-10000=2000(元)。

显然，技工努力工作时的收入低于偷懒时的收入，所以技工偷懒。理由很简单，在固定工资时，技工不能分享任何因他努力工作而为企业增加的收益。在技工偷懒时，企业的期望利润是 0.5×10000+0.5×20000=15000(元)，净利润为 15000-12000=3000(元)；技工不偷懒时，企业的期望利润是 0.5×20000+0.5×40000-12000=18000(元)。

由此可见，固定工资导致低效率。

2) 奖勤罚懒计划

为了诱导技工努力工作，制定报酬计划如下：如果企业利润不超过 20000 元，则技工工资为 0；如果企业利润为 40 000 元，则技工的工资为 24 000 元。

在这种情况下，只要技工偷懒，工资就会为 0。因为在偷懒的条件下，无论机器运转好坏，企业的利润都不会超过 20 000 元。如果技工努力工作，则期望工资报酬为：0.5×0+0.5×24000=12000(元)，此时技工的净收益为 12000-10000=2000(元)。高出偷懒的净收益，因此技工会努力工作。这时，企业的期望利润为：

$$0.5×(20000-0)+0.5×(40000-24000)=18000(元)$$

由此可见，奖勤罚懒计划比固定工资计划要好，因为这种工资制度不仅使员工的报酬提高了，企业的期望利润也增加了。

3) 利润分享

为了诱导技工努力工作，还可以制定报酬计划如下：如果企业利润低于 19 000 元，则技工的工资为 0；如果企业利润超过 19 000 元，则超过的部分归技工所有。此时，如果技工偷懒，则期望工资收入为：0.5×0+0.5×(20000-19000)=500(元)，净收益为 500-0=500(元)；如果技工努力工作，则期望工资收入为：0.5×(20000-19000)+0.5×(40000-19000)=11000(元)，净收益为：11000-10000=1000(元)。

由此可见，在利润分享诱导工资计划下，技工仍会努力工作，但企业的利润却比奖勤罚懒时增加了 19000-18000=1000(元)。

上面是在雇主已知几种收益的可能性时可以采取的激励方法。有时雇主并不准确知道收益的可能情况，也不知道技工的工作态度，这时可采取分成工资的方式进行激励。

假如企业的生产量为 S，可以设定技工的报酬为 $a+bS$，其中 $a>0$ 是每月的固定工资，$0≤b<1$ 是技工的佣金率，也是对技工的激励因子。因为当 b 越大，技工的分成比例越高。但 b 越大，雇主的收益份额越少，为 $(1-b)S$，因此，雇主会考虑适当设定固定工资 a。当固定工资 a 较大，激励因子 b 越小时，技工的工资主要来源于固定工资，这时技工的努力程度不会很高。对于技工来说，这种报酬制度风险较少，因为无论发生什么情况，都会有较大份额的固定收入 a。当固定工资 a 较小，激励因子 b 越大时，技工的工资主要来源于产量，这时技工的努力程度很高，因为可以多劳多得。但对于技工来说，这种报酬制度风险较大，因为一旦由于其他因素影响了产量，技工的收入就会减少。

雇主也许同时实行两种报酬制度：一种是固定工资 a 较高，而佣金率 b 较低的安全性；另一种是固定工资 a 较低，而佣金率 b 较高的风险型。面临这两种报酬制度，那些精力有限、不图高报酬只图平安的雇工，会选择第一种方案；而那些能力强、工作努力，又愿意加班加点的雇工会选择第二套方案。这种报酬制度不仅起到激励作用，还能起到一种信号作用，对于雇主并不真正知道雇工的技术能力和生产能力时，这种报酬制度就可以使雇工对号入座。技能强、生产力高的雇工会选择第二种报酬方案；技能差、生产力弱的雇工会选择第一种报酬方案，从而达到区分技工能力的目标，而不必只看证书。

当然，这仅仅是一个简单的例子，目的是为了说明激励机制如何在委托—代理中起到作用。在现实应用中，合理设计诱导支付计划将会有利于发挥每位员工的能力，使企业和员工的收益最大化。

11.4 公共物品与公共选择

11.4.1 公共物品

公共物品(public goods)是与私人物品(private goods)相对应的。私人物品是指那些具有竞争性和排他性，能够通过市场交易达到资源优化配置的产品；公共物品则是指那些具有非竞争性和非排他性，不能依靠市场交易实现有效配置的产品。

公共物品的两个基本特征是非竞争性和非排他性。非竞争性是指，在任一给定的公共物品产出水平下，向一个额外的消费者提供该产品不会引起产品成本的任何增加，即消费人数的增加所引起的产品边际成本等于零。例如，对于海上的航标灯来说，增加过往船只的数量并不会额外增加航标灯的运作成本。而就私人物品而言，增加一个人的消费，就得增加消费品的数量，一般来说成本就会增加。

非排他性是指公共物品具有消费上的共享性，难以或不可能排除、限制任一消费者对它的消费。例如，一国的国防一旦建立，就不能排斥该国家任何一位公民从中享受安全保障。而就私人物品而言，一个消费者消费某一件商品，其他消费者就不能同时消费这一商品。比如，某人买了某一瓶水来喝，就排除了其他人喝这瓶水的可能性。

由于公共物品的非竞争性和非排他性特点，就出现了所谓"免费搭车"(free-ride)现象，即没有承担或支付相应成本但却享用和消费公共物品的人。一方面，没有人愿意为消费公共物品而付费；另一方面，生产者难以收费或收费成本太高，从而使得生产成本无法收回，无法通过市场来充分供给。

现实社会中，纯公共物品的数量是很少的。一般意义上所说的公共物品，包括纯公共物品、准公共物品和公共资源。具备非竞争性和非排他性两种特征的产品属于纯公共物品(pure public goods)。如社会治安、经济制度等。只具备一定的非竞争性但不具备非排他性的称为准公共物品(quasi-public goods)。如大桥上通行车辆是非竞争的,因为桥上增加一辆车行驶并不妨碍其他车辆通过,甚至不影响其他车辆的速度,即额外增加一辆车通过大桥的边际成本近乎于零。但通过设卡收费却可以排斥不交费的车辆通过大桥,即具有排他性。有线电视、教育等也是如此。当然,消费量超过一定程度后,产品的边际成本也会增加。

11.4.2 公共资源

通常把只具有竞争性却不具有排他性的物品叫做公共资源(common resource),如空气、自然森林、草原牧场、渔场等。在现实经济中,公共资源很可能被过度使用从而造成灾难性的后果。"公地的悲剧"说明了公共资源所面临的这种困境。

公共资源的悲剧在我国有许多例子。如在我国受风沙、沙漠化威胁的地区,当地居民关于保护还是毁坏防风防沙林带的选择,就可看作一种公共资源博弈问题:每个人都想,如果只有自己砍几棵树,别人不砍就无关紧要,自己却可得利,而如果其他人都砍而只有自己不砍,则防护林也保护不了,还不如自己也砍。最后的结论是砍总是合算的。大家这样想的结果是,防护林带完全被破坏。

公共资源往往没有明确所有者,人人都可以自由获得、免费利用,比如海洋、湖泊、草场等资源。通过外部经济问题的讨论我们知道,只要产权是明确的,就可以有效地解决外部经济问题。如果产权界定不清,外部经济问题就难以解决。

11.4.3 公共物品的最优数量与市场失灵

1. 公共物品的最优数量

下面用图 11.6 来对此加以说明公共物品的最优数量问题。

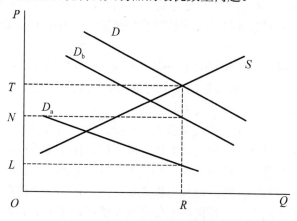

图 11.6 公共物品的最优数量

假定每个消费者对公共物品的需求曲线是已知的,为简单起见,假定社会上只有 a 和 b 两个消费者。其需求曲线分别是 D_a 和 D_b,公共物品的市场供给曲线为 S。如何从个人的需求曲线形成市场的需求曲线?关键在于公共物品的市场需求曲线不是个人需求曲线的水平相加,而是它们的垂直相加。其原因在于公共物品消费上的非竞争特点。由于消费上非竞争性,每个消费者消费的都是同一个商品总量,因而每一消费者的消费量都与总消费量相等,另一个方面,对这个总消费量所支付的全部价格却是所有消费者支付的价格的总和。例如,设公共物品的数量为图 11.6 中的 R,消费者 a 和 b 的消费量于是都是 R。当 a 和 b 的消费量均为 R 时,他们所愿意支付的价格按各自的需求曲线分别为 L 和 N。因此,当消费量为 R 时,消费者 a 和 b 所愿意支付的价格之和就是 $L+N=T$。确定了公共品的市场供求曲线后,公共物品的均衡数量便可确定,即为图中所示的 R(供求曲线的交点)。而这个均衡数量 R 也就代表着公共物品的最优数量。原因是:当公共物品数量为 R 时,根据供给曲线,公共物品的边际成本为 T,而根据消费者的需求曲线,a 和 b 的边际收益分别为 L 和 N,从而总的社会边际利益为 $L+N=T$。因此,边际的社会利益等于边际成本,公共物品数量达到最优。值得注意的是,公共物品的最优标准与私人物品的不完全相同。在私人物品场合,最优标准是每个消费者的边际利益与边际成本相等。而在公共物品场合,最优标准是每个消费者的边际利益之和与边际成本相等。这个区别的根源仍然在于是否具有消费的竞争性这个特点。

2. 公共物品的市场失灵

虽然用图形分析了公共物品的最优数量的决定,但是在实际工作经济生活中很难确定它的最优数量,因为公共物品的市场需求曲线是假定的,原因有二:一是消费者不能准确地陈述他对公共物品的需求与价格的关系;二是消费者为了少支付价格或不支付价格,会低报或隐瞒自己的偏好,都想不支付成本而得到利益,即想当"免费搭车者"。正因为如此,我们无法得到每个消费者对公共物品的需求曲线,更说不上把它们加总得到公共物品的市场需求曲线了。

另外,即使能够得到公共物品的市场需求曲线,但在实际工作中,市场本身提供的公共物品通常低于最优数量,也就是说通过市场机制来配置公共物品生产的资源常常会不足。因为,在竞争的市场中,如果是私人物品,则市场均衡配置是最优的。生产者之间的竞争将保证消费者面对的是等于商品的边际成本的同样价格,消费者则在既定的商品产出量上展开竞争。某个消费者消费一单位商品的机会成本就是在市场价格上卖给其他消费者的同样一单位商品,故没有哪一个消费者会得到低于市场价格而买到商品的好处。但是,如果是公共物品,即使它是可排他的,情况也将完全不同。任何一个消费者消费一单位商品的机会成本总为零,也就是说,没有任何消费者要为他所消费的公共物品去与他人竞争,因此,市场不再是竞争的,如果消费者认为他自己消费的机会成本为零,他就会尽量少支付给生产者以换取消费公共物品的权利。如果所有消费者都这样行事，则消费者们支付的数量就将不足以弥补公共物品的生产成本，结果便是低于最优数。

对于纯公共物品来说一般无排斥可言，而对于准公共物品，一般来说排斥是可行的，但却常常是低效率的，因为排他的公共物品如果只供付费的人享用，常因使用率偏低，造成浪费，从而影响经济效率。最明显的例子是公园与博物馆，如果把票价定得太高，只能供少数有钱人享用，这样就会造成浪费，从而影响经济效率；又如，一条并不太拥挤的公路实行收费，从而排斥一部分人的使用是可行的，但却是无效率的，因为使用公路增加的边际成本很低，而排斥成本却很高。如果对于一条十分拥挤的公路，由于竞争性的存在，收费是必要的，但由于收费的成本代价太高而使收费不可行，因为收费将使得公路更为拥挤。所以说，对于公共物品，市场机制调节资源配置的作用完全失灵，市场机制无能为力，这必然要求由政府介入提供公共物品，否则免费搭车问题会越来越严重。

11.4.4 公共物品的供给

既然在公共物品的消费和生产过程中不存在竞争市场中协调的刺激机制，完全由私人提供无法达到有效的结果，从而难以避免搭便车问题，因此，这种市场失灵为政府介入公共物品的生产提供了依据，由政府集中生产并根据社会福利原则分配公共物品也就成为解决搭便车问题的一种选择了。但是，这并不意味着政府应该生产全部公共物品，更不等于政府可以完全取代公共物品、尤其是准公共物品的"市场"。

而且公共物品与政府提供的物品是不同的，公共物品并不一定要由政府来生产，政府提供的物品也未必都是公共物品。政府确实提供国防、环境保护等不具有消费竞争性的物品，这些物品中有些甚至还不具备排他性特征。但是，政府也提供其他物品或服务，如养老金、失业补助、金融服务、邮政服务以及其他某些与私人企业所生产的完全相同的东西等。这些物品或服务显然在消费上是竞争性的。实际上，政府提供的物品要远比公共物品多，许多政府提供的物品在消费中不是竞争的，就是排他的。例如，教育作为一种服务既具有竞争性，又可以排他。私人提供的收费教育会把一些孩子排除在外。政府提供公共教育是因为它具有正的外部性，而不是因为它是公共物品。政府提供的国家公园，通过入园费和野营费，把一部分公众排除在外。公园的使用也具有竞争性——在拥挤条件下，继续进入会减少其他人的效用。这都是政府提供非公共物品的例子。实际上，人类经常处于这样一种政府与市场的两难选择之中。有时，可以采取一种折中的办法。例如，政府通过招标采购，由私人生产来解决生产效率问题。这意味着政府提供公共物品，未必一定要由政府生产，有时会采用政府与市场结合的办法，以便发挥二者的优势，达到有效的结果。那么公共物品究竟应该采取何种提供方式并如何得到成本的补偿呢？

1. 公共物品的供给主体和方式

一般来说，对人们福利影响既深且广的公共物品，如国防、治安及重要的交通设施等，通常均由政府兴办，其他只能给少数人带来实惠或影响不大的公共物品则鼓励私人兴办。

对于准公共物品，部分仍需要政府提供。例如，机场、港口、铁路等基础设施具有一定的排他性。私人厂商可以投资建造这些基础设施，然后对使用这些基础设施的航空公司、航运公司、铁路公司收取费用。但是，这类基础设施私人厂商一般不愿意建造。因此需要由政府提供。即纯公共物品和自然垄断性很高的准公共物品通常采取政府直接生产的方式提供。

但是，对于另外一些准公共物品，政府通常安排给私人生产。由私人厂商提供，即采取由政府间接生产的方式，引导私人企业参与公共物品生产。其实质是，在公共物品的提供过程中引进市场和私人的力量。其主要形式有：①授权经营。在一些市场经济国家，政府通常将现有的公共设施委托给私人公司经营，如自来水供应、电话、电台、报纸、供电等；②资助。主要领域是科学技术研究、住宅、教育、卫生、保健、复员军人安置、图书馆、博物馆等。主要形式有优惠贷款、无偿赠款、减免税收、财政补助等；③政府参股。主要应用于桥梁、水坝、发电站、高速公路、铁路、港口、电信系统、高科技等。政府参股又分为政府控股和政府入股；④其他合同形式。政府与企业签订合同提供公共物品是最为普遍的一种形式，主要适用于具有规模经济的自然垄断性物品。如政府通过与企业签订合同，一般采取公开招标方式，允许企业投资建设基础设施，通过若干年的特许经营，收回投资并赚取一定利润，之后再由政府接收该基础设施(简称为 BOT，即建设—经营—转让)；⑤自愿社会服务。在西方国家，许多公共领域允许、鼓励个人和各种社会团体，在法律许可的范围内，自愿提供服务。例如，部分可以收费的公路、桥梁、过海隧道等，虽然投资数额较大，但是利润率较高，可以由私人厂商建造。但是，在某种情况下，这类准公共物品由私人厂商提供会造成经济效率的损失。如消防队可以对居民收费，但不利于效率。

2. 公共物品的成本补偿及其收费标准

由上述分析可知，公共物品成本补偿的形式大致有三种：第一种是税收形式。一种公共物品如果受惠的对象是全体国民，则以收税的方式来筹措，纯公共物品适用这一形式，如国防、立法、新闻等。消费者无须直接支付费用，但以税收的形式间接支付；第二种是价格形式。一部分准公共物品如果只供某部分人享用，则以消费者付费的方式来筹措经费，采用这种形式的如邮电、交通、供水、供电、供气等；第三种是补贴加收费形式。一些政府管理的公共物品供应部门，出于公平、社会稳定等因素的考虑，往往采取一种部分由政府补贴，另一部分以较低价格收费的形式补偿成本，如医疗、教育等。一项公共物品如果收费过高，则将降低其利用率而使经济效率降低。反之，如果收费过低，则将降低其服务品质使经济效率降低。因此，公共物品收费标准的制定必须同时满足两个条件，即维持适当品质与尽可能地予以充分利用。一般说来，这两个条件是互相冲突的，一种公共物品如认为充分利用比维持品质重要。则其收费标准应较低，甚至不收费，如某些大众化的公园及公厕为使其能充分利用，常不收费。反之，一种公共物品认为维持品质比充分利用重要，则其收费标准应较高，如某些高水准的博物馆及演艺场所等。

西方学者一般认为：消费者说不出自己对公共物品的需求价格，而且在享用公共物品时都想免费乘车，即不支出成本就得到利益。因此，公共物品的生产和消费是资源配置的一个特殊问题。那么政府出面提供或参与提供公共物品，其数量为多大时才是最佳的呢？对解决这个问题的一个重要办法是成本—收益分析。

成本—收益分析是评估经济建设项目或经济项目的一种方法。例如，对是否要由政府建造一座桥梁进行评估。它首先估计一个项目所需花费的成本以及它所可能带来的收益，然后将二者进行比较，最后根据比较的结果决定该项目是否值得。公共物品也可以看作是一个项目，并运用成本—收益分析方法来加以讨论。如果评估的结果是该公共物品的收益大于或至少等于其成本，则它就值得生产，否则便不值得。但由于对每个项目成本和收益计算的困难性使得难以进行准确的成本—收益分析，而且在估计成本或收益时，不可避免地会带有主观因素，从而政府决策可能失误，因此也并不是完全科学的方法。为了决定公共物品的供给量，政府不得不借助于非市场的公共决策。然而，集体决策经常使用的多数票规则也并不一定导致有效率的公共物品的生产和消费。

11.4.5 公共选择理论

一般地，在市场失灵的情况下，政府会介入进行干预。但是，政府干预也不一定能解决所有的市场失灵问题，因为政府本身也可能出现失灵，公共选择理论就是针对这一问题提出来的。

公共选择理论用经济学方法分析政治领域中的决策行为。这种理论把决定政策的政治领域看作是和物品市场一样的市场。在这个市场上，政策的供给者是政府官员和政治家，需求者是选民，选民手中的选票相当于消费者的货币。某种政策的产生是政治市场上均衡的结果。

政府官员是政府部门雇用的职员，也是政治市场的生产者或企业家。公共选择理论假设，官员的目标是使自己的效用最大化，而且为了达到这个目标，他们努力使自己部门的预算最大化。政治家是政治市场上的企业家。公共选择理论假设，政治家的目标是当选并保持执政地位。选票对政治家就像经济利润对企业家一样。为了得到足够的选票，政治家提出他们预期能得到大多数选民支持的政策。选民是政治市场的消费者。在物品与劳务市场上，人们用自己的支付意愿来表达自己的偏好；在政治市场上，他们用自己的选票表达自己的偏好。公共选择理论假设，人们支持他们认为将使他们状况变好的政策，反对他们认为将使他们状况变坏的政策。

在民主法制下，官员能否连任取决于选举。如果选民具有完全了解每一种政策对自己利益的影响，并以此为依据来进行投票，官员只有按选民的意志来办事才能连任。这时，官员的个人利益与选民的社会利益一致，官员即使从个人利益出发，所制定的每一项政策也是符合社会利益的。这时就不存在政府失灵的问题。但在现实中，这种情况并不存在。

首先，选民是理性无知的。这是因为，选民能对政策做出判断，必须具有完备的信息，这种信息包括政策运行的理论、政策效应分析及其他相关信息。要获得这种信息必须付出极大的代价，比如要学习各种专业理论、阅读各种报刊、收集并分析相关信息，但政策对自己的影响是有限的。一项对自己有利的政策，不会只对自己有利，而是对许多人有利，自己分享到的好处极为有限。这样，选民要正确地选择，付出的代价高而受益小，只有不管政策如何，不为决策付出代价才是理性的。这就是选民的理性无知。其次，政府与选民之间的信息是不对称的。政府官员拥有的信息多，选民拥有的信息少，官员就可以利用自己的信息优势，使政策有利自己。最后，还应该指出，现代社会的民主并不是选民直接表达自己意愿的直接民主，而是由议员代表他们表达自己意愿的间接民主。社会分为不同的利益集团，选民分属不同的利益集体，没有完全相同的利益。某种政策对一个利益集团带来好处，必然给另一个集团带来损失。例如，农业补贴会给农业集团带来好处，但政府支出用于农业，就减少了用于国防或教育或社会保障的支出，给这些集团带来损失。不同的议员代表不同的利益集团，无法做出有利于整个社会的决策。这种民主所做出的决策往往是各个利益集团之间相互妥协的结果。这种结果不一定符合整个社会的利益。

因此，基于以上原因，政治过程得出的均衡，即做出的决策，并不一定符合整个社会的利益。这时政府就会失灵。政府失灵指政府取代市场并不能保证消除市场失灵，实现资源配置最优化。由政府引起的资源配置失误就是政府失灵。

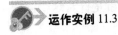

运作实例 11.3

公地的悲剧[①]

考虑这样一个乡村，村里有一块公共土地，村民们在这块公地上放牧奶牛。现在的问题是：在这块公地上放牧的最优奶牛数量是多少？实际放牧的奶牛数量又是多少？在实际生活中，由于这块公地没有明确的所有权，如果每一个村民都能够毫无限制地使用公地，则实际放牧的奶牛数量将远远超过它的最优水平。由此引起的后果就是，公地将由于长期的过度放牧而日益衰落，这就是所谓的"公地的悲剧"。

分析：在公共资源利用方面常会出现这样的悲剧，原因是每个可以利用公共资源的人都相当于面临着一种囚徒困境：在总体上有加大利用资源可能(至少加大利用者自身还能增加得益的可能)时，自己加大利用而他人不加大利用则自己得利，自己加大利用但其他人也加大利用则自己不至于吃亏，最终是所有人都加大利用资源直至再加大只会减少利益的纳什均衡水平，而这个水平肯定比实现资源最佳利用效率同时也是个人最佳效率的水平要高。

---

① 资源来源：陈承明，凌宗诠，邓继光. 简明西方经济学. 上海：上海财经大学出版社，2006 年。

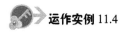

运作实例 11.4

产权界定不清导致公共资源滥用①

假定有一个湖泊，无限数目的渔民都可以进入该湖，每个渔民都会捕鱼直到他的边际收入与成本相等。但是由于该湖是公共资源，因此没有渔民会考虑他的捕鱼会如何影响其他人的机会。显然，在湖中捕鱼减少了鱼的存量，这就使得其他人可能捕到的鱼少了。

分析：有些时候，公共资源如果以合适的价格将其产权明确给私人所有，反而能得到有效的保护，比如某些草原、荒山。当然，这并不能说明对土地的个人所有优于集体所有。例如，在一片公有的海滩上，每个人都可以享受到海浴和观海的乐趣。但是，如果私人拥有该海滩并圈起了篱笆，大家的乐趣会因之而减少。

本 章 小 结

本章首先说明了市场失灵的内涵，其次分析了市场失灵的主要表现有垄断、信息不对称、外部性和公共物品，并进一步说明对市场失灵导致的资源配置不当应采取的微观经济政策。

本章的重点是市场失灵的主要表现，尤其是外部影响、科斯定理。

本章的难点是垄断、外部影响。

中英文关键词语

(1) 市场失灵：market failures　　(2) 寻租：rent seeking　　(3) 科斯定理：Coase theorem

(4) 信息不完全：incomplete information　　(5) 信息不对称：asymmetric information

(6) 道德风险：moral hazard　　(7) 委托—代理问题：principal-agent problem

(8) 外部经济：positive externalities　　(9) 外部不经济：negative externalities

(10) 公共产品：public goods　　(11) 私人产品：private goods

(12) 搭便车：free-ride　　(13) 公共资源：common resource

---

① 资源来源：同344页资料来源。

习　题

1. 名词解释

(1) 市场失灵　(2) 公共物品　(3) 私人物品　(4) 公共资源
(5) 外部性　(6) 信息不对称　(7) 道德风险　(8) 逆向选择

2. 选择题

(1) 不是导致市场失灵的因素有(　)。
　A. 信息不对称　　　　　　B. 外部经济
　C. 垄断　　　　　　　　　D. 政府
(2) 科斯定理交易成本(　)。
　A. 1　　　　　　　　　　　B. 为 1 或很大
　C. 0 或很小　　　　　　　D. 大于 1
(3) 在使用或消费上,公共物品的特点是(　)。
　A. 非竞争性和非排他性　　B. 竞争性和非排他性
　C. 竞争性和排他性　　　　D. 非竞争性和排他性
(4) 当一个消费者的行为对他人产生了有利的影响,而自己却不能从中得到补偿,便产生了(　)。
　A. 消费的外部经济　　　　B. 消费的外部不经济
　C. 生产的外部不经济　　　D. 生产的外部经济
(5) 下面存在"搭便车"问题的物品是(　)。
　A. 收费公路　　　　　　　B. 收费学校
　C. 超市　　　　　　　　　D. 灯塔

3. 问答与论述

(1) 什么是市场失灵?哪些情况会导致市场失灵?
(2) 道德风险为何会导致市场失灵?
(3) 何谓委托—代理问题?如何解决由此产生的资源配置效率低下问题?
(4) 何谓"搭便车"现象?分析其社会利弊。
(5) 什么是科斯定理?其对我国国有企业在产权改革理论上有何借鉴意义?
(6) 什么是外部性?政府在解决外部性问题上应该发挥什么积极作用?

参 考 文 献

[1] [美]萨缪尔森,诺德豪斯. 微观经济学[M]. 17版. 萧琛译. 北京:人民邮电出版社,2004.
[2] [美]曼昆. 经济学原理[M]. 梁小民译. 北京:机械工业出版社,2006.
[3] [美]斯蒂格利茨. 经济学[M]. 第2版. 黄险峰译. 北京:中国人民大学出版社,2000.
[4] [英]凯恩斯. 就业利息和货币通论[M]. 北京:商务印书馆,1963.
[5] [美]西蒙. 现代决策理论的基石[M]. 北京:北京经济学院出版社,1989.
[6] [美]威廉姆森. 资本主义经济制度[M]. 段毅才译. 北京:商务印书馆,2002.
[7] [美]诺思. 经济史中的结构与变迁[M]. 上海:上海人民出版社 1994.
[8] [美]萨缪尔森. 经济学:中册. [M]. 北京:商务印书馆,1981.
[9] [美]科斯. 论生产的制度结构[M]. 上海:上海三联书店,1994.
[10] [美]平狄克,鲁宾费尔德. 微观经济学[M]. 4版. 张军译. 北京:中国人民大学出版社,2000.
[11] [美]范里安. 微观经济学:现代观点[M]. 6版. 黄方域译. 上海:上海世纪出版集团,2006.
[12] 马克思. 资本论:1—3卷[M]. 北京:人民出版社,1975.
[13] [英]亚当·斯密. 国民财富的性质和原因的研究[M]. 北京:商务印书馆,1974.
[14] [法]萨伊. 政治经济学概论[M]. 北京:商务印书馆,1963.
[15] [英]马歇尔. 经济学原理[M]. 北京:商务印书馆,1964.
[16] [美]康芒斯. 制度经济学[M]. 北京:商务印书馆,1962.
[17] [美]罗斯托. 经济成长的阶段[M]. 北京:商务印书馆,1962.
[18] [美]里昂惕夫. 投入产出经济学[M]. 北京:商务印书馆,1980.
[19] [美]科斯. 财产权利与制度变迁[M]. 上海:上海三联书店,1994.
[20] 黄亚钧. 微观经济学[M]. 北京:高等教育出版社,2002.
[21] 杨伯华,缪一德. 西方经济学原理[M]. 成都:西南财经大学出版社,2004.
[22] 梁小民. 西方经济学教学指导书[M]. 北京:中国统计出版社,2000.
[23] 王秋石. 微观经济学原理[M]. 北京:经济管理出版社,2001.
[24] 高鸿业. 西方经济学:微观部分[M]. 4版. 北京:中国人民大学出版社,2007.
[25] 丁娟娟,乌振信,郑青梅. 微观经济学教程[M]. 北京:清华大学出版社,北京交通大学出版社,2007.
[26] 陈承明,凌宗诠,邓继光. 简明西方经济学[M]. 上海:上海财经大学出版社,2006.
[27] 平新乔. 微观经济学[M]. 北京:北京大学出版社,2001.
[28] 吴易风,刘风良,吴汉宏. 西方经济学[M]. 北京:中国人民大学出版社,1999.
[29] 肖殿荒,何穗. 微观经济学[M]. 北京:中国经济出版社,2006.
[30] 何璋. 西方经济学[M]. 北京:中国财政经济出版社,2005.

[31] 朱中彬，孟昌. 微观经济学[M]. 北京：机械工业出版社，2007.

[32] 刘凤良. 西方经济学：微观经济学部分[M]. 中国人民大学出版社，2005.

[33] 黎旨远. 西方经济学[M]. 北京：高等教育出版社，1999.

[34] 尹伯成. 西方经济学[M]. 上海：复旦大学出版社，2000.

[35] 厉以宁. 西方经济学[M]. 2版. 北京：高等教育出版社，2005.

[36] 金圣才. 西方经济学考研真题与典型题详解[Z]. 北京：中国石化出版社，2005.

[37] 李仁君. 微观经济学[M]. 北京：清华大学出版社，2007.

[38] 侯荣华. 西方经济学[M]. 北京：中央广播电视大学出版社，中国计划出版社，2003.

[39] 宋奇成. 西方经济学[M]. 重庆：重庆大学出版社，2004.

[40] 张广胜. 微观经济学[M]. 北京：中国农业大学出版社，2001.

[41] 卢现祥. 新制度经济学[M]. 武汉：武汉大学出版社，2004.

[42] 张元鹏. 西方经济学例题精解与练习[Z] 北京：首都经济贸易大学出版社，2004.

[43] Pindyck, Rubinfeld. Microeconomics. 3rd ed. Prentice-Hall,1995.

[44] Nicholson,Walter. Microeconomic Theory:Basic Principles and Extensions,Fort Worth,TX:The Dryden Press,1998.

[45] Schotter,Andrew. Microeconomics:a Modern Approach. Pearson Education North Asia Limited and Higher Education press,2001.

[46] McConnel，Brue. Microeconomics. 15th edition. McGraw-Hill,2002.

北京大学出版社财经管理类实用规划教材(已出版)

序号	标准书号	书名	主编	定价	序号	标准书号	书名	主编	定价
1	7-5038-4748-6	应用统计学	王淑芬	32.00	31	7-5038-4965-7	财政学	盖 锐	34.00
2	7-5038-4875-9	会计学原理	刘爱香	27.00	32	7-5038-4997-8	通用管理知识概论	王丽平	36.00
3	7-5038-4881-0	会计学原理习题与实验	齐永忠	26.00	33	7-5038-4999-2	跨国公司管理	冯雷鸣	28.00
4	7-5038-4892-6	基础会计学	李秀莲	30.00	34	7-5038-4890-2	服务企业经营管理学	于干千	36.00
5	7-5038-4896-4	会计学原理与实务	周慧滨	36.00	35	7-5038-5014-1	组织行为学	安世民	33.00
6	7-5038-4897-1	财务管理学	盛均全	34.00	36	7-5038-5016-5	市场营销学	陈 阳	48.00
7	7-5038-4877-3	生产运作管理	李全喜	42.00	37	7-5038-5015-8	商务谈判	郭秀君	38.00
8	7-5038-4878-0	运营管理	冯根尧	35.00	38	7-5038-5018-9	财务管理学实用教程	骆永菊	42.00
9	7-5038-4879-7	市场营销学新论	郑玉香	40.00	39	7-5038-5022-6	公共关系学	于朝晖	40.00
10	7-5038-4880-3	人力资源管理	颜爱民	56.00	40	7-5038-5013-4	会计学原理与实务模拟实验教程	周慧滨	20.00
11	7-5038-4899-5	人力资源管理实用教程	吴宝华	38.00	41	7-5038-5021-9	国际市场营销学	范应仁	38.00
12	7-5038-4889-6	公共关系理论与实务	王 玫	32.00	42	7-5038-5024-0	现代企业管理理论与应用	邱彦彪	40.00
13	7-5038-4884-1	外贸函电	王 妍	20.00	43	7-301-13552-5	管理定量分析方法	赵光华	28.00
14	7-5038-4894-0	国际贸易	朱廷珺	35.00	44	7-81117-496-0	人力资源管理原理与实务	邹 华	32.00
15	7-5038-4895-7	国际贸易实务	夏合群	42.00	45	7-81117-492-2	产品与品牌管理	胡 梅	35.00
16	7-5038-4883-4	国际贸易规则与进出口业务操作实务	李 平	45.00	46	7-81117-494-6	管理学	曾 旗	44.00
17	7-5038-4885-8	国际贸易理论与实务	缪东玲	47.00	47	7-81117-498-4	政治经济学原理与实务	沈爱华	28.00
18	7-5038-4873-5	国际结算	张晓芬	30.00	48	7-81117-495-3	劳动法学	李 瑞	32.00
19	7-5038-4893-3	国际金融	韩博印	30.00	49	7-81117-497-7	税法与税务会计	吕孝侠	45.00
20	7-5038-4874-2	宏观经济学原理与实务	崔东红	45.00	50	7-81117-549-3	现代经济学基础	张士军	25.00
21	7-5038-4882-7	宏观经济学	蹇令香	32.00	51	7-81117-536-3	管理经济学	姜保雨	34.00
22	7-5038-4886-5	西方经济学实用教程	陈孝胜	40.00	52	7-81117-547-9	经济法实用教程	陈亚平	44.00
23	7-5038-4870-4	管理运筹学	关文忠	37.00	53	7-81117-544-8	财务管理学原理与实务	严复海	40.00
24	7-5038-4871-1	保险学原理与实务	曹时军	37.00	54	7-81117-546-2	金融工程学理论与实务	谭春枝	35.00
25	7-5038-4872-8	管理学基础	于干千	35.00	55	7-5038-3915-3	计量经济学	刘艳春	28.00
26	7-5038-4891-9	管理学基础学习指南与习题集	王 珍	26.00	56	7-81117-559-2	财务管理理论与实务	张思强	45.00
27	7-5038-4888-9	统计学原理	刘晓利	28.00	57	7-81117-545-5	高级财务会计	程明娥	46.00
28	7-5038-4898-8	统计学	曲 岩	42.00	58	7-81117-533-2	会计学	马丽莹	44.00
29	7-5038-4876-6	经济法原理与实务	杨士富	32.00	59	7-81117-568-4	微观经济学	梁瑞华	35.00
30	7-5038-4887-2	商法总论	任先行	40.00	60	7-81117-575-2	管理学原理与实务	陈嘉莉	38.00

电子书(PDF 版)、电子课件和相关教学资源下载地址：http://www.pup6.com/ebook.htm，欢迎下载。
欢迎免费索取样书，请填写并通过 E-mail 提交教师调查表，下载地址：http://www.pup6.com/down/教师信息调查表 excel 版.xls，欢迎订购。联系方式：010-62750667，lihu80@163.com，linzhangbo@126.com，欢迎来电来信。